国家级精品课程教材
面向21世纪课程教材
Textbook Series for 21st Century

高等写作学教程系列

# 高等写作学引论

（第二版）

（供中文本科生及研究生使用）

马正平　著



中国人民大学出版社
·北京·

# 高等写作学教程系列
# 编 委 会

谨以此书献给——

为建设中国当代写作学学科大厦

而筚路蓝缕不懈拼搏的

前辈、时贤与后学们

# 修订说明

这套“高等写作学教程系列”作为世纪之交教育部重点课题“面向21世纪高等师范院校中文专业主干课程教学内容和教材体系改革研究”的重要研究成果，2002年被教育部选入教育部重点规划教材“面向21世纪课程教材”系列出版，在全国产生了较大影响。《中华读书报》2003年2月19日第5版曾发表了整版书评《面向本土　平视他者　独立言说——评马正平主编“高等写作学教程系列”的文化立场》。

鉴于这套教材的理论的深度与实践训练的操作性程度较高，受到教育部高教司的高度重视，为了宣传推广这套教材，高教司于2003年1月8日专门发了《关于委托中国人民大学举办“高等学校基础写作学与文艺批评学中青年教师研讨班”的函》(高教司函〔2003〕5号)，并委托中国人民大学、四川师范大学于2003年4月5日—13日，在北京举办教材讲习、研修班。高教司刘凤泰副司长专门参加开幕式，并做了《关于切实加强高校写作课教学》的重要讲话，中国写作学会会长於可训教授、北京师范大学刘锡庆教授和我对这套教材进行介绍阐述，并和与会代表进行广泛的沟通和研讨，这次研修班对全国写作学产生了较大影响。据教育部高教司“全国高等学校精品课程建设工作”网站之“写作学”课程网站2008年的不完全统计，全国有82所各类大学的中文专业和非中文专业使用此教材或将此教材作为首选的参考教材。其中，作为精品课程教材的18家，作为硕士研究生课程的8家，高等师范院校22家，综合大学8家，理工学院5家，政法公安、新闻、外语大学7家，网络高等教育4家，语文教师教育机构与培训考试机构10家。正是由于我们在写作课程教材建设方面的突出成就，2008年四川师范大学文学院“写作学”课程获评全国中文专业本科类写作学课程的第一门“国家级精品课程”。本次修订是在这个背景之下进行的。自2002年本系列教材出版发行以来，我们对写作学与写作教学的研究有了一些新的研究成果需要和全国同行分享，这些新的研究成果使我们的写作学理论与写作教学理论更加趋于完善、理想，更加具有哲理性与操作性的统一，大学写作教学的有效性因此得以提高，而这正是我们30年来不懈奋斗的目标。

作为中文专业本科类“国家级精品课程”的大学写作教材，本书追求的是教学内容应有的理论深度和操作模型的简单性。理论有深度不一定是一种玄学，而应该是一种本体性程度和思维操作性级别的提升。现在，学术界和写作教学界有一个误区，认为凡是理论都与实践脱离，都远离实践。真实的情况是，本体论与思维方法论是统一的：思维方法是发现本体的操作技术，而本体论则是对操作技术的控制。以往那些所谓的“理论”的一个共同特点，就是本体论与方法论脱离。例如，美学本质论与审美思维方法论的分离，思维本体论与思维操作论的脱离，写作本体论与写作操作方法论的脱离，这就导致了美学、思维学、写作学既没有哲理性的高度、深度，又没有思维操作的简单性、规律性，于是导致这些学科的学术水平与实践性品格都很低下。本教材“追求哲理性与操作性的统一”，这一点最早被孙绍振先生天心慧眼发现，已在拙著《写的智慧》全书总序中精辟指出。

本书第一版已经初步解决写作行为的章法、措辞的思维操作模型化的问题，但是，从写作原理上来讲，还存在两个问题：第一，本教材出版对写作路径思维中的分析问题讲得很到位，思维操作模型也很管用，但是，写作思维中的综合思维的原理与操作模型较为模糊，思维操作模型也较为模糊。第二，写作思维中的赋形思维，在章法结构的层面讲得很清晰、很到位、很管用，但是，在行文表达的语言艺术或技巧的层面的复兴思维就未明确涉及，最多就是和章法结构上的赋形思维混在一起讲，这样对于学生提高行文表达的艺术性、美感性方面，就不能令人满意。这次修订，我们比较重视这两个方面，在这两个方面，做了较大努力。在第一个问题上，我们专门探讨了综合思维的类型与操作模型；在第二个问题上，我们专门提出了张力思维或技法思维的概念，并对其思维操作模型进行专门的讲解。

另外，最近10年来，我在美学领域的研究成果存在于2008年申报成功的“国家社科基金课题”——“直观与折射：时空美学基本原理初探”项目之中，因此，本次修订我在“写作美学”部分增加了美学基本原理，以此作为写作美学的理论基础、前提。

本册修订由我完成。

我可以很负责任地告诉本书的读者，这套“高等写作学教程系列”所包含的写作原理体系和写作教学体系，是我们通过近30年的努力，真正在中国古代写作理论的基础上吸收西方的先进的写作知识，将古代写作理论进行了现代转化，将西方理论进行了本土转化之后形成的。它具有浓郁的中国古代写作理论的基本文化精神，又具有西方先进的写作原理的精华，实现了文化间的对话与交流，不仅没有“失语”，反而是自信地言说、升华、超越。我们无愧于这伟大的写作学传统，无愧于我们伟大的时代，也无愧于我们的学术人生。

在本书修订过程中，四川师范大学校长周介铭教授、副校长祁晓林教授、文学院院长李诚教授、教务处处长杜伟教授提供了诸多优厚条件，中国人民大学出版社司马兰编审，以及人文出版分社潘宇社长和编辑翟江虹、李颜、刘汀做了大量工作，在此对各位表示衷心的感谢。

马正平　谨识

2010. 5. 20

# 中国当代写作学成熟的标志性建筑（总序）

孙绍振①

六七年前，我在一篇万字长文中，曾经十分悲哀地写道："自 80 年代以来，中国写作学的各类教材纷纷出版，估计已达数百种，可能是人文科学中教材数量最多的了。但是，数量众多与学科理论水平之低下，正好形成强烈的反差，这是因为中国当代写作学缺乏必要的学术基础。"② 这并不是我个人对写作学的一己偏见，因为，在中国当代学人的心目中，一提到"大学写作教材"，就把它与肤浅、平庸、无用等糟糕印象联系起来。写作学的硕士、博士学位点至今仍未能设立，就是一个明证。

但是，当读完由马正平教授主编的"高等写作学教程系列"之后，我惊喜地发现，我对中国当代写作学与写作教学的总体评价和印象需要彻底改变，对中国当代写作学的确是应该刮目相看了。

这是一部结构恢弘、气魄浩大的真正面向 21 世纪的大学写作学系列教材。这套写作学教材的内容，已经基本符合了我们对当代写作学理论和写作学教材的期待与理想，它所显示出的写作理论和写作教学的哲理性和操作性，已经基本符合写作学的学科特征和学术规范。因此，在我看来，这套教材应该是 20 世纪中国现代写作学的一个高度总结，也是 21 世纪中国当代写作学的一个良好开端，它无疑成了中国当代写作学学科成熟的一座"标志性建筑"。作为一个曾经数十年从事大学写作教育并深切关注中国当代写作学发展的学人，我由衷地感到兴奋，我为中国写作学理论与写作教学体系走向成熟感到自豪，我为中青年写作学者进入如此深邃的学术境界感到欣慰！

这套教材对写作学的研究是全方位的，不仅在写作哲学、写作美学、写作文化学、写作思维学、写作语言学等方面取得了令人振奋的成就，而且（也是最为精彩的地方）从写作思维的角度，破解了人类写作言说的操作技术之谜、艺术之谜。

在这里，写作理论的哲理性是通过写作本质论（哲学）、写作美学、写作原理来

① 孙绍振，福建师范大学教授、博士生导师。曾任福建省写作学会会长，现为中国中外文艺理论学会副会长。

② 孙绍振：《建设中国当代写作学的操作性理论体系》，载《福建论坛》，1994（6）。

体现的。在《高等写作学引论》中，作者认为，写作的终极本质，不是模仿生活、反映生活，不是抒情言志，不是书面语言的表达，也不是信息的传播，而是写者对精神秩序（情思理想、价值取向）与书面语言符号秩序（语流符号结构）的创建、缔造而已，即人对自由生命秩序的创生与建构。这里，秩序并非就是对现成既定秩序的维护，而是一种批判、否定，一种创造，是对一种新的人类生存秩序的憧憬与构筑。这也是对语言之家、存在之家的“构筑”。这便深刻地揭示了人类写作行为的人文性、创造性的人性本质。

在写作美学方面，《高等写作学引论》指出，写作之美、文章之美，就是人类的一般的审美理想在文章内容和形式方面的体现：文章境界、文章节奏。所谓“文章境界”，就是内容上所显示出来的写者的心灵高度、思维高度、智慧高度，一句话，就是写者的人格高度感、心灵空间感。所谓“文章节奏”，就是文章行文的语言运动所体现出来的流动感、速度感、力量感、时间感。后者体现着生命的“存活”、生气，前者体现着生命、心灵、思维的自由。作者认为，作为三维或“分维”空间的“境界”和作为一维时间的“节奏”具有相互的转换性。因此，写作之美、文章之美具有四维时空统一的场性特征，它正是人的自由生命的“栖居之所”。

在《高等写作学引论》中的“写作文化”的概念和理论是较为重要的写作学理论。这个理论主要解决的是关于人类写作的创造性机制的问题。这个理论认为，在人类写作的历史过程中，体裁的选择、主题的确立、文体（技法、结构、语言）的革新和创造的依据是特定时代社会的写作文化精神，因为写作文化是特定时代社会关于文章“写什么”和“怎么写”方面的价值取向、思维方式、时空情绪等写作规范的精神整体、意识形态。写作文化理论既是社会的产物，又是写作主体的心理现实，因此，写作文化在社会（“世界”）和写作行为之间充当了控制性中介。所谓作家要深入生活，不是去录制生活，而是要获得特定时代社会的写作文化精神。因此，要进行创造性写作，就必须培养写作主体关于特定时代社会的写作文化精神的敏感、感受、感悟。让写作文化来控制、催动写作内容和形式、主题和文体、技法的全面创新。这是写作创造的最后奥秘，也是文学创造的最后奥秘，这在文学艺术创造上也具有极大的实践和理论意义。

众所周知，当代写作学界对于写作行为过程的原理概括最有名的是所谓“双重转化”论，即从“意化”到“外化”的过程。这个理论本来是苏联文艺学家A. 科瓦廖夫在其《文学创作心理学》中提出来的。20 世纪 80 年代被中国写作学学者引进。说写作是“双重转化”的过程是不错的，但问题是，我们关心的是这个“转化”究竟是怎样进行（操作）的。但是这个理论本身并没有告诉我们这方面的一丁点儿信息，所以，有理而无用。然而《高等写作学引论》认为，写作过程原理不是什么“双重转化”、“三级飞跃”、“三重转化”、“四重转化”……而是“知行递变”。即在写作行为的过程推进中，“知”（目标、目的）不断地自变为“行”（表达方式、行为方式）；而在下一阶段上，“行”又自变为“知”。写作过程中，“知”与“行”就是这样周而复始地“递变”着、自我运动着，直到写作的全部目的、目标完成为止。这“知”就是写作秩序，就是生命境界、节奏、主题……这“行”就是写作行为过程、方式。显然，这种自我运动的“知行递变”论，是符合事物的辩证运动的生长规律的。我赞赏作者学术研究中的这样深邃、严密的分析、论难和超越。应该说，这几个原创性写作理论所达到的形而上的学理高度，我看与当代文艺学、美学等显学的一流研究成果是不相上下的。

这套教材不仅在形而上的层面有如此建树，而且难能可贵的是对写作行为操作技术、操作艺术规律的揭示，这也是我们写作学界多年来梦寐以求的东西。

与其他当代中外写作教材相比，这套教材的最大贡献是对人类写作思维的“基因图谱”与操作奥秘、规律的揭示。颜纯钧认为，写作就是处在“无”和“有”之间的过程，就是从“无”到“有”的过程。因此，写作学要研究的是从“无”到“有”的规律。这是对的。在我看来，这从“无”到“有”的规律，就是我经常讲的写作行为的操作技术层面的原理问题。换言之，只有写作理论的操作化，才能最后解决写作中的从“无”到“有”的技术和艺术问题。

在写作过程中，“无”和“有”有两个层次的含义：在第一个层次上，“无”是指没有观念规定性的生活现象，“有”是指从生活现象中生成的价值取向规定性的“立意”、“主题”；在第二个层次上，“无”指没有形式规定性的“立意”、“主题”，而“有”则是指具有书面语言形式规定性的材料结构体系。说穿了，写作就是立意和立意的语言秩序化（形式化）的过程。写作学的关键就是要解决这个过程的操作原理和技术、艺术的问题，尤其是后者。令人欣喜的是，这套教材顺利地、漂亮地解决了这个写作学最为艰难的问题。

在《高等写作思维训练教程》的“立意”章中，著者认为，“立意”的最高审美要求是“新颖性”，而达到立意新颖性有六条途径，或六种思维操作技术，写者只要提炼出深刻、高远、高妙、奇特、生僻的立意来，文章的立意就是“新颖”的了。在这里，新颖性是创新性、创造性的同义词。不仅如此，该教材还花很大篇幅给出了每一种新颖性立意生成的思维操作模型、技术。如果说这里讲的是写文章怎样从生活现象中产生一个新颖的主题、立意的思维技术的话，那么，《高等基础写作训练教程》中关于学术论文的观点创新的论述，则是从对现实（材料）与既成学术观点的矛盾的分析批判的思维过程来揭示立意思维操作技术。怎样产生一个具有创新性的学术观点呢？该教材认为：

> 对于一个学术论文写作者来说，首要的品格就是树立一种重新审视、重新评价的无情的严厉的批判眼光，来面对前人和他人的学术观点。看他们的观点是全面、整体、普适的，还是片面、局部、偏颇的？是深刻、本质的，还是表面、肤浅的？是系统、立体化的，还是孤立、零散的？是呆板凝固僵化的，还

是动态灵活开放的？是复杂的，还是简单的？是线性静力学的，还是非线性动力学的？是稳态的，还是非稳态的？是决定论的，还是非决定论的？如此等等。

实际上，任何学术观点上的片面或错误都是研究者的思想方法、思维方式上的片面或错误，其本质都是哲学世界观、方法论上的问题。因此，要解决这些陈旧观点上的学术问题，获得正确的独创性学术观点，最为重要的是从世界观、方法论、思想方法、思维方式上的脱胎换骨，来一场根本的深刻的革命，树立整体、立体、系统、动态、复杂、非线性、动力学的世界观、方法论，树立起现代广义系统哲学和系统论的思想方法和思维方式。

因此，要提出一个深刻的新颖的学术见解，首先要进行的是一种批判行为：质疑、论难、证伪。正是在这个质疑、论难、证伪的过程中，不断发现这些传统观点的局限性、肤浅性，逐渐凸显出真理的光辉——一个深刻的独创的学术观点来。这一切都是从现象到本质，从肤浅到深刻的思维过程。

这些创新性学术观点的思考、思维途径、方法、模型又有五种：

（1）从片面到全面，从局部到整体的思考；

（2）从结果到原因，从现象到背景，从结果状态到功能作用的思考；

（3）从系统到环境影响的思考；

（4）从元素罗列到内在关系的思考；

（5）从静态到动态的思考。

如此精彩的分析和揭示，阐述得何等深入。作者这里讲的不就是波普尔《猜想与反驳》中所谓科学革命的“证伪”理论的具体化思维操作技术吗？虽然教材并没有引述波普尔的一句话、一个字。这样，该教材便首次解决了立意的思维技术层面的“老大难”问题。

十分可贵的是，教材在这里的阐述，还不是从理论到理论，照搬别人的观点，而是从自己的学术论文的写作经验中概括出来的。因此，不仅具有较高的理论价值，而且具有较高的实用价值。这是一般写作学教材所难以企及的。这就是我盼望已久的所谓操作性写作理论的理想范本之一。

第二个层次上的从“无”到“有”，在教材中就是“主题结构化”或“结构主题化”的过程。这个问题的解决，是这套教材的又一个最吸引人的地方。这也是《高等写作思维训练教程》的重点内容。作者认为，当文章创新性立意产生之后，写作的全部任务就是将主题化为结构，或使结构主题化。这个过程，教材把它叫做“赋形”，即将没有形式规定性的文章的主题、立意赋予形式化（材料、结构、语流）的规定。因此，写的过程就是一个将写作立意“赋形”的过程。但是，写作赋形不是一下子就能够完成的，是一个需要有一系列中介的思维过程。“赋形”的思维模型就是“重复”与“对比”：使自己的写作主题、立意更加强化，从而更加感人、服人、明人。运用重复与对比的写作思维模型的过程就是一个产生“辞达”与“足文”的艺术感觉过程，也是一个将主题、立意赋形的过程。

但是，在写作之时，赋形思维或足文思维只是一种目标、理想、功能，那么，这里最重要的问题是，遵循什么路径进行这种重复与对比、渲染与反衬呢？该教材认为，这种路径就是因果思维、相似思维、构成思维等若干种“分析”与“综合”的思维操作模型，即从逻辑关系、空间关系、时间关系、相似关系等路径进行分析与综合。由于逻辑关系、空间关系、时间关系、相似关系必须服从对主题、立意构成重复与对比、渲染与反衬的内在性质关系，这样便解决了“材料围绕主题、立意”的问题，也解决了主题结构化和结构主题化的问题，从而与现实生活中的自然主义的逻辑关系、空间关系、时间关系划清了界限。在这里，分析与综合和重复与对比实际上是一回事。

这套教材认为，上述重复与对比、分析与综合的写作思维操作技术（模型）解决的是材料与结构的主题性、有机性、统一性的问题，还没有解决写作言说的书面化、语流化，即文本化的问题。要将上述重复与对比、分析与综合生成的文章材料和结构变成文章的书面语言文本，必须运用“渐进”与“平列”的思维操作将这些文章材料和结构进行线性整归，生成一个一个句子以及由句子构成的段落，从而形成书面语言的文章文本，最终完成从“无”（主题、立意）到“有”（书面语言文本）的书写任务。

正是在这种深邃严谨的学理基础之上，读者将会高兴地看到，教材（《高等写作思维训练教程》、《高等实用写作训练教程》、《高等基础写作训练教程》）对写作过程论进行了精彩的解构：一改过去西方学者延续了几千年的“材料（聚材、选材）—主题（立意）—结构（谋篇布局）—表达（记叙、描写、抒情、议论、说明）—语言（遣词造句）”的虚拟的写作过程框架，而建立了一个只有“立意—行文”或者“感思—行文”的写作过程的思维模型。与传统的写作过程论相比，这是一种没有选材、没有结构的以行文为中心的写作过程论，即非构思的写作过程论，亦即“即兴写作”的写作过程论。马正平胆敢丢弃“选材”、“结构”、“语言”这些传统写作学的范畴和环节，是因为在行文展开中重复与对比的路径思维，所以，我们欣喜地看到，在教材的写作过程论部分，没有感到一点理论环节上的残缺和遗憾。

在这里，文章的立意、行文，不是对材料的猜想、对结构的谋划、对提纲的预拟，而是运用一整套写作思维操作技术进行思维的展开、分蘖，这种展开、分蘖，就像一棵树的生长那样美妙、自然、流畅。这样的写作过程，这样的行文操作，能保证学生有话可说，而且能保证充分地完美地高质量地言说、书写！在此，这套教材便真正实现了20世纪80年代颜纯钧提出的对“推倒”“物—意—文”过程模式的愿望。这无疑是一个十分大胆而深刻的理论原创！

这样，这套教材便把作为艺术的写作的科学奥秘——思维原理——十分准确到位地揭示出来了。我以为，这就是真正具有高度操作性的写作思维的原理，而且超越了一般文学创作与文章写作的思维操作的规律。这无疑是中国当代写作学最为重大的事件和最为重大的原创性学术贡献之一。

但是，作者还不满足，还在继续探讨当下真正的更加实际的写作思维机制。教材认为，世界上没有抽象的写作，只有具体的写作，即具有特定读者对象，特定的时空背景，具体的写作目的、功能的写作活动和行为。在这种情形下，写作并不是写者个人的“独语”，而是一种双向的反馈与对话，是一种“互动”的过程。因此，写作思维的每一步，都必须考虑将自己思考出来的文章材料、内容让读者、时空背景“审核”，如果不能被读者、时空背景所接受，就要进行调整、撤换。这时，就要对写作思维的成果进行反思。这时，所需要的就不是一般的写作思维，而是一种写作智慧，一种写作策略。而写作智慧或写作策略的思维操作模型就是“协调”与“对抗”。也就是说，在写者进行重复与对比、分析与综合、渐进与平列的写作思维过程中，时时处处都要运用“协调”与“对抗”的写作策略思维操作模型，对文章的构思与行文进行把关、调控。只有这样，写出来的文章才能为读者、时代所接受，才能发挥最大的写作功能，实现自己的写作意图。这样一来，“写作文化”和“写作禁忌”的先锋写作学思想就派上了用场。

写到这里，我不得不感叹作者对写作思维的操作性原理体察之微、研究之深、概括之妙！这里已经给出了写作全过程中两个“无中生有”，即两个从“无”到“有”的写作思维过程的高度操作性的思维原理、技术（模型），实现了对操作性写作（思维）原理奥秘的最终破解。

上述写作思维、写作文化的原理只是一般的写作原理，写作教学的最终任务就是要把一般的写作原理最后落实，在具体语境下完成各种文章体裁写作的任务。《高等基础写作训练教程》和《高等实用写作训练教程》所做的工作正是如此。这两部书核心的写作概念就是“文体思维”，即“文体写作思维”。教材在对某种文体的写作和训练设计中，将一般的写作思维、写作文化的原理落实到具体的文体写作中形成具体的文体意识和文体思维，并对文体写作思维的过程进行了知识讲解、例文分析和操作演示，对写作实践等进行了精致的设计，强调了文体思维过程的学习、训练，这是这册教材的最重要的特征。我想经过如此精美、丰富的训练环节的训练，学生的写作思维能力是能够得到明显提高的。这样才可能实现写作教学的有效性。

另外，我更注意到教材所体现出来的新的方法论。因为，教材对人类写作行为的研究，不是对抽象的写作行为的研究，而是对处于真实语境状态、现实时空背景下的人类写作行为原理和奥秘的研究，这样就真正逼近了真实的复杂写作，而不是虚幻的简单写作，也只有这样的写作思维操作原理，才具有提高人类思维和写作能力的实际意义，从而实现当代写作教学的有效性和高效性。这正是人们翘首以待的东西。这也是若干年前我在《建设中国当代写作学的操作性理论体系》的万字长文中所深切渴望和期待的东西。

这套教材之所以能够获得如此成就，一是因为这套教材的主编马正平教授之前进行了13年写作学的潜心研究，奉献了皇皇5卷175万字的当代写作学研究巨著《写的智慧》。如果没有这个专著式研究成果，编写这样的体大思精的写作教材是不可思议的。二是因为这次教材编写，又物色了一批当代写作学研究的新锐，组成了一支阵容强大的编写队伍。三是因为马正平近年来运用这些写作学理论直接介入跨世纪的中学语文教学课程改革，参加了2000年人教版中学语文教材的修订和审订，并对当代中学作文教学理论与训练体系进行改革，他先后主编、出版了两套规模宏大的中小学作文教材丛书，均获得很大成功，这为本套教材编写积累了一定的经验。

近读米勒的《重申解构主义》一书，感慨颇深。他在该书中对美国社会和教育界对文学系的写作教学与写作学研究的过于重视，而对轻视文学研究与教学的现象大为光火。他说，在美国大学里，写作教学与写作研究得到学校和社会的大力资助，而文学教学与研究则未能受到这一待遇。人们更为关心的是写作学从文学系独立出去的可能性，那样，文学系就会受到冷遇。正是在这种学术背景之下，他的解构主义策略便侧重于向修辞学方向发展，向写作学靠近，形成具有耶鲁大学特色的“修辞学解构主义”。在美国，修辞学主要是关于写作的研究，而不是主要研究修辞格问题（所以，当前有人又把“修辞学”译为“措辞学”）。他还说，在美国，写作教学是热门的学科，许多有才华的青年教授争着去教写作课。① 而在我们中国的高等院校，情况恰恰相反，青年教师要争着教的是美学、文艺理论、古典文学、现当代文学。我在美国、加拿大等国访问讲学的时候，发现他们早就招收写作学的硕士生、博士生了，而我们还在为写作学争取学位授予权而竭力呼吁。这就是对于应用性、技能性学科两种截然不同的态度。是我们错了，还是人家错了？

我曾经是一个教过三十多年大学写作课的教师。在我的印象中，在20世纪90年代以前，写作课曾经是大学中文系的一门十分受重视的专业基础课程。那时候，许多大学里，写作教研室也算是中文系最大的教研室之一。据我所知，北京大学、复旦大学是全国最先编写写作教材的高校，像复旦大学、北京师范大学、东北师范大学和我所在的福建师范大学，写作教研室的教师都在20人左右，而且阵容强大、实力雄厚。写作课的确是深受学生欢迎的课程之一，在高等师范院校更是如此。

但由于20世纪90年代以来，中文学科本科的专业目录和攻读研究生的学位目录调整，写作学没能进入一、二级学科的目录之中，连三级学科也不是。写作学被排斥于当代学术话语领域之外！于是，写作课、写作学在国家教育界、学术界，在大学中文系受到了鄙视和排挤，许多地方写作教研室被并入文艺理论教研室，或与语文教学法一起成为综合教研室。于是，昔日风光无限的写作学科成了无家可归的

① 参见［美］米勒：《当前美国修辞学研究的功能》，见《重申解构主义》，78～84页，北京，中国社会科学出版社，1998。

"流浪儿"！

与此形成强烈反差的两个现象是：一方面，大学中文系的学生对写作课的兴趣有增无减[①]；另一方面，从20世纪80年代起，在中国高等汉语言文学教育界产生了一股十分强劲的建立现代化、科学化、民族化的写作学理论体系和写作教学体系的学术大潮。当时，中国写作学会的会员曾达6 000名之众，就是一个耐人寻味的信号。这个大潮经过几次一浪高过一浪的写作学研究理论和研究方法的重大变革，旧的写作知识体系发生翻天覆地的变化。我清楚地看到，通过这二十多年来老、中、青三代写作学理论与写作教学研究者的潜心研究，中国当代写作学研究与写作教学已经趋于成熟。应该说，马正平教授主编的这套"高等写作学教程系列"就是写作学科成熟的一个强有力的证据，这是当代写作学由"潜科学"走向"常规科学"的一个学术里程碑。

此刻，我又想到中国当代写作学的学位授予权的问题。20世纪80年代中期，在讨论写作学的学位授予权的问题时，负责中文专业学位授予权评审的一位前辈语言学家说："写作课就是教学生作文，没有什么学问可言，不必设立硕士、博士学位。"另一位著名语言学家也说："写作学就是文章学，应该属于语言学的一个分支。"用这样的语言和态度来评价80年代以前的中国写作理论知识体系和课程体系，是对的，我同意。但是，时间又过去了二十多年，在这二十多年中，经过几代（尤其是中青年一代）中国当代写作学研究者的不懈努力，写作学的理论和教学体系已经发生了翻天覆地的变化。"士别三日，当刮目视之。"写作学的研究现状已今非昔比。我以为，任何一位有学术良知的学者，对这套"高等写作学教程系列"教材，是不应该视而不见的，也是无法回避的。那么，我们的教育界，我们的语言学界、文学界，是否也该重新正视一下中国当代写作学不断提高的学术水准呢？

如果以公正、负责的心态去看中国当代写作学，人们会发现，中国当代写作学的确已经达到了一个相当的学理高度，虽然，达到这种高度，还不是一个十分普遍的现象。而且，它的确与语言学（修辞学、文体学）、文学（文艺理论，乃至文学创作论）有不同的学术特征和鲜明的差异。它的确既不属于语言学，也不属于文学，而是与这二者鼎立而三的一门独立的现代新型学科、边缘学科。我甚至强烈地感到，中国当代学者们正在为世界贡献一门由中国人原创和建构的现代新兴学科——写作学。

因此，我认为，教育部、国家学位委员会、国家哲学社会科学规划办公室应该组织有关专家学者对写作学科的学术现状和学科的专业定位进行重新考察、评估、论证，将现在的一级学科"语言、文学"改为"语言、文学、写作"，使写作学能授

---

① 一项关于当前大学写作教学的问卷调查结果表明：在中文专业的8门课程中，有66.2%的学生认为，就课程对学生的重要程度而言，应将写作课排在前4位，只有33.8%的学生认为应排在后4位。

予硕士、博士学位，使当代写作学有一个合法的“户口”，使最受社会欢迎的大学写作教学，有一个完整的层次、体系。

这不仅是写作学界的迫切要求，而且也是信息社会、知识经济时代社会的迫切需要。

这不仅是中国的需要，也是全世界的需要。

# 目　　录

## 绪论　写作学科论



## 第 1 编　写作本质论

## 第 2 编　写作学科论



## 第 3 编　写作行为论

## 第 4 编　写作教学论

# 绪　论

# 写作学科论

从边缘到中心：信息社会与写作学科

在边缘处综合：当代写作学科的独立性

在边缘处崛起：当代写作学学术景观

非构思写作学：洞察写作行为深处的决定性力量

# 第1章

# 从边缘到中心：信息社会与写作学科

新的经济要求掌握符号形象抽象的技巧，要求合乎逻辑地说明问题和表达的能力，以及其他方面的能力。

——［美］阿尔温·托夫勒

在这个文字密集的社会里，我们比以前更需要具备基本的读写技能。但是我们的教育部门却在制造日益低劣的产品。

——［美］约翰·奈斯比特

## 第1节　信息社会：人类进入“写作时代”

### 一、信息社会的特征

随着21世纪的到来，人类已经走进“知识经济”的伟大时代。“知识经济”时代实际上也是“信息革命”的时代。美国著名社会学家约翰·奈斯比特在《大趋势——改变我们生活的十个方面》中认为，在信息社会里起决定作用的生产要素不是资本，而是信息知识；价值的增长不再通过劳动，而是通过知识。美国科普作家罗纳德·科图拉克认为这个社会有三大特征：一是社会信息化，变革社会的力量是知识信息，扩大知识、大量生产知识和提高人们的智能，将是生产力提高的关键；二是生产方式和社会面貌将发生很大变化，工厂、办公室、家庭将实现自动化；三是劳动技术不是靠体力而是靠智力和知识。美国信息探索研究所在1994年发表了《知识经济：21世纪信息时代的本质》一组论文，在第一篇论文中说：“信息和知识正在取代资本和能源而成为财富的主要资产，正如资本和能源在300年前取代土地和能源一样。

而且，本世纪技术的发展，使劳动由体力劳动变成智力劳动。产生这种现象的原因，是世界经济已变成信息密集型经济，信息和信息技术具有独特的经济属性。”显然，知识、信息成了知识经济时代人们最为关注的社会维系物和序参量。

### 二、信息社会与写作时代

信息社会、知识经济时代也是写作的时代。许多学者已经指出，在信息社会、知识经济时代里，作为社会主体的人最为需要的是“文化”方面的素质和能力。所谓“文化”并非只是认识文字而已，而是体现为一定的能力结构。托夫勒指出：“新的经济要求掌握符号形象抽象的技巧，要求合乎逻辑地说明问题和表达的能力，以及其他方面的能力。”最根本的是阅读和写作的能力。托夫勒进一步指出：“在可以预见到的时期内，所有这些技能和特征都必须伴随最起码的若干基本技能”，如“阅读技能”、“写作技能”和“一些（未必是大量的）数学”。而奈斯比特把“读写技能”看得更为重要。在他看来，由工业社会向信息社会过渡有五件最重要的事情应该把握，其中之一便是“读写技能”：“在这个文字密集的社会里，我们比以前更需要具备基本的读写技能。但是我们的教育部门却在制造日益低劣的产品。”美国教育家韦斯特说得更形象：在信息社会，“写作，包围着你”。可以认为，没有哪一个时代像今天这样需要写作，没有哪一个时代像今天这样依赖写作。当人们在互联网上用键盘无拘无束地交流情感、思想和信息的时候，自由地发表见解的时候，人类社会已经进入真正的“写作时代”。

## 第2节　写作在信息社会的作用和地位

### 一、作为创造和加工信息行为的写作行为

正如前面指出的那样，信息社会由于现代科学技术的高速发展，信息量急剧增长，大量传统工业日趋没落，而知识密集型产业（以电子技术为中心的工业）和信息产业则蓬勃发展，于是社会劳动结构也随之发生了急剧变化，大多数从业人员在创造、处理信息。这样，整个社会以集成电路和电子计算机为标志，本质在于对信息的创造、加工、复制、交流、运用，而这个流程的源泉在于信息的创造和加工。信息的创造和加工不能离开写作。因为科研成果的信息最先是抽象思维的产品，它具有散乱性，这些结论要让人理解、接受，就必须经写作活动将散乱的思想组成结构完整、论据明晰的文章，论证自己的观点，描述研究过程和手段等。难怪法国未来学家施耐贝尔认为，在未来社会，“阅读和书写仍将是表达抽象概念的工具”①。

① ［法］施耐贝尔：《世界面临挑战》，49页，北京，华夏出版社，1989。

是不是只有创造信息时才需要写作，而到了加工信息、处理信息时就不再需要写作能力了呢？换言之，是不是只有科学家、管理人员、研究人员才需要写作，而一般人员就不需要写作了呢？回答同样是否定的。因为信息加工、处理，无非是为了某种目的、功能，把来自四面八方的散乱信息材料，组成一个有序的信息系统，这就是编写程序的工作。其实，这也是一种写作，程序本身就是一篇文章，同样需要写作能力。当奈斯比特看到美国一些中学生和大学生虽然毕业了，"却写不出使人满意的英文时，感到沮丧"。因为他认为，在信息社会，如果缺乏基本的文化素养（即读写技能），就会成为电脑盲。

## 二、作为物质生产的手段、环节、过程的写作行为

人们之所以把后工业社会称为知识经济社会，是因为在这个社会里，物质生产、产品消费的全过程都伴随着知识生产，而知识的载体便是文章，知识生产的过程也就是文章写作的过程，因此，物质生产、产品消费的全过程都伴随着文章写作。首先，生产什么产品需要对消费市场进行充分细致深入的调查分析才能确定；其次，产品生产出来之后，又要考虑怎样吸引消费者来消费；再次，还要考虑怎样在公众中树立良好的企业形象，参与市场竞争。这一切，都需要思考，都需要策划。这一切，都需要从业者具有写作才能。这样，写作就不仅仅是一种创造和加工信息的手段、行为，而且是一种物质生产的手段、环节、过程。当然这一切"写作"都是在电子计算机上进行的。正因为这样，人们认为："在正在出现的信息社会中，大量的劳动力从事处理和生产各种不同形式的信息，计算机阅读与写作能力和接触网络设备的能力，比传统的阅读和写作更为重要。"①

## 三、作为产生、表现情感的写作行为——艺术和休闲的写作

奈斯比特在《大趋势》中提出了"信息社会里，高技术必须与高情感平衡"的独特见解。他认为技术越高，它与人的关系越远，这是对人的权威、地位的挑战和动摇。因而每当一种新技术被引进，人类必然会产生一种要加以平衡的反应，这就是一种"高情感"，也就是高技术需要高情感来补偿、平衡。高情感产生于人的行为中。这种行为是人化的，因为它直接和人的身心相联系，它能直接体现、表达人的心灵、理想、技能、智慧、情感、体验等。如果说计算机、办公自动化是高技术，那么人的写作活动则是一种高情感。所以在美国，一方面办公室利用高技术的文字处理系统实现办公自动化，一方面手写便条和信函再度风行。至于用电子计算机写

---

①　袁正光：《知识经济时代已经来临》，见陈胜昌主编：《知识经济专家谈》，36 页，北京，经济科学出版社，1998。

作、修改文章则更是一种高技术与高情感的和谐统一。因此，写作本身就是一种产生人类情感的行为活动。这种活动，在快节奏、高技术、缺乏情感、缺乏人性的信息社会里是必不可少的。作为高情感的写作活动一方面用于实际，另一方面也用于表现情感的文学创作。信息社会，人的感受力、审美能力、创造力会随着文化素养的提高而提高，而且闲暇时间也会越来越多，再加上网络发表具有非限制、自由的特点，这时的文学创作就不是作家、诗人们的专利活动了。正如甘哈曼所说，到21世纪，阅读、创作、著作、艺术活动将是普遍的人类活动。因为，那时的生产主要不是物质生产而是精神生产。这并不是一个梦想，当总经理的工作被计算机取代的时候，这一天就到来了。

## 四、作为学习方法、过程的写作行为——学习：通过写作

著名的罗马俱乐部（未来学研究的国际性民间学术团体）的学者们经过广泛而长期的研究后认为：人类社会变得越来越复杂，这种复杂性和主体能力之间形成了巨大差距，并且这种差距在日益加深，这种复杂性对人类提出了挑战。他们认为，“为了回答世界的挑战”，为了缩小人类与复杂世界的差距，就必须学习。他们的名言是“不学习就灭亡”，但是传统的学习方法已经不能完全满足人类的需要了，因为这种学习方法是一种“维持性”的方法，最大特点是“以课程为中心”，先生讲，学生听。这种学习是通过学习获得原先已经确立的观点、方法和原则，以对付已知的或重复发生的情况，因而通过这种学习培养出来的学生缺乏现实和未来社会所必不可少的应变能力和创造能力。因此，他们主张推行“创新性”学习方法，树立新的学习观。

如果说罗马俱乐部的学者们提出了当代以及未来学习方向的话，那么美国人在20世纪80年代提出的“学习：通过写作”的口号，则使“创新性学习”更加具体化了。为什么美国教育界在20世纪80年代要提出“学习：通过写作”的学习策略呢？因为在他们看来，写作能发展人的多种能力。一位在大学指导“写作过程实验”的科研人员指出：

> 写作要分析和综合，写作有助于能力的发展，写作能发展勇气，还能帮助人们学习阅读，学会科学和教学。①

在美国，无论是中小学还是大学都特别强调写作能力的训练。一些大学不仅开设了写作专业，还有专门的写作学院，原因就在这里。

经验告诉我们，通过写作进行学习，是当代学习、研究、治学的一条行之有效的方式，尤其是在大学学习中。这种学习方法，不是等到打好知识基础后再去提出

① 转引自汪娅：《西方修辞学关于文章写作的研究》，载《语文导报》，1986（3）。

问题、解决问题，写成文章，而是边学习边发现问题，并能够分析问题、解决问题。因此，在写作中必须接触深广的知识领域，旁涉其他学科，这就迫使我们有目的、有效地去读书，去补课，去思考，于是写作过程就变成了读书学习、研究思考的过程。一篇文章写成以后，作者就建立了属于自己的、真正弄懂的、有机的知识结构和网络。通过更多的写作，作者可以建立更多更大的知识网络和结构，可以达到一个更深邃、更广博的境界！

## 五、作为思维训练、素质教育手段的写作

多年写作教学的经验和教训告诉我们，写作的问题和写作教学的问题，绝不仅仅是一个“写”的问题，而关键是一个“思”的问题。这一点，叶圣陶早就说过：“学习写作的人应该记住，学习写作不单是在空白的稿纸上涂上一些字句，重要的在于学习思想。”① 世界著名心理学家、教育家维果茨基指出，书写活动不仅仅意味着对内部语言的翻译，还要求儿童进行深思熟虑的分析活动。他认为：“把最为简洁的内部语言转化为最为详尽的书面语言，要求所谓的深思熟虑的语义学——精心构造词义网络。”② 此外，要写好文章，还必须建构写作主体的人格、审美、文化素养，因此，写作和写作教学是进行思维训练、素质教育的最佳载体。

## 六、文章写作在现代传播媒体和传播活动中的独特优势

人们之所以认为到了信息社会仍然离不开写作，是因为写作本身的独特性。有人曾经指出写作的特点是目的性、综合性、实践性，这是对的。但如果我们对写作文章与其他行为和传播媒介进行比较，就会发现写作行为和作为写作成果的文章有如下的特征：

首先，写作具有很强的创造性。任何写作活动都是对人的思想、情感以及所认识的客观事物的反映，都是他建构的一个秩序世界。不仅每篇文章的立意、主题可显示出人的创造性，而且即使标题、立意相同，不同的人写出来的文章也会显示出其个人的创造性，可能体现在结构的安排上，也可能体现在材料的选择上。正是写作的这种创造性，才使写作成果——文章显示出各种不同的风格、主题，丰富了人们的精神食粮。

其次，写作具有深刻性。录像、电视、电影这些传播媒介以形象取胜，靠形象来吸引人。文章以抽象的语言作为表达的媒介，而语言是思维的直接体现，因此文章可以表达抽象的思想、概念。因此，我们可以用文章来描绘我们的思想、情感的

---

① 转引自顾振彪：《与教材同步，与时代同步》，见马正平主编：《DCC 作文导写导练》，2 页，成都，四川人民出版社，1999。

② ［苏］维果茨基：《思维与语言》，110 页，杭州，浙江教育出版社，1997。

状态和过程，可以归纳、演绎思想，进行思辨。思想有多深刻，语言就大致能表达多深刻。这也是形象性的传播媒介无法胜任的。

由此我们看出，无论是计算机写作的盛行还是影视媒介的诱惑，都永远无法削减人写作活动的价值，相反，写作将越来越受人们重视。

## 第3节　信息社会需要建立独立的写作学科

### 一、信息社会写作教学的迫切性

正因为在新技术革命的信息社会里，写作是人们的一项基本的、重要的技能，或者说是一种生存手段、生活方式、工作方式，所以20世纪80年代以来，国外对于中小学的写作教学特别重视。1983年美国教育质量委员会在给教育部部长贝尔提交的题为《国家在危险中，迫切需要教育改革》的调查报告中说，为了适应目前信息社会的需要，今后中学英语课应该有四点要求，其中第二条就是要求学生“写出结构严谨、有说服力的文章”。几乎在同时，美国国家科学院的初等、中等学校数学、科学和技术教育委员会在报告中紧急呼吁，“为了21世纪而教育美国人”，学校今后除了读、写、算等基础课程，还应该“提高学生语言表达和准确写作的能力”。由美国新泽西州普林斯顿市教育董事会任命的长期规划委员会的委员们经过长期调查研究，得出结论：“未来世界的学习”就该使人们具有“实用读写能力”，使孩子们学会“思考”、“交际”（写作也是一种交际）、“协作和做出决定”。他们认为，这包括一系列积极地投身于这个现代化的、复杂的、高度技术化的和经营性极强的官僚政治的社会所必备的知识和技能。在这些学者看来，适应新技术革命的信息社会的关键就在于提高“实用读写能力”。

克林顿任美国总统后，更加关心知识经济，为了适应知识经济发展的需要，提出了新的《全美国民教育纲领》，要求8岁以上的儿童“能读会写”，但是，到了1994年，全美仍只有12.5%的中学生能过写作能力这一关，美国政府对此深感不安。

### 二、信息社会需要独立的写作学科

从20世纪90年代开始，美国大学里的写作课也越来越受到官方重视。例如美国许多高等学校把写作确定为大学教育的核心课之一，他们所谓的大学教育核心课是指所有受教育者必须具备的知识，其余的还有历史、文学、哲学、统计学、伦理学、心理学等。为了提高写作教学的质量，美国一些大学还建立了“写作过程研究所”，专门研究写作的规律。

从我国大学教育来看，20世纪80年代以来，比较重视对大学生写作能力的培养，除了中文系把写作列为必修课以外，非中文专业的学生写作也是重要的课程。许多大学的中文专业十分重视写作课在中文专业课程中的分量，上海大学文学院的写作课是开设四个学年，暨南大学、信阳师范学院中文系开设的是三年，东北师范大学中文系等开设的是两年。

为了使大学教育适应信息社会、知识经济时代的需要，为了使人文学科尤其是汉语言文学专业的学生在信息社会、知识经济时代的知识生产与传播中大显身手，提高他们在今后就业中的竞争能力，我们建议建立写作学科，确定其专业课的性质和地位，从而强化写作课理论与写作教学的研究，通过写作课教学改革的实验与推广，培养具有较高写作和写作教学能力的人才成为汉语言文学专业学生的专业特征，彻底改变人们心目中“中文专业是万金油”的印象，重塑中文系崭新的专业特征。

## 【基本概念】

信息社会　写作时代

## 【复习思考题】

1. 为什么说我们走进了写作时代？
2. 写作在信息社会里的地位如何？有哪些作用？
3. 为什么说“学习：通过写作”是当代大学生最好的学习方法之一？

# 第2章

# 在边缘处综合：当代写作学科的独立性

传统语言学研究的范围不超过句子。大于句子的句群、段落、篇章，组织千变万化，似无章法可寻。这使作文至今停留在“术”的地位，有待于向“（科）学”发展。文章属于语言研究的最高层面，非下层的折腾所能达及，难怪长期不见进展。近年来，“话语分析”、“篇章语言学”的讨论甚嚣尘上，看来距作文法尚远。

——叶蜚声

这些新的哲学博士们，倾向于仅受训于如何教授文学，并只用某些方法教文学；而他们在写作教学方面的训练往往是最低限度的。对这种变化的最体制化抵制，来自于讲授文学和写作学的人们……在讲写作的领域，一个庞大的行业正在被调动起来，目的是创造一个新的学科。

——［美］J·希利斯·米勒

## 第1节　写作学不是语言学

### 一、中国当代写作学的尴尬

在现当代，写作学并未作为一个独立学科被承认，是不受学界重视的。写作学一直没有学位授予权，长期处于附庸的地位，或从属于语言学，或从属于文艺学等学科。我们觉得，写作学不是不可以从属于其他学科，像语法学从属于语言学，叙述学从属于文艺学，问题在于，如果写作学从属于语言学或文艺学，便无法科学地反映人类写作行为和写作学科的本来面目和本质属性。当写作学作为其他学科的附庸时，必然受制于这些学科学术共同体的学术规范，写作学的学科发展最终会受到限制、约束，这对于人类的知识发展极为不利。

## 二、中国图书分类界对写作学学科归属的理解

在我国，学科的归属是通过图书分类法和报刊索引来体现的。图书分类法主要有两套体系，一套是《中国科学院图书分类法》，另一套是《中国图书馆分类法》（原名《中国图书馆图书分类法》，简称《中图法》）。目前，各地图书馆使用的主要是后者。报刊索引也主要有两套，一套是上海图书馆编的《全国报刊索引》（简称《报刊索引》），另一套是中国人民大学书报资料中心编的《报刊资料索引》和《复印报刊资料》（简称《复印资料》）。在索引体系和图书分类之间，上海图书馆的《全国报刊索引》和《中图法》的分类体系是对应的，与中国人民大学的索引体系不完全对应。

在目前流行的《中图法》（第四版）中，“写作学与修辞学”属于“H 语言、文字”，排在“H0 语言学（纯理论）”中的“H01 语音学”、“H02 文字学”、“H03 语义学、词汇学、词义学”、“H04 语法学”后面，图书分类号为 H05 。分类说明上说：“文章学及研究语言修辞的综合性著作入此，专论某种语言写作、修辞的入有关各类。”从这个说明来看，第一，《中图法》理解的写作学就是文章学，而文章学界一般理解的文章学是狭义文章学，即关于非文学作品类的实用文章阅读、写作的学问。著名语言学家张寿康教授主编的《文章学概论》就认为：“文章学是研究实用文章写作和阅读规律的学问。”那么，《中图法》所说的文章学是否是广义的文章学概念呢？不是，因为第一，它在“H1.152 文体论”中，把“文学创作”、“传记写作”、“新闻写作”排除在“语言学”这一类之外，专门指“1. 记叙文；2. 辩论文；3. 应用文（普通应用文、专业应用文、说明文等）”。第二，汉语写作学不归入此类。所以，在“H1 汉语”中，又有“H1.15 写作、修辞”一类，其分类说明为：“（汉语）文章学及论述汉语语言技巧的著作入此。”其实，这“H1.15 写作、修辞”指的就是汉语写作学和汉语修辞学。在“H1.15 写作、修辞”这一类下面又分“H1.151 风格论”、“H1.152 文体论”、“H1.155 标点法”、“H1.158 格律”、“H1.159 翻译”。“H1.152 文体论”后面括号中的解说是“总论汉语各种文体写作方法的著作入此”。

从《中图法》对写作学和文体论的学科内涵和学科归属的定位来看，《中图法》理解的写作学和文章学都是把具有艺术性、文学性的写作和文体排除在外的，专指应用性、实用性的写作和文体。这不是对写作和文章规律的一般抽象，或者说不是对所有的写作和文章共同特点的概括。因此，它所说的写作学是应用写作学，它所说的文章学也是狭义的文章学或实用文章写作学。正因为如此，《中图法》在“I 文学”的分类中，在“I0 文学理论”的“I04 文学创作论”之下又分出“文学写作学”一类。

显然，《中图法》和《全国报刊索引》与全国写作学界对写作学内涵的理解存在着相当大的差距。假如《全国报刊索引》严格按《中图法》的分类原则，把“（应用）写作学”归入“H0 语言学”，把“文学写作学”归入“I0 文学理论”，那么，中国写作学界所理解的作为概括、抽象这两类写作文章的一般规律、基本原理的写作学便无栖身之地了（其实，中国社会科学院信息中心编写的《社科论文题录》就是如此）。这是不行的。因此，《全国报刊索引》在对写作学研究文章归类时态度就不同了，1992 年以前是放在“H95 修辞学”下面的“写作学”中的，从 1992 年开始放在“H05 写作学与修辞学”之下，一直到现在。当图书分类法和报刊文章索引法的分类体系不能反映学术界的真实状况时，这种分类的科学性就值得考虑了。因此，我们认为，《中图法》和《全国报刊索引》把写作学归入语言学是不合理的。

## 三、写作学为什么被误认为是语言学

写作学之所以最容易被看成语言学的从属学科，其原因是：第一，写作所运用的表达媒介是语言，文章就是一个书面语言的整体，因此，写作可以被看成一门语言研究的学科。第二，就写作学的概括性即研究对象的涵盖面而言，写作学和语言学一样，不仅研究文学语言，也研究非文学语言。第三，似乎国外也有先例，例如日本就把作为写作学分支学科的文章学放在语言学中语法学的范畴里，西方国家也把写作学意义上的文体学、修辞学放在语言学里。所以，在《中国图书馆分类法》中，写作学被归到语言学的目录中。著名语言学家张寿康就认为：“文章学应当是语言学的一个分支，因为文章是组成篇章的语言。”[①] 语言学家胡壮麟编著的语言学著作《语篇的衔接与连贯》（上海外语教育出版社，1994）和黄国文的《语篇分析概要》（湖南教育出版社，1988）中均把当代所有的文章学著作作为篇章语言学的研究成果来述评，但是他们也感到中国的文章学不太像西方的篇章语言学。

## 四、写作学为何不属于语言学领域

在我们看来，把写作学归入语言学无论如何是不恰当、不科学的。虽然写作所运用的传播媒介是语言，但是，语言问题在写作中只是非常表面的一个方面，不是写作的本质。因此，写作语言研究不是写作学研究的重点，写作学主要研究的是写作主体的写作行为。所谓写作行为研究，不仅包括写作技术，而且包括写作艺术；不仅研究写作行为的心理，而且研究写作行为的思维、智慧、文化和美学。

从经典语言学（传统语言学、现代语言学 ）来看，它对语言研究的最高单位是句子，因此，所谓“语法”、“文法”，其实就是“句法”，是指句子的构造规律，它

① 张寿康：《文章丛谈》，252 页，北京，知识出版社，1983。

并不研究文章的篇章结构规律，就连最近 30 年来在语言学界影响最大的结构语法和转换生成语法也是如此。然而句法、语法对写作学没有本质意义。因为，语法学得再好，也只能保证文章语言的通顺而已，它对写作中最重要的文章立意、主题赋形、应对智慧是没有助益的。

从 20 世纪 30 年代开始，现代语言学发生了深刻的变化，这个变化最显著的特点就是语言学研究的对象由语言的句子转向了语篇，产生了影响很大的话语语言学或篇章语言学，也就是说，当代语言学由过去对句子的语法研究转向了对语篇的语法研究。这样一来，似乎篇章语言学混淆了写作学（文章学）与语言学的区别，给人的印象是（篇章）语言学包容了写作学（文章学）。这其实是一种误解。

首先，从篇章的概念上来看，篇章语言学或话语语言学里的篇章、语篇，通常是指由连续的语段或句子构成的语言整体①，或者“指任何不受句子的语法约束的在一定语境下表示完整语义的自然语言”②。它既可以指一句标语、口号，也可以指一篇文章，还可以指一部小说、一部宪法。在写作学里，篇章指的就是一篇文章，写作学并不研究标语、口号的拟定，最多把它作为一个句子来研究。

其次，同样对篇章进行研究，篇章语言学的篇章分析是语言学式的，即是对篇章的语法和语义进行分析，研究语篇的语法关系的衔接与语义的逻辑连贯。而写作学的篇章研究是写作学式的，即是对文章主题、信息（情感、思想、性格、观点等）的造型、赋形、成型问题的分析，也就是对主题结构化或结构主题化的问题，或如维果茨基讲的形式架空内容问题的分析。用更为通俗的语言来说，篇章的写作学分析，是对文章中材料（段落/部分）所蕴涵的意思（情感、思想、观点、色调）与文章主题是否构成渲染（重复）或反衬（对比）的艺术关系、修辞关系的分析以及写作智慧、写作策略的分析。因此，篇章语言学学得再好，对写作学的用处也不是太大，因为语篇分析、话语分析属于写作的表层结构问题，只能解决语篇的通顺、连贯问题，无法解决文章感人或服人的写作艺术和智慧问题，后者则属于写作思维的深层规律。

诚然，语言学兴起的初衷是探索语言运用的规律，为人们的说话和写作服务。但是语言学从产生的时候起，并没有对完成具体的写作主题、写作立意、写作行为而进行过研究，而只是进行一种抽象式、形式化的研究。马建忠不遗余力地用西方的语法理论来研究汉语语法，是想让中国学生掌握语言规律，尽快学会文章写作，因此，他把自己的汉语语法著作称为《马氏文通》；而现代的一些语言学家也把语法称为文法，如吕叔湘的《中国文法要略》。事实证明，精通语法，可以让人们的写作、说话文从字顺，没有语病，但无法让人写出好文章，因为语法（句法）、语篇语言学讲的那些规律，都是人类先天生成或后天经验所自然获得的最简单、最表层、

① 参见胡壮麟：《语篇的衔接与连贯》，1 页，上海，上海外语教育出版社，1994。

② 黄国文：《语篇分析概要》，7 页，长沙，湖南教育出版社，1988。

最基本的语言经验，语法是话语的形式框架关系，语义则是话语的逻辑关系，它们本质上都是一种形式，所以语言学被认为是形式科学。它是对语言的句法、篇法规律性进行解释的知识体系。它不关心思想的生成和思想的展开，也不关心语言说服、感人的目的和意图。这就是能说话的人不一定会写作的原因。写作是另一套功夫、学问、技艺、智慧。语言学是为了让人们从感性的语言经验里概括出理性的句法、篇法规律，理解、掌握这些理性的语言规律，从而使人们的语言交流符合人们表达的语言规律，以利于人们说话和写作，但它本身不研究说话和写作。因为后者是一种艺术行为，说话需要口才，写作需要文才、智慧。因此，面对具体写作环境、读者对象时的写作思维、写作智慧的技术和艺术、修辞的问题，才是说话研究和写作研究的主要内容。

那么，随着语言学的发展，它是否会包容写作学研究的这些内容呢？答案应该是否定的。因为，不管语言学怎样发展，都无法改变语言学是关于语言形式规律的学问，不会涉及写作的内容，无法改变语言学属于“科学”的学科基本特征。而写作学研究的内容属于广义的艺术范畴，属于认知、技艺和智慧的范畴，属于人类精神生产领域。作为知识性体系的语言学无论怎样发展，都不会发展成可操作的思维性和审美性的写作学，后者是另一个完全不同的学术天地。

当我们把研究的视野指向话语生成的艺术问题、思维—智慧问题的时候，写作学的研究对象、范围就是写作主体的写作行为，即写作意识、写作心理、写作思维、写作措辞、写作智慧、写作美学、写作文化。所以，我们认为，对于语言、话语、文章的精神生产的研究来说——语言学结束的地方，正是写作学开始的地方。

## 第2节　写作学不是文艺学

### 一、把写作学确定为文艺学的“边缘学科”、“相关学科”是准确的

相比之下，中国人民大学书报资料中心编的《报刊资料索引》第五分册（语言文字）在写作学和文章学学科地位问题上的处理稍显合理，态度较为客观。第五分册是从1983年开始收录文章学、写作学的文章篇目的。最初，由于写作学被叫做文章学，所以，1983年的第五分册只收了“文章学”一项，放在“文学”类“文学理论”的“J132文艺理论新学科”下面，第一项是“J1321比较文学”，第二项是“J1322文章学”。在“J1322文章学”里，收入的文章不分文章学和写作学。1984年到1985年，“J132文艺理论新学科”下分列文章学、写作学、文艺信息学、文艺社会学学科名称。在1986年至1989年的“J133文艺理论新学科”下面包括好几个新

学科分类，其中最后两个学科便是“文章学”与“写作学”。在 1990 年的“J133 文艺理论新学科”下面包括“文学主体论”、“文章学”与“写作学”。从 1992 年起到现在，“J133 文艺理论新学科”变成“J1.313 文艺与其他学科的关系”，在这一类中专设了“J1.31383 文艺新学科及文艺与边缘学科、相关学科研究”，其中包括四门学科：“J1.313831 比较文学”、“J1.313832 文章学”、“J1.313833 写作学”、“J1.313834 文艺叙述学”。显然，在这里，编者是把“比较文学”看成“文艺新学科”，把“文章学”、“写作学”、“文艺叙述学”看成与文艺有关的边缘学科或相关学科，而没有把“文章学”、“写作学”、“文艺叙述学”强硬地归入“文艺理论”，应该说这是非常明智的，也是比较准确、比较科学的。

## 二、写作学为什么不属于文艺学的领域

与其把写作学归入语言学，不如把写作学看成广义的文艺创作论。因为，当代写作学学术话语的特征与语言学相去甚远，反而更像文学创作论或叙述学。尽管如此，我们认为，把写作学、文章学归入文艺学仍然是不太恰当的，让我们进一步深入分析，陈述理由。

首先，由于文学是一种“社会意识形态”，因此，文艺学作为“一门以文学创作为对象，以揭示文学创作基本规律、介绍相关知识为目的的学科”，其学科品质的基本特征是“意识形态性”，纯粹属于美学、艺术修养、思想教化的范畴。[①] 由于文艺学的基本属性是“意识形态”或“审美意识形态”，文学理解、文学鉴赏、文学批评就是文艺学的主要任务。这样，就决定了文艺学主要是一种知识性的学科，是符号性解释性的学科，而不是技术性的学科或艺术性的实践操作性的学科。写作学之所以具有技术性、操作性，是因为写作是人类交流思想、传达情感的手段、工具，是一种生活方式或生存方式。从这一点上看，写作学又有点像传播学，而不太像文艺学。

虽然文学理论中的文学创作论与写作学中的文学写作学极为相似，二者都以文学创作为研究对象，都是对人类精神生产规律原理的研究，但是，二者仍然有区别。作为文学理论一个部分的文学创作论，它主要是对文学作品的创作本质、创作过程、创作原则的美学分析和解释，它的主要精力并不放在作家创作系统和创作行为过程的思维操作技术、操作艺术的层面，研究者一旦把研究的主要精力放在后者上，那他就是一个（文学）写作学家，而不单单是一个文艺学家了。这也就是为什么孙绍振的《文学创作论》与杜书瀛的《文学理论·创作论》大异其趣的原因：后者只具有解释性，操作性不强，因为杜书瀛是一个纯粹的文艺学家；前者不仅具有解释性而且具有操作性，大受“作家班”学员和文艺爱好者的欢迎，因为孙绍振不仅是一

---

① 参见童庆炳主编：《文学理论教程》，北京，高等教育出版社，1998。

个文艺理论家，而且是一位大学写作课教师，是一位编写过《基础写作概论》、《高等师范写作学教程》等著名写作教材，在当代写作学界有巨大影响的写作理论家。从西方文艺学来看，当把研究重点放在文学文本的制作、成型的时候，它已经不是原来意义上的文艺学，而是文学写作学了。比如西方的叙述学就有点像写作学，所以西方有人认为文艺叙述学已经是一门边缘学科了。

其实，文学创作论不能包容写作学内容的一个更重要原因在于，写作学不仅仅研究文学写作的原理、规律，还要研究非文学写作的原理、规律。写作学也并非文学写作学与应用写作学（新闻写作学、文秘写作学、科技写作学、经济写作学、司法写作学、军事写作学、公关写作学等）的简单相加，最重要的是要抽象出这两大类写作行为、写作活动的共同规律和基本原理。只有研究出写作的基本原理，写作学科才有独立的价值，才有科学的品格和学科分类的地位。写作学长期以来得不到学术界的承认，主要原因也在于此。

从概括性、综合性的层次上看，不仅文艺学（文学创作论）不能代替写作学，文章学也不能代替写作学，无论是狭义的文章学还是广义的文章学。文章学研究文章的阅读和写作，它仍然是一门知识性、解释性的学问，不是对人类写作行为的操作技术、操作艺术和操作智慧的研究。

## 三、写作学：在边缘处综合，便是独立

写作学是这样一门学科：从写作成品—文本—研究的角度来讲，写作学有点像语言学、文体学、修辞学、符号学；从写作主体的写作行为研究的角度来讲，它又有点像文学创作论、逻辑学、思维学、艺术学、美学、哲学。问题在于，写作学对这两个领域都要进行研究，而且要实现这二者的统一。这样一来，写作学的学科性质就具有综合性。一方面，写作学不是纯粹的知识性、解释性学科；另一方面，它也不是纯粹的技法描写。本质上它是一门术科（技术、艺术、智慧的操作），但是，这“术”之中，又包含着一套深刻的原理和知识体系，正是这“一套深刻的原理和知识体系”，才使写作学有资格成为一门学科，一门术科性的学科。

因此，写作学是一门独立的边缘性、交叉性的术科，既不是语言学的附庸，也不是文艺学的附庸。

正因为这个缘故，在20世纪80年代初期，《报刊资料索引》第五分册才把文章学（写作学）视为“文艺理论新学科”。可能其编者发现，文章学和写作学毕竟和文艺学有较大的差异，因为非文学创作性的文字作品显然不沾文学创作的边，因此，从1992年以后，第五分册才把“文艺理论新学科”的名称变成“文艺与其他学科的关系”，把文章学、写作学放在这个分类层次下面，一直保持到现在。当图书分类界承认写作学是文艺学的边缘学科、相关性学科时，就意味着学术界实际上已经承认写作学是独立的学科了。这是符合写作学学科发展的基本事实的，因此，这种学科

分类应该是科学的。

## 第 3 节　写作学·修辞学·文体学

### 一、写作学与修辞学的关系

在西方的许多高等院校里，无论文、理科还是工、农、林、医科，都要开设写作课，甚至有专门的写作系或写作学院，上写作课不仅可以拿到硕士学位，而且可以拿到博士学位。但是，在西方学术界，的确没有写作学这门学科，所以"写作学"这个单词都还未普及。原因何在？那是因为，西方大学写作课教学的基本内容主要是修辞学、文体学。似乎在他们的心目中，写作学知识就是修辞学、文体学知识。

当然，写作学与其说与语言学比较接近，还不如说与修辞学比较接近。但是，这里所说的修辞学，不是作为语言学分支学科、专门研究各种局部的语言修辞格（像中国现当代修辞学理论体系那样）的修辞学，也不是作为西方传播学、说服学意义上的研究讲演艺术规律的修辞学，而是作为与诗学并列的研究散文（包括讲演文章）写作技术和艺术规律性的修辞学。这里，显然已经整合了关于讲演说服力研究的修辞学内容。

实际上，修辞学在古希腊就不是今天语言学家所理解的作为修辞格描述意义上的修辞学。因为，亚里士多德的《修辞学》就是研究讲演和论辩技巧的学问。亚里士多德在《修辞学》中把修辞学定义为："在每一件事上，发现可用的说服的手段和能力。"在他的心目中，修辞学是和辩证法对应的学科。在这种修辞学观的影响下，罗马时期的西塞罗将修辞学分成构思、谋篇、表达、记忆、语调五个部分，实际上这已经相当于我们所理解的写作学了，更准确地说，就是口头写作学。

作为口头写作学的修辞学，其产生的背景是希腊公民大会的辩论和罗马长老院的唇枪舌剑。随着古罗马民主制度的解体以及印刷术的传播，欧洲以口头进行交流和传播的"口语社会"逐步让位于以文字、文章交流和传播的"文字社会"。于是，近代以来，以讲演研究为中心的古典修辞学逐步走向衰亡，近现代西方修辞学的重点便转向语言修饰技巧研究和文章写作技艺的研究。所以，有的学者认为，修辞学"到近代，几乎丧失其独立意义，被分散地吸收到了语言和文体的各个学科分类中去了"①。所谓"吸收到文体上"，就是转向文章写作研究。我国一位研究西方修辞学发展史的学者也指出：

> 到了本世纪前后，修辞学虽然在英美大学中仍然是一门不可或缺的研究领

① ［日］竹内敏雄主编：《美学百科辞典》，304 页，哈尔滨，黑龙江人民出版社，1987。

域，但它与古典时期以研究讲演为核心的修辞学相距甚远。修辞学的研究范围主要局限在文字作品上。就文学作品来说，狭义修辞学可以指作品运用的各种技巧，广义的修辞学则可以指对作品艺术特征的研究，相当于诗学。就非文学作品来说，修辞学的目的就是如何将文章写好。因此，修辞学常常与写作课联系在一起，今天，在英美许多高校中仍然是这种情形。于是，在欧美许多国家，以研究写作为主的修辞学——在英美大学实现了学科化和机构化。①

因此，虽然美国至今没有“美国写作学会”，但是“美国修辞学会”就是重点研究写作的，实际上相当于“美国写作学会”。

## 二、写作学与文体学的关系

在后现代主义思潮的影响下，西方当代修辞学已经演变成一门研究人们如何运用“话语”、“象征”来影响人的观念和行为的学问。“话语”作为一个完整表达某种目的的语言整体，既包括口头语言，也包括书面语言，既包括文学作品，也包括非文学作品。因此，当代的修辞学更接近于文体学。

虽然在古典修辞学中也包含着文体学，但是，西方文体学的学科形态的产生却是20世纪初的事情。文体学主要研究文章类型、特征（风格），又称风格学。由于文体学属于综合性、实践性的学科，语言学和文艺学都企图把它纳入自己的学科范围。

英国的《简明不列颠百科全书》认为：“文体学，是对于表达风格的语言手段（例如修辞格和句法模式）的研究。”哈特曼、斯托克著的《语言与语言学词典》认为：“文体学是运用语言知识去研究语言风格的学问。”布洛克主编的《枫丹娜现代思潮辞典》认为：“文体学是语言学的一个分支，研究在不同的语境下使用语言的特点。”在语言学界，文体学主要被看做语言风格学。

另一些英美学者认为，文体学应是文艺学的组成部分。美国文艺理论家阿伯拉姆所著的《简明外国文学词典》认为：“特别是20世纪50年代以来，风格学一直是分析文学作品的一种方法。这一方法主要用客观的或科学化的方法取代规范批评的主观主义和印象主义来分析文学作品的风格 。”英国罗吉·福勒的《现代西方文学批评术语辞典》认为：“‘文体学’一词来源于‘文体’，它是文学研究的一个分支。”在文艺学界，文体学主要是作为一种文学批评的分析方法来看待的。

随着信息社会的到来，西方社会逐渐进入话语、文本、写作的时代。正如修辞学逐步摆脱语言学和文艺学的约束，走向“话语”研究，成为一门综合性、边缘性、独立性的学科一样，文体学也逐步摆脱语言学和文艺学的约束，由对语言风格特征的研究走向对语言作品结构、写作技术的研究，使文体学成为既不是语言学，也不

① 常宝昌：《西方修辞学概述》，见［美］肯尼斯、博克等：《当代西方修辞学：演讲与话语批评》，8页，北京，中国社会科学出版社，1998。

是文艺学，而是介于语言学与文艺学之间的综合性、边缘性的独立的当代人文学科，类似于我国的写作学和文章学。

在西方，这也成了学术界的主导性认识。在这一点上，连美国著名的文艺理论家韦勒克、沃伦也公开承认：文体学不应仅仅看成语言学的一个分支，也不应仅仅看成文艺学的一个分支。因为：

> 从这一广义出发，文体学研究一切能够获得某种特别表达力的语言手段，因此，比文学甚至修辞学的研究范围要更广大。所有能够使语言强调和清晰的手段均可置于文体学的研究范围内。①

日本美学家竹内敏雄也敏锐地感到：

> 最近又出现新动向，即从作品的语言结构的兴趣出发重视文体问题，企图在文体学中探索语言学和文艺学的媒介作用。②

韦勒克、沃伦所说的这种广义文体学，其实就是一种写作学。现代写作理论研究表明，写作思维的深层结构模型是“重复”和“对比”，这是写作行为、写作思维的最重要的本质。“重复”的思维模型正是为了“强调”，“对比”的思维模型正是为了“清晰”。关于“强调”和“清晰”的思维、语言技术的学问，在西方叫文体学，在中国叫写作学。即使从辞源学上考察，文体在英语中写作“style”，其本意为铁笔的笔尖，笔尖显然指的是文章的锋芒，也就是写作的风格。文体学的本质也应是关于写作的研究。所以，美国著名的文体学家、写作教育家谢立丹·贝克尔著的《实用文体学》，被美国著名修辞学家韦恩·布思誉为“最好的大学一年级写作教材”。

在我们看来，在西方古典修辞学基础上产生出来的超越于文学创作和文章写作之外的文体学，其实就是一种写作学，一种文本主义的写作学。从这个意义上讲，法国文学理论中的叙述学和美学中的创作学，也应该属于写作学的学科范畴。

从上面对修辞学和文体学历史演变的介绍中，我们可以发现，在西方，从古希腊开始便有深厚的修辞学传统，到了近现代又在修辞学的基础上产生了狭义的文体学（或作为语言学的分支，或作为文艺学的分支），这个转变是西方国家由“口语社会”向“文字社会”转变的文化表征。当西方国家进入以计算机、互联网为标志的信息社会时，社会迫切需要对知识、信息的载体——“话语”、“文本”的构成和生产规律进行研究，这时，广义的修辞学和广义的文体学便产生了。这种广义的修辞学（有人将其称为新修辞学）和广义的文体学就是对口头写作和书面写作的基本规律的研究，而不是局限于语言修饰或语言风格的研究。由于西方国家没有把这些知识叫做写作学，所以，欧美大学里的写作课，其教学内容主要就是广义的修辞学或广义的文体学知识。有人说“西方大学把修辞学作为一门基础的课程来开”，其实说

---

① ［美］韦勒克、沃伦：《文学理论》，167 页，北京，三联书店，1984。

② ［日］竹内敏雄主编：《美学百科辞典》，304 页。

的就是西方大学把写作课作为一门基础的课程来开。这种写作课课程名称和学科名称的统一，是西方知识体系、学科体系学术话语的背景所致（如上所述），同时也是西方文化的哲学思想背景所致。

同时应该指出的是，西方的大学写作课虽然受到重视，但没有属于自己学科（写作学科）名称的写作学教材，而以（广义）文体学和（广义）修辞学的知识作为教学和训练的内容，这并非当代写作学和写作教学的理想境界。因为，人类写作作为一种精神生产的活动、行为，修辞问题、文体问题都只是写作这种精神生产中的基础性、表层性、外在性因素，除了这些以外，还有更重要的写作思维问题、写作智慧问题、写作文化问题、写作美学问题，一句话，还有更重要的写作主体性和社会意识形态的问题。

## 第4节　中国学术传统：有独立的写作学

### 一、文章大国与写作理论的辉煌

在现代中国的学科体系中，修辞学、文体学是一个舶来品。严格地说，在中国古代和近代的知识体系中，并没有西方意义上的修辞学和文体学。中国的文体学只是一种文章分类学或文章形态学，而不是一门研究文章语言风格、写作术的学问。修辞学也是如此，中国古代一直没有独立的修辞学。古人对修辞和文体问题的研究，一直是附属于文章学或写作学的。正因为如此，著名修辞学家郑奠、邓荃基编辑的《古汉语修辞学资料汇编》，基本上就是一部写作理论的汇编。

之所以产生这种学术现象，是因为在西方，口语社会持续了较长的历史时期，进入文字社会较晚，与西方相反，中国古代的口语社会很早就衰落了，话语游说的口语行为在春秋战国时期较为盛行，此后，由于高度专制社会的形成，口语活动风光不再，更由于书写工具——笔、纸等的发明，口语社会很快就让位于文字社会，“辩士”很快就让位于“文士”或“文人”。当文士或文人成为一种社会分工的时候，写文章和研究文章写作就成了中国文人或文士的职业了。于是，中国成了一个文章大国。

中国古代的写作学源远流长，相当发达，写作学也总是以文学或文章学的面目出现。那时所谓的文学，并非今日作为艺术作品种类之一的文学，既指文或文章，也指关于文或文章写作的学问。因此，无论是曹丕的《典论·论文》还是陆机的《文赋》，无论是刘勰的《文心雕龙》还是挚虞的《文章流别论》，都是研究文章的写作问题，而不是专门的文艺学研究。

## 二、理论关注：中国古代写作学的特点

如果把西方的“诗学”、“修辞学”、“文体学”理解为西方的写作学的话，那么，从一开始，中西写作学就有鲜明的差异。

第一，西方写作学一开始就是分析式的，“诗学”是文学作品的写作研究，而“修辞学”、“文体学”是关于非文学作品的写作研究；中国写作学则一开始就是综合式的。《典论·论文》、《文赋》、《文心雕龙》和《文章流别论》在研究写作时，都没有把文学和非文学的写作分开来研究，而是对“文”或“文章”写作的研究。在中国古人看来，文学和非文学的区别并不重要，重要的是它们共同的写作规律。这使中国古代写作学一开始就具有一种综合的哲学味道。

第二，在对写作过程的理解上也是如此。西方人强调构思，所以，西方写作学是构思论的写作过程论。中国古代写作学对写作成果的研究则是整体综合的，是非构思的写作过程论。

第三，西方的写作学重视的是写作载体——文章的研究，重视的是文章的语言修饰、语言风格、文章类型的研究。这是一种客体论的写作学。中国写作学一开始就是一种主体论的写作学。不仅注意“文体”问题的研究（例如《典论·论文》、《文赋》、《文心雕龙》和《文章流别论》），而且比较重视写作主体、写作行为——写作心理、写作思维、写作文化、写作心灵人格、写作哲学的研究。这在陆机《文赋》，尤其是刘勰的《文心雕龙》中体现得最为明显。这是西方国家的古代近代写作学所无法想见的，然而这正是写作学的中国作风和中国气派。这些东西，西方只有到了 20 世纪的文艺学、诗学、语言学里才开始进行研究。一直到现当代的西方写作学（写作学意义上的修辞学和文体学）对这些写作主体论的问题都是不太关注的，他们关心的只是写作语言操作的技法。

由曹丕、陆机、刘勰所开创的这种重视（文学写作与应用写作的）综合研究，重视写作主体（行为、思维、人格、文化）研究的中国古代写作学（“文学”）的学术传统，一直延续到近代。在国人的心目中，“文学者，以有文字著于竹帛，故谓之文。论其法式，谓之文学。”（章炳麟《文学总略》）桐城后裔学者姚永朴所著《文学研究法》，又称《国文学》，研究“著述”、“告语”、“记载”、“诗歌”这几种文章体裁的写作规律。

总之，在 19 世纪末 20 世纪初，即西方和苏联的“文学”概念传入中国之前，中国的“文学”就是研究文章著述法式的学问，即今天我们所讲的“写作学”。胡适等人倡导的“文学革命”，也主要是指“白话文运动”的写作革命。所以，这个时期的中国学者写的“中国文学史”著作（例如 1910—1915 年黄人、林传甲、王梦曾、钱基厚、谢无量等人出版的几部《中国文学史》）中的“文学”就仍然是指“词章”、“作文之法”，即广义的“文学”，这种“文学史”，其实就是广义的文章史或写作史。连王国维的时代，“文学”一词的含义，都是不确定的。在《奏定经学科大学文学科

大学章程书后》一文中所讲的“文学”是指“文章”、“文辞”之学，而在《文学小言》中又是西方现代的文学概念。一直到20世纪20年代以后，西方的、苏联的新文学概念传入中国后，“文学”这个概念才不再指“文章”、“词章”之学，而开始专指“诗歌”、“小说”、“散文”、“戏剧”这几种艺术性的美文。而对非文学写作的研究，大多称为“文章学”（例如蒋祖怡《文章学纂要》），同时，也有些学者将文学与非文学的写作研究称为文章学。

中国高校写作课最初形态是20世纪20年代的“文章学”。那时大学文章学还有教学大纲，后来演变成“大一国文”，50年代改为“文选与习作”或“写作”。60年代由北京大学和复旦大学中文系编写出了写作教材——《写作基础知识》和《写作知识》。这两部教材是在语言学、文艺理论和逻辑学知识的基础上形成的。70年代末北京师范大学又编写了《写作基础知识》，成为大学文科比较权威的写作教材。

进入新时期以后，高校写作课受到了特别重视，随着大学写作教学与写作研究的深入，为了适应大学写作教学的需要，写作界要求建立写作课知识体系的呼声很高。最初，一些学者主张建立“文章学学科体系”作为写作课知识体系。不久，许多学者认为应建立“写作学的学科体系”。后来，一些学者主张“写作学应以写为研究中心”，这一见解很快得到了许多写作学研究者的认同。从此以后，中国写作学界便以写作主体的写作行为为研究重点。写作主体论、写作过程论、写作心理学、写作文化论、写作思维学、写作智慧学、写作美学、写作哲学等分支学科研究成果的出现，使中国写作学重视写作主体研究的人文性特征更加鲜明。

总之，写作学是一门研究人类写作行为基本规律的人文学科。在大学中文系里，它应是和文艺学、语言学鼎足而立的一门新兴的现代边缘学科。作为一个独立学科的写作学，从学科体系的架构来看，应包括写作意识、写作过程、写作主体、写作史、写作析评、写作学史等内容。由于人类写作活动和写作行为具有极强的综合性，涉及多方面的知识和技能，从不同的角度和侧面去研究，就会形成许多分支学科，例如写作心理学、写作思维学、写作措辞学、写作语言学、写作逻辑学、写作文化学、写作美学、写作哲学、写作传播学等，由此构筑起现代写作学的宏伟大厦。

随着信息社会和知识经济时代的到来，“写作，包围着每一个人”。在今天，作为人类一种精神生产活动的写作，不仅仅是抒情达意的艺术行为，而且也是信息生产、信息加工、物质生产策划营销宣传的软生产行为，还是进行创造性思维训练、素质教育的最佳载体。到了今天，人类才进入了真正的“写作时代”。

国民的写作水平是一个国家思维水平的反映，是反映国家综合国力的一个重要因素。为了探索人类写作尤其是汉语写作的基本原理和写作技艺，提高大专院校、中等学校和中小学的写作教学质量，提高在校学生和社会成员的写作水平和能力，写作学应从语言学和文艺学中独立出来，成为一门介于语言学和文艺学之间的独立专业、独立学科。因此，写作学既不是语言学、文艺学的附庸，也不是修辞学、文体学的附庸，写作学有自己的研究对象、研究范围、研究方法和独立的理论知识体系、写作教学训练体系。目前，写作学学科体系和教学体系已由潜科学进入科学境界，中国当代写作学学术队伍业已成熟。

## 【基本概念】

修辞学　语言学　文艺学　文体学

## 【复习思考题】

1. 为什么写作学不是语言学？
2. 为什么写作学不是文艺学？
3. 为什么写作学不是修辞学和文体学？
4. 中国为什么会成为文章大国？
5. 写作学为什么应该作为一门独立的学科？

# 第3章

# 在边缘处崛起：当代写作学学术景观

一切都翻了个身，一切都刚刚开始重新安排。

——［俄］列夫·托尔斯泰

振兴写作学科，为四化建设服务。

——邓颖超

## 第1节　20世纪前80年中国写作学的命运

### 一、西方语法学、修辞学、文体学的引进与中国现代写作学基本话语的形成

白话文运动是“五四”新文化运动的重要部分，白话文指的是所有广义文章，并非仅指文学。因此，白话文运动首先是写作语言形式方面的变革，然后才是文章内容方面写作规范的变革。

汉语写作由传统的文言文写作变革为白话文写作，中国传统的写作理论无法适应这一变化，必须要有一套关于白话文写作的现代写作理论对写作实践进行指导，并形成现代写作教学的话语体系。由于没有现成的现代汉语写作理论，当时的白话文运动的提倡者、教育者便引进西方的语法学、文体学、修辞学以及苏联的文学作品分析理论，结合汉语写作实际，形成了一种全新的白话文写作知识体系，从而实现了对中国古代传统写作理论中的主体论、章法论的否定与颠覆，于是西洋文体学、修辞学、作文法等理论就成了中国现代写作学的正宗。

这种颠覆，主要是从两个方面来进行的：一方面，以西方语法学的句法论和修辞学的结构论取代了中国古典写作学中的主体论、章法论，实现了由“文”到“白”

的革命；另一方面，则是以西方的过程论写作知识体系作为白话文写作理论体系，取代了中国古代的美学化、非构思的写作学。

当时的白话文作文法所表达的写作学思想有这样几个特征：

第一，在文章结构理论上，用西方的文法、语法（句法、词法、层次、结构、条理）来取代中国的章法论思想；

第二，将西洋作文法中的文体学引进白话文写作研究中，形成“记叙之文”（记叙文）、“释论之文”（说明文）、“辩论之文”（议论文）的写作知识体系；

第三，将西方修辞学中文章结构法、修辞技法引进中国写作学界。

这样，以“铺张”为特征的，以起、承、转、合章法论为中心的传统写作学理论体系被西方的文章结构论和文体学的作文法体系所颠覆。此后，这种西方作文法在中国大地蔓延开来。20 世纪 20 年代至 40 年代的写作学理论体系就是在这个基础上建立起来的。其主要特点是重视写作行为过程论，忽视写作主体论，于是，文体中心论的中国现代写作学体系便形成了。

## 二、“八大块”文本主义写作学的形成

20 世纪中叶，当全盘西化的写作学体系正在广泛传播普及的时候，苏联的文艺学理论体系模式又被引入中国写作学界，使中国传统的写作学再次受到冲击。

从 20 世纪 40 年代到 60 年代初期，苏联的文艺学知识被逐步介绍到中国来，成了中国的文艺学研究基本的背景性理论范式。其中苏联文艺学关于文学作品的内容和形式的分析的知识，便成了中国写作学关于文章结构要素分析的基本范式。于是，从 50 年代末起的各种写作教材，其基本知识框架体系和苏联文艺学的知识框架体系是大同小异的。这个文本分析的写作学知识体系，就是 80 年代写作学家们所反复批判的“八大块”（基本框架为：绪论、材料、主题、结构、表达、语言、修改和文风，俗称“八大块”）文本主义写作学理论。准确地说，现代写作学家们模仿的是苏联“文艺学引论”之类的教材中关于“文学作品的构成”部分的知识框架。

50 年代引进的这些苏联文艺体系，使写作学摆脱了三四十年代文体主义羁绊，注意对文章的内容、形式构成的分析，使写作学走向理论化方向，虽然它还是文本主义的写作学。进入 60 年代，写作学体系进入了一个系统化、深层化的阶段，一方面吸收苏联文艺学中的作品构成论的理论，一方面吸收三四十年代的西方文体论、修辞学的知识体系，这样便形成了一个较为全面、完整的写作学知识体系。

## 三、被人颠覆的历史教训：对 20 世纪 80 年代以前中国现代写作学的反思

可以说，20 世纪 80 年代以前的现代写作学的历史，是一个对中国古代写作理论

的疏离、否定、颠覆的历史。“起、承、转、合”章法论，生成动力上的人格本体论即写作主体论，这些深刻的、具有民族特色的写作学精华被颠覆，西方的修辞学、文体学、作文法全面引进中国，其中尤以西方的文章组织（结构）理论和文体论引进得最彻底，这二者成为20世纪初中国写作理论的基本内容。

这种颠覆造成的后果是，写作学成了语言学（语法学、修辞学、文体学）的附庸，更成问题的是，这种语言学还是西方的语言学。由于写作学不是语言学，汉语写作不同于英语写作，这种颠覆的后果便是“现代”写作学不服中国汉语写作的“水土”。

20世纪四五十年代，苏联的文艺学文本分析知识直接影响了我国写作学科的发展。在俄国形式主义文论基础上发展起来的苏联文艺学，注重文艺作品内容和形式的分析，注重文章构成要素的分析，这种模式导致了我国50年代以来文章“八大块”写作学体系的形成。这样，写作学与文艺学有相似之处，写作学科又成了文艺学的附庸。苏联文艺学注重表面分析、鉴赏，重批评而忽视创作研究，因此，这种写作学是远离写作学的研究对象——写作行为的，这样，在苏联文艺学体系哺育下成长起来的“八大块”写作学体系，便是对中国古代的程式化、主体化写作学传统的再次疏离、否定、颠覆。

无论是从西方语法学、文体学、修辞学引进的文体写作学，还是从苏联引进的文本写作学，其最大的共同特点就是：现代写作学研究对象都是作为写作结果形态、成品形态的东西——文体和文本。前者注重对某种文章类型（例如记叙文、议论文、说明文、应用文）的表层的文体规范、写作特征、写作方法的描述；后者注重对静态的文章构成因素（主题、材料、结构、语言、表达方式、文风等）的文章规范的描述。这两种写作学或告诉人们文章类型，文体的写作要求、规范，或告诉人们文章的构成要素及其要求、规范，却没有告诉人们这些写作规范、理想要求究竟是怎样达成的、写成的，写作行为的心理思维过程、审美言说过程究竟是怎么一回事。因此，这些写作学理论表面看来讲得头头是道，对于人们的实际写作却基本没有什么用处，唯一的用处就是耗费人们的时间和精力。

中国现代写作学对中国古代写作理论精华的疏离、颠覆，斩断了现代写作学与中国古代写作学文化血脉的联系，使现代写作学成了无源之水，这显然不符合文化发展的规律，这种西方化、苏联化的写作学必然不服中国汉语写作文化的“水土”，造成了中国传统写作学的“失语”。

中国现代写作学发展的正确道路，不应是对在西方传统文化中哺育出来的西方写作学知识体系的盲目照搬，应该是运用现代的科学研究的观念、方法，从心理学、思维学、文化学、美学、哲学、语言学、教育学的不同视角，对中国汉语写作行为和古代传统写作学理论进行深入的解读、研究、概括、提升、超越，从而产生出现代化、科学化、人文化、民主化的汉语写作理论知识体系和教学训练体系，使辉煌的中国古代写作学从真正的意义上走向现代，为信息社会的写作事业服务，让它走向世界，独立地与西方当代写作学进行高层次的对话，从而丰富世界写作学的理论宝库。

## 第 2 节　20 世纪 80 年代：写作行为宏观操作机制的探索

经过二十多年来老中青三代写作学研究者的不懈探索，今天，终于可以毫无愧色地说："中国当代写作学是新时期发展最快最有生气的新兴学科之一。"因为，就其理论视野的广度和研究的深度而言，似乎已接近或赶上了某些与它邻近的"显学"。新时期写作学研究的观念、方法与理论发生了数次大变革。这数次大变革的学术成果已奠定并建构了中国当代写作学理论大厦的坚实基础和基本框架，不仅对写作实践、写作教学有直接的实用价值，而且对艺术与审美创造、人类精神生产规律的破解具有极为重要的意义。其中，有些重要的写作理论已经进入当代人文科学学术研究的前沿。中国当代写作学形成了自己独立、鲜明的学术品格并走向成熟，正在崛起于当代学科之林。

### 一、1978—1983：从"八大块"转向"文体技法"论

粉碎"四人帮"之后的 20 世纪 70 年代末，高校写作课基本上沿用"文化大革命"时各地所编的《写作知识》[①] 之类的教材，基本框架为"八大块"。它直接来源于 60 年代北京大学、复旦大学编写的《写作知识》和《写作基础知识》。这期间，影响最大的是教育管理部门推荐使用的北京师范大学中文系编写的《写作基础知识》（北京出版社，1979），该书除绪论外，分为八个部分：材料、主题、结构、叙事与抒情、议论与说明、描写与对话、修改、文风。此间各地曾出版过一些类似的《写作知识》，其体例也大同小异。

进入 80 年代以后，写作学界一些人感到"八大块"知识体系太偏重于（文章）理论知识，对提高学生的写作能力作用不大，因而主张进行写作技能训练，尤其是文体技法训练。于是从 1980 年起，他们把写作研究与教学的中心转移到了文体技能训练上。最初是由全国数十所院校编写、吉林人民出版社出版的"写作知识丛书"14 本，以介绍文体知识为主，辅以分析，形成了以文体技能为中心的写作知识体系。接着，王志彬等人主编的《写作技法举要》讲述了 10 种文体的写作技法。1982 年路德庆主编的《写作教程》，在以文体技法为中心的基础上突出训练，形成了以"文体技能训练为主"、初涉写作过程的颇有新意的大学写作教材，一时在全国影响很大。

应该指出，80 年代初文体技能训练思潮的出现，是针对 70 年代末的"八大块"

---

① 如"写作知识丛书"，长春，吉林人民出版社，1981。

而言的，这是一种变革，但是，当时写作学界的真实情况是这两种写作教学体系、写作知识体系并驾齐驱。虽然《写作教程》这本新教材在全国有较大影响，但《写作基础知识》在全国仍有很大市场，甚至1983年中央广播电视大学用的刘锡庆的《写作通论》仍是“八大块”框架。

总之，无论是文章知识体系（“八大块”）还是文体技能训练体系，从本质上说，都是围绕文本展开的。到了1984年，朱伯石主编的《写作概论》便把这两种体系综合在一起，被称为集大成的写作教材。

还应该指出，这两种知识体系的关系无论是变革还是并驾齐驱，它们的差异都不是在具体的写作理论（原理）上（即像后来的几次变革那样），而是在知识框架的编排上，这是研究对象发生了转移。这种差异、转移表明的是两种不同的写作教学思想。这两种写作教学思想的差异的本质在于，人们对写作理论与写作实践能力（技能）的关系有不同理解：理论知识（即“八大块”）派的思想前提是只要学习了写作理论知识，就可以指导实践，提高写作能力；而文体技能训练派认为，只有学习并且训练文体技能才能提高写作能力。今天看来，这是对写作理论与写作技能关系的两种绝对化、极端化的理解。

## 二、1983—1985：从文本主义转向写作过程论

进入20世纪80年代中期，写作学界发生了强烈震荡和深刻变化。一方面，由于文体的技能、技法训练有关主体写作过程中的写作行为，这便启发了写作学界的有识之士对“文本主义”写作学进行反思并提出质疑。另一方面，文章学与写作学概念的辨析，使人们认识到研究文章的是文章学，研究写作行为的是写作学，于是主张“写作学应以写为研究中心”，并很快得到很多人的支持。另外，1984年春，针对叶圣陶的写作课“取消论”、“补课论”的大讨论和邓颖超对写作学科的题词，大大激发了写作学界对写作学现代化、科学化的追求，写作学界希望尽快建立写作基本原理及其理论体系。正是在以上学术背景之下，进入80年代中期以后，几乎所有的写作理论研究者、写作教材编写者的兴趣、研究中心都转移到了写作行为过程上。

### （一）从“八大块”转向表层写作行为

最早做这种转向的是李景隆，这主要体现在他的《作文法概要》中。李景隆的写作学体系主要是吸收了西方、日本的作文法（修辞学）、文体学写作知识体系后，结合20世纪80年代中期以前多种写作学知识的长处建立起来的。该书基本上就是一本写作过程论。试看其标题：“一、绪论；二、作文过程；三、主题；四、主题的展开——材料的选择；五、材料的安排；六、构段；七、句和词；八、文面。”① 这显

① 李景隆：《作文法概要》，42页，沈阳，辽宁人民出版社，1982。

然是对写作过程的描述，其中，构段、句和词等内容最具西方写作学特色。李景隆把写作学研究由对文章要素的系统解析转向分析作文过程，这应是中国写作学史上重要的一页。

然而，最能表征这一演变轨迹的是刘锡庆编写的几本写作教材。他在1983年编写的《写作通论》沿用的是他1979年编写的《写作基础知识》的“八大块”框架，但到了1984年编写的另一本教材《写作述要》，其章节名称已由原来的名词性概念变为动词性行为性词组。例如取材、命意、布局、技法、表达、造语、修改等，这是由文本主义转向过程主义的鲜明信号。

几乎与此同时，林可夫主编的《基础写作概论》（福建人民出版社，1985）和吴伯威主编的《基础写作教程》（山西人民出版社，1985）中所强调的“基本写作能力”，《基础写作教程》强调的“智能训练”，其内容主要都是讲写作过程。此外，路德庆主编的《写作导论》（河南教育出版社，1985）、全国民族院校编写的《写作学》（四川民族出版社，1985）、胡裕树主编的《大学写作》（复旦大学出版社，1985）等六本有影响的写作教材，实际内容都转向了对写作过程的描述。显然，这是一股认同写作过程论的大潮，1985年是其最高潮。尤其是刘锡庆的《基础写作学》和路德庆主编的《写作导论》的出版，标志着文章知识派和文体技能训练派都把研究重心转到写作过程上来了。

正是在转向写作过程研究的时候，中国写作学第一次进入了“概括规律、揭示原理”的理论层次。最初是刘锡庆提出的写作行为的本质规律是“双重转化”的观点。“双重转化”论认为，写作中首先是现实生活、客观事物向认识主体即作者头脑的转化，形成观念、情感，然后是作者观念、情感向文字表述的转化，即“物—意—文”的写作过程论模型。林可夫在《基础写作概论》中提出的“生活—思想—文章”也属于这种框架。虽然这是对写作过程最简单、最表层的理论描述，但得到了写作学界许多人的认同，认为这是写作的基本规律、原理。

后来，人们沿着这个思路，先后又提出一些更为精致的写作过程的转化框架。首先是朱伯石主编的《现代写作学》提出了“三级飞跃”论：“感知飞跃”、“内孕飞跃”、“外化飞跃”。然后是金长民、林可夫提出的“三重转化”论：内化、意化、外化，即“物—感—思—文”的过程模型。其实，这两种“转化”论都是在“双重转化”论的基础上发展起来的。“三级飞跃”论在“双重转化”论从意化到物化的过程中寻找到一个中介——内孕，形成“物—意—孕—文”的过程模型；“三重转化”论在“双重转化”论由外物到意化的过程中发现了“内化”这个中介。

这里的每一种转化论的提出都是一种理论上的进步。“双重转化”论从宏观上粗线条地概括了写作过程的行为表层规律，“三重转化”论和“三级飞跃”论先后发现了双重转化中每次转化的某些中介。这三种理论中，“双重转化”论指出了写作行为的本质是双重转化，而“三级飞跃”论和“三重转化”论则在一个有限的层次上揭示了转化的某些前提或某些机制。这样，我们可以把这三种转化论整合成一个更为精致的“四重转化”模型：“物—感—意—孕—文”。

上述从文本研究向过程研究的转移，无疑是20世纪80年代中期写作学研究的主潮，其特点是由对文章要素的分析转向对文体技法的分析再转向对写作过程的分析，其思路是可以理解的。但与此同时，另一条奔向写作过程之路也在延伸，这就是在对被人遗弃的“八大块”的深度研究中发现了写作行为的本质规律，从而由“八大块”文本主义论转向写作过程论。这一点，过去写作学界的大多数人士似未注意。

**（二）从“八大块”转向深层写作行为**

最早进行这种研究的是河南大学的温振宇。他从20世纪70年代初就开始运用音乐的曲式学去研究文章结构，发现文章章法与音乐曲式结构有相似性，提出了“环链系统论”的章法学原理。他对文章章法结构作了如图3—1的描述。

温振宇认为文章是一个环链结构系统（又称链系统），链系统的本质是“对极关系（反对的两极之联系与转移）”，并据此提出文章的行文过程是“承接和转移，或连接与间断的对立统一的文章内容的自我运动”的章法理论①，这是一种比较深刻的写作行为过程论原理。因为，他的“对极关系”讲的既不是文章内容，也不是写作形式，而是介于二者之间的主题结构、性质关系。显然，自我运动比转化更符合写作行为的实际状态。章法学即结构学，但它不是现在许多写作教材所讲厌了的时间、空间、逻辑上的层次、顺序的历时性表层结构，而是关于主题关系、性质结构的思维操作模型，虽然它属于“八大块”，但这是一种深度的研究。正是这种深度研究才探索出了写作过程的基本规律。

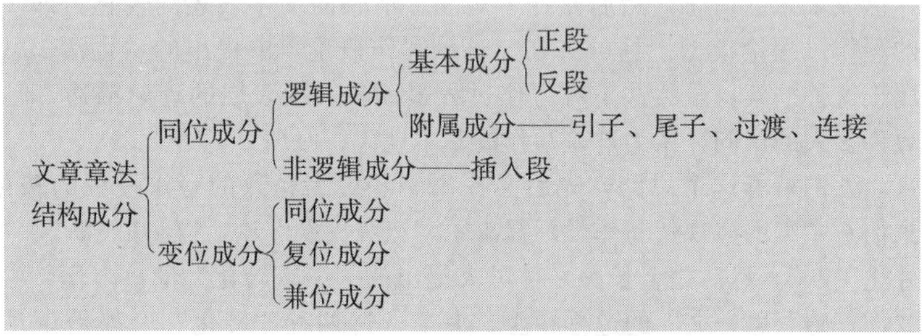


**图3—1　温振宇文章章法结构示意图**

接着马正平在20世纪80年代初期和中期对“八大块”进行深度研究，并提出了文章“深层结构”理论。这期间，他先后对主题、结构、表达方式、人称、线索、读者、文风等写作概念进行认真的反思和清理，主要运用哲学式的追问本质的方法

① 参见温振宇：《章法学概论》，天津，天津古籍出版社，1988。

来进行研究。这当中，最重要的是他对结构、主题、表达方式等问题的独特的心理—思维学式研究。

为了探索文章结构的本质，马正平运用了结构主义理论，提出“表层结构”与“深层结构”的概念。在研究深层结构的本质时，他运用电影结构理论和音乐作曲法理论，提出文章深层结构规律是重复和对比，并据此对“起、承、转、合”予以全新的阐释。文章表层结构是指文章内容上的时间、空间、逻辑结构以及篇章表述语言结构，而深层结构则是指文章中材料与结构单位之间的性质、主题关系，是一种思维、构思、修辞性的结构，它是结构化的主题、性质，也是性质化、主题化的结构。文章深层结构是主题到表层结构的中介环节。重复、对比（即渲染与反衬）是材料性质与主题相同、相似或相对的组合关系。①

20 世纪 90 年代中期，刘世剑主编的《文章写作学》提出的文章写作过程的“二次组合论”与这有相近之处。二次组合论认为，认识成果的物化，要经过一个从内隐到外显、从无形到有形的变化，这一过程要对认识成果进行两次组合，即意思组合和语言组合。意思组合是作者将特定认识成果加工成文章意思系统的活动，包括形成意图、确定主题、选材和安排结构等，语言组合是指组织语言和书写等。这里的意思组合和马正平的深层结构的性质关系稍近，语言组合与表层结构相近，但二次组合论还未发现各自组合规律，仍带有转化论的痕迹。在这一点上，倒是温振宇的“对极关系”与马正平的深层结构规律——重复与对比——更为接近，原因在于，温振宇、马正平都得益于他们的作曲实践和对音乐结构本质规律的理解。这是什么原因呢?

在所有的艺术中，只有音乐作曲与文章写作（作文）的性质最为相近，其所异者在于表达媒介。因此，从音乐作曲角度去研究写作是一条最便捷之路，因为它们的基本写作原理都是一致的。温振宇、马正平的音乐学写作学研究成果与日本著名文章学家时枝诚记的研究结果颇为吻合。后者认为：“文章这种语言艺术与音乐一样是随着时间的轴线展开的……因而只能采取循序渐进的方式，一般地说，文章的开头部分相当于音乐的主题，而整个文章则是这个开头部分的分裂、演进、综合等各种形式的展开。”②

在关于表达方式的研究中，马正平发现，原来写作过程中的表达方式与表达目的有两个层次的内涵，上一个思维层次的表达方式到下一个思维层次时就自变为表达目的。写作中，第一个层次的表达目的是表现主题，其表达方式为叙事、抒情、议论、释物、告语，在第二个层次方式变为目的后，写作的表达方式只有描写，而以往人们总是把两个层次上含义不同的表达方式笼统称为“表达方式”。

在主题研究中，马正平又发现类似情形：主题在写作过程中是流动的、变化的，

---

① 参见马正平：《写作与作文教学》，第 4 章，昆明，云南教育出版社，1986。

② 转引自刘锡庆主编：《外国写作教学理论辑评》，370 页，呼和浩特，内蒙古教育出版社，1993。

这些不断出现的主题实际上是表达目的与表达方式的自我变化运动。这一再出现的规律使马正平发现了隐藏在这里的写作行为过程的知行递变规律。知行递变理论认为，作为一个系统存在的写作思维模型，从共时性角度讲，它是由目的性思维和行为性思维构成的“知—行”心理结构；从历时性角度看，写作活动就是不断地把写作目的性意识转换成行为性意识，这个行为性意识产生的写作行为的成果对于下一个写作行为环节而言，便自变为写作目的性意识和写作目的、目标，然后又寻找新的写作行为……如此反复依次递变下去，直到文章完成。[①] 知行递变理论揭示了人的写作行为过程实际就是对写作模型的解构与展开，其展开的规律就是知与行两个因素的相互转化、自我运动。知行递变理论是对人类写作行为过程规律的概括，它既是写作过程的原理，也是一种写作行为的哲学。

从上面的介绍中可以看出，同样都由文本主义转化到过程主义，20 世纪 80 年代初、中期写作学界是从三条道路进入的：一是从行为对象成品转向行为过程本身，例如刘锡庆；二是从文章知识转向文体技能训练，再转向写作行为过程，如路德庆、林可夫等人。三是在文章“八大块”的深处发现行为原理而走向写作过程，例如温振宇、马正平。这样，80 年代中期（1985 年前后）形成一股强大的过程主义的写作学思潮，过程写作学成为老中青三代学者的共识。

## 三、1986—1988：从“写作过程论”转向“写作主体论”

写作理论与写作教学的发展始终是和对写作能力生成机制的深化理解分不开的。20 世纪 80 年代中期，写作学界虽达成了过程写作学的共识，但是在能力生成问题上仍存在着两个不同层次的认识。在第一个层次上，存在着过程理论派和过程训练派的分歧，写作理论与写作技能的对立观念仍未消除，前者认为学好写作过程的写作知识就会提高写作能力，后者认为只有进行过程基本技能的训练才能写好文章。在第二个层次上，一些写作过程论者发现，不仅过程理论的讲述，就是过程技能的训练也不能真正提高写作能力，要具有真正的写作能力还必须进行写作主体的建构。当然总体学术大背景是 80 年代中期文艺理论界的文学主体论热潮。

于是在 1986 年前后，写作主体论思潮产生，写作学研究者的主要兴趣由过程论转向了主体论。在他们看来，写作学不仅要研究写作行为过程的微观操作机制，而且要研究写作行为的宏观控制机制。

1986 年 6 月，王东成撰文指出：“长期以来，有关写作研究多注意于作文技巧、文体知识表层汇集，较少致力于写作心理、思维、审美意识、语言机制等深层结构的概括和探索。”今天要发展写作学“就应加强写作主体的心理、思维、审美意识、

---

① 参见马正平：《知行递变：写作行为的内在机制和思维模式》，载《四川大学学报》，1987（4）。

语言机制等深层结构的研究，建立起写作学科的总体结构和基本理论”。因此，“写作学科的研究对象不仅是静态的文章、作品，更重要的是动态的写作主体”①。王东成的写作主体论的对立面是“文章”、“作品”、“文体技巧”研究，因此，它既包括写作行为因素，又包括主体审美意识、心理等文化心理结构，不过这个写作行为过程不是表层行为而是深层的思维、语言机制，像朱伯石主编的《现代写作学》所讲的主体论那样。在该书中，写作主体论就是指“写作的内部研究”，包括感受、情感、思维、想象、构思等内容。王东成的文章是一篇写作主体论的宣言，曾令当时许多写作学研究者激动不已。

在 1986 年 7 月烟台现代写作学研讨会上，颜纯钧提出一个观点：写作学（知识）不可能真正解决提高写作能力的问题，至多只能为写作者建立一个写作行为模式，要真正提高写作能力，就要改变写作者的“准备状态”。所谓“准备状态”，也包括写作主体心灵、知识的认识结构，其决定写作者的眼光、胸襟等。②

在烟台会议上，马正平提交的论文对写作学理论体系的构成和基本原理——“知行递变”进行了阐述。马正平认为，在微观层次显写作行为阶段，主题是“知”，表达方式是“行”；在中观层次，上述“知—行”结构是“行”，而文章图样是“知”；在宏观层次，上述“知—行”结构是“行”，而写作背景是“知”。写作背景包括写作信息背景和写作心灵背景，最重要的是后者。③ 这就是系统论说的系统与它的背景系统进行信息、能量、物质的交换。从写作来说，写作的终极目标是表达、物化自己的心灵背景。这写作背景或写作心灵背景就是颜纯钧讲的“准备状态”，王东成讲的“审美意识”，即古人所谓的“人格”、“胸襟”等。如果说王东成、颜纯钧的写作主体论更多是出于一种写作经验、感悟的话，那么马正平的写作主体论则是出于一种科学的论证。

显然，写作主体论本质上是一种人文主义、人本主义写作学（陈果安语）。与这一思路接近的是张士廉提出的创造写作学，因为，创造写作学的本质是培养学生的创造能力，而培养创造能力必须进行写作主体的优化建构。

既然写作主体对写作过程中的行为技能有宏观控制的功能，那么，主体论写作学认为，写作学不仅要研究写作行为过程的规律，而且要研究写作主体如何在生活实践中通过各种方式积学、养气、修德、炼才，培养良好思维品质和思维能力，形成优化的文化心理和高尚人品。即必须进行写作“心灵背景”的建构，培养博大深

---

① 王东成：《关于写作学科现状和理论结构的思考》，载《写作》，1986（6）。

② 参见颜纯钧：《一门行为科学》，见马正平等：《中国写作学的当代进展》，10 页，香港，新世纪出版社，1991。

③ 参见马正平：《对高等师范院校、教育院校写作课教学目的的重新认识——兼对写作课课程设置、教材改革的初步构想》，载《新疆师范大学学报》，1987（2）。

厚的写作主体，从而强化写作主体对写作行为过程中的行为技能的宏观控制。这种写作学思想是1986年7月烟台中国现代写作学研讨会的一个主旋律，因此，潘新和在写这次会议述评时，题目便是《走现代写作学宏观综合之路》。

这种新的写作学思潮，自然遭到了过程主义写作学学者的极力反对。有的学者批评说，把写作学的任务扩大到主体认知活动的建构是“迷失了写作学本体”，写作学的本质是认识从写作意图产生到文章完成这个行为过程的规律。① 但写作主体论者则认为，过程主义写作学只是一种静态写作学，写作过程中写作意图的发生还需优化写作主体建构才有可能，因此，主体论写作学是一种动力学写作学。由于主体论写作学并不反对写作过程研究，所以这是一种“动力—过程论”的写作学。②

这两种写作学思想的分歧一直贯穿于新时期的写作学研究之中，这种分歧的存在使写作学界具有一种学术张力。但最终，它们必然要走向融合和统一的整合境界。

## 四、1988—1990：从“写作主体”论转向“写作文化”论

随着写作主体论研究的深入，人们渐渐发现，优化的写作主体的作用在于具有这种审美意识和人格胸襟之后便于发现“写什么”，这对发现题材、主题有决定性意义。但这个写作主体还无法解决“怎么写为好”——对技法的调动和对技巧的创造——的宏观控制问题，这些研究者发现后者取决于特定时代、特定社会人们关于文章、写作的文化规范。这一基本观点是在1988年乐山首届全国青年写作学者学术研讨会上提出来的。

在乐山会议的主题论文中，马正平指出，写作文化不是写作内容（文章信息）的文化，而是写作形式、载体、行为、技巧的文化。它是某一特定时代、特定社会、特定地域、特定群体关于文章写作的新的时空情绪、价值取向（价值观念）、行为规范、文章图样。由于它是写作形式上现实的审美规范，它可以调动写作技法或创造新的写作技巧、表达方式，所以马正平把写作文化称为写作的“大技巧”——“技巧的技巧”。

这种较有深度、颇有新意的写作学思想在乐山会议上得到大多数与会者的认同，其原因在于，有些研究者已经朝这个方向思考。邹平提出的现代写作学的规范与反规范的理论，任遂虎提出的写作价值论以及对传统写作思维模式的批评，潘晓泉关于文体发生演变的文化思考，张贵和提出的写作感知决定于文化心理的观点，都属于写作文化方面的研究。

由于写作文化是关于写作形式的一种哲学精神的群化、播散，因此，写作文化理论的提出导致了人们对写作哲学的思考。在乐山会议上，唐代兴提出了“形式化”的写作哲学，1988年底马正平提出了“秩序论”写作哲学，近年来张伟德也提出了

① 参见刘晓钢：《写作学研究对象之我见》，载《写作》，1987（10）。

② 参见马正平：《关于写作学研究的几个问题——与刘晓钢同志商榷》，载《写作》，1988（5）。

“书写本体论”的写作哲学。

写作文化是一个历史的范畴，核心是写作的时代精神。对写作文化的深入研究还导致了对写作学史的研究，于是，一些论者提出研究写作学史的基本构想。另外，1988 年以来，陶嘉炜还进行了中西写作文化比较研究，并取得了一系列重要研究成果。

写作文化概念及理论的提出和研究在写作学史上具有重大意义。正如《作文学》一书的主编张会恩援引一位评论家的话说：“写作文化的提出从方法论上讲，是现代写作学的一次重大革命，它坚决地自觉地否定了对写作行为（过程）的共时性的理想化、抽象式的研究，将写作学研究导入了具体的历史的社会性和现实性的研究，它使现代写作学更进一步地把握了自己的研究对象，使写作学从方法论上第一次真正获得了现代意味，它带来了现代学研究方法论上的一场自觉革命。”[①] 于冰也认为：“提出写作文化学是探索写作学理论的必然”；“从写作文化到文化写作学到写作哲学，这是一个学科生成和发展的全景观的历史运动，这一历史运动状况的初步展现，标志着中国特色的现代写作学建设趋于成熟”[②]。

所以，1988 年以来，写作文化理论研究在全国写作学界的一部分研究者中形成了热潮。1990 年 7 月在中国青年写作理论家协会召开的学术年会上，与会的五十多位研究者经过三天的自由讨论，最后基本达成了共识。大多数研究者认为，中国青年写作理论家协会的基本学术主张是：“深化写作文化研究，建立文化写作学的理论体系和教学体系。”[③] 至此，写作文化理论便成为当代写作学群体的“学术旗帜”。

## 第 3 节　20 世纪 90 年代：探索写作行为微观操作原理

毋庸置疑，20 世纪 80 年代中国当代写作学理论研究的成果丰硕。写作学作为一门独立的学科历经四次转向、两次论争，取得了理论研究上的重大进展。写作学向写作过程论的转向使写作学获得了自身独特的研究范围与研究对象。写作主体论、写作文化论的提出则不仅拓宽了写作学的研究范围和研究者的知识视野，而且初步确立了写作学学科话语体系，标志着“写作无学”论的终结。而伴随写作主体论、

① 转引自晓成：《新时期现代写作学研究的一面镜子》，见马正平等：《中国写作学的当代进展》，329 页。

② 于冰：《现代写作学在崛起——我国当代写作学理论研究综述》，载《辽宁师范大学学报》，1992 (3)。

③ 马正平：《深化写作文化研究，建立文化写作学的理论体系和教学体系》，载《中国写作》，1990 (4)。

写作文化论而来的两次论争则不仅澄清了概念，而且活跃了学术气氛，初步构建起了以写作行为为中心、以写作主体为动力、以具体时空背景下的写作文化为调控的独立的学科话语体系。

然而，不可否认的是，80 年代的写作学研究整体上仍停留在对写作行为表层和宏观层面的描述上。一方面，局限于牛顿力学影响下的机械决定论层面，从“双重转化”直到“知行递变”，概括出的都是单因单果的线性写作行为链。另一方面，最有成效的研究成果是写作主体论和写作文化学，尤其是后者。可以说，前者仍然是一种写作行为过程转化机制的宏观研究。但是，写作学的学术品格，不仅要具有哲理性，而且要具有操作性。这样，对无法回避写作行为的微观操作机制的研究，甚至当代写作学的成功与否，最终都要取决于此。如果一种写作学只有宏观研究的成果，而不具有操作性，那是没有多少意义的。因此，90 年代以来中国写作学的逻辑发展必然要转向人类写作行为过程的微观研究，具体说来，就是写作思维与写作措辞行文的研究，尤其是前者。

## 一、从梯级模型到场论模型：写作能力内在机制研究

写作能力问题一直是写作学研究者心中永远的情结，写作学的任何研究最终都必须以提高写作能力为归宿。这一问题在 1990 年四川南充召开的中国青年写作理论家协会首届学术年会上得到了深入讨论。

马正平在其论文《论写作能力的内在机制》[①] 中对写作能力问题的消解，是此次讨论的重要成果之一。他认为，写作能力是一个“虚无”，它黏着于写作动机、写作意志、知识信息、智能、人格、文化上面，这几种因素既是形成写作能力的原因、前提，又是写作能力本身，不存在抽象的写作能力，这无疑是一个重大的突破。写作能力第一次由抽象的层面进入具体的综合素养培养层面。但这篇论文也有明显不足，将这七种因素层层递进、依次作用的过程作为写作能力的梯级模型推出，则仍带有 20 世纪 80 年代写作学研究者所犯的机械决定论的毛病，并不符合复杂的写作实际。马正平显然也意识到了这一问题，在之后不久的另一篇论文《写作控制场论——再论写作能力的内在机制》[②] 中，这种机械论的倾向得到了有意识的纠正。他明确指出，写作能力产生于同时性的若干因素的相互影响和多维控制。当多种因素作为一个控制力量共同分布于作者思维空间区域时，便形成了作者思维控制力空间范围即写作控制场。可以说，80 年代写作学理论研究虽然取得了两个重要的理论成果，即写作主体论和写作文化论的突破，但这二者一直处于各自为政的状态，未曾得到自觉的整合。而事实上，写作主体与写作文化有着紧密联系，绝对不能简单地

① 参见马正平等：《中国写作学的当代进展》，150～169 页。

② 同上书，205～213 页。

一分为二。马正平在对写作能力的深入研究中，将二者整合为写作场中的“动力场”和“控制场”，不仅是对 80 年代写作学理论研究的一个总结，而且开启了 90 年代写作学研究的总方向：写作不再是单因单果的链条式行为，而是处于多维整体控制之下，处于“动力场”与“控制场”的相互控制之中。写作学研究者开始向复杂性的写作行为挑战。

1986 年以后的 5 年间，写作主体论和写作文化论在写作学界产生了强烈的冲击波，形成一个重要的当代写作学流派，尤其在中青年学者中有较大市场。由于这两种写作学理论都是作为写作过程论的对立面提出来的，自然对写作过程研究有所忽视，给人的印象是只要建构写作主体、感悟写作文化，写作学的全部问题就解决了。有的研究者认为，这是片面的、偏颇的。他们说，写作主体论、写作文化论作为写作宏观控制机制，反映了写作行为的客观实际和规律，人们是能接受的，但光有这两个理论还不行，还需要对写作行为的操作技巧进行研究，如果说写作文化是“大技巧”写作学的话，那么，还需要有“小技巧”写作学。①

另一方面，某些主张宏观研究的学者，虽自己无兴趣研究写作过程，但对流行的写作过程论又不以为然，因为流行的写作过程理论存在两个较大问题：第一是机械论，写作过程是一个充满非线性、非稳态的随机性过程，但目前许多写作教材都把这个复杂的行为概括为“物—意—文”的线性、稳态模型，这与写作真实情况不符，必须推倒。第二个问题是表面化，例如，把写作过程描述为“双重转化”、“三级飞跃”、“三重转化”。这个“转化”、“飞跃”是写作行为的表面现象，而未触及写作行为中非转化的渐进的写作行为深层结构。深层结构即思维操作规律，亦即怎么转化的问题。这是写作学中最为复杂、最为实用、最为重要的学术难题。要解决这两个问题，现有的思维方式、理论背景已无能为力，必须借助新的方法论。

## 二、从非线性、非稳态到写作分形：对写作复杂性的思考

### （一）非线性、非稳态的复杂性写作本质观

刚进入 20 世纪 90 年代，一些对写作实践行为的特征比较敏感的研究者就开始认识到：写作是一个复杂的行为系统，在实际写作中，任何随机的干扰都可能引起写作行为整体上的改变，绝非简单的线性因果所能揭示的。较早关注写作复杂性的是颜纯钧。早在 20 世纪 80 年代中期，正当写作学界热衷于寻求单因单果的线性写作规律之时，颜纯钧就已敏锐地觉察到了写作中无法忽略的随机现象。1986 年在烟台召开的中国现代写作学首届研讨会上，他提交的论文《一门行为科学》指出研究者往往为了研究的方便，把整个写作过程分割为种种基本的能力去分别考察，由此得到

① 参见张传真：《写作学：艰难的分娩》，见马正平等：《中国写作学的当代进展》，446～475 页。

的也只能是各种能力的碎片，而无法形成一个完整、有机的整体。1990年在四川南充召开的中国青年写作理论家协会首届学术年会上，颜纯钧又提交了《写作学的宏观研究》和《写作实践论》两篇论文，他进一步指出，既往“从收集到构思再到表达”的写作学理论研究是单向的线性思维的结果，是写作行为过程的最一般的描述，在哲学上表现出了机械唯物主义的倾向，而写作实践的实质是非线性、非稳态的。同年在《写作》上撰文，更是明确提出推倒“物—意—文”的线性理论模型，进行写作学宏观研究。[①] 颜纯钧对写作复杂性的关注，无疑表现出了他在理论上的敏锐性、前瞻性，他显然意识到了80年代写作学研究方法上的整体缺陷：局部的单项研究必然会使复杂问题简单化。但非常遗憾的是，这种关注在20世纪80年代的写作学研究中并未引起足够的重视，而颜纯钧本人虽然早就已经认识到了写作行为的复杂性，但在具体研究上，却又回避了对写作真正的运行机制的研究，而将希望寄托于写作主体依靠写作“目标”和写作“经验”进行的控制之上，仍然属于写作动力系统方面的研究。真正研究写作行为的内在运行机制并表现出一种理论上的整体转向的，应为90年代初对写作能力的讨论。

**（二）分形消解混沌：写作生长规律的揭示**

进入20世纪90年代，马正平在已有研究成果的基础上，在文章、写作行为的局部与整体具有相似性规律这一认识基础上，很快与科学主义方法论——混沌学、分形论产生共鸣，从中得到学术灵感，迅速提出一整套写作思维操作理论即写作分形生长论。

写作分形生长论的主要观点是，文章胚胎即最先使作者产生写作冲动的情节、形象、感受，它浓缩了后来文章整体的主要信息，文章整体上是这个文章胚胎的生长、展开、放大、变形，也即分形论所谓的自我复制。[②] 这就是说，作者最初获得的使作者产生写作冲动的一个情节、一个形象、一种感受，是文章胚胎，浓缩了后来文章整体的主要信息，正是这个文章胚胎主要信息的自我复制（像DNA那样），产生了文章材料及其结构系统等。从行为一方来看，写作行为过程实际上是写作动机的直觉灵感这种行为胚胎（生长元）的生长、展开、放大、尺度变换——分形。这样，写作生长理论第一次把写作行为的初始环节与写作全过程进行了整合和统一的描述，找出了它们之间的全息、分形——自相似关系这个规律。写作生长理论称之为“写作行为重演律”。“重演”即生长，而写作行为生长中思维操作的最基本技术就是重复（复制），这被称为写作生长的“重复原理”。显然这是在文章深层结构重复与对比的基础上概括出来的。

写作分形论的提出是写作学理论研究上的一次重大飞跃。它不仅第一次深入写

① 参见颜纯钧：《对“物意文”理论模型的质疑》，载《写作》，1990（3）。

② 参见马正平：《写的智慧》，第3卷，1044页，重庆，西南师范大学出版社，1995。

作行为背后考察动态的瞬间思维过程，并对此做出了理论上的精确描述，而且更重要的是，它开创性地变革了写作学理论研究观念。写作学不再是诸如语言学研究下的字、词、句、段的机械组装，也不再是诸如采集、构思、表达、修改的分解或研究，而是作为文章胚胎的发育、生长、演化过程进入研究视野。

从人类思维的研究进程而言，写作分形论无疑契合了当今世界科学的研究趋势。15、16世纪至19世纪的科学家为了研究生命进程，采用拆卸法，即从整体下视局部，把生命拆卸成组织、细胞，一直拆卸到基因，再由各个局部反观整体。我们无法否认这种研究的必要性，它毕竟帮助我们更深入地了解了生命中的各种局部因素。然而必须承认的是，无论这种研究取得多大成就，局部与局部之间仍然处于组装的位置，无法构成一个血脉贯通的生命。科学家已经意识到这一方法的缺陷，从20世纪开始，他们转而研究局部发育成生命的连续过程，即研究细胞如何构成组织、组织如何构成生命的过程。写作生长论打破采集、构思、表达、修改等环节的局部机械式研究，转而关注由文章胚胎如何生长发育成文章成品的演化过程，无疑契合、回应了这一当今科学发展趋势。

作为开创，写作生长论还开始尝试进行写作复杂性的破解研究。如果说马正平80年代的写作学研究尚不可避免地有简单化之嫌，那么他在90年代初对“写作场”的研究则明显标志着“马氏理论”开始注意到写作中的非线性现象，并开始由简单走向复杂。

他在对写作分形论的研究中，在意识到写作思维是一个生命生长发育的复杂进程之后，又提出了一个重要的思想：分形消解混沌。这就是说，写作行为这个“分形元—分形生长”的空筐模型，可以容纳写作行为的所有随机现象，它是写作非线性、非稳态混沌背后的秩序、结构——“奇怪吸引子”。马正平在对写作思维深入研究之后认为，非线性、非稳态仅仅是写作现象，绝不是其本质。写作是一个构建秩序的行为，在看似无序的背后，其实在有规律地进行着局部向整体的复制。只要训练由文章意图（即局部）如何分形发育生成文章成品（即整体）的思维模型，就必然能消解写作表面的非线性、非稳态现象。虽然写作生长论还没有来得及解决思维模型的构建问题，但至少提出了解决复杂性的一般途径，这是以前任何写作理论都未曾做到的。

继马正平之后，青年学者张伟德、余佐辰、李尚才、舒咏平对写作生长（分形）论进行深入研究。余佐辰对重复原理和写作胚胎进行全面的系统的探讨，取得了一批重要成果。李尚才把“重复原理”作为写作的哲学思考，并且将写作分形论运用到文学研究中，他在《文艺理论研究》1992年第3期上发表《文学模式：重复与变异》一文，引起了文艺理论界的注意。由于写作生长（分形）论运用的是一种全新的思维方式——贯通式的整体思维和全新的科学方法，即混沌学、分形论、全息论，因此，它具有很强的超前性，引起了写作学界尤其是青年写作教师和研究者浓厚的兴趣，刮起了一阵“分形风暴”。

这种先锋的当代写作学理论，当时还在我国港澳地区产生了一定的影响。澳门写作学会《澳门写作学刊》1994 年第 10 期作为“写作分形论”专辑，发表了马正平、李后强、佘佐辰、张伟德、舒咏平的有关学术论文和访谈录，使这种新写作学思想在我国港澳地区得到了及时传播。

## 三、“写作思维”概念的提出与研究

如果说马正平对写作能力的深入研究更着眼于对 20 世纪 80 年代写作学研究成果的总结与整合的话，那么高楠对写作能力的深入研究则无疑开辟了一块崭新的研究天地。高楠在《写作思维三题》中指出，只有弄清写作思维场的科学建构才能有效培养与提高写作能力。论文将写作思维场作为写作思维的心灵“整体性”即写作者的“心理生活空间”来理解，它以非直接的作用方式影响与制约着思维的展开。[①] 在这里，高楠第一次明确提出了写作思维这一研究课题。尽管仍然是对写作思维背景系统的研究，对于写作思维本身如何展开还没有深入研究，但无论如何，这种研究无疑具有重大的导向性价值，它至少表明了一种企图：写作学研究者不再满足于 80 年代对写作行为表层规律的外在描述，而企图深入研究写作行为背后的思维机制，从而进一步逼近写作实际本身。

继高楠之后，写作学界的精英分子纷纷将注意力转向对写作思维的研究，并在思维的层面，逐渐向操作性理论体系靠近。

在这一思想的指引下，1993 年马正平撰文《技术渗透理论，操作来自模型》，正式提出构建思维模型，解决操作问题。在进一步深入研究之后，马正平在 1999 年召开的“面向 21 世纪写作理论研讨会”上提出了一整套写作思维模型，逐步向操作性理论体系逼近。[②]

20 世纪 90 年代在写作思维操作技术上取得重要进展的还有周德仓主编的《写作素质训练教程》和张传真的《写作操作技巧》。

应该说，周德仓对写作思维操作技术的研究与马正平的构建写作思维操作模型的思路更为接近。该书在这方面的突出贡献是中心句网络，认为中心句网络的内在机制是表达思路模式，所谓表达思路模式即关于“是什么”、“怎么样”、“为什么”、“做什么”的思考。[③] 就此而言，该书已经深入到了思维机制，并认同了思维操作模型的构建。更进一步，该书对中心句网络具体展开成文进行了阐述、示范，认为

① 参见高楠：《写作思维三题》，见马正平等：《中国写作学的当代进展》，375 页。

② 参见马正平：《广义写作思维原理论纲》，载《哈尔滨学院学报》，2002（1）、（2）。

③ 参见周德仓：《写作素质训练教程》，99 页，上海，东方出版中心，1998。

“分析、综合、抽象概括的应用，实际上就是对中心句的陈述和展开”[①]，不仅明确了由局部生成整体的指导思想，更重要的是还将局部运用何种思维方法展开成文这一思维运演的过程具体到了操作层面。就这一贡献而言，《写作素质训练教程》无疑是走在写作思维研究前面的。

张传真的《写作操作技巧》也是写作思维操作技术研究中比较有成就的一部论著。与马正平、周德仓关注思维模型构建的思路不同，张传真显然更为关注语词的编织规律。他运用操作示范的方法，提出了一系列语词编织技巧规律，如“重点突现”、“单一分述”、“层次表述”、“兼容整理”、“结目为网”等。就思维与语言的同一性而论，张传真的思考也已经深入到了写作思维操作机制，其成果不可忽视。但张传真的语词编织技巧显然是写作思维表层的东西，正如他自己所说：“写作思维的最后成型，均表现为可视性语词符号的线性排列，这个问题涉及了写作的语词操作。”[②] 也就是说，张传真避开了写作思维归整前最为复杂的过程，而强调写作思维最后的一维归整的阶段（这其实相当于马正平后来所谓的“文本思维”）。尽管如此，这种思考仍不失为写作思维研究中非常重要的一部分。

同时期从另一个侧面进入写作思维的是对写作创造性的研究。写作不再仅仅被认为是一个表达的工具，更被认为是一个创造性思维的过程。创造性作为思维的特性在这一时期得到了关注。1995 年，刘晓钢发表《写作仅仅是一种表达行为吗?》，指出写作过程中认识与表达同一，因而创造也是写作的功能之一，首次将对写作创造性问题的讨论提了出来。[③] 作为呼应，1996 年，《写作》杂志两次刊登关于写作创造性问题的文章，即李白坚的《写作就是创造》和高世平的《创造是写作的生命》，主要是强调写作中思想也即立意的创造。1997 年，周淼龙发表《写作创造性补谈》一文，将创造扩充到了整个操作系统，有一定突破。[④] 之后，刘晓钢的《作为思想创造的写作》关注的仍是立意方面的创造。[⑤] 对写作创造性的思考一般都以短篇论文的形式出现，很难深入、系统。但就其既有思考而言，已是写作思维操作层面的问题，因而从侧面丰富了写作思维研究。

## 四、对思维的思维：“写作策略”概念的提出与研究

事实上，对写作行为控制系统的研究在 20 世纪 80 年代就已进行。1988 年开始的写作文化研究即可纳入写作控制系统，但因为 80 年代的整体研究尚未深入写作思

---

① 周德仓：《写作素质训练教程》，272 页。

② 张传真：《写作操作技巧》，78 页，北京，军事谊文出版社，2000。

③ 参见刘晓钢：《写作仅仅是一种表达行为吗?》，载《写作》，1995（1）。

④ 参见周淼龙：《写作创造性补谈》，载《写作》，1997（7）。

⑤ 参见刘晓钢：《作为思想创造的写作》，载《写作》，2000（7）。

维操作机制，故而对写作文化的研究尚停留在宽泛的层面，无法自觉地将其纳入写作思维运转系统当中。

1990年在对写作能力的深入研究中提出的写作控制场、写作思维场，已表现出明确的调控观念，但仍未自觉地具体到写作思维的内在机制。

从另一条途径初步进行控制系统研究的当推郭长才、余国瑞主编的《经济写作系统与技法》。该书依据系统科学的方法，在经济写作系统的运动规律中提出了功能价值规律，即力求用最少的消耗获得最理想的功能。而实现理想功能的消耗值，可以通过读者和专家的评价获得，这种功能是否实现，又作为反馈信息调节和控制着写作动机和行为。① 由此看来，该书已经在操作层面意识到具体环境、读者的反应会对写作行为产生调控作用，但遗憾的是，该书尚未深入到思维机制中，表述也较为笼统。

将这一思路自觉纳入写作思维运转体系的则是周德仓主编的《写作素质训练教程》。该书明确提出了“应对思路”的概念，指出应对思路是把握文章体式的一种思维方式。它包括“为什么目的说话”、“以什么身份说话”、“在什么背景下说话”、“向什么对象说话”四个思维程序。弄清这四个问题，就可以对文体做出恰当的选择，并对文章进行大体的规范。可以说，这已经是对写作控制思维的清晰表述，并已上升到了概念和范畴的高度。该书还为此配备了应对思路的专题训练，这无疑已开始自觉地将控制思维纳入操作性理论体系，较之余国瑞的功能结构规律更为系统、深刻。

在这方面取得更大进展的当推周森龙与马正平。

周森龙在1999年“面向21世纪写作理论研讨会”上提交的论文《写作工艺学刍议》中认为，写作工艺的关键在于决策与控制，而写作工艺学的研究范围是写作活动中一切意识可控的范围，明确将写作控制系统研究作为写作学的分支学科提出。该文明显借鉴了国外写作工艺学的成就，但试图构建写作控制的分支研究却是写作学自身逻辑发展的必然要求，写作控制系统研究是写作学研究当中的薄弱环节。《写作工艺学刍议》只是对写作控制的系统研究进行了强调，真正将这种研究展开的是他的《现代写作论稿》。他在该书第二章提出表达空间论，认为写作行为不仅受主体需要系统的驱动和价值系统的牵引，而且要受表达空间的制约。而表达空间即时代、社会、读者预留给文章思想存在的一种可能性空间。写作作为一种言说的方式，必须考虑如何在有限的表达空间中获得一种游刃有余的自由。周森龙认为，首要的原则是顺应，在策略上还有借、托、藏三种方法。② 可以说，表达空间论已经系统地研究了写作控制问题，有理论，有分析，有示范，已经深入到了写作操作性理论层面，

① 参见郭长才、余国瑞：《经济写作系统与技法》，8～18页，北京，科学出版社，1991。

② 参见周森龙：《现代写作论稿》，31页，天津，天津人民出版社，2000。

成就不可忽视。

马正平则在1999年9月至10月完成的两篇论文《广义写作思维原理论纲》和《“写作智慧”论》中，展开了对写作控制思维全面而又自觉的研究。在《广义写作思维原理论纲》中，马正平指出，写作思维过程中包含立意、结构、应对三种思维。应对思维又包括两个方面：一方面，感悟和认同新的时代、新的社会的写作文化精神，并做出创造性反应；另一方面还要感受现实环境中的写作禁忌，并做出写作策略的创造性选择。马正平明确将思维分成控制思维与操作思维两类。应对思维也即控制思维，它是对思维的思维，是写作思维的智慧和大技巧。[①]《“写作智慧”论》在前文基础上进一步深化和完善，将作者在具体的时空处境之下，面对具体读者对象进行写作操作时，为了达到自己的写作目的和最佳传播效果，实现文章写作的功能，而对思维对象进行价值判断和策略选择的应对性能力称为“写作智慧”，并指出，其思维模型为“协调”与“对抗”。马正平提出的写作智慧无疑代表了20世纪90年代写作控制思维研究的最高成就，他不仅自觉地将80年代写作文化的成就纳入写作控制思维系统，还在思维操作层面上提出了“协调”与“对抗”的思维模型，这已经是操作性理论体系的自觉构建，是对90年代写作研究的一个突出贡献。

其后，青年学者佘佐辰发表论文《论写作智慧蕴涵》，从各个方面对写作智慧的内涵进行了深入探讨[②]，写作智慧作为写作控制思维系统的专门范畴得以确立。

总的来说，20世纪90年代写作学界对写作控制思维的研究表现出由浅入深、由零散到系统、由不自觉到自觉的轨迹，一步步深入到思维机制中，创建理论范畴与思维模型，逐步构建起了操作性理论体系的主要部分。

## 五、非理性写作与非构思写作的观念与理论的提出

### (一) 题型写作的非理性写作主张

20世纪90年代非理性写作学研究以思维为中心，逐步建构了操作性理论体系，其在理论上对实践进行指导的研究思路无疑是主线，然而在此之外，仍然有一种研究方向即强调写作经验的逐步积累的非理性思路值得注意，这种研究成果以于成鲲、李白坚、沈汉达等主编的《题型写作教程》为代表。在某种程度上，它代表了20世纪八九十年代一直与写作理论研究者相对应的写作实践论者的研究成果。

具体来说，该教程主要采用“动力＋训练”的体例，既注意激发学生的写作兴趣，又加入了一定的写作压力，设计了一整套系统、完整的题型练习，迫使每个学生切切实实地投入到写作的各个具体项目的训练中，以此达到积累写作经验的目

① 参见马正平：《广义写作思维原理论纲》，载《哈尔滨学院学报》，2002（1）、（2）。

② 参见佘佐辰：《论写作智慧蕴涵》，载《江西社会科学》，2000（7）。

的。[1] 不可否认，这种训练也许会在短期内取得某种看来显著的效果，但不能取得长期的效果。因为这种缺乏对写作的内在思维分析和理论指导而停留在经验总结阶段的训练是以大量的时间与精力为代价的，历经试错、纠正、熟练掌握、加强而实现，一旦长时期不加练习，这种被当做“匠”和“术”训练的写作技能就有可能生疏乃至消失。

事实上，对写作技能的强调与研究，在80年代就已突出地表现出来了。80年代中期，在向写作主体论转向的过程中，就有一部分研究者特别强调对写作主体智能素养的培养。智能派主体论写作学最主要的实践者、倡导者当推林伯麟。他在1986年夏于上海举行的“写作教学现代化、科学化讲习班”上，根据发生认识原理，从认识的心理过程和心理特征入手，强调写作思维主体的反应，提出应重视写作能力的智能素养问题，他认为“主体智能”包括能力、技能、素养、修养四个层次。强调训练及其设计，强调写作主体的智能训练，这种思想体现在吴伯威主编、林伯麟副主编的《基础写作教程》（山西人民出版社，1986）一书之中，在此前路德庆主编的《写作教程》（华东师范大学出版社，1982）中也有所体现。

**（二）非构思写作学的观念与理论**

从写作学研究的整体进程来看，20世纪90年代的写作学研究呈现出向两极分化的趋势。一方面强调理论的构建，尽管已逐步构建起操作性理论体系，提出了大量可供指导训练的思维模型，但尚未投入写作实践；而另一方面，一部分研究者因为经验性写作训练在短期内有较为显著的成效而忽略乃至敌视理论的理性指导。尽管这两种研究都有它们存在的理由与价值，但作为一门应用学科，写作学必须由论与用走向整合，消除长期以来存在的写作理论与写作实践的对立，而非构思写作观念的提出就是这种整合的具体体现之一。

非构思写作学也即运思性、生长性写作学，它与构思性写作学的主要差异在于：后者围绕主题进行选材，然后再谋篇布局，甚至草拟提纲，最后再付诸行文、进行表达、形成文章成品，这样的写作过程是一个以“有”（构思成果：意态文）到“有”（文章成品：物态文）的过程，将具体行文仅仅看做一个表达、转译的过程，忽略了其中不断生长、变化的创造性行为。而前者则通过运用整套科学写作思维模型——重复与对比的赋形思维、分析与综合的路径思维，在协调思维的调控下展开主题，直接生成写作思维网络，思维伴随运笔，思维的过程也就是行文的过程，思维完成，文章成品也即生成。[2]

可以看出，非构思写作学试图整合的是90年代写作学界关于写作行为本质的两个论争：是表达还是创造，是线性还是非线性。90年代写作学研究者往往各执一端，

---

① 参见于成鲲、李白坚、沈汉达：《题型写作教程》，北京，语文出版社，1994。

② 参见马正平：《非构思写作宣言》，载《海南师范学院学报》，2002（2）、（3）。

未曾达成共识。非构思写作学以其自身思想体系说明写作行为既是表达的过程，又是创造的过程，写作是表达与创造二者的有机统一。可以说，非构思写作学以其开放的理论体系表现出了对结构主义写作学、线性写作学的颠覆以及与后现代精神的某种契合。

## 【基本概念】

文本主义　过程主义　八大块　双重转化　三级飞跃　知行递变
“写作主体”论　“写作文化”论　“写作生长”论

## 【复习思考题】

1. 今天，为什么可以毫无愧色地说：“中国当代写作学是新时期发展最快最有生气的新兴学科之一”？
2. 写作学理论是如何从文本主义转向写作过程论的？
3. 写作学理论是如何从写作过程论转向写作主体论的？
4. 写作学转入写作文化论有什么重大意义？
5. 试用写作生长论的观点描述写作过程。

# 第4章

# 非构思写作学：洞察写作行为深处的决定性力量

追踪个人知识在我们体内的附带觉知中的根源，把它视为融汇于我们对外在物体的焦点觉知之中，这不仅揭示了个人知识的逻辑结构，而且揭示了它的动力源泉。

——［英］波兰尼：《个人知识：迈向后批判哲学》

个人知识的根源，直至隐藏在科学的形式主义操作背后那些最原始的形式。撕下遮盖在图表、方程和运算上面的纸幕，我努力揭示了我们赖以以纯个人的方式识知事物的智力的非言述表现。

——［英］波兰尼：《个人知识：迈向后批判哲学》

## 第1节 对当代写作学分歧之本的思考

我们在反思20世纪以来的现当代汉语言文学各个学科的知识体系的合理性、有效性时常常在想，为什么20世纪以前的中国古代近代的语言、文学的知识体系比现当代的汉语言文学的知识体系具有更强的有效性、功能性呢？也就是说，从西方引进的那一整套的文艺学、语言学、美学理论为什么还不如中国传统的古代文论、诗论、文章学的经验性感性化的知识体系管用、有效呢？

例如，在美学里，中国古代艺术哲学、美学理论认为，艺术的最高境界是追求文气、神韵、风骨、滋味、意境、格调、境界，其实，所有这一切概念都不过是对生命自由、生命理想呼唤的不同称呼、重新书写而已，这已经是对美的本质、本体、终极的审美对象——生命时空、心灵时空——的准确揭示。另一方面，这种终极的审美对象、美本质、美本体是怎样生成的呢？中国古代艺术家认为是“凝神遐想，妙悟自然，物我两忘，离形去智”（唐·张彦远《历代名画记》），这几乎是 100 年前胡塞尔现象学的本质直观的方法论。后来，宋代理学家更把这种直观分为“观物”和“观我”两种审美思维方式。王国维又把这两种审美思维操作模型概括为“静中得之”和“动之静时得之”两种类型，于是产生了“无我之境”和“有我之境”两种审美境界。在时空美学看来，这些理论已经基本解决了美的本质和审美的本质，揭示了美学基本原理：审美是对生命时空的直观与折射。现在看来，康德、叔本华美学并未超越这一高度。但是，自从西方美学知识体系传进中国以后，现当代美学的知识体系一片混乱，既缺乏本体论的深度阐释——无论形式论美学还是内容论美学都不能融化对方，因为都不得其本，又缺乏操作论的深度阐释——虽然出现种种心理学美学理论，但是同样缺乏本质性、操作性。因此，美学理论既缺乏深度的美的本质论，也缺乏实践的操作性。那么，现代美学理论的问题出在哪里呢？

从语言学来看，中国古代并无西方意义上的语言学、语法学、修辞学，只有文字学、音韵学、训诂学、文章学（章法学）。其中，训诂学相当于西方的文献学、语文学。但这并不影响中国人言语行为（说话、写作）的顺利完成。文章学（章法学）相当于西方的文体学，也相当于今天的写作学、文学创作论。但自从西方的语言学知识体系传进中国以后，这套知识便逐渐成为大学、中小学的语言教育、文学教育的知识体系。通过 20 世纪 100 年来的实践，人们终于发现这些语言学（尤其是语法学）知识对于人们的言语交际行为并无什么大的用处，甚至有负面影响。① 于是，当代西方语法学、语言学知识体系在当代存在的合法性受到了空前强烈的质疑。

从写作学角度来看，情况也同样如此。19 世纪末，马建忠是把拉丁文语法作为“为文”即作文的知识来理解的，不仅从《马氏文通》的书名上可以看出来，而且从他为《马氏文通》写的序中看得更为清楚：“欲知文，先知句。”所以，他写作《马氏文通》的目的就是为了让童子“及时为文而以其余年讲道明理以备他日之用”。在马建忠那里，语法学即是“为文之法”的作文学、文章学、写作学，这个观念到了“五四”白话文运动以后还是如此。例如，傅斯年在《怎样做白话文》中讲“作文知识”时，一方面介绍了西方文体学中的释论、辩论、形状的“达词法”的知识，即现代写作学中的“说明、议论、记叙、描写”这几种表达方式的概念，另一方面，就是如何“运用西洋文款式、文法、词法、句法、章法（段法）、词枝”的知识。② 从 19 世纪末到 20 世纪中叶，即新中国成立之前的现代汉语的作文法、写作学知识就

① 参见张肇丰：《西方当代写作模式研究》，载《课程·教材·教法》，1990（4）。

② 参见傅斯年：《怎样做白话文》，见《新文学史料》，北京，人民文学出版社，1979。

是建立在这些西方语法学、文体学（表达方式）知识体系的基础之上的。由于这些知识并不管用，所以，新中国成立以后，中国写作学界引进了苏联文艺学中的“文学作品的构成”的知识体系，于是在此基础上形成了以“八大块”为主体的写作学知识体系。[①] 实践证明这些知识仍然不太管用。到了80年代中期，写作学界认为，写作学不应该以文章构成的“八大块”作为写作学知识体系，而应该以写作的“行为过程”作为研究中心。1985年以后，写作学开始转向过程研究了，于是，作为“八大块”典型代表的《写作基础知识》（北师大中文系编写），摇身一变，就成了由“选材、立意、布局、行文、修改……”构成的“写作过程论”，“双重转化”等理论于是诞生。并且，写作知识首次被命名为“写作学”[②]。写作教学的实践证明，这样的写作学在写作教学中效果仍然不很明显，教学的效果还是不理想。而后，写作学界又产生了写作主体论的思想，但是，写作主体论也只是停留在对写作心理的描述上，这样的主体论写作学，对于培养学生的写作能力来说，仍然没有多少实际意义。

过去，我们对20世纪写作学有过种种批判。例如，在1982年前后，我们曾批判“八大块”写作学，认为它们的知识是对文章构成要素的分析，而不是对写作行为的描述。1983年以后，当代写作学很快就转到写作过程论研究了，并产生了“双重转化”论、“三级飞跃”论、“四重转化”论等写作过程论的理论。然而，这些过程论写作学知识对于培养学生的写作能力来说，并没有变得十分有效。因此，1984年左右，写作学界开始批判过程论写作学只是对过程的研究，而缺乏对写作主体的研究。1985年以后写作学界出现了写作主体论，大讲写作主体的构成和写作心理要素等。但是人们又发现，这些主体论写作学理论对于培养学生的写作能力来说，同样没有多少实际意义。

由此可以看出，我们对20世纪写作学的批判，只是对其现象的批判，并未从哲学的高度去揭示20世纪写作学的根本问题所在，没有哲学的、理念的批判，只会造成“公理婆理”的混乱局面，谁也不能说服谁。

与此形成鲜明对照的是，中国当代写作学还存在另外一种与上述流行观念迥然不同的非构思写作学思想。这种写作学也同样研究“写作文本”，同样研究“写作过程”，同样研究“写作主体”，却得出了与上述写作学观念迥然不同的写作学命题、原理，最后形成了“非构思（即生成）写作学”的知识体系和教学体系。其理论知识体系表现出有相当深度的哲理性，并且在写作教学中显示出高度的操作性有效性，显示出无限的学术及教育魅力。但是对于这种写作学，我们当初并未认识到其最本

---

① 当时的写作学知识体系基本上都是由绪论、材料、主题、结构、表达、语言、修改和文风构成，俗称“八大块”写作知识体系。

② 当时刘锡庆、林可夫、林伯麟等先生在1985—1986年间出版的《基础写作学》等大学写作教材的体系构成就是如此。

质特征的哲学属性。我们也曾试图从“后现代之后”即“后后现代主义”的哲学思想观念上进行解释[①]，我们曾经从“生成哲学”的理念上对“非构思写作学”进行阐释。虽然这些阐释也是有一些道理的，但是，我们总还是感到这些解释只是揭示了某一方面的现象，还没有把问题说透，没有把问题最深刻的本质揭示出来。这显然是因为我们至今还没有发现“非构思写作学”知识体系的哲学本质、品格特征，尤其是知识哲学的基本特征。

可喜的是，当本书修订的时候，我们发现20世纪前期的“语法论”写作学，中期的文体论写作学、（八大块）文本写作学、过程论写作学和主体论写作学的根本问题，无一不是因为它们是一种分析哲学、逻辑实证主义的客观主义知识论背景下产生的写作学理念，同时，我们又发现了“非构思写作学”知识体系的本质特征、哲学品格，尤其是知识哲学的特征在于：非构思写作学知识体系在最深的哲学本质上与波兰尼的“默会整合认识论”的科学哲学、知识哲学不期而遇、不谋而合了，我们发现，对于写作学学科建设来说，“非构思写作学”的知识正是波兰尼所期望的人类理想的知识体系：将人类写作行为的附带觉知整合到写作行为的焦点觉知上而形成的行为整体、系统，即写作行为的“场”。

## 第2节　默会整合认识论：当代知识观的“哥白尼式革命”

出生于匈牙利的迈克尔·波兰尼是20世纪英国著名的科学哲学家，他与哈耶克和波普尔同被哲学界誉为“朝圣山上三巨星”。他站在现象学的立场上，在批判分析哲学的逻辑实证主义的客观主义知识论基础之上，根据自己的科学研究的体验，提出了富有人文性的科学观和默会（tacit）整合认知理论，在国际学术界引人注目，因而被学界誉为“当代认识论中的哥白尼”。学术界一般认为，波兰尼所提出的非言传的默会整合思想已日益成为当代哲学认识论研究中常见的主题之一。许多学者惊呼：

> 波兰尼的默会认知论是继笛卡尔和康德以后，认识论发展史上的“第三次哥白尼式的革命”，它将导致全部认识论的“大翻转”，其深刻意义甚至将远在释义学、语言哲学和发生认识论之上。[②]

作为一种现象学的科学哲学和知识论，波兰尼的默会整合认识论包括三个基本

---

① 例如，从马正平《非构思写作学宣言——后现代之后写作学与写作教学的观念与原理》的标题就可以看出。

② 张一兵：《科学、个人知识与意会认知——波兰尼哲学评述》，见［英］波兰尼：《个人知识：迈向后批判哲学》，贵阳，贵州人民出版社，1999。

的思想：第一，科学活动、科学命题是个人参与的结果，科学的合理性、真理性是建立在内在意义基础之上的；第二，个人知识的是将附带觉知整合到焦点觉知上而形成的整体结构系统，在这个系统中，附带觉知具有行为技能的决定性力量；第三，附带知识是个人的“内居”、“信念”、“寄托”之所在。明白了波兰尼的这些思想，我们便会对20世纪的两大阵营的现当代写作学得出一个近乎科学的评价和结论，从而突显出非构思写作学的合法性、科学性和真理性，从而说服国内外的写作学同行学者，最后使非构思写作学与写作教学的崭新理念推广开来。

## 一、科学命题、科学理论是个人参与的结果

早在20世纪50年代初，波兰尼在《科学、信仰与社会》中就提出了全新的科学哲学和认识论思想。他批判了实证主义的科学观，提出用以人性为基点的科学信念、科学直觉和内在创造作为科学研究之基础的观点。他发现，科学家的个人判断和寄托是科学进化的重要动因，科学知识离不开人，科学家的热情、价值和雅美同样也是科学的本质属性。

波兰尼在反思哥白尼与托勒密的天文学知识体系的本质区别时说：

> 哥白尼偏爱人类从抽象的理论中得到的乐趣，但他也付出了代价：拒绝了我们的感官获得的证据，那就是太阳、月亮和颗颗恒星日复一日地从东方升起，横过天空，然后从西方落下这一不可抵御的事实。所以，从字面意义上看，全新的哥白尼体系确实就如托勒密的见解一样也是以人类为中心的，其不同仅仅在于它偏要满足人类的一种不同的钟情。①

那么，哥白尼从“满足人类的一种不同的钟情”中得到的“乐趣”是什么东西呢？波兰尼说：

> 为什么哥白尼把自己现有的地球站更换成想象中的太阳立足点？对这一点所能作的唯一合理的解释，在于他似乎从太阳而不是从地球看到了太空的全景图，在于他从这幅画图中得到了更大的求知满足感。②

在这里，所谓从“抽象的理论”中得到的“乐趣”和“钟情”正是一种“求知满足感”。在他看来，满足哥白尼“求知满足感”的是“从太阳而不是从地球看到了太空的全景图”之后形成的更加广阔的天文学视野和知识体系，哥白尼从这个体系中直观或折射出来的是这种博大无限的感知空间、认识空间、思维空间，这种空间使人们的自由的心灵得到慰藉。或者说，哥白尼正是在他拓展了的感知、认识、思维、形式空间上共鸣了自己的自由的心灵空间，于是产生了科学美。在这里，我们发现“美”成了科学理论之“真”的依据、标准。另一方面，哥白尼天文学理论比

① ［英］波兰尼：《个人知识：迈向后批判哲学》，5页，贵阳，贵州人民出版社，1999。

② 同上。

托勒密天文学理论更具有深度，而这个从天文学现象到天文学理论的深度，本身就是一个审美对象，从它们上面不仅可以直观到一种形式时空、生命时空，而且可以折射出科学家无限宽广的思维时空，这又是一种生命时空之美。

波兰尼在讨论、反思爱因斯坦的相对论与牛顿力学的哲学理念区别时同样如此：

> 在米勒宣布他的结果时，相对论仍然没有作出什么能被实验证实的预言。它的经验性证据主要来自一些已知的观察报告。这一新理论对这些已知现象的解释被认为是合理的，因为它用单一的一条令人信服的、合理的原则把它们推导出来了。它的推导就像牛顿对开普勒三定律、月球的运行周期和地心引力的综合解释一样：用的都是万有引力的一个通用理论，并且，甚至在用它作出任何预测之前，就已立刻取得了具有至高无上的权威的地位。正是相对论这种内在的杰出的合理性感动了麦克斯·伯恩，尽管他自己竭力强调对科学要作经验性解释，他还是早在 1920 年就向相对论“这一思想的恢弘、勇敢和率直”致敬，认为它使科学的世界画图变得“更美、更壮观”了。①

波兰尼所谓“具有至高无上的权威的地位”的“杰出的合理性”是什么呢？同样在于相对论的理论体系所具有的“恢弘、勇敢和率直”的心灵境界、思维空间、科学视野，或者说“更壮观”的生命空间感、心灵空间，即“美”。这就是一切科学行为、科学命题、科学理论，甚至是科学猜想的“内在合理性”，即“内在意义”，也就是波兰尼所谓的“求知美”、“求知热情”的本质。所以，波兰尼在讨论反思毕达哥拉斯学派与爱奥尼亚学派的哲学理念区别时得出了这样的结论：“毕达哥拉斯及其追随者不像爱奥尼亚学派那样试图用某些物质性元素（火、空气、水等）来描写宇宙，而是一成不变地用数字来解释宇宙。……他们对这些完美天体的领悟，就如人们倾听一个纯音程一样。他们以神秘主义者共享的状态倾听天体的旋律。”② 所谓毕达哥拉斯学派“一成不变地用数字来解释宇宙”，是说他们不是把宇宙解释成客观元素的客观构成，而是解释为事物与事物之间的“秩序”、“比例”、“对称”、“黄金分割”、“和谐”的关系，由于在这些东西中，我们可以直观到一种节奏感、韵律感、张力感、空间感，这些东西其实就是我们直观到的形式时空、生命时空，由于这些形式时空的节奏感、韵律感、张力感可以表达我们人类的生命的鲜活生机与自由无限，所以，他们才可能有“对这些完美天体的领悟，就如人们倾听一个纯音程一样。他们以神秘主义者共享的状态倾听天体的旋律”③。所以，毕达哥拉斯学派才主张“美在和谐”：“音乐是对立因素的和谐的统一，把杂多导致统一，把不协调导致协

① ［英］波兰尼：《个人知识：迈向后批判哲学》，21 页。
② 同上书，12 页。
③ 同上。

调。”[1] 又说：“美是和谐与比例。”[2]

正是出于这个原因，波兰尼才说：

> 我们只有相信自己有能力评赏大自然中某种基本的有序性，而这种有序性又隐藏在它的某些不那么有序的外表之下，我们才能合法地给体系拓展出来的杰出性标准赋予比公式 PU＝RT 所自称拥有的程度高得多的内在意义。它不仅仅是科学的理想化，而且是一种审美理想的形式化，它与支配着艺术和艺术批评领域的那种较深刻然而又绝不可能得到严格定义的感觉力有着紧密的联系。[3]

科学家、学者所追求的那种“秩序性”的本质是关于人性、人际性的“内在意义”，这种“内在意义”就是生命意义，生命的生机、鲜活与自由无限，所以，科学的秩序、学术理论秩序就成了“审美理想的形式化”。这种“审美理想的形式化”与绘画、音乐、书法、诗歌作品中的“审美理想的形式化”——节奏、韵律、结构、张力、空间的艺术“感觉力”具有十分“紧密的联系”，甚至就是同一个东西不同的内在性而已。

通过上述分析，波兰尼揭示了科学真理、科学客观性的本质是人性的参与、生命的参与的真相，同样揭示了科学美的真相、本质：“正如我曾经说过的，当代物理学的合理性里面所固有的美和力量是一种崭新的类型。”[4] 之所以说科学美是一种“崭新的类型”的“美”，是因为这种美，既不是自然界的形式美，也不是人类的社会美、道德美，既不是艺术作品的形式美，也不是艺术作品的内容美。它是以科学行为、科学命题甚至科学猜想直观或折射出来的“求知美”——生命、心灵的时空感而已，这种审美情感就是哥白尼所说的“求知热情”，而这种“求知美”或“求知热情”正是一种抽象性的形式美，这种求知美、形式美是一种生命时空的感悟、共鸣、和谐，如此等等。所以，波兰尼才说：“如果不承认其中具有引人入胜的美和致人着迷的奥秘，我们是无法真正道出我们接受这样的理论的原因的。然而，以主客观互相分离为基础的流行的科学观，却追求——并且必须不惜代价地追求——从科学中把这些热情的、个人的、人性的理论鉴定得清清楚楚，或者至少要把它们的作用最大限度地减小到可以忽略的附属地位，因为现代人为知识所建立的理想是：自然科学的观念应该是种种陈述的集合，它是‘客观的’，它的实物完全由观察决定，尽管它的表述可以由习惯形成。”[5] 从这里我们看出，最终，科学的求知美、形式美，具有人性、生命的“内在意义”，竟然成了科学的合理性、客观性、真

① 朱光潜编：《西方美学家论美与美感》，15 页，北京，中华书局，1979。
② 同上书，13 页。
③ ［英］波兰尼：《个人知识：迈向后批判哲学》，73 页。
④ 同上书，22 页。
⑤ 同上书，24 页。

理性的评价准则！这正如我们一再坚持的观点——认识的科学之真需要生命时空之“美”来进行评价、判断。其实这也符合马克思“人也按照美的规律来建造”[①] 的哲学、美学基本理念。从某种意义上说，波兰尼的这种默会认识论关于真理的论述其实就是对马克思的哲学美学理念的证明而已，虽然波兰尼是一个竭力反对马克思主义的哲学家。

波兰尼上述知识观、科学观、真理观对于写作学的意义在于：不仅作家写出来的文章、文学作品是“按照美的规律来建造”，而且作家的写作技术、思维操作的技能也是具有审美性品格的，必须体现出一种生命时空之美的精神，同时这种美学精神是一种主体性的状态。只有这样的写作知识才能生成理想的文章、作品。另一方面，写作学的知识理论的体系之中同样存在一种具有“内在意义”的“秩序感”，这种秩序感就是一种科学之美，就是写作学理论的科学性、客观性、合法性的评价依据。例如，当我们发现文本表层结构（渐进与平列）的深层结构是“重复”与“对比”的赋形原理的时候，这种写作学理论便具有一种抽象的理论化的形式空间的深度美，这本质上是一种思维空间之美。当我们发现了写作创造行为受时代社会的写作文化精神规范所决定的写作文化学的时候，这种文化写作学、写作文化学同样具有一种抽象的理论化的形式空间的深度美，这本质上还是一种思维空间广度之美。这两种思维空间之美都是人类的生命空间、心灵空间之美。非构思写作学的理论体系正像波兰尼所说的那种“从太阳而不是从地球看到了太空的全景图”，或者说“使科学的世界画图变得‘更美、更壮观’了”。就像大海中“冰山”下面的部分那样。

基于这样的认识，波兰尼认为，并没有像逻辑实证主义和客观主义所宣传的那种绝对客观、绝对精确的科学知识、理论，所有的知识都是个人知识的参与，因此都是“个人知识”。而且这是一种后批判的后现代哲学的理念，这就是波兰尼把他的科学哲学、知识论著作叫做《个人知识：迈向后批判哲学》的原因。更为重要的是，这些超越了一般的平庸的写作学而有所拓展的知识部分，正好都是写作行为深处的决定性的力量，它们成了决定写作学生死存亡的知识结构。因为正是在这些地方，波兰尼发现了人的主体性对理论的深刻影响，也正是在这里，波兰尼才有可能提出具有“哥白尼式”的革命性质的“默会整合认识论”的科学哲学的伟大思想。

## 二、个人知识：将附带觉知整合到焦点觉知上而形成的整体结构系统，其中附带觉知具有行为技能的决定性力量

### （一）个人行为技能默会认识的整体结构

波兰尼指出：“我将试图进一步阐释这样的个人行为的结构，分析参与这些行为

① 《马克思恩格斯全集》，中文 1 版，第 42 卷，97 页，北京，人民出版社，1979。

的种种能力。科学靠科学家的技能来操作。科学家正是通过行使自己的技能而造就了自己的科学知识。因此，我们可以通过考察种种技能的结构而掌握科学家的个人参与的本质。"① 这个"本质"就是"个人知识"、"默会认识"的概念与基本原理。在波兰尼的默会认识论的知识哲学、技能哲学中，"默会认识"的"个人知识"是一个核心的概念，不弄清这个概念，我们无法理解波兰尼的精彩思想。

正如上面所分析的那样，波兰尼在这里发现了人类知识的整体结构系统。他发现人的知识有两类。一种是"言传知识"，即一般我们所说的知识，往往指的是那些"用书面语言、图表或数学公式来表达的东西"，这些只是一种知识，而非系统阐述的知识，例如我们对正在做的某事所具有的知识，那是另一种形式的知识。如果称第一种为言传知识，第二种为意会知识，就可以说，我们总是意会地知道，我们在意知我们的言传知识是正确的。② 所谓"意知"就是理解性认识，因此，波兰尼的默会认识理论，又叫做"默会意知理论"，或"识知理论"、"默识理论"。

其实，波兰尼所谓的这两种知识，从另外一个角度来分析更加清晰明白。他所谓"言传知识"或"言述知识"就是我们对实体性认识对象的结构、功能、特征进行概念阐述的知识；而所谓"意会知识"、"非言述知识"就是对人类的实践活动、行为技能、技术艺术的知识。由于人类的行为技能的知识不是一个实体性的对象，无结构描述分析可言，而是一种身体化行为的整合过程，这个过程是由一种思维操作程序整合形成的多维控制的"未完成状态"的行为场的状态，因而这种东西只能领会而不便用语言进行阐述。这是波兰尼默会认识论的关键所在，明白了这一点，我们才可讨论默会整合认识论。也就是说，波兰尼以前的科学家、哲学家所关心的是对静态客体对象的实体性和虚体性事物的描述、分析、阐释，而从波兰尼开始，人们把科学研究的方向转向了动态的人类实践行为技能技术的研究，这是由静态结构的描述转向动态行为的理解的研究，这是一种十分伟大的科学观念转向和哲学世界观与方法论的转向。从某种意义上说，波兰尼的知识哲学、默会认识论为语言学研究从静态的结构主义语言学转向动态言语行为的言语学奠定了一个坚实的哲学世界观与方法论的基础。也就是说，过去分析哲学背景下的结构主义语言学是对语言成品的"言传性知识"的研究，而言语学所需要的则是对言语行为机能的默会认识论的研究。

现在我们回到波兰尼关于技能的"个人知识"的结构分析上来。波兰尼认为，个人默会认识是一个整体协调系统，是将心灵化、身体化的附带觉知整合到意识性的焦点觉知之后而形成的结构整体。首先，波兰尼把默会性的技能的个人知识分为"焦点觉知（意识）"和"附带觉知（意识）"两种结构要素。所谓"焦点觉知（意

---

① ［英］波兰尼：《波兰尼讲演集》，73页，台北，台湾联经出版公司，1985。

② 参见上书，6页。

识)”，就是我们对行为技能的最终目的、意图、目标的焦点的意识、觉知。所谓“附带觉知（意识)”，就是用来实现我们的焦点目标的任务身体化、主体化的材料、准则、思维操作技术模型的这些线索、手段、途径的心理行为（意识、知识)。由于焦点觉知是明晰的认识、理性的目的，因而它是可以言述的，而后者则不是被“看着”的，不是注意力的目标，而是注意力的工具、线索，只是一种附带理解，即一种焦点觉知、认识的“余光”所瞥见的东西，所以才有“焦点觉知（意识)”和“附带觉知（意识)”、言说知识和默会知识的分别。而人类实践、技术、技能、艺术行为的本质，就是将这些附带知识整合到焦点目标上去，从而形成一个对“知”的表达性（“行”）的状态。所谓“整合”，就是把附带觉知的知识作为标准、途径、方法控制着、导引着焦点觉知的有意识技能行为，从而形成一个行为控制场，最终完成行为本身，并实现行为的意图、目标。

这种整合行为，波兰尼以人们骑自行车的技能机制、行为原理为例作了十分深入的分析。“当我询问物理学家、工程师和自行车制造商时，我都得出这么一个结论：他们一般都不知道骑自行车者使自己保持平衡的原则。当他开始向右倒时，他把车把转向左，使自行车行进的路线沿着一条曲线偏向左边。这样就产生了离心力把骑车者推向左边并抵消了把他拉向右边的向心力。这一机动动作很快就把骑车者抛向左边并失去平衡，他又把车把转向左边来抵制这种趋势。就这样，骑车者使车子沿着一系列适当的曲线前进并保持着自身的平衡。对此稍作分析即可知道，对于某一特定的失衡者来说，每次转弯的弯度与骑车者前进的速度的平方成反比。”[①] 在这里，我们骑自行车的目标是在路上前进，而且是用脚踩踏板才能使自行车前进，但是，要使自行车能够前进，必须使人在自行车上保持高度的平衡，否则，人就会从自行车上摔下来。因此，在这里，保持平衡比用脚踩车的踏板更重要，它是自行车前行的前提条件、途径、工具，这就是说，只有人的身体在自行车上保持平衡之后，自行车的前进才是可能的。在这里，用脚踩踏板使车前行是明晰的知识，这就是所谓的“焦点觉知”、“焦点意识”，而保持车的平衡则是有意注意的附带意识、附带觉知。如果骑自行车的人在骑车的时候，不能使保持身体平衡的行为与用脚踩车的脚踏板结合起来形成一个整体的技能系统、结构，自行车是不可能前进的，这就是实践技能的思维操作的基本原理。“但是，是否这样就能准确地教会我们骑自行车呢？不。你显然无法把你的自行车行进路线的弯度调节到与你的失衡度和你的速度的平方之比成比例。即使你能，你也会从自行车上掉下来，因为在实践中还有很多别的因素要考虑在内，而这些因素在我们阐明上述规则（保持平衡的原则）时被略去了。”[②] 例如，路上不能有障碍或行人（如果有，就要绕开)、骑车方向要正确，如

---

① ［英］波兰尼：《个人知识：迈向后批判哲学》，73 页。

② 同上书，75 页。

此等等，只有这所有的前提、条件保证之后，自行车前进的目的才是可能实现的。

在这里，波兰尼发现技能的个人默会知识中两种意识、两种觉知的内在机制：附带觉知是一种前提、条件、导引，一种选择，一种把关，一种控制，它是一种行为的“未完成状态”[①] 的决定性力量，而焦点觉知、焦点意识则是一种对目标最后落实的操作完成状态：“当我们用锤子钉钉子时，我们既留意钉子，又留意锤子，但留意的方法却不一样。我们看着锤击钉子的效果，并力求用锤子最有效地敲打钉子。当我们往下甩锤子时，我们并不觉得锤柄击打着我们的手掌，而是觉得锤头击中了钉子。然而，在某种意义上我们肯定对把握着锤子的手掌和手指的感觉很警觉。这些感觉引导我们有效地把钉子钉上，我们对钉子的留意程度与对这些感觉的留意程度相同，但留意的方式却不一样。其不同可以用这样的话来叙述：感觉不像钉子那样是注意力的目标，而是注意力的工具。感觉本身不是被‘看着’的；我们看着别的东西，而对感觉保持着高度的觉知。我对手掌的感觉有着附带觉知，这种觉知融汇于我对钉钉子的焦点觉知之中。”[②] 我们在木板上钉钉子的时候，我们的意识非常明确，我要把钉子钉到木板里面去。而要做到这一点，必须在以下四个前提下方能实现：第一，锤子一定要敲在钉子上，不能落空。第二，钉子运动的方向必须与焦点目标的方向一致。第三，锤子还不能用力过猛，以免把木板钉破，从而失去钉钉子的意义功能。因此，把握、控制状态的手制约着、限制着钉钉子的手的用力状态。最后，锤子必须敲在钉子上，而不能敲在左手手背上，否则钉钉子行为就被终止了。因此，两只手必须为焦点觉知的目标而协同工作。在这里，我们对把钉子钉进木板的意识、觉知是焦点觉知、焦点意识，而这种协调通过左手对钉子的感觉后传到头脑中再来协调校正钉钉子的行为。在这里，左手的行为，以及我们对上述四种行为的心领神会是一种附带意识、感觉，它是不能被清晰地知道的，一旦被清晰地知道，钉钉子的行为就被终止了。

又如，盲人行走是建立在如下的前提条件之下的：（1）盲人的行走不能被未来的各种障碍所阻挡；（2）前进的方向一定要正确；（3）一定要走在路上；（4）脚在进行之中。这里，前三个是一种附带觉知的默会认识，而第四个则是焦点觉知。这是一个从未完成状态到完成状态的转变过程。这时，盲人使用拐杖的目的就是获得前三个信息的感觉，盲人利用这些感觉感应来控制指挥，决定脚的走还是停，快还

---

① “未完成性”是波兰尼对默会知识中的附带觉知性质的一种概括。这一概括，马正平在 1988 提出的写作控制场中已经涉及。在 1991 年提出了“未完成线性”的概念。参见本书第 7 章“写作状态”。也可参见《写的智慧》第 5 卷《现代写作学：批判与建构》（重庆，西南师范大学出版社，1995）第 11 章“当代写作学的新境界：突破、共识、使命——90’南充中国青年写作理论家协会首届学术年会前沿信息述评”第 3 节：“写作场：写作行为的运动形式”。至于“写作控制场”的概念与理论参见《写的智慧》第 4 卷《现代写作教学：原理与设计》（重庆，西南师范大学出版社，1995）第 2 章“写作控制场论”。

② ［英］波兰尼：《个人知识：迈向后批判哲学》，82 页。

是慢。所以，波兰尼说："盲人探路时把传到他拿着拐杖的手和肌肉上的震动转化为他对拐杖尖所触到的东西的觉知。在此，我们就有了一个从'识知何样'到'识知何物'的转化过程，并可以看到这两者结构的高度相似性。"[①] 这里，波兰尼描述的还是盲人行走中的附带觉知、感觉生成的内在机制，还不是整个盲人行为技能的内在操作机制。这种内在机制就是上面所说的对钉子的把握控制着锤子钉钉子的行为状态，是对行为技能完成的前提、条件、材料、路径、标准的确定，而这一切信息的通信都是通过感觉、体验、身体感应、体验来完成的。正因为如此，它才是不可言说或不便言说的。

在行为技能的整合结构之中，焦点觉知和附带觉知的对象是不能变更的，一旦变更，行为技能就被终止，因为失去了真正的附带觉知的线索和路径："附带觉知和焦点觉知是互相排斥的。一位钢琴家在弹奏音乐时，如果把自己的注意力从他正在弹奏的音乐（引者按：整体效果、控制场）上转移到观察他正用手指弹奏的琴键上（引者按：局部、附带要素），就会发生混乱并可能不得不停止演奏。如果我们把焦点注意力转移到原先只在附带地位中被觉知的细节上，这种情况通常就发生了。"[②] 这就是说，焦点觉知只能是清晰的理性的知识，而附带觉知只能以身体化感觉化内在主体化的状态存在，附带觉知不能转化为焦点觉知，焦点觉知不能转化为附带觉知。如果颠倒过来，这个行为技能就会马上终止。"由于焦点注意力被引向一个动作的附带因素而产生的这种动作变笨拙的情况通常被称为自我意识。自我意识的一个严重而有时是难以矫治的形式是'怯场'，其起因似乎在于一个人急于把注意力集中在他要找到或记忆的下一个词——或下一个音符或手势动作上。怯场毁掉了一个人的临场感，而临场感本身是可以顺利地引出一个人的词语或音符或手势动作的适当序列的。如果我们能成功地把自己的心灵引向前进，使它清晰地把握着我们的主要兴趣所在的整个活动，那么，怯场就可以消除，动作就可以恢复流畅了。"[③] 在此，一项技能的细节似乎又是不可言传的了，但这一次却不是对这些细节一无所知，因为在这个例子中，我们可以相当清楚地确定我们的行为的细节，而它的不可言传性则在于这样一个事实：如果我们把注意力聚集在这些细节上，我们的行为就会崩溃。我们可以把这样的行为描述为逻辑上不可言传的，因为我们可以证明，在某种意义上对这些细节作详细说明会在逻辑上被有关的行为或场境中所暗示的东西否定。当作家将焦点注意力转向写作行为的附带觉知的知识以后，这是将附带意识变成焦点知识的理论知识、规则，此时，失去了写作的焦点觉知，变成了对写作附带觉知的知识的理论理解、解释，就已经没有了写作技能的附带意识，所以写作行为被终

① ［英］波兰尼：《个人知识：迈向后批判哲学》，83 页。
② 同上。
③ 同上。

止。因此，写作文化、写作禁忌、读者意识、赋形思维只能被感觉、被把握、被内化、被身体化，作为工具，实施控制功能，而不变成理论知识的理解和言说。

我们之所以如此强调默会认识论，是因为默会知识、附带觉知对于行为技能的焦点觉知具有决定权、本质性。

**（二）默会知识、附带觉知对于行为技能的焦点觉知具有决定权、本质性**

波兰尼说："我们的主要任务即探索言述智力与非言述智力之间的关系。如果说我们一切话语的意义在重要的程度上是由我们的技能性行为——识知行为（引者按：附带觉知）——决定的话，那么，承认我们所说的任何话语是真实的，就包含着我们对自己的技能的认可。"① 正因为非言述智力对于言述智力的决定性，即我们一切话语的意义是由我们的技能性行为——识知行为——决定的，所以，"八大块"写作学的问题、症结在于只有写作行为的焦点知识（立意、结构、表达……）描述，而没有写作行为的附带知识（赋形思维、路径思维、写作文化、写作禁忌等）描述，非构思写作状态的奥秘恰恰在于默会知识、附带觉知（赋形思维、路径思维、写作文化、写作禁忌等）对于焦点觉知的写作行为（立意、结构、表达……）具有决定权、控制权、本质性。

所谓"承认我们所说的任何话语是真实的，就包含着我们对自己的技能的认可"，就是说：我们的技能是由我们的识知行为、附带觉知的个人参与的，因此，我们对自己的技能才会认可。波兰尼认为："如果在任何场合都是非言述（引者按：技能行为中的默会知识、附带知识）的东西最有决定权，即未说出的（引者按：技能行为中的默会知识、附带知识）却是决定性的，那么，不可避免的结果是：已说出的真理本身的可靠性就被相应地否定了。超脱个人的真理之理想将不得不需要重新解释，以便考虑到宣布真理的行为里含有内在的个人性。"② 既然"在任何场合都是非言述的东西最有决定权，未说出的却是决定性的"，那么，已经说出的"文章学知识"、"写作过程论"（双重转化）、"写作主体论"这种直接性的写作知识，即写作行为的焦点性知识，并非写作行为的本质所在，所以，"八大块"、"双重转化"、"写作主体论"等写作学知识的无效性就是不言而喻的了！同理可证，在非构思写作学那里，写作教学中的讲授和训练、学习的要点基本上都放在作为附带知识、间接知识、工具知识、操作知识的写作赋形思维、路径思维、写作文化、写作禁忌、写作美学知识上面，只有这些附带觉知的写作知识才是写作行为的真正本质。它的建构会自然而然地生成、生长出有效的写作行为，非构思写作学的基本原理在这里得到了确证。由于它们对于写作的焦点觉知行为具有决定性的控制权，因而，其写作行为的有效性也是显而易见的了。因此，从这可以看出，非言传的意会知识、附带知识才

---

① ［英］波兰尼：《个人知识：迈向后批判哲学》，103页。

② 同上书，104页。

是机能的本质、能力的本质。甚至可以说，附带觉知才是行为、技能知识的本质。

## 三、附带知识是个人的“内居”、“信念”、“寄托”之所

在前面，我们已经指出科学理论的真理性获得是因为这个科学理论满足了我们的求知美、求知热情这种内在意义，于是这使我们内居于这个科学理论之中，我们才对它产生了科学、真理的合理性评价。之所以能够如此，是因为我们的实践行为、技能艺术行为中的附带觉知是被我们内居化了的。也就是说，我们已经把求知热情、求知美的内在意义投射到、沉浸到那些附带知识里去了。附带觉知之所以具有决定性的力量，是因为附带觉知的知识具有身体性、内化性、体验性、感觉性，它通过我们的身体感觉和体验把反馈信息传导到焦点觉知的技能操作上，实现对行为操作的控制。所以，对那些行为技能的“准则”、“规范”、“特征”进行言语的讲述、教导是没有什么用处的，因为这些东西不能变成附带觉知而进入技能行为场的整体系统之中，只有将其转化为身体性的体验化的准则、规范之后，才能对行为技能的焦点觉知操作行为进行指挥、控制、协调。所以波兰尼才说：“高尔夫球或诗的真实准则可以增加我们对高尔夫球和诗的见识，甚至可以给高尔夫球运动员和诗人以珍贵的指导。但是，如果这些准则企图取代高尔夫球运动员的技能和诗人的本领，那它们就是自认荒谬了。对于任何一个未能很好地掌握那门本领之实践知识的人来说，准则是不可理解的，更是难以运用的。它们的引人之处在于我们对那门本领的评赏，但它们本身却既不能代替也不能建立这种评赏。别人可以运用我的科学准则来指导他的归纳推理，但他却可能得出十分不同的结论。正是由于这种明摆着的歧义性，准则只能被应用于——正如我已经说过的——个人判断的框架以内。我们一旦承认自己对个人知识的寄托，我们也就能够正视如下的事实了：只在个人识知的行为中才有用的规则是存在的。同时，我们也能认识到，作为这些行为的一部分，它们的用途是多么大。凯因斯及其追随者们声称，能表述科学过程的盖然性统计图可以被赋予某种程度的这种价值。”[①] 所谓“掌握那门本领之实践知识”，其实就是通过实践经验或者教学训练将理性的知识转化为身体化、体验化的“寄托”状态。只有内居于身体中、体验中、感觉中的行为准则才能实现对行为的焦点觉知的控制、协调，才是具有意义的，所以，言传性知识化的准则、方法对于行为是毫无意义的，甚至还有消极的作用。

“附带觉知”之所以能够成为人们“内居”的对象，是因为附带知识作为实现焦点觉知的途径、手段、线索，它们本身具有主体性、理想性、生命性、审美性的求知热情，而这种主体性、理想性、生命性、审美性是与对焦点目标的主体性、理想

① ［英］波兰尼：《个人知识：迈向后批判哲学》，47 页。

性、生命性、审美性的求知热情相似的。所以，它们才能成为技能行为的目标、手段、途径。这样，附带觉知就具有技能行为的动力性、发生学因素、力量。由此，附带觉知就成了我们身体的延伸，成了一种手艺："我们对工具和拐杖的附带觉知可以被视为把它变成我们自己身体的一部分的行为了。事实上，我们运用锤子和盲人使用拐杖的方式都表明，我们把我们与被我们视为处于自己之外的物体相接触的点向外延伸了。当我们依赖于一件工具或拐杖时，它们都不被当作外部物体来处理。我们可以测试工具的有效性或检查拐杖的适用度。例如，在发现（心脏）空腔中隐藏的细节时就是这样，但这一工具和拐杖绝不可能存在于这些操作的场域之中。它们必然存在于这一场域的我们这一边，成了我们自己即操作人的一部分。我们把自己倾注于它们之中，把它们吸收为自己的存在的一部分。我们在存在上寄居于它们之中并给它们以认可。"① 例如，在写作行为中，作为"局部"的写作文化、写作禁忌、赋形思维、路径思维的"附带知识"是我们身体的一部分，是我们身体的延伸。我们倾注（内居）于它们之中，它们最后变成一种主体性、高级的写作行为的控制性力量。

## 四、阅读与写作行为的默会认识原理

作为认识论和科学哲学家，波兰尼并未直接讨论阅读与写作的默会认识原理，但是他在文本阅读的深刻体验与研究中却往往透露出他对阅读与写作的默会知识的阐述，间接地表达了他的阅读和写作行为默会认识论。因此，我们这里先来阐述他的阅读的默会认识原理，然后阐述他的写作行为的默会认识原理。

### （一）阅读行为的默会认识原理

在波兰尼看来，"最有创造力的意义载体当然是一种语言的词语了。一想起我们在讲话或写作中运用词语时，我们只是以附带的方式觉知它们，我们就觉得有趣。这一事实通常被描述为语言的透明性，可以用我在家庭生活中亲身经历的一个片段来加以演证。用各种语言写给我的信都是早餐时被送到我的餐桌上的，但我的儿子只会英语。当我刚读完一封信时，我可能想把信交给他，但交给他之前我得再看一看信是用何种语言写的。我生动地觉知到信中传达的意义，但对有关信中词语的一切却一无所知。我刚细心地读过这些词语，但那只是为了弄清它们的意义，而不是为了知道它们是什么物体。如果我对信的理解受到障碍，或者信的措辞或拼写有毛病，这些词语就会引起我的注意。它们就会变得有点不透明，并使我的思维无法毫无阻碍地从这些词语转到它们所表示的事物上。"②

在另一个地方，波兰尼再次深入讨论了阅读的默会认识原理："在刚刚读完一封

① ［英］波兰尼：《个人知识：迈向后批判哲学》，89页。

② 同上书，84页。

信后，我是如何不再知道信是用何种语言写的，尽管我准确地知道信的内容？那时我得到的知识是那封信的意义。这种知识或者说意义就其默会性来说类似于我描述为不可表达的那种知识，但由于这种知识来自词语而与前者有深刻的不同。”① “在我读信的时候，我在意识里既觉知了它的文本又觉知了文本的意义，但我对文本的觉知只是我觉知文本意义的工具，所以，相对于它的意义来说，文本是透明的。在放下信以后，我对信的文本失去了有意识的觉知，但从我对它的内容的不可言述的知识方面来说，我依然保持着对它的附带觉知。”②

从上述论述来看，波兰尼所谓“语词”实指“言语”和“措辞”。他所谓“语言的透明性”是说文本语言措辞对意义表达的贴切性、准确性、生动性、鲜明性。言语措辞表达了意义却看不到语词，只有当言语表达出现问题的时候，语词才被我们注意到。在讲话或者写作的时候，其“焦点觉知”、“目标觉知”是文本形式的形成，而“附带觉知”则是材料、词语的选择与结构，最为关键的是思维的展开而形成的对意义体系的理解，这些东西只是写作思维、意义生成的工具、载体、线索而已。而在阅读的时候，我们关心的是文本的意义、信息，这是焦点觉知。而这些信息、意义的生成却是附带地从语词文本的结构、写作思维中感觉、感悟、体验出来的，这是阅读的“附带觉知”。这就是说，像对文本意义的获得这种焦点觉知，必须通过对文本的写作思维的附带觉知才可能生成。阅读是以写作为手段、途径的，应将阅读中的写作思维整合到对文本的阅读思维整体系统之中去，非如此就不是科学的理想的准确的阅读行为。

在波兰尼看来，在文本的阅读中，“现在成了注意力集中之所在的这一信息或者说意义，并不是某种实实在在的东西，而是由信的文本所唤起的观念。在此所说的观念是我们注意力的焦点，并以此为条件，我们附带地把注意力投向文本以及文本所表示的种种物体。这样，一个文本的意义就在于，我们在焦点上领会其所有相关的被当作工具而已知的细节，就如一个行动的目的就在于协调神经支配的能力，把它的细节当作工具运用一样。这就是我们为什么说阅读文本而不是说观察文本的意义之所在。”③ 波兰尼告诉我们感悟阅读的奥秘：意义是个空无，必须从文本语词、文本结构，即写作结构的思维中领会而生成。因此，阅读与写作同行，写作与阅读同行。

又如，“在听演讲或读文本的时候，我们的注意力焦点也是被引向词语的意义，而不是被引向作为声音的词语或作为纸上记号的词语。的确，说我们阅读或听一个文本而不只是看见或听见它，正是暗示着我们注意力的焦点正集中在看见或听到的

①② ［英］波兰尼：《个人知识：迈向后批判哲学》，136 页。

③　同上书，138 页。

词语所表示的东西上，而不是集中在这些词语本身上。”① 波兰尼告诉我们，对于文本的阅读中对意义的获得，并非是一种直接性的“看见”或“听见”，就像许多人在阅读中进行“寻章摘句”、“寻找关键词”、“寻找主题句”那样，而是应该转向对“词语所表示的东西”的理解上面，即转向对语言文本的表达结构、写作思路、写作思维的线索的理解上面，才能生成有效的阅读。如果说，对文本意义的获得是一种直接性的“专注”的“看”的话，那么，对文本的表达结构、写作思维的附带觉知就是一种与“专注的目光”不同的犀利“余光”的一“瞟”了。但这一“瞟”却具有对意义生成的决定性作用。

虽然在阅读行为中，对文本意义的理解是焦点意识或焦点觉知，而对文本语言的表达结构、写作思维、写作思路的意识是一种附带意识、附带觉知，但是，这并不意味着阅读行为中的附带觉知是无意识的不可言传的，而是可以言传的，只是这种言传的意识性程度不同而已。正如波兰尼所说：“焦点觉知必定是有意识的，而附带觉知则可以有各种不同的意识深度”，例如，“在阅读文本或听演讲时，我们对它都有一种完全有意识的附带觉知，即使从其信息方面看——信息一直是我们注意力的焦点——我们也对其文本保持有意识的觉知。所以，无论我们心中是否有意识地记住这些词语，词语与思维之间的关系都是一样的。这就使得我们同意雷维兹的观点：‘无词语的’思维可以并且常常建立在语言之上。但与此同时，我们却不同意把一切不可表达的思维过程说成缺乏思维特征”②，“因此，默会知识不但在言述的能力完成以后还明显出现，而且甚至在它与言述的能力刚好同时发生时也出现，就如我们不久之前在听或阅读一个文本时，当我们得到了这种知识的时候，它也出现那样”③。

在这里我们可以看出，我们在阅读中进行意义理解的时候，我们的附带觉知仍然在进行意识活动，即对文本的写作思维、文章思路的理解、体验。只有存在这种阅读思维，文本意义的获取才是可能的、科学的、真实的、有效的。而这种对文章的写作思维、文章思路的理解、体验的阅读思维就是一种“完全有意识的附带觉知”。它可以是下意识的，像日常阅读一样，也可以是完全有意识的，例如在阅读教学中、阅读考试中就是如此。这就是波兰尼所谓在阅读行为的技能中“附带觉知则可以有各种不同的意识深度”。

总之，在波兰尼看来，在文本阅读中，对文本意义的关注、获取是阅读行为的“焦点觉知”、“焦点意识”，而对文本形式的写作思维的理解就是“附带觉知”、“附带意识”。这就是说，文本阅读的目标、目的在于获取文本的意义、信息。但这只是

---

① ［英］波兰尼：《个人知识：迈向后批判哲学》，137页。

② 同上书，138页。

③ 同上书，137页。

一个现象，阅读的本质在于这种意义理解的获得是通过文本的材料表达，即通过对文本的写作思维线索的附带觉知来进行的附带觉知方能获得对文本意义的理解。在这里，对文本的材料表达意义的附带觉知，对写作思维、文章思维的线索的体验、获取是文本意义生成的证据、理由、依据，非此，文本意义便不能生成。在这里，可以借用西方一句著名教育名言——“学习通过写作”——来概括阅读行为的默会认识本质：“阅读通过写作”或“写作伴随阅读”。

现在，我们可以阐述波兰尼关于写作行为的默会整合认识原理了。

**（二）写作行为的默会认识原理**

在默会认识论那里，阅读与写作是一个相反的思维过程。如果说“写作思维伴随阅读思维”的话，那么，“写作”也是有“阅读”伴随的。写作的言语结构展开是形成文本的“焦点觉知”，而同时又是以对写作材料选择中意义的理解、体验、把握、判断、选择作为前提条件、途径、手段的，并且文章结构之间的意义关联的认识、体验、理解和把握便成为写作行为的“附带觉知”、“附带意识”了。在波兰尼看来，“说话和写作是一场不断更新的力求表达得既确切又明白的斗争。我们最终说出的每一个词语，都是我们无法做得更好的无能表白。但是，每当我们说完某件事情并对此不作改动的时候，我们也就默认它说出了我们所意指的东西并且应意味着这种东西，因而这也就是我们对听者或读者所表示的意义。虽然对自己的话这样默认的情况无处不在，且这些话到头来往往是错误的，我们还是必须承担这一风险，假若我们确实想说出任何东西的话。”① 在这里，波兰尼一方面表明了写作与阅读的关系：“语词”表达、“意指”、“意味的东西”，“这也就是我们对听者或读者所表示的意义”，因此，阅读是对作者写作材料、写作思路、文章主题的理解。另一方面，所谓“说话和写作是一场不断更新的力求表达得既确切又明白的斗争”，是指在说话或写作的过程中，对“语词”表达成果的表意性是否“既确切又明白”的体验、感受、阅读、理解、判断、决策行为的矛盾性、艰难性。

在写作行为中，这种意识是说话和写作中的具体化、修辞化意识，而这种意识是作者的“附带觉知”、“附带意识”，而创生言语形式结构进行表意则是焦点觉知。因此，按说话与写作的话题、主题、意义进行精心的选择（材料、语言）是说话与写作的关键、前提条件。所以，波兰尼说：“当我们要研究构成一种语言的一个经过精心选择的符号体系时，我们就必须承认，这些符号具有外延意义，这种外延意义并不是事物或行动的固定场境所固有的。”② 写作的本质就是要把符号体系的外延中那些非“事物或行动的固定场境所固有的”意义的材料、语言符号排除出去，把那些能够表现“事物或行动的固定场境所固有的”意义的材料、语言符号保留下来，

---

① ［英］波兰尼：《个人知识：迈向后批判哲学》，318 页。

② 同上书，135 页。

从而组成文章结构。因为，写作行为的本质是一种选择化与组织化、秩序化的过程，因此，选择和组织的依据、思维操作模型就成为附带性知识本身，故波兰尼说："说话就是创造符号、观察其贴切性并解释其种种可选的关系。虽然动物也具有这三种官能，但是它却不能把这三者结合起来。"① 在这里，波兰尼将对作为口头写作、简单写作的"说话"行为的内在机制概括为"创造符号、观察其贴切性并解释其种种可选的关系"。所谓"创造符号"就是为了表达作者的主题而创生语词、句子、结构、话语等语言形式"符号"，这是说话这种口头写作的"焦点觉知"、"焦点意识"。所谓"观察其贴切性"就是指考察理解、评价、判断对"语词、句子、结构、话语"表达意义的"贴切性"，理解符号是否表达了意义，这是一种阅读行为，是一种附带觉知、附带意识。而所谓"解释其种种可选的关系"是说话、写作选择本身是依据主题、意义对语词、材料、结构的选择问题，这种选择的本质仍然是一种阅读理解的行为，因为只有观察、阅读、理解了材料、语词、句子、结构的意义之后，才能实现围绕话题、主题、意义进行选材、选词的目的。因此，这是一种附带觉知、附带意识。也只有在此基础上，才能实现对文章句子、结构、篇章的组织生成，实现焦点目标，形成话语语篇、文本。实际上，波兰尼对"说话"的默会认识原理的概念是按从表层到深层，从焦点觉知到附带觉知的顺序进行阐释的，如果按照"说话"行为的自然过程进行阐释的话应该概括为：说话就是"解释其种种可选的关系"（选择)、"观察其贴切性"（判断）并"创造符号"（组织）的过程，理想的说话就是"把这三者结合起来"。

作为一名科学哲学家、知识哲学家，波兰尼对于阅读与写作内在机制的解释最重要的意义在于，他从默会认识论的知识哲学高度开始对阅读与写作的心理行为的运行机制进行揭示。应该说，波兰尼对于阅读与写作的默会认识原理的体验和感受是比较深刻的。但是，毕竟波兰尼不是一个写作学和阅读学研究的专门学者，因此，他对于阅读和写作行为的揭示只能是比较宏观的对内在机制的揭示，而对于阅读与写作的默会认识的全部细节、全部运行机制的揭示和阐述都还是很不到位的，这个任务只能让写作学家和阅读学家来完成。不过，波兰尼的后批判的知识哲学、默会整合认识对于我们进行写作学与阅读学的研究具有重要的方法论意义，这一点是我们应该清醒地认识到的。有意思的是，正是在这里，我们发现了中国当代写作学理论中的非构思写作学好像完全是按照波兰尼的默会整合认识的哲学思想进行研究的一样。因为，我们发现非构思写作学恰好是一个默会认识化的学科知识体系建构的典型案例。关于这一点，后面还要进行阐释。

① ［英］波兰尼：《个人知识：迈向后批判哲学》，122 页。

## 五、默会认识："不可言传"和"非批判性"

### (一) 默会认识的"不可言传"性

国内有些学者在揭示波兰尼的默会认识论的时候，往往喜欢用中国传统文化中的"只可意会，不可言传"的概念来解释。关于这个问题应该进行一些具体的分析。我们认为，"默会认识"存在两个维度：一是行为技能者（作家、运动员）的维度，一是技能研究和教学者（写作学家和写作教师、体育教练）的维度。对于行为技能者而言，技能这种个人知识中"默会认识"中的"附带觉知"是可能"只可意会，不可言传"的。但是，对于技能研究和教学者来说，"默会认识"中的"附带觉知"就是应该言传的，且是可以言传的，如果"不能言传"就不能生成操作性的程序化知识。由于波兰尼并未分清这两个维度，因此，关于默会认识中的附带觉知、附带意识、附带知识的认识是自相矛盾的。一会儿说"不能言传"："默会成分支配一切，以致言述实际上变成不可能的领域。我们可以称之为不可表达的领域。"① "正如我已作过定义的，附带性或工具性知识其本身是不可知的，只是以某种在焦点上可知的东西为条件时才是可知的，而且其可知性也只能达到其做出贡献的程度。正是在这种意义上它是'不可言传'的。"②

但他马上又说："当我说到不可表达的知识时，应从字面意义上去理解，而不应视之为神秘经验的名称。"③ 他说："严格地说，在我们所知的东西里，没有什么东西是可以被准确地说出来的。所以，我所说的'不可表达'只是意味着我知道并能描述的某种东西，尽管这种描述比通常的情形更不准确甚或非常模糊。"④ 从这里可以看出，他所谓"不可言传"其实就是"不便言传"或"不善言传"的意思，或者说是"言述默会知识的不恰当性"，而并非真的"不可言传"。

最后，波兰尼陷入了自相矛盾之中："我们已对不可表达的领域作了较为详细的讨论，这就使我们更容易地看到，这种讨论为什么既不是不可能的，也不是自相矛盾的。断言我自己具有不可表达的知识并不是要否认我能谈论这种知识，而只是否认我能恰当地谈论它。这一断言本身就是对这一不恰当性的评价。对我刚才所作的论述进行反思，并回顾一下我们不能恰当地言传的知识的细节内容，更加证实了我们对上述例子进行言述的不恰当性。这些反思当然必然极大地增强了它们本来就要证明的不恰当感。"⑤ 在我们看来，波兰尼关于"默会认识"言传性的自相矛盾的根源在于讨论维度的不同。对技能者来说是"不可言传"的，对研究与教学者来说，

① ［英］波兰尼：《个人知识：迈向后批判哲学》，129 页。

② 同上书，131 页。

③ 同上书，129 页。

④ 同上书，130 页。

⑤ 同上书，135 页。

则是“可以言传”的。但是并非所有技能者都是“不可言传”的，同样，并非所有的研究和教学者，对技能的默会认识都是“可以言传”的。这里的关键在于：第一，真正进行了熟练技能行为。第二，是否你有对自己的技能的默会知识、附带知识的心灵意识、思维操作、行为准则、规范进行反观、照见的能力，即进入现象学的直观状态。只有进入这个境界，无论是技能者还是技能研究与教学者，才都是可以对默会认识进行言说的。至于言说清晰的程度，则是个人进入这种现象状态的程度高低如何而已。

强调在学者与教师那里默会认识、默会知识的“可以言传性”这一点十分重要。因为，国内教育学界在引进波兰尼的“默会认识”理论的时候，是从皮亚杰的建构主义的心理学角度进行阐释的。这种心理学教育学理念在阐释波兰尼的“默会认识”理论的时候，片面强调了“默会认识”的“不可言传性”——“只可意会，不可言传”，而不知道波兰尼讲默会认识的“不可言传性”时，是从默会认识的行为活动的角度而言的。如果从对默会认识的研究的学者角度，或者从对默会认识进行教育的教师的角度来看，默会认识、附带觉知又是可以言传的，只是不善言传、不便言传、不容易言传而已。因为如果不能言传出来，默会认识就无法进入教学活动和知识理论的体系中去。事实上，波兰尼《个人知识》全书不就是对“默会认识”结构的精彩言传吗？如果不是他的言传，我们今天不可能把默会认识作为当代最为重要的认识论、知识哲学来学习、传播。但教育学界由于过分强调默会认识的不可言传性，而主张进行一种“内隐性学习”，也就是感知、熏陶的积淀式的学习，因此反对进行知识的讲授和训练。当然，在这一点上，波兰尼也要负一点责任。因为，波兰尼认为，对于默会认识的学习，主要就是“带徒式”学习，即师傅做，徒弟观察，然后模仿，从而形成行为技能的默会认识、附带觉知。这种方法只能适用于那种外观性很强的，例如木工、石工、绘画、雕刻、建筑等行为技能，这些行为技能的操作程序是可以让人观察、看见的，而那些内在性的心理行为如写作、科学研究等创作行为、方法则是无法直接观察得到的，因此，带徒式教学是不能包打天下的。我们认为，学者与教师的任务就是要把某种行为的默会认识、附带觉知用语言清晰保真地言传出来，然后通过讲授、案例分析和训练的教学活动，把这些言传出来的默会知识、附带觉知知识转变为身体化、心灵化、感觉化、体验化的新的默会认识、附带觉知、附带意识，此刻，个体的行为的技能、技术、艺术行为能力就真正生成了。这是语文学学者和语文教育家的使命和责任。这才是现代的学术研究与技能教学的理想。

**（二）默会认识的“非批判性”和“不可逆性”**

波兰尼认为，言传知识是人们通过语言和逻辑推理，以及公式、图标进行描述的知识。因此也能够通过理性过程加以反思和批判，别人可以评价你的推理、描述是否正确，是否科学，别人是可以进行比较、批判的。但是，默会知识中的附带觉知的知识，是人类通过自己的心灵体验而觉知获得的。它以一种心理现象、心灵化规范模式、思维操作模型等方式存在于人们的心灵上，不是一个明确的高度形式化的理性过程，因而也就不能通过反思对其进行批判。所以他将言传知识称为“批判的知识”（critical knowledge），而将“默会认识”中的默会知识称为“非批判的知识”（acritical）。总之，默会认识具有“非批判性”，无法用理性过程加以反思和批判。他认为默会认识中的附带觉知、附带意识的技能行为的过程“在本质上是非形式的、不可逆的，而且，在这种意义上是不可批判的”①。所以，他认为：“当我在探讨默会系数在识知这一本领中的种种运作时，我就已经指出了心灵是如何处处都遵循它自己的自定标准的，我还对建立真理的这种方式给予了默会或外显的认可。这样的认可是一种与它认可并因此而归入自觉的不可批判陈述那一类行为相同的行为。”② 因此，在波兰尼看来，“默会识知是不可能具有批判性的。……系统的批判形式只能被应用于言述的种种形式，你可以对这样的形式进行一次又一次的彻底尝试。因此，我们不应该把‘有批判性’与‘没有批判性’这样的词语应用于默会思维本身，就如我们不会谈论跳高或跳舞的有批判性或没有批判性表现一样。默会行为是由别的标准来评判的，它应被相应地视为不可批判的。”③

“非批判性”或“不可批判性”讲的是默会知识的心灵化、身体化的操作化特征，这是行为者的直观性感觉化的技能行为，由于这些知识并不必言述出来，因此，外人是无法进行批判的。由于这些知识是行为者直观到、“亲眼”（心灵之眼）“看”（直观、感受、体验到）到的一种思维操作程序、一种思维规律、一种写作的内在化规范，因此，行为技能研究者将其用语言表达出来之后，它们就具有非批判性的特征。也正是因为这样的非批判性，才能使得行为技能的默会认识具有高度的有效性。

另一方面，这种“默会认识”、附带觉知的知识的“非批判性”，同时也使这种默会觉知、附带觉知的知识具有“不可逆性”。“不可逆性”说的是一旦你真正建立起行为技能的默会认识的附带觉知的整合性知识系统，当你进入这种默会认识细节后，你便学会了这种行为的技能。并且，一旦学会了，你就永远学会了，再也不会回到未曾学会的状态，就像我们一旦学会了游泳、骑自行车之后，就永远不会变成“生手”那样。

默会认识的“非批判性”和“不可逆性”告诉我们，关于行为技能知识的学习，默会认识中的附带觉知、附带意识的建构何等重要，不进行这样的默会认识知识的建构，行为技能的知识是不易学会的，也是没有意义的。

---

① ［英］波兰尼：《个人知识：迈向后批判哲学》，320 页。

② 同上书，410 页。

③ 同上书，405 页。

## 第3节 非构思写作学：默会认识论学科知识体系建构的典型案例

中国当代写作学有两大写作学范式：一种是北师大刘锡庆最早提出的“双重转化”论（包括后来产生的三级飞跃论、三重转化论、四体化一论），一种是四川师范大学马正平提出的“知行递变”论。前者认为，写作的过程是一种由“物”（客观生活）到“意”（文章立意），再由“意”（文章立意）到“文”（写作文本）的“双重转化”过程。[①] 后者认为，写作的过程是一种从“知”（心灵背景）到“行”（文章立意）的形式化过程。当“知”寻求到表达“知”的“行”之后，这“行”（文章立意）马上自变为新的“知”（目标、意图、主题），之后，为“知”寻求表达的“行”（文章结构、形象），然后，这“行”又自变为新的“知”（写作目标），再为这“知”寻求表达的“行”（行文）……整个写作过程便是一个“知行递变”的过程。[②] 后来，通过多年深入的研究，马正平认为这个写作过程是一种非构思的生长行为、过程。何为“非构思写作”和“非构思写作学”？马正平认为：“非构思写作就是指运用一整套写作思维操作模型来控制性生成文章立意、文章结构、文章材料、文章语言的自觉化写作生长过程。”“非构思写作学就是关于这种写作行为活动规律的研究。因此，强调写作行为的自觉性（写作思维操作和写作文化、写作禁忌、写作审美控制），强调写作过程自组织生长性（复制、赋形思维）的写作学就是非构思写作学。”[③]

如果用波兰尼的默会整合认识论的知识哲学的概念来阐释区分上述两种中国当代写作学思想体系的话，我们可以看出，“双重转化”论写作学仅仅是对写作行为的焦点目标的焦点觉知、焦点意识的关注、描述，而“非构思写作学”并不只关注写作行为的“焦点”、“目标”——文章立意、文章结构、文章材料、文章语言的生成，这是写作行为的焦点觉知、焦点意识。与“双重转化”论相比，“非构思写作学”突出的学术特征、知识特征便是对文章立意、文章结构、文章材料、文章语言的生成的方法——种种“写作思维操作模型”知识——这种写作行为的“附带知识”、“附带觉知”的揭示。

这是因为，在波兰尼那里，焦点觉知、焦点意识、焦点知识是人类行为中的终

---

① 参见刘锡庆：《基础写作学》，北京，中央广播电视大学出版社，1985。

② 参见马正平：《知行递变：人类写作行为的内在机制与思维模型》，载《四川大学学报（哲学社会科学版）》，1987（4）。

③ 马正平：《非构思写作学宣言——后现代之后当代写作学观念、方法》，载《海南师范大学学报（哲学社会科学版）》，2002（2）、（3）。

极性，也是表层性的意图目标的意识、觉知、知识，它具有言传性知识的特征。而附带觉知、附带意识、附带知识则是指存在于行为主体身体化、心灵性的感觉性、体验性的思维操作模型、对象图样、美学与文化、禁忌的规范、准则，这些东西是实现焦点觉知、焦点目标的途径、线索、手段。波兰尼还认为，在个人知识中，默会知识、附带觉知比焦点觉知和言传性的知识更具有决定性的力量。因此，我们要特别关注的正是默会知识、附带觉知，而不是焦点觉知、焦点知识。而这几点正好符合非构思写作学理念的基本特征，这是因为，非构思写作学体系，是由写作行为这种个人知识的附带觉知和焦点觉知构成的一个巨大的整体系统、结构。这个判断我们在非构思写作学的两部代表作——《高等写作学引论》和《高等写作思维训练教程》——中十分鲜明准确地表现出来了。

例如，我们在《高等写作学引论》（即本书）这部写作学原理著作中将看到：全书在“绪论　写作学科论”之后，共分 4 编：“写作本质论”、“写作学科论”、“写作行为论”、“写作教学论”。第 1 编“写作本质论”分两章：第 5 章“写作的概念”和第 6 章“写作哲学”。这两章的核心命题是写作行为的本质、本体就是建构语言的“秩序”问题，而秩序是写作主体心灵深处的一种感觉、模型、规范、准则，这是写作行为中最为深刻的哲学性的附带觉知，它从写作行为最深处控制着我们的写作行为。第 2 编“写作学科论”共分 4 章：第 7 章“写作状态”、第 8 章“写作意识”、第 9 章“写作美学”、第 10 章“写作文化学”。这里的第 7 章“写作状态”是本编的一个总论，是对“写作状态”概念的提出。这一章通过对目前流行的表面化的具有焦点觉知、焦点知识性的写作过程论的批判，提出“写作控制场论”、“未完成线性”的“场论写作学”的概念及其理论，实际上已经是对写作行为的个人知识中的默会认识、附带觉知、附带意识、附带知识的默会认识论的个案性具体化阐述了。其基本思想在于：写作行为（文章生成）是一个现象，其本质在于写作主体中“文章、文体图式”、“写作文化（写作美学）规范”、“读者意识”、“写作思维”形成一个写作控制场即“写作状态”，从而实现对表层的写作行文措辞这个表面性写作行为的控制、引导。显然，前者是写作行为的附带觉知、附带知识、默会认识，后者则是写作行为的焦点觉知的焦点知识。这里，非构思写作学已经描述了附带觉知与焦点觉知进行整合之后的状态。正是由于附带觉知在个人知识、写作行为中的决定性力量、作用，所以《高等写作学引论》和《高等写作思维训练教程》的主要篇幅都是在阐述写作行为中的附带性、默会性的写作知识——写作哲学、写作美学、写作文化、写作禁忌、文章图样（意识）、文体图样（意识）、主体意识、读者意识等。因为，“非构思写作学”认为，只有通过这些写作主体的能力建构因素的建构才能达到身体化、体验化、感觉化的写作素养状态。一旦进入写作行为，写作的能力就呈现出来了，这才是真正的生成式、生长式的写作能力。正因为这个缘故，所以从第 2 编第 8 章开始，分别阐述的是“写作意识”、“写作美学”、“写作文化学”这样的主题建构训练的内容，也就是高级的宏观的写作的附带觉知的知识。

如果说，《高等写作学引论》的第1、第2编的内容主要研究、阐述的是写作主体的宏观的、深层的、素养的、间接性写作行为的附带觉知的知识体系的话，那么，在第3编“写作行为论”中，作者主要进行的工作就是对写作行为的操作技术性的附带觉知的附带知识体系的完整描述，所以第3编的首章（第11章）是从对焦点觉知的“写作过程”论到附带觉知的写作过程（写作思维）论的阐述，后面几章便是对写作行为的直接的浅层的操作技术性的附带觉知的附带知识的体系进行描述。只有后两章才是对真正的写作行为的焦点觉知的焦点知识的描述。即使在这里，写作行文措辞学的知识的实质仍然还是行文措辞的附带性、默会性知识。令人难以置信的是，焦点觉知，作为觉知是存在的，但是作为知识，并没有焦点知识。也就是说，焦点知识是一个“空无”，它仅仅是附带觉知的附带知识产生的一种功能而已！也就是说，在写作中，只要我们真正进行的是写作行为全部的附带觉知，写作行为就已经在正常的优化的进行之中了，并没有一个独立的写作行为的焦点觉知的焦点知识、焦点行为。因为，焦点觉知、焦点知识已经寓于、实现于附带觉知的附带知识中去了。这也就是波兰尼所描述的将附带知识整合到焦点觉知中去从而形成行为结构整体的著名思想。其实，这二者之间的真实关系也可以这样表述：附带觉知的内在心理思维行为与焦点觉知的外在动作行为构成的前者控制、指挥、导引后者的关系。

饶有趣味的是，《高等写作学引论》的第4编“写作教学论”的知识性质也是对写作能力的内在机制——附带觉知的附带知识体系的概括。在“当代写作能力观”中，作者表达的基本能力观在于：能力不是一个实存、实体，无法模仿，无法直接学习、习得，而是一个“空无”，能力是一种功能，它的产生只能通过一系列的能力建构行为——由动力系统的“写作意志”和“写作动机”的建构和作为运转系统的“知识信息（观察与阅读）”、“个体智力（思维能力）”、“写作文化”建构——才能产生。因此，写作能力系统是一个“阶梯模型”或者说“冰山模型”。显然，这里描述的全部能力建构的内容，正是写作能力生成的附带觉知的附带知识的心灵化、身体化建构，而能力本身则是焦点觉知。在这里，我们再次发现写作能力的“空无”性特征，它只是焦点觉知的表层化、终极化的写作意图、写作任务而已。从这里，我们发现焦点觉知与附带觉知之间的更深一层关系应该是“知行递变”[①] 的关系，“焦点觉知”是行为的“知”（目标、意图），而“附带觉知”则是“焦点觉知”这个“知”的“行”（行为方式、表达方式、实现途径、线索）。但是，写作行为过程中“知”和“行”处于一种流动、“递变”的关系，即上一个层次（瞬间）上的“知”的“行”到了下一个层次（瞬间）就自变成新的“知”（即“焦点觉知”）。而为了实

① 马正平：《知行递变：写作行为的内在机制和思维模式》，载《四川大学学报》，1987（4）。

现这个“知”必须寻求新的“行”（附带觉知）……一直到写作任务的最后完成——文章诞生。这样看，所谓“写作行为”是这种状态：心目中高悬着写作的意图、目标的焦点觉知，为了实现这焦点觉知，必须通过一次又一次的附带觉知来进行，因此，写作行为的本质就是一系列附带觉知的过程。波兰尼说，行为技能的本质是把附带觉知整合到焦点觉知中去形成整体系统，其实，并没有焦点觉知这个实体（它只是一种意识，目标意识），有的只有附带觉知。在写作行为的默会系统中，附带觉知对于焦点觉知具有决定性的力量，甚至可以说，附带觉知就是写作行为本身，作为写作行为除了附带觉知并无其他行为，因为焦点觉知、写作意图只是一个“空无”，只有附带知识才能让其充实，从而实现写作目的。

因此，在非构思写作学那里，写作能力生成的基本原理还是建构在写作默会认识的附带觉知的附带知识上面的，因为它才是写作行为的“决定性力量”。

如果说第 17 章“当代写作能力观”是对写作能力生成原理、内在机制进行从整体上、宏观上的描述的话，那么，第 18 章“当代写作操作观”则是对写作行为的“操作性”这个焦点觉知的内在机制、基本原理进行更有深度的阐释。我们同样发现，这里还是对写作行为操作性的焦点知识的附带觉知的附带知识进行描述、阐述，其基本观点是：“操作来自模型”。所谓“模型”既包括文章图样、文本图样，还包括写作文化这样规范风格的写作规范模型，还包括写作思维操作的思维操作模型（例如赋形思维的“重复”与“对比”，路径思维的“分析”和“综合”）。这样一来，就把写作操作性的文体从宏观到微观的生成机制阐述得十分清楚了。从默会认识论角度来看，这些“模型”正是心灵化、身体化、感觉化、体验化的思维、心灵模型，它们是写作行为操作性的途径、规范、准则、技术。正是它们指引着、指挥着写作行文措辞的全部操作行为、技术。

通过上面的介绍，我们可以十分清晰地看到，非构思写作学理论体系的全部知识都是在揭示人类写作行为的默会认识中全部系统的附带觉知的附带知识体系。正是在这一附带觉知的附带知识体系的驱动、控制下，真实、开放、自由的非构思写作行为才能生成。

《高等写作学引论》是一本理论性较强的写作原理教材，主要是作为研究生教材来编写的。我们认为，当我们对写作行为中的默会性附带觉知的附带知识进行讲授、分析、练笔、实践之后，人们的写作行为附带觉知的附带知识就建立起来了，真正的写作能力就形成了。这样进行的写作就是非构思写作，或称生长主义写作，这样进行的写作教学就是非构思写作教学或生长主义的写作教学。

未来时代，人类需要的是这样的写作状态、境界，因此也需要这样的写作教学理念与操作体系。因为这样的写作学与写作教学知识体系直逼当代知识哲学、认识论的最前沿——默会认识论，也许坚持非构思写作学与写作教学理念的“写作学”被评为“国家精品课程”的依据与意义也在这里。

## 【基本概念】

非构思写作学　非构思写作教学　默会认识论　焦点觉知　附带觉知　非批判性　不可逆性　写作思维　操作模型

## 【复习思考题】

1. 谈谈“非构思写作学”的基本概念。
2. 何为“个人知识”？
3. 谈谈默会认识的整体结构系统。
4. 为什么说附带觉知的附带知识在默会知识中起着决定性的作用？
5. 为什么说非构思写作学与非构思写作教学的知识体系与波兰尼的默会认识论具有高度的一致性？
6. 试比较非构思写作学和写作教学的知识体系蕴涵的认识论与波兰尼的默会认识论的特点。

# 第 1 编

# 写作本质论

写作的概念
写作哲学

# 第5章

# 写作的概念

写作才能思维。

——［瑞士］皮亚杰

## 第1节　狭义写作、亚写作、广义写作

写作学是研究写作规律的学问。首先，我们应该明确写作的概念。在汉语词汇中，写作的概念有狭义和广义之分，但实际上还有一个中间层次的含义。因此，我们把写作理解为一个包含狭义写作、亚写作、广义写作三个层次，含义丰富的概念。

### 一、狭义写作

狭义写作就是写文章。文章，就是表达一定意思和功能的书面作品。因此，文章既包括语言艺术性的文学创作成品，也包括实用性信息交际性的创作成品。在艺术性文章中，既包括小说、戏剧、散文，又包括诗歌、辞赋等。在实用性文章中，则包括一切人类活动、社会职业和日常生活交际中使用的“表达信息和功能目的的书面语言制成品”。上述写作是一种对语言篇章的制作行为。

狭义写作的另一种形态是指非篇章的写作。在人们的心目中，所谓写作就是文章写作的简称，就是篇章话语的生成。这里的篇章是指有一定外在性的结构规定和相当长度内容的语言单位。而非篇章的写作是一种用语言文字表达自己思想的生产精神产品的行为，但是它不生成篇章，只是生成一些文字或词汇的语言结构、句子。前者如对人或物的命名行为，后者如标语口号的撰写。

英国著名文体学家Gregory认为，在口语交际和书面语言交际之间没有绝对的界限。他首先把话语方式区分为“即兴的讲话”和“非即兴的讲话”两大类，又把写

作分为“为讲而写”和“不一定为讲而写”两类。这样，除了即兴的“会话”和“独白”以外，其他非即兴的讲话、口语交际的言说行为，都对写作具有依赖性。所以他说：“没有笼统的口语，也没有笼统的书面语。”①

正因为如此，Gregory 认为：“凡写了再讲，或写了不讲的均属于写作的次类。”②这样，从书面语言作品的功能来讲，可分为“为读而写”的文章和“为讲而写”的文章两大类，前者产生了阅读交流行为，后者产生了非即兴的讲话交流行为。然而，两种语言交际所依赖的都是文章写作行为。

其实，Gregory 讲的那些“写了再讲”的口语交际，也并非一定要写了再讲，也可以不写而讲，但又不同于即兴的“会话”与“独白”。这是一种既非即兴又非写作，而是按照写作的规律进行讲说的口语口头交际行为，此即古人所谓的“出口成章”的言说行为。这种口头讲说，实际是一种口头的写作行为，其写作不是运用文字进行的，而是运用语音进行的。因此，我们认为，写作还可分为书面写作和口头写作两大类。这样理解写作行为的外延，有利于理解非即兴讲说的写作本质，从而更好地讲说。

## 二、亚写作

如果说，狭义写作是指一种独立的完全的创造性文章写作活动、行为的话，那么，亚写作则是不完全的文章写作活动、行为。亚写作的概念包括编辑写作和翻译写作。

从写作学的视角来看，文章编辑是文章写作的一种过程、阶段——创意策划和评价修改的阶段。虽然编辑和写作是两种并不相同的创造性活动、行为，编辑的创造力来自于（对文章和书稿的）批判性，而作家的创造力来自于想象力③，但是，编辑者和写作者都关心文章或书稿的理想的和现实的写作规律和写作规范的实现问题，他们做的工作都是进行写作成品的生产，二者只是分工不同而已。这就是说，在文字作品（文章、书稿、报纸、杂志）的生产这一点上，编辑者和写作者的目标和性质是一致的。写作者是文章、书稿的生产者，而编辑者则是写作成品的批评家，就像作家和文学批评家一样。如果说，文学创作与文学批评同属于文艺学的话，那么，文章、书稿的写作和文章、书稿的编辑没有理由不属于写作学领域。

但是，与文学批评家所不同的是，编辑更具有写作者的角色特征，至少可以说，编辑已经部分地扮演了写作者的角色，他不同程度地参与了写作成品的生产（修改），这一点是文学批评家所不具备的。因为，文学批评家只是对文学作品的内容、形式、意义和价值进行阐释、评价，而编辑不仅关注写作成品是否符合写作的理想、

---

① 转引自程雨民：《英语语体学》，32 页，上海，上海外语教育出版社，2001。

② 同上书，35 页。

③② 参见［美］格罗斯：《编辑人的世界》，155 页，北京，中国工人出版社，2001。

功能，而且还要对其缺点进行加工，直接参与作品的生产活动。这一点是文学批评所不具备的。

编辑活动的性质、内容和类型包括选书编辑、策划编辑、文稿编辑、文字编辑、顾问编辑[②]，其中除了选书编辑的工作属于图书评价的性质以外，其余的策划编辑、文稿编辑、文字编辑、顾问编辑的工作都不同程度地具有写作活动、行为的性质。选题策划编辑活动就是一种立意策划和主题创意行为，而文稿及文字编辑、顾问编辑的工作都是一种对写作成品的生产的加工、修改的过程。所以，编辑活动中的写作选题和写作加工都是受一般写作学原理制约的，因此，我们认为，对文章的编辑活动、编辑行为是一种亚写作活动、亚写作行为。所以，写作活动、写作行为的内涵不仅主要指文章写作的过程行为，而且应该包括文章的编辑行为在内。或者说，写作编辑学是写作学科的一门技术学科。正因为这样，被称为“美国 40 年来最权威的编辑业务教科书”的《编辑人的世界》的副标题就是“美国作家公认的指导写作的最佳指南”。

亚写作不仅包括编辑活动、编辑行为，而且还应该包括翻译行为。过去我们一直以为，翻译只是“语词的对译”，即“认为翻译就是找对应词句”。其实，这只是直译。直译是人们早就抛弃了的一种翻译观念，甚至连现在的机器翻译设计也摒弃了这种陈旧的翻译理念。当代国际最新的翻译理论——释意翻译——的代表人物、法国著名翻译理论家勒代雷认为，译者在翻译的时候，“只有放弃原语言形式才能更好地表达意义，他要根据原文的写作所遵循的相同程序找到另一语言的表达方法。其他方法根本不存在。代码转译并不是更客观的方法，只能是更机械的表达方法”。“简单讲，翻译行为旨在理解一话语篇章，然后用另一语言重新表达这一话语篇章”，“‘理解’需要启动语言和语言以外的知识，而‘重新表达’的质量则有赖于译者的目的语水平和执笔能力的才能”[①]。从这里我们可以看出，翻译的过程多么像写作的过程。看看下面翻译家们对翻译行为的描述就更加清楚了。

法国另一位著名翻译理论家让·德利尔把翻译过程分为三个阶段：领会观点和色彩阶段、动笔行文重新表达阶段、合理分析斟酌阶段。[②] 勒代雷认为，翻译的这三个阶段的实质就是“提炼出思想，语言的重新表达、确认”，他认为“这就是德利尔和巴斯论述的翻译程序，这个程序对其他翻译也是可行的”[③]。这简直就像在讲写作理论一样。在我们看来，翻译与写作的差异仅仅在于，写作是从生活中“提炼出思想”，而翻译则是从外语文本中去“提炼出思想”；写作是对从生活中提炼出来的思想进行语言表达，而翻译则是对从外语文本中提炼出来的思想的

① ［法］勒代雷：《释意学派口笔译理论》，33 页，北京，社会科学文献出版社，2001。

② 同上书，1 页。

③ 同上书，34 页。

“重新表达”。而翻译和写作的本质是没有区别的：都是一种表达行为，即写作行为。翻译不是被动地描摹外语文本的语言，而是一种用母语进行的的语言再造、精神再生产，而外语文本只是提供了一种触媒和提纲而已。因此，勒代雷认为译者应该是作品的“第二作者”：“实际上，作为第二作者的译者，与第一作者的方法基本相同。”① 这样，译者同时也是写作者，翻译行为也是一种写作行为。这就是为什么国内外的图书分类学都把修辞、写作、翻译放在一起的真正原因。

正因为如此，巴黎高级翻译学校的翻译学讲义认为学生在进行翻译学习的过程中要注意进行写作练习。他们认为：“正是在写作中才能发挥自己的能力，发现自我进修的必要性。同时，通过写作帮助思考、认证，还可以逐渐超越语言的禁锢，找到选择，在联系中帮助发展个人语言表达的方法，使语言表达提高收到良好的效果。”②

狭义写作和亚写作虽然有这样那样的差异，但有一点是共同的，那就是都与语言文字打交道，都是制作生产文字产品，因此，狭义层面的写作和亚写作，就是我们平常所说的“搞文字工作”。通俗地讲，这两种意义上的写作，就是那些“拿笔杆子”、“吃笔墨饭”的人所从事的工作、活动和行为。

## 三、广义写作

广义写作概念除了上述狭义写作、亚写作的含义外，还包括人类艺术的创作活动和创作行为。例如，音乐学把乐曲的创作活动称为“作曲”，或径直叫做“写作”，人们把某种绘画叫做“写意”，人们甚至把电影也叫做“电影书写”，例如，法国当代著名的电影大师罗贝尔·布烈松把他的先锋电影创作行为叫做“电影书写”，他认为：“电影书写是一种运用活动影像和声音的写作。”③ 音乐、美术、电影创作是如此，其他艺术创作也是如此。当代写作学研究表明，文章写作和歌曲写作、电影创作（剧本写作与导演、摄影、剪辑）都遵循着大体相同的写作思维、艺术思维、形象思维原理。

人们之所以把音乐创作、美术创作、电影创作等艺术活动都叫做写作，是因为无论文章写作还是艺术创作都是人类的精神生产行为、实践行为，都生产出精神性的作品。因此，写作活动本质上就是一种精神生产行为，是最典型的知识、信息的生产，是精神的生产。

人类精神生产不仅包括以书面语言文字为载体的文章写作，而且包括口头言说（例如讲演行为、口述史学等）。因此，口头言说也是一种写作——口头写作。

① ［法］勒代雷：《释意学派口笔译理论》，32页，北京，社会科学文献出版社，2001。
② 同上书，122页。
③ ［法］罗贝尔·布烈松：《电影书写札记》，5页，北京，三联书店，2001。

于是，我们完全可以把艺术创作理解为一种广义的写作，而用文字进行精神生产的狭义写作便是广义写作的一个特例。这样，狭义的写作学原理、模型便成为人类广义写作行为的基本原理、模型（见图 5—1）。

需要指出的是，虽然上面我们对写作的概念做了狭义写作、亚写作和广义写作三个层面外延的理解，但是，写作学只研究狭义写作——运用书面语言进行的文章写作——的规律，而不专门研究亚写作、广义写作的规律，因为，狭义的写作是广义写作的一个特例。同理，这个意义上的写作学是人类广义写作学——精神生产学——的一个特例。只要我们把关于人类狭义写作规律的写作学这个最难研究的领域研究透了，便为人类精神生产学——广义写作学——提供了一个基本理论模型、基本原则，这样的规律也适用于亚写作（编辑写作、翻译写作）和广义写作（艺术创作）。

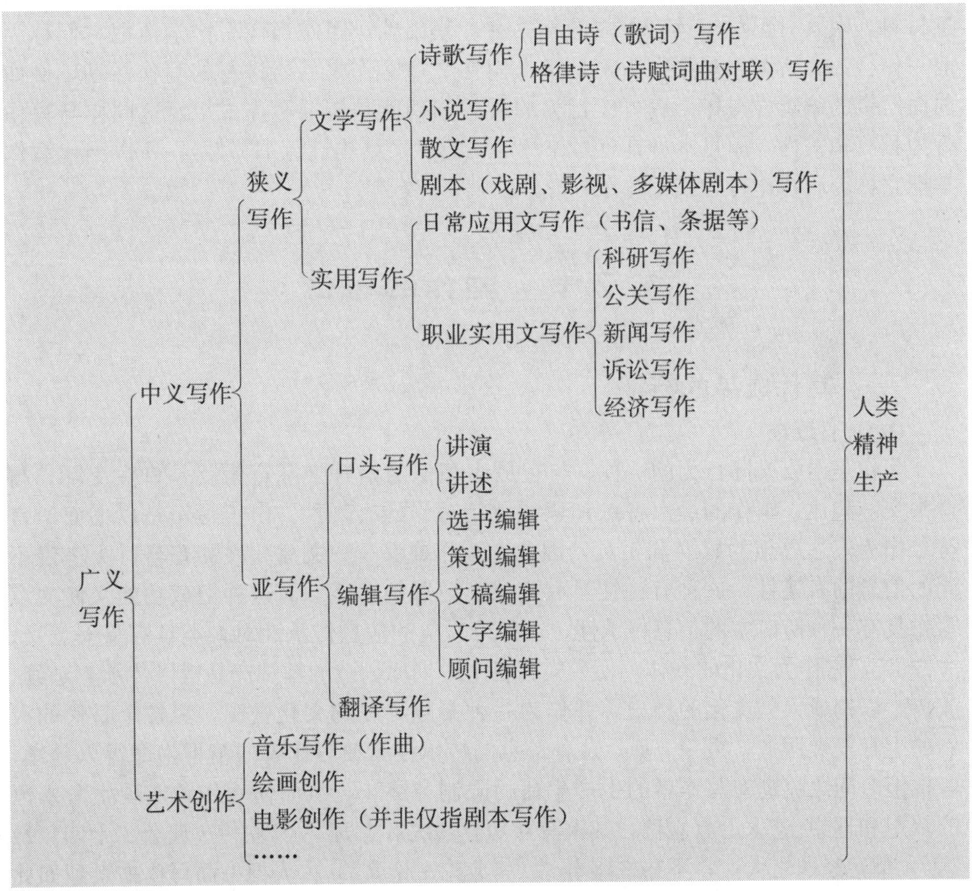


**图 5—1　人类写作行为示意图**

## 四、前写作、写作、后写作

写作行为在宏观形态上由前写作行为、写作行为与后写作行为三个系统构成（见图5—2）。

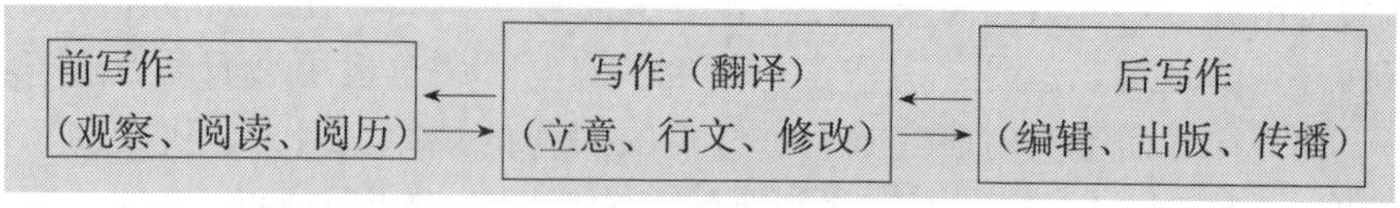


图5—2　广义写作行为过程示意图

所谓前写作行为，就是在写作主体性的作用下为了写作所进行的写作主体的建构和信息积累（观察、阅读等）。之所以把它们称做写作行为，是因为它们对于写作有一种合目的性，有一种写作主体性的作用，其目的和功能是为写作提供动力和信息材料。因其对于写作具有很强的相关性、基础性，因此当代写作学便把它们称为前写作行为。所谓后写作行为，是指人们在文章写作之后所进行的写作活动，例如前面所讲的编辑性写作。后写作行为的目的和功能是传播写作成果，这同样与写作行为具有相关性，而且本身具有写作性（立意性、结构性、书写性），所以当代写作学把它称为后写作行为或亚写作行为。

# 第2节　写作的特征

## 一、写作成品的特征

### （一）有迹性

写作是语言交际行为的一种，与它最为相似的语言交际行为就是口头交际。与口头交际相比，写作的最大特点和优势就是写作的有迹性。由于写作是以书面语言符号作为表达思想的媒介和工具，因此，写作成品——文章——具有与口头言说不同的信息的有迹性，这种有迹性具有记录、记载的功能，而这种记载功能又使文章写作具有一种跨时空的信息传承性，这种跨时空的信息传承性对人类具有重大意义。一方面，它作为文化的载体，使人类在各个时期所创造的精神产品得以传承、延续、流传，以构成人类文化的历史，并作为一种凝重丰厚的文化资源，为各个时代的人们的生存发展服务；另一方面，这种信息的传承性又使写作者的精神生命得以延续，以抗拒时间之流逝对写作者的生理生命的限制与终止，从而使写作者实现生命永恒的梦想和理想。“太上有立德，其次有立功，其次有立言。”（《左传·襄公二十四年》）“盖文章，经国之大业，不朽之盛事。”（《典论·论文》）古人把书面写作推崇到如此高的地步，是因为中华民族更加崇尚的是一种实践理性精神，没有上帝观念，宗教意识淡薄，从而给写作赋予生命本体论的意义。这种写作观与西方人的写作观迥然不同。

**（二）抽象性、间接性**

从上面的讨论中我们可以看出，写作比口头交际具有更多的艺术性。也就是说，写作是一种艺术性的语言交际行为。与其他艺术形式相比，写作的最大特点是它的间接性。写作是一种精神生产行为，艺术创作也是一种精神生产行为，二者的区别是什么呢？就是写作具有在表现媒介上的抽象性和内容上的间接性。在艺术创作中则不是这样。例如音乐、电影、书法、绘画等都是以具体可感的材料、艺术语言媒介进行精神生产，制作成精神产品——艺术作品的，而写作——无论文学写作还是实用写作——都是以语言作为材料、媒介建筑精神的语言建筑物——文章的。语言的效用不是作用于视觉、听觉、触觉，而是作用于心理、思维。文章语言所指称的写作内容都是在读者的思维上形成概念或形象，而思维具有抽象性。正是这种抽象性，实现了对现实的间接性反映、表现和精神的构筑。所以，写作这种精神生产具有与其他精神生产方式不同的特点：抽象性、间接性。

作为一种书面语言的表达行为，写作是靠语言这个媒介来组织和表达我们的思想、感情、信息，用语言来描写外在的世界的，因此，我们必须对书面语言中的词义、语音、句法、语感等具有一定的修养，否则，就会在写作过程中以词害意，言不逮意，无法实现我们的表达目的和文章功能。正因为写作是一种语言交际行为，所以作为写作研究的文体学也是语言学的内容之一。

**（三）创造性**

“写作”是一个现代汉语词汇，大约形成于 20 世纪 30 年代，意思是写文章。在古代汉语中与“写作”相当的词汇是“修辞”（孔子《论语》），“造论”、“著说”（王充《论衡·佚文》），“属文”、“作文”（陆机《文赋》），“为文”（刘勰《文心雕龙·序志》）、“缀文”。在这里，“为”、“作”的意思是写作中书面语言的连缀。所以，王充《论衡》说：“连接篇章谓之文人。”

何谓“写”？其实，“写”字的本义，《说文解字》解为：“置物也。”即将器物的位置移动，即“移置”。故《礼记》上说：“器之溉者不写，其馀皆写。”《注》曰：“写者，传之器中乃食之。”最初，人们将有形之物的“移置”叫做“写”，后来引申为对无形之物，即精神现象、心理状态的“移置”。《诗经·邶风·泉水》云：“驾言出游，以写我忧。”笺曰：“以写我忧，舒其情意，无留恨也。”另外，对符号的移置也叫做“写”。汉代书法家崔瑗说：“书契之兴，始自颉皇；写彼鸟迹，以定文章。”（崔瑗《草书势》）最后，用文字来记录事实也叫“写”。因此，在先秦、两汉、魏晋南北朝时期，“写”只是指用笔记录、写字或绘画。《韩非子·十过》中说：“子为我听而写之。”王充《论衡》说：“夫贤圣殁而大义分，蹉跎殊趋，各自开门；通人观览，不能钉铨；遥闻传授，笔写耳取……”汉代著名书法家卫夫人说：“善鉴者不写，善写者不鉴。”（卫铄《笔阵图》）《史记·秦始皇本纪》说：“秦每破诸侯，写方（仿）其宫室，作之咸阳北阪上。”这里的“写”，就是模仿、描写的意思，把宫室的样式“移置”到另外的地方。

在上面这些文献中，只有《韩非子》中的“写”与文章写作发生了联系，但是这里并不是真正意义上的写作，而只是将口头语言书面文字化的过程，即记录的过程。

比较起来，“作文”之“作”才真正具有文章写作的意思。因为，从现代汉语来看，“作”有制作、制造之意，而制作、制造是一个无中生有的创造过程，因此，当一个制造物、制成品成形的时候，这种创造性就诞生了。其实，这也是“作”之本义。《说文解字》上说：“作，起也。”《周易》中说：“圣人作而万物睹。”“作”就是兴起，故人们对“兴”也解释为“起”。但是，作为“起”的东西，是通过人的行为动作做成的，“作”又有制造的意思。“天作高山”（《诗经·周颂·天作》）、“黄帝作剑，以阵象之”（《孙膑兵法·势备》），“作”既有制造的意思，又有创造性的含义。这样，“作”就有创作、撰述之意，如“吉甫作诵，穆如清风”（《诗经·大雅·烝民》）、“述而不作”（《论语·述而》）。从这里可以看出，在先秦，只有创造性的撰述才能叫做“作”，而具有阐述性的撰述是不能叫做“作”的。

从“制作”的意思上讲，在先秦，“作”就是“写”，作文和为文是一个意思。但在“创作”的意义上讲，一般的“写”又不能叫“作”。例如，史官对帝王言行的记录是一种写，而不是“作”。因此，在先秦两汉，作文，就是指那些创造性的文章写作。由此看出，写作的本性应该是创造性。

## 二、写作行为的特征

### （一）操作性

操作性即对文章的制作性。这种制作是通过写作思维的操作技术、操作程序来生成文章的结构、语言。操作性意味着写作行为具有三个特征：一是思维语言的程序性、过程性，即文章是一句一句写成的，“积字成句，积句成章，积章成篇”；二是写作主体的控制性，即写作思维的操作模型性、写作意识性；三是写作行为的成品性，写作行为一定要生成成品——文章。

### （二）动力性

写作是一项伟大的事业，是一种高级的智力活动和高级的精神生产活动，其艰巨性可想而知。要使写作行为能够顺利完成，必须要有强大的情感动力和意志动力——写作兴趣、写作意志、写作事业心。没有这些强大的写作动力，写作是根本不可能成功的。如果把写作与口头演说相比，这个特点就显示得更为充分了。口头言说主要是一种应对性话语生成，口头言说的动力在于听众与演说环境的激发，而文章写作主要是写作者自我的创造，其言语的生成必须依靠感情、兴趣的刺激和推动，因此，动力性就体现得十分充分。

**（三）综合性**

作为一种精神生产方式，人类写作行为的最大特点是综合性。所谓综合性，就是说在写作行为过程中，写作者的写作行为与多种因素相联系，并受其影响、制约，没有这些因素的联系与制约、影响，写作行为根本就不可能产生任何写作成品。

总之，写作行为是一种具有抽象性、间接性的综合性精神生产行为。

对写作行为的综合性有经验的与理论的两种理解。从经验上理解，写作行为的综合性就是整体性、混沌性，因此，写作行为是说不清、道不明的一种感受和心理活动。而在理论家那里，写作行为的综合性则是一个由具体上升到抽象、由抽象上升到具体的过程。在这里，第一个具体就是感性经验的综合性，而这里的抽象就是对综合性写作的经验进行科学的分析，从而发现其中若干构成要素、方面，只有明确这些具体的要素、方面，我们才能对写作行为的综合性有具体的认识和体验。

## 三、写作思维的特征：充分性

要讨论写作的本质，必须将书面写作与口头言说进行比较，从中分析写作与言说这两种言语交际方式的同与异。

**（一）充分的展开性**

无论写作还是说话都是一种言说行为，一种语言表达行为；所不同者，前者是书面文字的表达，后者是口头语音的表达。既然都是一种语言表达行为，那么，就都要将言说的话题和主题、立意说充分，说到位，说明白，此谓之“达”。因此，所谓话语的展开就是思维的展开，这就是口头言说和书面言说即写作的共同特征，共同本质。

同样作为一种语言的生成活动，口头言说和书面写作都具有对话语、主题的展开性，但是二者的展开无论在程度上还是在质量上都有明显的区别。相比而言，写作行为中的话题、主题展开的程度要比口头交际高得多。口头言说主要是一种粗略的历时性的展开，它主要关注话题展开的主要枝干，关注话语内容的向前推进。因为口头言说时，听众、对话者就在面前，讲话者的主题、观点的可信度可以通过言说者的表情、话语节奏、力度、手势等来表达，它不需要对话题本身的充分展开。而写作依靠的是冷冰冰的书面文字，因此要将自己的信息充分、可信、可感地传达给读者，必须要靠对语言文字的细密性展开。这种展开主要是在历时性的展开过程中进行横向枝叶的充分展开，以增强文章的表达功能，从而实现自己的写作目的。因此，在句子的长度上，书面语言可能就比口语语言要长。这种充分的展开性既可体现在句子结构的多定语、多状语、多补语的生成上面，也可以体现在对同一个意思运用多种角度的言说而造成多句子、多段落的渲染与反衬方面，甚至还可以插入联想、想象、幻想等心理活动。而这些在口头言说中是基本没有的。

总之，由于口语言说是一种历时性的动态的展开性言说，这种展开行为具有不可逆转性，有一种不断向前推进的无意识。因此，说话只能是对话语的粗线条式的匆忙展开，无法对其话语细节进行展开。而写作是一种静态的文字性展开，这种展开具有一种可逆转性，可以尽情展开其细节，可以精雕细刻其话语，如果说，说话主要是一种纵向的展开的话，那么，写作则是在此基础上的横向展开。如果说，说话是对言说主旨的一个基本的展开的话，那么写作则是对言说主旨的一种极度的展开。

培根指出，哲学使人智慧，数学使人精确，写作使人严密。也就是说，文章写作比口头言说更加细密、充分。如果我们将写作与言说二者所共同具有的话语展开性程度提取掉，那么可以认为，言说是对其主要信息、主题、立意的基本表达，而写作则是一种展开的表达。因此，展开性是写作的一个特质。

所以孔子又说："言以足志，文以足言。"（《左传·襄公二十五年》）言说是用来展开思想的，而文章是用来展开言说的。从这个意义上看，写作的本质就是"足言"，对口头言说的展开。所以，孔子才说："辞，达而已矣。"（《论语·卫灵公》）所谓"达"指的就是这种展开性。

写作行为的展开性，是对思维的深度展开，生成更多的文章枝叶，形成丰茂的文章之树，以达到深化思想、追寻理论规律的目的。所以，晋代写作学家挚虞才说："文章者，所以宣上下之象，明人伦之叙，穷理尽性，以究万物之宜者也。"（挚虞《文章流别论》）所谓"穷理尽性，以究万物之宜"就是指文章写作这种思维的展开性。

**（二）充分的严密性**

在写作中虽然是运用语词文字进行表情达意、交流思想，但是交流的思想、内容却是通过人的思维运作而产生的。文章中深刻而广阔、丰富的写作内容，只有通过思维的运作方能产生。难怪古希腊人、罗马人的"逻辑"（logs）又有"言说"的含义。可见，写作的过程又是一个思维的过程。正如美国著名的写作理论家、教育家唐纳德·麦奎得、罗伯特·阿特温所说："思考不是一种准备工作，而是一种和写作同步进行的活动。"因此，思维性应该说是写作行为的本质，而思维需要严密。在写作中，主题需要材料来支撑，材料要表达主题；概念、判断要准确；前一句话与后一句话要有联系，前一段话要与后一段话有因果、时间、空间、性质、数量之间的关系。这样的文章才能达到清通流畅、血脉贯通的境界。为了语言的严密性，就必须运用若干修饰性限制性的语言来帮助表达自己的意思。

**（三）充分的修辞性**

与口头言说相比，写作思维的另一个特征就是充分的修辞性。这是为了弥补文字表达的符号性、间接性的不足。当人们把文字作为一种表达媒介形成文章来表达思想感情的时候，文章这个创造物就成了一个文字艺术品。于是，写作就成了一种艺术行为[①]，这样写作思维自然而然就具有了修饰性。人们对文章也具有审美需求，这种审美需求的实现就是文采感。而文采感正是通过修辞行为来实现的，这样，写作思维中很重要的成分就是修辞性修饰性思维。所以，孔子就有“郁郁乎，文哉”和“文质彬彬”等有关文章修辞的名言。虽然口头言说也要有一定的修辞，但无论从数量上还是从质量要求上都无法和书面写作的修辞相比。正是因为这个原因，中外写作史上都曾把写作叫做“修辞”。孔子有“修辞立其诚”的著名思想，而在古希腊，亚里士多德把散文的写作、实用写作行为叫做“修辞”，他的《修辞学》也是西方写作学的源头性著作。

“文”即“文采”，而“采”是一种光芒，即一种感受，一种气氛，一种诗意。这种文之“采”，最初是通过渲染、重复的修辞行为来实现的，然后才是通过用词的选择来实现的。而这正是写作展开中横向展开和横向选择的语言行为所产生的审美效果、修辞效果。因此，修辞性、审美性是写作区别于口头言说的重要思维特征之一。

人们通过思维、语言写出了文章，为了增强文章的表现功能，必须对文章进行修饰，使之具有文采。古人云：“言之无文，行而不远。”（《左传·襄公二十五年》）为了使文章具有文采，在写作过程中就必须对句子、篇章进行修辞。可以认为，修辞是和文章的行文表达同时进行的，须臾不可分离。

写作的本质就是思维性与修辞性的统一和整合。那么，写作的修辞性是以什么作为标准和依据呢？

**（四）充分的审美性**

既然人们把文章作为一种艺术品来看，那么，文章写作中就必然充满审美的意识，这样写出来的文章才能激动人心，产生很强的审美感受。其实，修辞在很大程度上已经是一种审美行为了，但是修辞行为只涉及文章写作的局部和形式的问题，而在内容和宏观形式上的修辞，则是一种审美活动。人们在内容和宏观形式上追求的是文章中所显示的空间广阔感、高远感以及时间和行文节奏上的流动感、速度感。这种时空之美的追求和实现，就是写作行为中的审美活动、审美行为，它制约着作者的思维、语言、修辞。正是因为写作活动、写作行为具有审美性，所以世界许多美学家最初就是写作学家，例如，西方的亚里士多德、鲍姆加通、维科、克罗奇，中国的刘勰、王国维、朱光潜。甚至作为近代美学之父的鲍姆加通，其“美学”概念和理论体系也是从修辞学理论中提出来的。

**（五）充分的策略性**

任何写作都是一种在特定的时空范围内面对具体读者的写作，而不是一种抽象的、空洞的写作。既然如此，人们在进行写作的时候就必然受到这些时空背景和读者对象的制约。这正面的制约就是特定时代、特定地域的时代精神、写作规范、写

① 中国古代就把“书”作为“六艺”之一。当然，这里的“书”，有“书契”之写作的意思，文字之“书写”即书法的意思。

作文化的控制、制约，而反面的控制、制约则是这个时空背景和读者对象给定的写作禁忌。这样写作便成为一种与时空背景和读者对象进行互动的对话和协商。因此，特定时代特定地域的文化性又是写作活动与生俱来的特征之一。

上述关于写作作品特征的认识，是与中国古代写作理论对文章的理想相吻合的。中国古代写作理论对文章的理想是“言之有物”[①]、“言之有序”[②]、“言之有文”、“言之得体”等。这里的“言之有物”指的是文章之“真”，“言之有序”、“言之有文”是指文章之“美”，而“言之得体”是指文章之“善”。这是文本上体现出来的文章内容和形式的真、善、美，而这文章的真、善、美则是通过写作思维的真、善、美来具体实现的。

展开性就是指写作行为本身，严密性就是写作思维中求真的行为，修辞性和审美性就是写作思维中求美的行为，策略性就是写作思维中求善的行为。因此，我们的写作思维、写作主体必须具有追求真善美的基本素质和修养，否则文章要带给读者真善美的感受便是一句空话。

由上面对写作行为特性的分析，我们已经清楚地看到，写作行为是一种内涵丰富的智力劳动。这种高度的丰富性，就是写作行为综合性的具体含义。

## 第3节　写作的概念

讨论写作的概念，就是对写作行为的特征进行定义，从而更准确地理解写作行为的实质和原理。

写作是什么？这并不是一个很容易得到满意回答的问题，于是有了种种关于写作的定义。写作可以抒情言志，宣事明理，也可以交流思想、传播信息。但这只是表面现象的描述。写作的定义，要揭示出写作的功能，然而写作既有表面的、实用的功能，又有深层的、务虚的功能。前者是现象，后者才是本质。这样，写作的概念既有认识论、本体论的问题，又有实践论、操作论的问题。

### 一、流行的写作定义

#### （一）写作是对客观世界的反映行为

这个观点来源于毛泽东，他认为文章是对客观事物的反映。作为对写作现象的

---

① 《易经·家人》：“君子以言有物而行有恒。”

② 《诗经·小雅·都人士》：“彼都人士……其容不改，出言有章。”章，即序。又《礼记·中庸》：“文理密察，足以有别也。”又《荀子·正名》：“辞也者，兼异实之名以论一意也。”这里的“一”就是秩序的意思。

一种描述，这个看法是对的，的确，文章的内容以及作者思想都是对客观世界的直接或间接的反映。问题在于，有哪一种意识形态、艺术行为不是对客观世界的反映呢？这种认识论的写作本质观的问题在于，它混淆了写作与其他意识形态和艺术行为的区别。更重要的是，写作行为更主要的特征、本质还不是对客观世界的反映，而是对客观世界的判断评价和对不在场的理想世界的虚构——想象联想中的筑构。

**（二）写作是一种抒情言志的语言行为**

有的学者认为写作是一种宣事明理、抒情言志的行为。这个定义主要想说明的是写作行为的目的和意图。这是一种对象论的本质观。但是，写作行为的主要特征并不是表现在自己的目的意图上，因为，口头言说的种种形式——演讲、发言、讨论、山歌、哭嫁……其目的也是为了宣事明理、抒情言志。显然，说写作行为的本质是抒情言志并不恰切。

**（三）写作是信息的交流和传播行为**

从传播学的视角来看，写作是一种传意行为，或者说是一种信息传播行为。其实这也是不错的，因为，写作的目的确实是为了将思想、情感、信息传播给别人，进行跨时空的传播，这是写作之所以受人垂青的重要原因之一。但是，写作的信息传播性仍然是文章写成后所产生的一种功能，同样是写文章的目的，而不是文章写作本身的本质特征。

总之，上面这几种关于写作的定义，都不是对写作行为本身的定义，而是写作以外的东西——写作目的、功能等——的定义，因此，都无法反映出写作行为最本质的特征。

## 二、写作新定义

通过对写作的特征和本质的分析和思考，对于写作，我们一方面可以从写作操作论层面上给出定义，另一方面也可从本体论层面上给出哲学化的定义。

**（一）操作性定义**

从操作层面而言，写作可以这样进行定义：

> 写作，是写作者为实现写作功能而运用思维操作技术和书面语言符号，对表达内容进行语境化展开的修辞性精神创造行为。

下面我们对这一定义作一个基本阐释。

**1. 写作是一种精神创造行为**

这是对写作行为最基本的定性。无论实用文章的写作还是文学作品的写作，都是一种精神产品的创造。这种精神产品，一方面是指文章内容、主题里所包含的人文价值或科学成果，另一方面还包括文章形式的语言符号体系的创造。从这两层意义上讲，写作是一种文化的原创行为。

**2. 写作是一种展开性行为**

所谓展开，就是由写作者企图向读者表达的心知肚明的基本语义、话语的主旨和句旨向功能性语义（能实现写作功能、征服读者的语义、言说语句）转化的过程，即双重转化论中所谓的“外化”、“文辞化”的过程。孔子说“辞，达而已矣”，这个“达”，其本意就是展开式充分充足充沛地言说（书面或口头）。《左传》上说“言以足志，文以足言”，这里的“足”就是展开地表达。

**3. 写作的展开首先是一种思想、思维、思路的展开**

在宏观、中观的写作行为中，写作展开主要是思想、思维、思路的展开，从而生成文章的宏观、中观的枝干、意思网络、语义层次。因此，这个时候的展开就要运用一整套思维操作的模型、技术进行各种各样的分析和综合，来形成文章的内容和形式。在这时的写作展开中，认识性、思维性就是写作的主要特征。而思维操作的模型就是进行写作展开的工具和技术、艺术。写作者的主体建构中如果没有这些东西存在，写作展开是寸步难行的。中学生、大学生作文时感到无话可说，主要原因也在这里。

**4. 写作的展开最终是一种语言修辞性的精神创造行为**

写作这种精神创造行为的创造性主要体现在语词表达的修辞性上。虽然写作行为充满了认识性、思维性，但是，这并不是写作的本质（那属于认识论、思维学），写作的本质在于产生认识之后将这个认识写给别人看，因此，写、行文措辞才是狭义的写作，也是写作的本质。而这个行文措辞的传达行为的本质就是修辞——对行文措辞进行修饰限制以增强表现力从而征服读者。我们对写作行文措辞学的研究表明，写作的修辞性主要包括说服性、审美性、策略性——语感性、秩序性、具体性、确切性、鲜明性、生动性、强化性、得体性、节奏性、韵律性等。正因为这样，西方把修辞学作为写作学的基础理论是有道理的。在写作中，能够进行思维展开，但就是难以把文章写好——语言没有语感、美感，因而没有征服力——其根本原因就是语言缺乏修辞性。

**5. 写作的展开是语境性的展开**

写作的展开之所以必须对基本语义（主旨、段旨、句旨）进行言说修辞，从而生成功能性语句和文章，是因为写作具有具体的读者对象、当下性的时空背景、意识形态氛围等制约因素。这些具体的控制因素就是写作的具体语境。写作的语境性迫使写作不能是作者一己的“独语”，而是和读者、环境、语境的一种对话。写作的语境性决定着写什么和怎么写。这样，写作的展开就必须是一种语境性的展开。

**6. 写作这种精神创造行为是一种功能性、意图性、目的性的行为**

写作的展开、写作的修辞之所以要考虑语境性的制约控制因素，是因为任何写作都具有一种目的性、意图性，即都希望、期盼通过自己写作的文章来实现某种功能，来满足个体和类的精神或物质的需要。这样，全部写作行为都必须围绕着这个功能、目的、意图来展开、修辞和行文。否则，那便是无效的写作，没有意义的写作。这样，写作的功能性、意图性、目的性成了写作行为最终的决定力量，站在至高无上的位置上俯瞰着写作者写作行为的每一个环节与细节。

**（二）本体性定义**

从本体论层面，从终极的本质意义上，即生命、人性、存在的意义上讲，我们可以为写作给出如下的定义：

写作是人类运用书面语言文字创生生命生存自由秩序的精神生产活动。

这个定义要表述的写作原理是，写作行为本身的深层本质在于寻求生命生存的依托、“家园”、“故土”。中国古代圣贤所谓“立言不朽”、所谓“发愤著书”体现出来的优秀写作文化精神的最终本质也正是在这里。当代西方学者所谓“我写故我在”的哲学依据也正在这里。

显然，这是一个哲学化的写作定义，对于这个写作定义的哲学阐释将在下一章进行。

## 【基本概念】

狭义写作　文章　非篇章写作　亚写作　广义写作　前写作行为　后写作行为

## 【复习思考题】

1. 写作行为宏观形态包括哪些系统？
2. 写作成品有哪些特征？
3. 写作行为有哪些特征？
4. 写作思维有哪些特征？
5. 写作的操作性定义是怎样的？
6. 写作的本体性定义是怎样的？

# 第 6 章

# 写作哲学

我写故我在。

——［美］罗伯特·肖尔斯

我们搞写作纯属自寻其乐，为的是得到心灵的宁静和安慰。当我们读起书来，我们便看到写出来的字字句句都代表一种秩序，令人心旷神怡……只有这时，才能使我们得到安宁。

——［美］保罗·塞克斯

科学是这样一种企图，它要把我们杂乱无章的感觉经验同一种逻辑上贯彻一致的思想体系对应起来。在这种体系中，单个经验和理论结构的相互联系，必须使所得到的对应是唯一的，并且是令人信服的。

——［美］爱因斯坦

## 第 1 节　秩序创生：人类写作的最终渴望

### 一、秩序：写作行为的本体（终极动力）

我们常有这种体验：当对自然科学、社会科学中某些命题无法解释，无法概括更多的现象、事实时，当面对学术领域关于同一问题众说纷纭的观点理论时，我们感受到了紊乱和无序对我们的威胁，我们感到了心灵的不安和主体性的失落，于是，我们通过反复思索、研究，终于直觉地提出一种新的观点，而这种新的见解恰恰能克服上述混乱所带来的烦恼，并且，我们进一步用语言文字把这一思想清楚完美地表达出来，写成文章，此时，我们感到的是一种实在和宁静。我们认为，从哲学上讲，这才是写作行为的真正本质。

在这里，我们真切、鲜明、强烈的感受是：写作，无非是寻求、表达、缔造、建立一种思想和语言符号的秩序。因为，紊乱和非概括性是一种无序状态。无序使我们不安和失落，新的观点、见解产生后建立起了解释的秩序，而文章写作则建立了语言符号秩序。当写作中产生了思想而不去表达时，就会产生欲罢不能的状态，因为你看到了秩序，感受到了它的诱惑，如不将其传达、物化出来，就没有把秩序确定下来，所以，你非写出来不可。这就是说，“知”的本质是我们感到一种秩序，而“行”则是表达这种秩序的有序化运动。对于形式化来说，只有表达了秩序的形式化才是真正意义上的终极形式化，才是有意义的、完美的形式化。

写作就是缔造一种秩序，一种生存的秩序。

秩序，作为对象、形式来讲，是一种条理、次序、等级、位置的排列；作为主体来讲，是指秩序感觉，是个体按某种目的、意义进行评价、赋值而形成、产生一种人类行为的合理感、方向感、运动感、超越感，此刻秩序出现。当个体感到秩序出现时，他便进入宁静之境。从本质上讲，秩序是一种文化—美学现象，当然也是一种哲学现象。

在英语中，order 作为名词主要有这样几个义项：

（1）次序、顺序、程序、序列、连续；

（2）等级、阶层；

（3）正常；

（4）治安、有条不紊；

（5）命令；

（6）目的、意向。

实际上，这些义项是互相联系的。第一个义项是指时间性排列的条理性；第二个义项是指空间性分类的条理性；第三个义项是指只有上述两种有条理的时空排列方才是正常的、合理的（在 order 这个词根上发展起来的 ordinary 的词义正好是“正常的”），符合逻辑的；第四个义项是说，只有当明白这些秩序出现时，我们才能从中获得安宁、平安；第五个义项是说，无论哪种秩序，都是人的目的性、意义性体现；因此，第六个义项是说，秩序是人追求的最高境界、目标。

当 order 作动词使用时，它有两个义项：一是安排，二是命令，这二者之间有内在联系，而“排”即秩序化的排列，只有这种合理的排列，才能使人“安”。由此可见，秩序是一种安排和命令，具体而言，它是对紊乱无序的事物的命令和安排，是对理想世界秩序的缔造。

在汉语中，“秩序”一词由“秩”和“序”二者构成。《说文》曰：“秩，积也。”

段玉裁注曰："积之必有次叙、成文理，是曰秩。"其实，此义因"秩"本指穗（稻、麦等）之形而来。这里的秩，即是空间性排列的次序、顺序、序列之义，但是空间性排列形成了一种时间上的先后关系，故《辞源》谓："一月之次为秩。"而"序"在《说文》中的解释是"东西墙也"。段玉裁注曰："《释宫》曰东西墙谓之序，按堂上以东西墙为介。《礼经》谓阶上序端之南曰南序。谓正堂近序之处曰东序、西序。"从没有"北序"之称谓来看，这里的"序"（东序、西序、南序）并非是指物（墙、阶上之地），而是针对坐在北方之王而言的等级意识、尊卑次序。因为，文武百官分列于东西两侧，皇帝面南背北，王是上，百官是下，当时的统治者认为这才是合理的等级秩序。可见，这里"序"表征的是一种合理性概念，这正是《周易》中"言有序"的本义。历代有人认为"言有序"是指条理性，这是后人的望文生义。《周易·艮卦》说："艮其辅，言有序。"《艮卦》"艮"之本义为"止"，而"辅"即嘴巴。"艮其辅"是说，要节制、约束自己的嘴巴，说话要得体，合于伦理，这就是"言有序"。在周代，序亦指学校（庠、校），即学校是学礼教伦理规矩、规则、规范的地方，这也是序之本义。总之，"秩序"既指历时性的序列、顺序，又指共时性的高下等级尊卑。这都是一种安排，即对紊乱的整理。所以，"序"又与"叙"通，《说文》曰："叙，次弟也，从攴，余声。"又曰："攴，小击也，从又，卜声。""又"即手。可见，"叙"即用手整理、安排之意，这与英语中的解释是相通的。

这不仅仅是对"秩序"的词源学解释，而且是一种哲学解释。当代符号学家和哲学家均倾向于这种理解。卡西尔已经非常深刻地指出："人并不只是旁观者，他按他本分就是世界秩序的创造者。"在卡西尔看来："生活本身是变动不居的，但生活的价值则应当从一个不容变动的永恒的秩序中寻求，这种秩序不是在我们的感觉世界中，而只有靠着我们的判断力才能把握它。"① 这里有两点非常重要，一是人类回避变动追求宁静的品性，二是秩序的追求是我们判断力的表征。实际上，变动就是无序，就是紊乱、无常，它带给人以忧虑和畏惧、反感，于是，人类企图建造另外的理想世界（秩序）来取代它，使心理上获得平衡与宁静、安全。日本符号学家池上嘉彦在《符号学入门》中把这个问题说得更为明确："一般认为人类是构造化的动物，给自己的处所的外界赋予某种意义和价值，并把自己所居住的世界秩序化，这就是把'自然'改造成'文化'的活动。"

从更深的文化哲学层次来看，人类这种秩序化行为实际是掌握世界、理解世界、创造理想世界的方式，因为当他用秩序的世界取代紊乱的世界的时候，他才算真正掌握了世界，成了真正作为主体的人。人的本质得到了对象化，人才证实了自己真正的"存在"。

① ［德］恩斯特·卡西尔：《人论》，130页，上海，上海译文出版社，1985。

## 二、秩序的类型、结构

卡西尔认为，秩序有“一般的秩序”（时间的、空间的、因果的）和“更高的秩序”之分，“更高的秩序”就是“人类真正的生命力”的方向感、价值感。他接着说：“在这里，也要规定各种事件原因时，我们就面临了一个新的问题。如果人知道了编年史顺序上的一切事实，我们可以对历史有一个一般的框架和轮廓认识，但我们不会懂得它的真正生命力，而理解人类的生命力是历史知识的一般主题和最终目标。在历史中，我们把人的一切工作、一切业绩的完成都看做是他的生命力的沉淀。”① 这里，卡西尔还认为，那种“更高的秩序”不是被动地接受，而是需要理解和感受，这与“一般的秩序”的获得方法是不同的。这种“人类真正的生命力”就是人的价值的选择与开拓、超越。

以提出“广义综合论”（现代进化论）学说而闻名的美国学者拉兹洛也提出了“秩序的秩序”问题。他说：“进化的秩序就是变化本身的秩序，这是诸秩序的秩序，是诸秩序在宇宙中出现时显示出来的秩序。进化确实是展开，但不是预先形成的生物体、无生命物体或实体的展开，而是秩序的展开。”② 这种“展开”是分三个层次来进行的：“首先展开的是物质世界中固有的秩序，它是从标志普朗克时间的终结和至今仍然在宇宙中起支配作用的宇宙过程的开始的最初 $10^{-30}$ 秒开始展开的。接下来的是生物物理学和生物的秩序，它是通过在能量流中实现自我维持的热力学开放系统，自我复制、自我保持的循环表现出来的。从这些较低层次秩序中表现出来的秩序是人类世界、思想、感情和评价的秩序，是社会、文化以及在它们形成的关系中的秩序。”这里，拉兹洛描述的三种秩序分别是时空延展性、能量循环、含有目的性的评价，而第三种秩序才是最主要的秩序。

现在，我们把秩序大略分为两个类型：一是物质性秩序，二是精神性秩序。

秩序 { 物质性秩序（符号、静态、平面、能指、时空：相似性）<br>精神性秩序（信息、动态、立体、所指、评价：目的性）

前者指的是时空秩序，是静态的、平面的、符号的、能指的，是事物“相似性”的体现，是和谐、对称、比例性的本质；后者即一种目的性评价，是动态的、立体的，它是事物价值的“合理性”的感受、体验和认识。前者是能指的，后者是所指的。

## 三、写作秩序的三个层次

卡西尔在论“人是世界秩序的创造者”时有这样一段话：“科学在思想中给我们

① ［德］恩斯特·卡西尔：《人论》，233 页。

② ［美］E. 拉兹洛：《进化——广义综合理论》，5 页，北京，社会科学文献出版社，1988。

以秩序；道德在行动中给我们以秩序；艺术则在对可见、可触、可听的外界把握中给我们以秩序。美学理论确实很晚才充分认识到这些基本的原则。”这里，卡西尔讲道，科学研究侧重于思想秩序，道德侧重于行为伦理秩序，艺术创作则侧重于表达媒介秩序。思想秩序、行为秩序即上面我们讲的精神评价秩序，表达媒介秩序则是物质符号秩序。但从写作的角度来看，卡西尔说的这些也不是审美的基本原则，因为无论是文学写作还是应用写作，都首先是创生内容价值方面的精神秩序，然后是缔造世界方面的符号形式秩序以表达精神秩序。

所谓缔造、表达内容价值方面的精神秩序，就是文学写作中主题的确立及其展开。主题，不管是思想观念性主题，情感、感受性主题，还是蕴蓄情感、思想的事物、人物等，它的确立，实际上就是一种评价。写作就是按这种评价建立起一个新的秩序世界，文学写作和应用写作均是如此。科学理论的提出是人们对紊乱、无序的自然世界的分类整理，所以科学理论把自成体系、理论自洽奉为最高境界。牛顿的经典力学理论构成了一个秩序世界，爱因斯坦的相对论又构成了另一种秩序世界。

文学写作也是如此，作家首先关注整理的是人类生命生存的方向感、合理性，然后才是将这种精神秩序、人文秩序缔造成语言、形象的有机体系、秩序。1985 年巴黎图书沙龙通过法国驻各国使馆分别邀请世界作家就“您为什么写作”一题撰文，世界各地著名作家的回答生动地证明了这一点。①

每一个伟大作家无论是歌颂或是暴露，总是用作品体现他对生活、人生的理解，都在建造他的评价体系。换句话说，他总是形象地向人们说明生活应该怎样，人生应该怎样才合理、才理想、才有秩序。这正如萨特所说：创作行为通过形形色色由它创造或再创造出来的客体，企图实现世界的彻底更新。每一幅画、每一本书都是存在的复原，每一件作品都向观者自由地展现出这个总体。因为这确实是艺术的最终目标：通过使人看到世界的实际情况，让世界恢复本来面目。

于是，作品成了作家的“住所”、“建筑物”，作家心灵也由此得到“安静”与“安全”，而这一切都是通过作家确立主题并将其展开建造秩序来实现的。应该承认，这是包括文学写作在内的一切写作活动最深层的终极动因。

写作秩序的第二层含义则是指通过语言、材料的组织化、条理化而形成文章有机性结构。这种有机性结构指的是文章中的材料按主题的需要被安排到它应该在的位置，它们之间形成了内在有机性联系，这样就形成了组织化的结构。这既包括表层结构中的开头、中间、结尾的有机性，以及时间、空间和逻辑的顺序，又包括深层结构中材料之间、结构单位之间的情调性质关系（如重复、对比、起承转合等）。

应当明确，在写作过程中，语言、结构秩序的建立，只不过是主题、评价秩序

① 参见《我们为什么写作——世界 100 位作家谈写作》，上海，上海文艺出版社，1988。

展开的具体化而已，因为只有主题才给我们树立了确立秩序感的评价标准和价值取向。

写作秩序的第三层意义则是指超越思想、语言、结构之上的写作文化。写作文化是关于“写什么”和“怎样写”（传达）的价值观念、时空情绪、思维方式等的观念规范，它是更为抽象的一种时代精神、社会心理。它通过表现什么主题和怎样表达（写作技巧、方法、结构形式）等体现、折射出来。在这里，写作者同样是为了表达、宣扬一种新的时代精神、价值取向。但是这种时代精神并不像文章内容那样表达某具体的政治、社会、伦理的思想感情倾向（秩序）主题，而是一种具有超越性、更为抽象的时空情绪、思维方式和新的趣味，因为，它不像文章内容、主题那样通过人物、事物、材料来论证，使之具体化、形象化，而是通过文化，通过新的写作行为、表达技法、技巧和新的语感来传达、物化（当然，这两种秩序在更高的层次来抽象，它们有共同的、内在的联系）。之所以把这些东西叫做秩序，是因为它是一种定向，一种价值的定向，它具有合目的性和合理性——所有的表达技巧、技法都服从这一价值方向，这就是秩序。

更进一步说，写作文化这种秩序是写作内容（主题）秩序和写作形式（结构）秩序的中介。因为，一方面，写作文化秩序中的价值观念、思维方式、审美理想和写作内容秩序在某种高层次上是一种同构、类似物；另一方面，写作文化秩序中按价值观念、思维方式选择的技巧、技法媒介决定了文章的媒介秩序（结构、语言、材料等）。

总之，人类的写作活动是最彻底、最完全的有序化行为，也最能体现人类追求秩序的这种本质。

## 四、写作秩序的功能

秩序具有两个重要功能：定向性和中介性。

**（一）定向性**

秩序给人指出了一种生存方向，也给写作者提出了一种写作方向。因为秩序作为一种写作的审美理想、目标生动地呈现于作者的头脑中，它是主体对紊乱的客观世界进行整理的结晶。于是，它成为最强烈的动机，这样，秩序就成为写作活动最终极的本体动力。前面我们所引出的众多哲学家、科学家、文学家、艺术家对秩序的推崇，正是把秩序作为写作的本体来认识、理解的。

秩序的真谛在于它是一种精神理想、心灵世界、理想世界。当这种秩序建立起来之后，作者才发现外在事物的含义、价值，这样行为才开始发生，也才有了行为的方向。于是可以这个被发现事物的含义、价值为起点，再组织一个秩序化的世界。这样，写作行为进一步向前运动，直到这个“世界”用有序的语言秩序描述出来为止。

### （二）中介性

美国学者博蒙认为，秩序这个概念是我们必须清楚地认识的基本因素，它是将精神和世界、有机物和无机物以及事实上经验世界所有形形色色的现象统一起来的东西，同其他概念相比，譬如同关系和类别相比，秩序是更为基本的重要概念。

这段话主要说的是秩序所具有的中介性特征与功能。为什么说秩序是将精神和世界、有机物和无机物以及事实上经验世界的形形色色的现象统一起来的东西呢？因为，一方面，秩序就是一种秩序感，它是合目的性、合理性的一种评价、一种和谐的感觉，是指事物内在精神、情感价值的和谐、统一的感觉。另一方面，它把具有共同性质的事物有机地组织成序列，把形形色色的事物安排到了它本来应该在的位置上去。总之，秩序既是指精神秩序（价值的方向），又是指事物的秩序（序列），既有此岸性，又有彼岸性。于是，它具有中介性品格。在写作中，正是因为秩序有这种中介性质，形式、材料、表达内容、主题、意念才具有和谐的可能性和操作性；也正是因为有这种中介性，秩序消解了主体与客体、内容与形式、意义与符号之间的对立，完成了由思想意义到语言符号的转化过程。

## 五、秩序化：写作行为的终极本质

通过对写作秩序的理解，我们可以对写作的本质给出如下定义：写作是人类运用书面语言文字创生生命生存自由秩序的一种精神生产活动。

上面这个写作定义，实际上已经隐含了一种很严肃的哲学思考。当我们把“书面语言”等去掉，这一定义便可简化为：写作是人类创建秩序的活动。文章（秩序、世界）就是写作者存在之所、心灵栖居之所。这样，写作成为人的活动的代名词，写作就是人的本质，写作就是人本身。只有这样理解，我们才能相信卡西尔那句话：“人并不只是旁观者，他按他的本分就是世界秩序的创造者。”① 但是，卡西尔没有把这个缔造符号秩序的行为结构和过程的内在机制揭示出来。符号学必然无法完成这项任务，因为它只关注、思考符号的意义、象征，并不太注意符号秩序的创生、建筑、缔造本身。所以，卡西尔虽然描述了符号的“形成过程”和“符号母体”的表层结构与深层结构的关系，但是，他终归没有去研究符号“形成过程”（缔造、劳作）的内在机制。语言学同样不能，因为它不管语言内容方面（即符号的所指）的生成。显然，只有写作学才能担此重任。从这个意义上说，写作学是一门哲学。因为，人类活动就是一种广义的写作，不仅包括精神生产，也包括物质生产，生产即写作。

---

① ［德］恩斯特·卡西尔：《人论》，130页。

# 第 2 节 性质思维：写作秩序与写作选择

## 一、写作选择是表达秩序的选择

美国写作理论家迪恩·蒙默里和福兰克·奥哈勒在《写作者的活动》中指出："写作是一种选择。"① 国内也有许多学者持同样的观点。但是，只指出写作是一种选择行为，对于写作奥秘的揭示是远远不够的。因为，你不知道选择的依据和方向。

其实，只有当我们把写作的终极本质理解为一种秩序的缔造的时候，写作活动本质上才是一种选择行为。萨特认为，人的存在先于人的本质，而人的存在就是人自由选择的"活动"、"作为"、"做"。在他看来，人不是先存在后选择（活动），而是在选择中成为存在的。所以，所谓人的自由，就是自由的选择。但是，任何选择都意味着一种责任，所以自由选择也就是自担责任，并且这种自由选择是在具体处境下进行的。

萨特以言语行为为例阐述了这一思想。他认为，言语活动是人在具体处境下所进行的自由谋划和自由选择："正是在句子的自由谋划中，内部语言的规范才形成；我们正是通过讲话造成语法，自由是语言规则唯一可能的基础。此外，对于谁来说才有语言的规则呢？波朗提出了答案的基本要素，并不是对讲话者，而是对听话者才有语言规则，讲话者只不过是一种意义的选择。"② 这就是说，言语活动并不按语言规则而讲话，而是为了一种自由谋划的价值，按其需要来理解事物、语词的意义，并进行选择，最后构成了言语的外在秩序。只有这时，作者才宣告"存在"了。从写作哲学的角度看，萨特的见解是深刻的，他发现了选择与秩序的联系，这对巴尔特有极大的影响。

作为法国后结构主义美学家、文学理论家和符号学家的罗兰·巴尔特对"什么是写作"的问题进行了进一步探讨。在《写作的零度》一书中，他把"语言"、"文体"和"写作"几个概念区别开来。他认为，语言（language）是从作者的具体语言（parole）中自然而然地流露出来的，它离开了具体语言就无形式可言，但它又是所有文章作品的"栖息之所"。"它决不是材料的储库，而宁可说是一条地平线，也就是说，既是极限，又是驻留地，一句话，是一种布局的有保证的展延。"所谓"地平线"，就是语言在遥远的地方和人建立起某种"亲近的关系"。换言之，"语言是一种活动的场域，是对一种可能的限制和希望"。总之，语言是某一时代大家约定而形成的共用符号系统，因为是由传统和习惯所组成的自觉规范，所以，对于每一个写作者

---

① ［美］迪恩·蒙默里、福兰克·奥哈勒：《写作者的活动》，载《写作》，1989（6）。

② ［法］萨特：《存在与虚无》，613～614 页，北京，三联书店，1987。

都是共通的、本能的。它是一个抽象的“空框”，不容许修饰充实。因此，巴尔特认为语言不是社会的规约，而仅仅是无需选择的反射，是人类的共同财富，而不是作家才有的财富，它独立于文学的程式而存在，它是通过限定而不是通过选择才成为一种社会的东西。概言之，语言具有一种非修饰性、非充实性，即非选择性。

与抽象的语言“空框”不同，文体（或译为风格）是具体性稍强的东西。文体是潜入作家心灵中的关于文章意向、格调、叙述方式之样态的记忆，它是一个共时性、垂直面的结构体，它规范了人们的言语活动。正如巴尔特所说：“在文体的名义下，形成了一种自给自足的语言。它仅仅潜入个人隐秘的生活中，潜入言语的这种亚躯体中，构成了字词和事物的第一对组合，并且一劳永逸地建立起这种语言的基本词干。”因此，“文体是属于作家的‘东西’，是它的光辉，也是它的桎梏，是它的幽僻所在”。正是在这个意义上，巴尔特认为，文体是语言活动进一步的规范，而不是选择。他说：“文体作为个人的封闭步骤，与社会无关而又易于为社会明了，它绝不是选择的产物和对文学的思索的产物。”“它是惯例的隐私的部分，产生于作家的神秘的深沉处，展延于他的责任之外。”

巴尔特认为，语言是和历史、传统保持亲近关系的水平线，文体则是作家过去气质亲近关系的垂直线，因此，它们都是一种“自然属性”，即超现实的具体的特性，永远与现实处境无关，所以它们“永远不能用于评判，也不能用于表明一种选择”。

但是，写作则不同。人的形式化活动都是表明个体审美思想和希望、憧憬的。巴尔特指出：“然而，任何一种形式同时也是一种价值；因此，在语言与文体之间存在着另一种形式的现实，这就是写作。”换言之，语言、文体都不是现实的东西，只有写作才是个体作家面对现实生活处境而进行的一种价值活动、行为、意向。巴尔特的“现实”相当于萨特所说的“处境”，换言之，写作就是面对现实处境的一种价值确立、选择。因为“不论在怎样的文字形式中，总是情调、气质的一般选择，而作家正是在从事选择时，他的个性才十分无误地显示出来”。进一步说，语言和文体是一些先于言语活动种种难题的已知条件。语言和文体是时间和生物人的自然产物，但是，作家的正规身份只有在不依赖于语法规范和文体永恒不变的情况下才能真正地确立。在这里，书写的连续首先骤合并封闭，在完全纯真的语言本性中，随即变为一个总标志，变为某种人类行为的选择和某种善的肯定。同时，就这样使作家从事于某一幸福或某一不足的证明和交流，并且，把他那既规范又特殊的言语形式与他人广泛的历史连接起来。总之，语言和文体是盲目的力量，写作却是来自历史统一性的一种行动；语言和文体是客观物，而写作却是一种功能，它是创造于社会之间的交往，它是被它的社会目的改造成的文学语言，它是紧紧依赖于人类意向并且与历史上重大转折密不可分的形式。因此，在巴尔特看来，写作本质上是形式的道德，也就是作家关于他的语言本性应置于何种社会空间所做的抉择……他的选择，是良知的选择，而非功利的选择，他的写作是思考文学的方式而不是扩展文学的方式。

所谓“形式的道德”，即写作中所有形式因素所具有的社会、伦理的意义和价值——写作美学、写作文化，而写作正是选择某种具有道德审美意味的形式进行文字选择化的行为。

## 二、选择即秩序化

大凡对写作行为本质有较深体验和研究的人，最终都要谈到写作秩序问题，同时也会谈到选择。萨特在《存在与虚无》中大谈选择，偶尔也谈到秩序[①]，而在《什么是文学》一书中，却大谈写作是建立一种秩序。他认为，艺术创作的主要动机之一，当然是某种感觉上的需要，那就是感觉到在人与世界的关系中，我们是本质的，如果我们确定要在画布上，或在写作中描绘旷野的某个方向，或描绘大海，或描绘我们所发现的某人脸上的神情，我们知道自己是通过凝炼各种关系，引进本不存在的秩序，以统一的思想控制五花八门的事情，这才把它们创造出来，也就是说，我们感觉到在我们与作品的关系中，我们是本质的。

之所以“我们是本质的”，是因为“我们”创生了一种新的秩序，并按这种秩序来控制、摆布、调遣五花八门的事物。萨特认为，写作秩序是在一个瞬间作者主观能动性突然知觉到创造出来的精神性、抽象性的东西，是一种主观的“遐想”，在客观世界它是缺乏的。所以他说：“既然没有什么人向我们提供这个曾在一刹那间被知觉的秩序关系，因而这种关系是不真实的，由于我们对于这一点深感遗憾，我们就把它搬到画布上，把它写成文字。”其实，这正是人类写作行为的奥秘！

现在我们看到，巴尔特在《写作的零度》一书中竭力论证写作行为的本质特性是选择。在该书的后面部分中，巴尔特竭力论证写作是缔造一种秩序。他说：“写作在起一种良知的作用，它负命在身，在证明一种行为的正当……此外，写作这一事态，适用于所有的权力体制。因此，我们可以称之为警察写作，譬如‘秩序’一词的永久性压制的内涵是人人皆知的。”这就是说，写作建立的这种秩序，久而久之对人类是一种压制行为，像警察那样。“这样，人们重新在小说中发现适于一切现代艺术的既有被毁灭性又有复活性的契机，所要毁灭的是时间的延续，即存在的不可言状的联系；秩序，不论它是诗歌连续的秩序，或是小说符号的秩序，或是真实性的秩序，都是意向的屠杀者。”通过“时间的延续”，对于具有新的时代精神意向者来说，文章秩序是它的屠杀者，但是对于最初的写作者来说，他所缔造的秩序却无疑是一种自由、理想的天堂。所以巴尔特说过这样一段话：重新征服作家的仍然是时间；因为，不可能在时间中发展一种否定，而不建立一种肯定的艺术，一种也许会被再次毁灭的秩序。

---

① 尤其是在该书最后一卷“拥有，作为和存在”中更是如此。

这就是新的艺术秩序。“肯定”就是一种新的价值取向及形式序列的表达。总之，写作永远是建立一种新秩序又否定旧的秩序，这就是写作文化史、美学史，也是人类的生存史。

福柯也是这样认识的。作为当代著名的后现代哲学家，福柯主要是一个知识（话语）哲学家。像当代法国的话语哲学一样，福柯的话语理论很大一部分内容属于写作学范畴。福柯的话语理论认为：“在每个社会中，话语的产生都是同时由某些过程来控制、选择、组织和分配的。”然而，福柯同时又认为，每个时代的知识、话语都是由某种知识共因——一种“总关系”——影响而构成的话语秩序。所以福柯把他的知识哲学、话语理论的专著命名为《事物的秩序》、《话语的秩序》。在我们看来，这种知识共因就是关于写作的时代仪规、写作的意识形态，即写作文化或写作禁忌。在《话语的秩序》中，他主要讨论的就是话语的“控制、选择和组织”过程，而这正是写作学的研究领域。

之所以出现这种学术现象，是因为选择即秩序，或者说，秩序即选择。选择和秩序是一个事物的两个方面：如果把秩序理解为一种统一性、和谐性、相似性，那么选择就是对这些相似性、统一性元素的组织行为；如果把秩序理解为一种合理性、真理性、逻辑性、理想性、合目的性的话，那么，选择就是对这个合理性对象的倾向与认同的态度。这样一来，选择与秩序二者须臾不可分开，选择离开了秩序便无所谓选择，秩序离开了选择，秩序即不复存在。选择就意味着秩序，秩序也意味着选择。

总之，秩序是人类追求的最终目标、本体，而选择则是实现目标（即人的自由、理想）的行动；秩序是状态、空间，选择是过程、时间。从另一种意义说，秩序也是时间、过程，而选择也是空间、状态，因为秩序是排列、序列，选择是比较、区分、拓展。总之，秩序意味着时空的感觉和情绪。同时，当秩序生成的时候，它便成为了写作行为的控制者。

由此看来，在知行递变的理论中，知的本质是作者的一种秩序感，行的本质就是一种选择。在形式化理论中，形式化也应是对秩序的形式化，但秩序与选择又密不可分，甚至可视为一体。一方面，选择是为了表达秩序而进行的选择，而选择本身又构成了一种秩序；另一方面，对秩序的把握和感知也是一种选择。从动力学的观点来看，秩序是起点又是终点，它是作者写作活动的最终动因和动机。因此我们可以说，写作的本质是选择一种秩序，也可以说，写作是一种缔造和表达秩序的选择。

## 三、选择机制：处境、前提与写作文化控制

选择是一个中性概念，如果仅仅指出写作即选择，并抽象地理解它，无论在写作理论上还是在写作实践上其意义都不大，人们最关心的是怎样选择。所以，科学

的写作学需要我们对写作即选择做更具体、更丰富的理解、阐释，这样才有意义。这就需要揭示人类写作活动中的选择机制，即个体到底是怎样进行写作选择的。写作行为中的选择，是在某种前提的制约下进行的，这种控制选择的前提，包括作为主观因素的"主题"和作为客观因素的"读者"——"读者知识"与"协作原则"——以及作为既有客观性又有主观性的文章图样。在这种控制因素制约中，表达主题的元素——材料被筛选出来，与主题内容协调的结构被选择出来，理想的文章图样被选择出来，合适的语段、句子、词汇被选择出来。

但是，前提在写作活动中还不具有本体的意义，它的产生受作者处境的制约，它是作者对处境的一种积极态度。就是说，前提的本质仍是一种选择，它是在具体处境之下的一条出路。在处境这个范畴下，包含两个不同质的东西。首先，主要的是危机，即作者在现实处境之下感到不能使人类更好生存、生活的一种危机感。这种危机感的具体感受是人感到生存秩序紊乱、无序、非逻辑、非理想、非人道，或者说感到生存的现实的无方向性、无前途、无未来。在这种处境下，作者选择了某种新的生存方向和思想、情感（秩序），产生了写作主题来满足自己的需要。其次是欣悦，欣悦是处境危机的另一种表征。

真正的写作者永远具有一种批判精神，他无论如何总能感到现实的危机，但是，他可以在某个局部的时空里发现一种征服危机取代紊乱而令人欣悦的美好事物，作为一种新秩序的发现，作者对之进行宣扬、传播，于是产生了写作的题材和主题。

因此，处境（危机和欣悦）是写作活动最终的制约、控制因素。这样看来，写作者在具体处境的制约下产生的积极反应态度是选择了某种写作秩序（题材、主题），在这个前提（秩序）下，作者又选择了表达前提（秩序）的材料、结构、基调、语段、句词等。由此可见，写作活动的全过程正是一个前提与选择互相递变的过程。而这恰恰又一次证明了写作的知行递变规律不仅在客观上（如上所说）如此，即使在微观写作环节上也是如此：处境→主题→文体→读者（读者知识、协作原则）→材料→结构→基调→行文词→措辞。

写作选择是在客观处境、前提制约下进行的活动，但是，由前提、处境到选择，并不像行为主义理解的那样，是刺激（S）—反应（R）模式，而是像发生认识论所理解的刺激（S）—中介（O）—反应（R）的模式，即客观处境是通过主体这个中介来完成的。在写作中，这个中介就是写作文化——特定时代、特定社会中写作主体关于写什么和怎样写的价值观念、思维方式、时空情绪的心灵状态。无论是宏观的处境—前提—选择，还是微观的前提与选择，其机制都是如此。知与行递变的中介、机制也是如此。

## 四、写作思维即性质思维

写作者写作行为选择的内在机制是在处境、前提和写作文化控制之下进行选择。

那么，写作者的选择活动的本质是什么呢？我们认为，是问题的定性解决，即在进行性质思维。换言之，所谓选择，就是关于事物性质的思维（选择）。

美国当代学者、美学家D.W.埃克认为，艺术创作过程是一个控制过程，即安排艺术创作的手段和目的的过程，而艺术创作的“手段和目的”就是“艺术家在解决他们的问题时所掌握、合理地安排、修正、创造的性质”。埃克进一步解释说：

> 1. 艺术家在创作时的思维是以性质的关系为根据的。简言之，他们的思想是围绕性质的。
>
> 2. 进行这种思维的目的是形成新的性质，提出新的性质问题。
>
> 3. 与其说性质问题在艺术家的头脑中，还不如说在他们的思维里，艺术问题的解答出现在艺术家的手段中，即是说线条、平面、色彩、结构、形式等，是石头、木头、颜色或画布之类的材料的特殊的或可能的性质。①

这就是艺术家的艺术思考，亦即艺术思维。这种思维即“艺术家同样显示出他对材料（性质——引者注）的深思熟虑的控制，它妥帖地安排性质工具，如线条、色彩、平面、结构等，以实现他的目的……艺术家运用定性的方法去安排实现目的的手段。因此，艺术是一种理解活动，即是说，它是性质控制中的理解”②。

这里研究的是艺术创作问题，写作学研究表明，这一规律也同样适用于写作活动。其实，杜威提出的性质思维，并不光指艺术活动，他研究的是艺术和科学。他认为，一切思维都依赖于对性质的认识：“那些号称艺术家的人将他们的直接经验的事物的性质作为自己的题材。理智的探索者，处理的是离他较远的性质，他的手段是符号，这些符号代表性质。”③ 总之，科学和艺术都是进行性质思维。再说，写作作为一种创造性活动（创造新的主题、创造新的表达方式去表达主题），也是一种艺术活动。所以，上面埃克讲的艺术创作是用手段去表达目的的问题，正是我们在知行递变理论中所说的知和行关系的问题。埃克说的性质关系、性质理解、性质思维问题，正是我们在文章深层结构理论中所揭示的问题。我们曾经指出：文章深层结构从客体来讲，是一种情调、性格的结构；从主体来讲，就是一种心理结构。前者，即指性质理解、性质关系；后者，即指性质思维。所以我们认为，写作作为一种创造性行为，作为一种处境、前提、写作文化控制下的选择，它是一种性质理解、性质选择，或者说，是“确定性质关系有效控制的过程”。总之，写作思维就是性质思维。埃克性质思维“完整的发展阶段”的基本模式是这样的：呈示—实际调整—确定控制—规定性质—测试—结论（总体性质）。

---

① ［美］D.W.埃克：《艺术过程——问题与定性解决》，见［美］M.李普曼编：《当代美学》，434页，北京，光明日报出版社，1986。

② 同上书，345页。

③ ［美］杜威：《艺术即经验》，见［美］M.李普曼编：《当代美学》，439页。

令人惊讶的是，埃克描述的这个性质思维的完整过程，正是我们在 20 世纪 90 年代所理解的写作行为的过程：

（1）写作动机；

（2）写作构思；

（3）文章定调；

（4）写作运思；

（5）写作传达；

（6）文章修改与清誊。

可见，埃克的性质思维的过程，就是写作行为的实质，这是非常重要的客观规律。下面让我们结合写作选择过程中的性质思维来做进一步的阐述。

在呈示阶段，“思维可能是杂乱的，这一阶段就是要确定、采取、选择、鉴别部分的或整体的性质关系，即选择、调整、改变对对象的某种或某些性质的最初认识”。这些性质，“是些有待发展的组成要素”①。这指的是写作动机阶段性质思维的特征，当作者从某一对象发现某种特殊性质（价值）时，这个事物就被选择出来，成为文章胚胎，即成为有待发展的文章组成要素。这里，整体性质就是理想的文章成品的性质。在写作动机阶段，写作的任务就是发现某个事物的性质与文章（整体）性质的关系，如果认为关系紧密，写作欲望、写作动机就发生了。

在实际调整阶段，它的“内容是确定新的性质关系”。所谓“确定新的性质关系”，就是根据那“有待发展的组成要素”的性质，来选择其他与之具有相同或相异性质的其他材料，以构成新的性质联系。这就是写作构思中的两大任务：选材和结构。埃克说，实际调整阶段可能很长，也可能很短，这正是写作构思的特征，有的作品构思瞬间可成，有的则长达数十年之久。

“确定普遍控制要素”，在写作中就是确定文章的基调、风格，即文章定调。埃克认为：“起控制作用的普遍性质，在思维过程中的任何时候都可能以一种普遍性质——控制——更清楚地出现，它产生于思想过程所采取、所选用的性质组成要素，这些‘组成要素’又与其他产生于这些关系的组成要素的性质相联系。一个独特的目标的‘组成要素’的性质由预想中的整体性质所确定。虽然普遍性质也可能是某些传统的或已有的艺术形式和风格的性质，但总体性质还是能保持其独特性。”② 这里，所谓“普遍性质”，即艺术作品具有的笼罩全局的一种精神、气氛。埃克指的是诸如印象主义之类的艺术“风格”。实际上，在写作活动中，“这种处于控制地位上的普遍性质”包括三个层次：写作文化、写作风格和文章基调。当然这三个层次又可能是统一的。

---

① 参见［美］M. 李普曼编：《当代美学》，344 页。

② ［美］D. W. 埃克：《艺术过程——问题与定性解决》，见［美］M. 李普曼编：《当代美学》，442 页。

对规定性质阶段，埃克说：“在艺术创作过程中，无论迟早，获得一种普遍性质之后，接着就应该根据性质关系的模式，对诸性质作进一步的调整。”就是由“性质‘推出’性质”，即“根据以前确定的性质来预见或计划以后的性质步骤”。按我们理解，这已经开始进入表达阶段了，规定性质实则是表达阶段中心理思维的层面，即专注于材料性质发展、组合，即思维运行，亦即写作运思，性质步骤就是性质运思。

测试，就是艺术表达中从心到手的表层阶段。“测试是通过一笔一画、按键钮、用槌轻敲、雕刻刀的雕凿及回声、手势来进行的。”艺术家运用媒介所能传达出的性质程度与艺术家心目中的艺术品的性质进行比较、选择。用埃克的话说：“进行测试，需要将今天这里、昨天那里的成分性质跟我们经验到的总体或普遍性质联系起来进行思考。”在写作中，写作运思、文章开笔、写作传达都是这种性质测试的操作与表达。

作为结论的总体性质，无疑指的是艺术家经过传达媒介选择与组织而成的作品初稿，它已具有作品整体性质了。但是在艺术家心目中，“这时，作品受到全面评价，总体形成、普遍性完全成了控制要素，这一结论只是暂时的，因为新的评价可能产生新的结论，从而导致对原有结论的修正（一些画家确认自己从未真正地完成过任何一幅画)”。这里说“作品受到全面评价”，显然首先是作者的评价，然后才是最初传播圈内的其他评价。由于对作品现实的整体性质与作品理想性质（性质、普遍性质等等）之间差距的不满意，即行为未达到目的，于是产生了修正行为问题。在写作过程中，这描述的正是文章修改和清誉活动的性质思维问题。

综上所述，写作的本质就是为了传达、缔造某种新秩序而进行的选择与组织（秩序化），而选择（即组织）则是在一定的处境、前提和写作文化制约下对材料性质的理解、认识、思维、组织。我们通过这样苦苦的探索，恰好印证了杜威那个关于人类活动模式的猜想：“为实现某些目的而采取相应的手段统统取决于一定的环境，在这样的环境中，思维无时不依赖于对性质的认识。”①

## 第3节　秩序感：作为文章规范的本质

### 一、“文”、“章”与“文章”的本义与引申义

文章是什么？文章写作的本质是什么？这是从事文章学、写作学、文艺理论、美学研究和教学的人无法回避的问题。

“文”字的本义，许慎的《说文》解释说：“文，错划也，象交文。”这个解释如果说是当时人们对“文”字的理解，或者说是当时对流行的“文”之含义的概括，

① ［美］杜威：《艺术即经验》，见［美］M. 李普曼编：《当代美学》，439页。

大致是可以的。但如果说它是“文”之本义则未必恰当，因为像交错之纹，最多只能是解释的含义。如果说要表示“象交文”的话，莫当于“爻”字，而爻字并无“象交文”之义，可见许慎的说法是靠不住的。

让我们先看“文”的字形的演变。据徐中舒主编的《古文字字形表》，“文”在殷商金文、甲骨文中写作，在西周写作、、等，到春秋战国时的小篆写作，从这里我们可以直观地看到，首先，“文”字的线条轮廓像人之形体，即指人。但它与“人”字的含义不同，“人”字甲骨文作“”像侧面人形，而“文”（、、）字则像人之正面形体。可见“文”是指正面之人或人正面之形。最初“文”为“”，“”与“”比，前者有公开、堂正、磊落、坦诚、伟大之义。在先民时，“人”是一个中性词，而“文”则是一个褒义词，即刘若愚先生所谓的“赞辞”。故“”之本义当指正大、堂正之大人、伟大、圣人。为了把“文”这个指义示明，故在“象形”之后，先民们用六书中的“指事”之法在这个正面人形的心脏、胸中处着一点为符号，于是成“”字，其含义是说正人、大人、伟人、圣人。“文”是指有心胸、良心、胸怀、人性之义。为了进一步挑明这个含义，有人又把这个抽象的点改为描绘简化的心之形的“”，成为“”。到西周时，更是繁文缛节、踵事增华，尽情渲染这一含义，更加逼真地描绘了心胸之图形，或者说干脆写上一个心字，成为“”、“”等字形。为了简化，小篆中才写作“”，其实还是“文”之最初的字形。

正大之人、堂正之人，即圣人、大人、伟人、高人。故先秦典籍中，文人又训为“大人”，如《诗经·大雅·江汉》“告于文人”的“文人”就训为“大人”。这样就可以合理解释为什么三代时文人专指已故帝王。《周易》有“文言”一章，阮元认为此即对偶之美言，实谬。从“文言”专讲乾坤之德来看，便可证明，“文”之本义为道德心性。“文言”即先人圣人之言，伟人之言，大人之言，文明人、文雅人之言，当合原文意旨。

“文”字字形的演变，从最初是象形（）后来是指事（）来看，所指的东西（心灵）才是这个字最重要的本质、本义、本体。先民们对人心之强调、赞美，说明他们认为有心（心胸、人心、人性）的人才是大人、伟人。从“德”之初文为直心来看，“文”之初文表明的是对人的道德品质、心灵境界的崇尚与追求，故《周易》上说“其德刚健而文明”。可见，文即（刚健之）德也。故《尚书》有“追孝于前文人”，疏曰：“文人，文德之人也 。”又《国语·周语》有“夫敬，文之恭也”，《注》曰：“文，德之总名。”正因为如此，子贡问“何以谓之文”时，孔子说：“敏而好学，不耻下问，是以谓之文也。”朱熹注曰：“孔子不没其善，言能如此，亦足以为文矣，非经天纬地之文也。”所以，《国语》对“文”的含义作了如下的描述：

夫敬，文之恭也；忠，文之实也；信，文之孚也；仁，文之爱也；义，文之制也；智，文之舆也；勇，文之帅也；教，文之施也；孝，文之本也；惠，文之慈也；让，文之材也。

由此可见，“文”之本义，是强调人的心灵、心胸、道德修养，慈善博大的心性，就是后来的“文雅”、“文明”的意思，与丑恶、野蛮、无人道的武力相对，相当于英语中“refined”、“culture”（文雅、文明）之义。由于“文”（大人、圣人）是在“野”人（原始人）的水平上发展起来的，是人类社会进步的产物，故“文”又与“质”（素、朴）相对，所以《论语》中说：“质胜文则野，文胜质则史。文质彬彬，然后君子。”

这里，我们可以得出一个重要结论：“文”的本质，即是人性与人道，它是对人类高远、博大、真、善、美的心灵、胸襟、精神的追求，即所谓人类的发展，人类的进步，亦即所谓“文化”、“文明”。文章本身就是表达这些东西的，因此，文章需有益于人生，文章需有益于天下，文章需有益于人类的发展。

但是，“文”为什么后来又演变为文辞、文章、文采、文饰、错画相杂之义呢？

以上是“文”这个字的初义。以后，它被分别从三个方面引申其义。

第一，从“文”即“德”、“道”、美善的心性的角度来看，这都是很抽象的东西，于是，古人就把最能具体体现“文”、“德”的东西——当时的礼乐、制度、训诰称为“文”。故朱熹注《诗经》时说：“道之显者谓之文，盖礼乐制度之谓。”这里的“礼乐制度”，指的是它的内容。再进一步，这些“礼乐制度”仍是观念意识形态的东西，它必须借助语言文字来记载、表达。于是，古人又把“礼乐制度”之“显者”即文字、文辞这些书面的物化符号称为“文”。正如蔡沈的《书经集传序》所说：“礼乐教化，心之法也。”引申言之，作为人类进化发展到高级形态时产生的崇高的价值规范——“文”（德、道、善、美、雅），是通过礼乐、制度这些具体的东西来体现的，而礼乐、制度这种“文”，只是内容和形式的指涉重点不同而已。所以，章炳麟说：“命其形质曰文”，指的就是书面文字这种传播符号、记号形式。文（德）→制度、礼乐→文辞，这是“文”的基本含义的发展线索。

第二，最初的文章，就是一幅叙事性的绘画。这时，文章（图画、文字）就是一种花纹、纹样、纹饰。所以，在先秦典籍中，文又可训为“纹”或“饰”。

第三，由于“文”即是“章”，而“章”有组织、结构而成整体的本义，人们把“章”之本义（组织）转移到“文”之上，所以“文”又有“间杂”、“错画”的含义。“间杂”是一种组织行为。《乐记》就说：“声成文谓之音”。文，即轻重、长短、强弱的变化间杂。这样，《说文》才说：“文，错划也，象交文。”人们把这种“相杂”的思想运用到绘画的浸色和绣帛纺织的组织上，产生出五颜六色的艺术效果，这就是“文”，故马融注《论语》时说：“绚、文貌”，郑玄注《礼记》时说：“采成文曰绚”。这种五彩斑斓的效果，人们称之为“文”。五彩斑斓是一种生动、华丽的艺术效果，所以，人们便把文章中生动、华丽的艺术效果称为文采或辞采。刘勰在《文心雕龙·情采》中说：“圣贤书辞，总称文章，非采而何……故立文之道，其理有三：一曰形文，五色是也；二曰声文，五音是也；三曰情文，五性是也。五色杂而成黼黻，五音比而成韶夏，五情发而为辞章，神理之数也。”这里讲的是就是文采之文。

以上我们详细考察了“文”字的本义及其多种引申义之间的关系、逻辑，需要特别明确的是，并非如古今许多论者所说的那样，文的本义是错画或文采，也不是文身，而应是人类追求的崇高的心灵境界，是真善美的道德、良知，是伟大的心灵与胸襟，是一种人类的精神、文明，而文辞之文、文饰之文，则是对它的引申和发展。

## 二、“章”之本义与本质

《说文》：“章，乐竟为一章。从音，从十。十，数之终也。”段玉裁注曰：“歌之止曰章。”章，殷周时期的金文、甲骨文写作、、，诅楚文写作，春秋战国时期的小篆写作。据古文字学家研究，在殷商金文、甲骨文中未见独体的“音”字，春秋时音旁写作或，由此可见，殷商时期金文、甲骨文的、字当从音字（、）和（即十字），并非小篆时章才从音、从十。因十乃数之终，故十有竟（完成、完整、完满、完全）之义，而“竟”就有明白、完整之义，所谓“听个究竟”即“听个明白”之义。故早期典籍用“章”字表“明”、“明白”之义。《尚书·尧典》曰：“九族既睦，平章百姓，百姓昭明，协和万邦。”这里，章即彰明。，即完成了一个有过程的完整的产品、语辞整体。当章这个名词被形容词化时，就变成一种审美理想了。例如《诗经》上说：“我觏之子，维其有章矣，维其有章矣，是以有庆矣。”（《诗经·小雅·裳裳者华》）又如：“彼都人士，狐裘黄黄。其容不改，出言有章。”（《诗经·小雅·都人士》）这里可以看出，章，确是出言（说话、演讲）的理想境界。那么，章（完成、完满、明白）的审美本质是什么呢？我们认为就是组织、结构或秩序。“出言有章”，即今人所谓言之有序。这可以在《周易》和《尚书》中找到证据。

《周易》中三次出现“章”字。爻辞中两处。《说卦传》云：“昔者圣人之作《易》也，将以顺性命之理，是以立天之道，曰阴与阳；立地之道，曰柔与刚；立人之道，曰仁与义。兼三才而两之，故易六画而成卦。分阴分阳，迭用柔刚，故易六位而成章。”“六位”指卦象之六个层次，每卦的卦、爻辞是篇文章，它是由六个结构单位组合而成的整体。“总言六画，又细分之，则阴阳之位间杂而成文章也。”“间杂”是一种组织、结构、秩序。色彩间杂就形成彩，所以章又有文采的意义。

可见，章者，秩序也，有秩，故明也。故：“章者，明也。”章之所以训为“明”，就是因为章是有秩序的。因此，要使人明白其意，必须“出言有章”（序）。此即西方哲人所说的“秩序中见出光明”。

换言之，凡是能明晰、清楚地表达出一个完整意义的语辞（声音），就是一章。这也是“有章”。而要表明一个完整意义又必须有一个秩序化的语辞（声音）的组织结构、系统，即一个经历了开头、中间、结尾的历时性过程的言语行为的结构，它既可以是段落（乐段、乐章），也可是篇章（全篇）。所以，章炳麟说：“指其起止曰章。”当然，这里的“章”侧重于表层结构的理解，未涉及深层结构之章法。

从上面的分析看出，章，从形而下的角度上看，它具有“乐章”（乐段、乐章）和“终了”、“整体”（篇章）及“纹理”、“间杂”、“文采”的意义；从形而上的角度看，章的本质是秩序、有序（条理、结构），它的审美效果是清、明、畅、达。

## 三、文章的定义

作为双音词的文章最早出现在《论语·公冶长》中：“子贡曰：‘夫子之文章可得而闻也，夫子之言性与天道，不可得而闻也。’”《泰伯》中有：“子曰：‘大哉，尧之为君也，巍巍乎，唯天唯大，唯尧则之，荡荡乎，民无能名焉，巍巍乎，其有成功也，焕乎，其有文章。”《公冶长》中的“文章”，朱熹注曰：“德之见于外者，威仪、文辞皆是也。”“文章”指文辞、威仪。《泰伯》中的“文章”，朱熹注曰：“礼乐、法度也。”礼乐、法度并不是“文章”，只有记录礼乐、法度的“文辞”才是“文章”。这两个“文章”都和今天的文章含义不同：前一个“文章”是指表达孔子思想言论的议论性文辞；后一个“文章”是表现、记载礼乐制度、政策之类的公文性文辞、典籍。

从《礼记》、《史记》、《论衡》起，文章主要不再指文饰，而是指作为书面语言篇章的文辞了。

通过上面对“文”、“章”、“文章”词义的考析，我们可以对文章的本质建立以下的观念：

第一，从本体论上看，文章最初及最终所表达的本体，是人的精神文化、精神文明，即人类伟大的心灵、心胸。毫无疑问，文章是对人类自身进步发展信息的符号化和传播。当然这种人类精神是通过对人类社会各种生活的叙写来实现的，而人类精神文明也是对社会生活的反映。因此，人类的情操、精神是文章所要表达的最重要的东西。

第二，从形态学上看，文章是一个首尾连贯的有机的书面语言系统。它的有机系统是靠其内涵的秩序来实现的。这里，秩序既体现为字、词、句、段、部分之间的层次、结构的组织性，又体现为一种内在思想、情感的逻辑性。秩序是畅达清通的基本保证。

第三，从修辞学上看，文章中的语言并非自然语言的照录，而是经艺术加工的书面语言，这种语言是有一种艺术感染力的语言。

中国古代哲人对文章的理想是“言之有物”、“言之有章”、“言之有序”、“言之有文”，说的就是这些东西。

于是，我们根据全部文章发展史、写作史给文章下这样一个定义：

文章，是通过对语言（材料、句段）的选择、组织来表达、交流信息的秩序体。

这个定义区别于传统的文章定义的地方在于：

第一，揭示了文章的本质（本体）就是一种秩序体，或者说，文章即秩序。这样揭示文章的本体，有利于提高文章写作的组织化、秩序化程度，达到清通畅达的境界。由于秩序既包括语言秩序，又包括精神价值秩序，所以，树立文章即秩序的意识，也有利于培养作者的精神价值上的秩序感。

第二，指出了文章不仅仅有表达、交流信息的功能，而且是作者安身立命的本体（理想世界）。文章的作用首先是表达思想信息，然后是交流思想信息。但表达、交流的功能是从实用主义角度而言的。从本体论角度看，文章这个秩序体是作者营造的不同于（优于）现实的理想世界，是作者的安身立命之所，是作者生命的延续。

第三，我们说，文章是对语言的选择、组织，语言既指书面语言又包括口头语言，这个文章定义的普适程度较高。首先，这个定义既适用于口头文章，又适用于书面文章。过去的文章定义只讲书面文章，缺乏文章概念的普适性。古人曾说“言出有章”，今人也常说“出口成章”，可见，人们是把口头语言的组织化成果看成文章的，例如不通过书面写作的讲演词、讲话等。在现代快节奏社会，口头写作和书面写作都需要，所以，我们当代的文章定义应概括这两种文章的本质。但这并不影响我们的写作理论主要研究书面写作活动，因为，后者是典型化、完善化的写作活动，后者的规律也同样适合前者。

从操作的层面上来看，写作是反映社会生活，是言志抒情，是交流信息、传播思想情感，但从终极的意义来说，这些都是写作的现象，写作的本质是筑构精神和符号的秩序，写作是一种秩序化的创构行为。

从主体性的层面上讲，写作就是写作思维，写作思维就是写作。因此，写作的本质就是写作思维的本质，写作思维就是建构写作秩序（意识秩序和符号化秩序，主题秩序和语言结构的秩序）的行为。实际上，我们已经看到，当我们思维的触觉接近于写作秩序问题时，我们的探索就已经是写作哲学的了。这就是说，秩序化就是我们的写作哲学观。为什么说是写作哲学？因为正是在写作者所筑构的写作秩序中，写作主体才找到了生命的归宿，回到了他的精神家园，这才使他获得了真正的存在。这也许就是几千年来人类对写作孜孜不倦苦苦追求的终极原因。

从广义写作的行为层面来讲，作为写作思维的内在机制、基本原理的知行递变，也是广义写作行为的哲学。实际上，知行递变的行为链、思维链就是对写作秩序的实现过程或形式化过程。写作秩序论和知行递变论在本质上是统一的。

## 第4节　写作的本质

作为一种创建秩序行为的写作，它与其他人类生产行为不同。秩序既包括精神（情感、思想、构想）的秩序（价值秩序），又包括物化这种精神（价值秩序）的书面语言符号系统的秩序。因前者，写作具有本体论的动力学特征；因后者，写作具有建筑性的操作性特征。但不论是精神秩序（价值）的创生，还是符号秩序的建筑，它们都具有创造（创生）性的本质。所以，写作行为本质上具有动力学、发生学的性质。我们以为，写作是由动力驱动的创生精神秩序并将其递变为书面语言秩序的操作行为。也只有这个意义上的写作，才能达到抒情言志、宣事明理、交流思想、传播信息的实用目的。这样的写作，才是真正的写作。

在表层上，写作是一种表情达意、交流信息的行为；在深层上，写作又是一种生命生存的形式、途径。从这个意义上讲，写作就是对生命秩序的创生行为。因此，写作行为又具有一种哲学性、生命性。

写作中生命秩序的创生体现在三个方面：其一，写作者对写作主题——思想、观念、情感、感觉、意境等——的确立，生成了写作者的精神秩序，主题确立之所以是精神秩序的生成，是因为这些确立的主题、立意便是写作者的生命理想、方向，人类的出路，世界的希望。其二，写作者对主题、立意展开所形成的语言符号系统，本身就以秩序作为最内在的基础、骨架、载体，倘若所写成的文字没有文章所应有的秩序感——条理感、逻辑感、流畅感，这种文章就是不成功的文章。其三，书面写作中的修辞行为、审美行为、智慧行为——写作文化、写作策略——都是为了追求写作者理想中的精神文化秩序。

写作者对于写作秩序的需要是根本性的、终极性的。写作者之所以在写作中追求秩序，是因为写作者感到外在世界——无论是人类世界、自然世界还是学术世界——存在荒谬，存在混乱，存在虚假，存在丑恶，存在伪善，他看不惯这种无序和混乱，也忍受不了这种无序和混乱给他带来的恐慌、恐惧和对生命的威胁，于是，他产生了某种思想和情感，用文字建造自己理想中的思想秩序、精神秩序、思维秩序、情感秩序、符号秩序，用自己的心血与辛劳建造符号的建筑、精神的大厦，于是，这个符号的建筑、精神的大厦成了他生命的宁静之所，安身立命之所，这也许就是海德格尔所谓的“诗意地栖居”。

### 【基本概念】

写作秩序　写作选择　性质思维　写作本质

## 【复习思考题】

1. 为什么说写作行为的终极动力是秩序?
2. 写作秩序的选择机制是怎样的?
3. 写作中生命秩序的创生体现在哪些方面?

# 第 2 编

# 写作学科论

写作状态
写作意识
写作美学
写作文化学

# 第7章

# 写作状态

写作行为是一个过程，这个过程是一个由写作行为的瞬间状态历时性展开的过程。因此，写作行为的瞬间状态就是写作行为的细胞、基因。只有理解了写作行为的瞬间状态的共时性内在机制，才能深刻理解写作行为过程的内在机制。对写作行为的瞬间状态的描述，其实就是对写作行为的共时性系统因素的分析、解剖。写作行为系统的共时分析是研究写作行为内在机制、基本原理的另一重要途径。

从共时性、静态的角度来看，写作行为的共时性微观结构就是写作者进行写作的瞬间，就是与写作这种言说、书写活动紧密相关的制约性、控制性要素而形成的控制系统。总之，写作状态论是关于写作行为的整体控制因素及内在机制的研究。

## 第1节　对写作状态的自律性描述

纵观国内外学术界关于写作状态的描述，其最大差异在于，是忽视还是重视写作主体所处的具体时代社会的语境因素对写作主体控制因素的描述。忽视者是对写作状态的自律性、抽象性描述，重视者则是具体性、语境性的自律与他律性相结合的立体化描述。当然，前者是一种初步的理论，后者才是一种深化的、更加逼近写作实践的理论。

### 一、“四体化一”论

在中国当代写作学界，关于写作行为的共时结构即写作行为状态的分析、描述，最有影响的是“四体化一”论。这一理论已经成为20世纪90年代以来许多较有影响的大学写作学教材关于写作原理的核心理论假说①，在中国当代写作学界具有十分广泛的影响。

**（一）“四体化一”论的基本内涵**

在国内写作学界，最先提出“四体化一”写作原理的是林可夫先生。他在《高等师范写作教程》中对这一理论是这样解说的：

> “四体化一”律——写作成因的横向综合。所谓“四体”，是指构成写作活动和写作行为的四个因素，即：谁来写（写作主体）、写什么（写作客体）、为谁写（写作受体）和怎样写（写作载体）。它们是写作赖以发生、存在和发展的先决条件。写作主体是指进入写作状态的人，他是写作过程的统摄因素，起着主导作用。写作客体、写作受体和写作载体分别是写作的描述对象、诉诸对象和物化形态，它们的作用分别表现为给写作奠基、指归和赋形。写作“四体”的作用各不相同，缺一不可。它们之间既有相互吸附的一面，又有相互排斥的一面。正是在写作进程中，才使既对立又统一的写作四体得以相互适应、相互调整，各就各位。
>
> 所谓“化一”，是指写作四体移入写作主体大脑转化为四种观念意识（人格意识、题材意识、读者意识、成品意识）后，由感知层次上的聚合，到思维层次上的缀合，到最后实现表述层次上的融合，这样一个化合为写作成品的递进过程。②

“四体化一”论所希望表明的是，写作行为的成因机制是这四体的相互对立与吸附的状态。

“四体化一”中“四体”的具体内涵究竟是什么呢？

在主体、客体、受体、载体这四体之中，写作主体是“进入写作状态的人”，其核心是人格意识。写作客体是“与写作主体发生对应关系的客观世界。它是写作主体的描述对象，包括一切被描摹的、被评述的物质世界和精神世界、外部世界与主观世界”③。写作客体的核心因素是题材意识、选材（采集）意识和价值意识。所谓题材意识，“就是明确‘写什么’的意识，就是最大限度地采集（包括向生活搜寻、从书刊记录、往内心挖掘）足以构成预想中的写作成品的内容的具体材料，并充分

---

① 就我们目前见到的教材，主要有以下几种：林可夫主编：《高等师范写作教程》，福州，福建教育出版社，1991；金长民：《现代写作学基本原理》，天津，天津人民出版社，1995；董小玉主编：《现代写作教程》，北京，高等教育出版社，2000；潘新和主编：《高等师范写作教程》，北京，人民教育出版社，2001。在这些教材中，以林可夫先生的教材为原创，后来许多研究者和教材对于这个问题的阐述至今没有超越林可夫先生主编的教材的认识范围。

② 林可夫主编：《高等师范写作教程》，7～8页。

③ 同上书，48页。

展示其包含的认识意义或审美价值的思维活动”①。所谓写作受体，就是文章读者、接受者，其核心是读者意识。

所谓写作载体，“是使写作成其为写作的物质存在方式。从社会交往的角度来看，它是信息的传递负载体，从制作的过程的结果看，它又是精神生产的物化形态”②。总之，“写作载体，就是构成写作行为的，以语言文字有规律的排列来传递信息的组织系统”。写作载体“必须符合下面两个基本条件：它是个组织系统，它是由语言文字构成的”③。其次，“主题、材料、结构、语言，是构成写作载体的四个基本因素”④，其核心是成品意识。其实，所谓写作载体就是我们所说的文章，因此，所谓成品意识自然就是我们所谓的文章意识或文章图样了。

**（二）对写作“四体化一”论的分析**

应该说，这种写作理论与“八大块”的写作理论相比，是一种观念和理论的重大进步。因为，它首先注重了写作主体对写作行为的主导作用；其次，注重了写作作为一种信息交流、传播行为所必须考虑的“受众”——读者（受体）——对写作行为的制约作用；第三，注重了形式预期、文章图式（载体）对写作行为的制约、影响作用。这三点反映了20世纪80年代写作学界对写作行为基本原理的研究成果，因此，是该加以肯定的。但是，从写作学的更高科学理想来看，把相互之间缺乏必要逻辑联系、内在秩序的这“四体”概括成这样的理论模型是不能令人满意的。

第一，写作客体的提法不妥。写作主体（作者）和写作受体（读者）的概念是没有什么问题的，这二者也能构成一种信息交际关系场。但写作客体所包含的内容就能作为写作主体的客体，即外在化的对象吗？从上面对写作客体内容的介绍来看，既然“写作客体的核心是题材意识”，那么，题材意识（选材意识与价值意识）本身就已经是一种写作主体（进入写作状态的人）的写作意识了，怎么能说它是写作主体的客体的被描述的对象呢？这从逻辑上是说不通的。此外，作为写作客体本身的材料又与写作载体中的材料重复，这二者的区别是什么？

第二，在“四体”中，写作载体没有所载，或者说写作载体论将所载和能载即载体绞在一起了。因为，载体始终是与信息能指、主题这些东西相对应的。既然“写作载体……从信息交往的角度来看，它是信息的传递负载体”⑤，那么，在写作“四体”中，就应该有信息这一“体”，然而，在“四体”中却没有这个信息“体”。写作行为、写作传播中的信息，无疑是作者希望表达的东西——主题、立意。然而，

---

① 林可夫主编：《高等师范写作教程》，56页。

② 同上书，96页。

③ 同上书，98页。

④ 同上书，103页。

⑤ 同上书，96页。

这个东西却被作者包含到写作载体中作为一个因素对待了。这样，写作载体就不是信息的载体，而是信息（主题）和（本来意义上的）载体的结合体——文章成品了，作者才说“写作载体的核心是成品意识”。这就是说，“四体化一”论中的写作载体并非本来意义上的写作载体，它是一个不通的有逻辑错误的概念。

第三，既然写作四体中的核心是四种写作意识——人格意识、题材意识、读者意识、成品意识，而写作意识只能是写作主体的意识，那么，“四体”就是写作主体范畴内的写作心理现象，而不是相互对立的“四体”了。

第四，既然写作载体是信息的载体，是文章成品，它就是一个名词的概念，而不是动词的概念，因此说写作载体是“怎样写”的概念是不通的，因为“怎样写”是一种行为程序、过程的操作。

第五，在写作客体和写作载体之间必有一假。因为，写作客体的内容就是被描述的具体材料，而材料又是写作载体的四个基本因素之一。这样，写作客体和写作载体之间无法区分，这在逻辑分类上是不允许的。因此，这两个概念中必有一个虚假概念。

因此，“四体”的概念给人一种杂乱无章的印象，它无法描述写作行为的真实状态。

**（三）对“四体化一”论的分析**

按上述的理解，这“四体”理应“化”为写作主体的主体性这个写作行为终极制约因素，如图7—1所示。

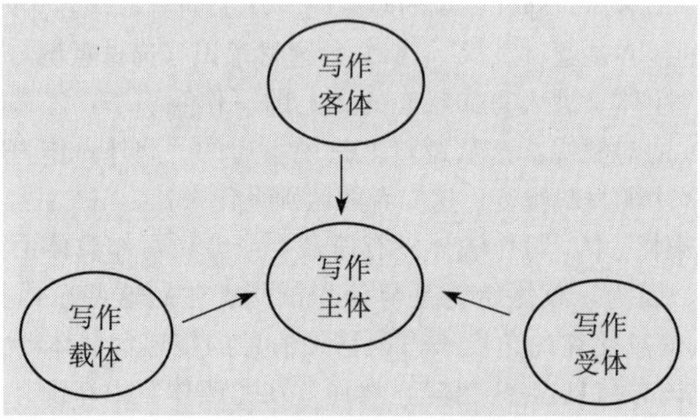


**图7—1 “四体化一”的最高境界**

但是，“四体化一”论者不是这样，他们认为：“最后实现表述层次上的融合……化合为写作成品。”

原来，“四体化一”论是包含着逻辑矛盾的理论。论者提出这个概念时认为：“所谓‘四体’，是指构成写作活动和写作行为的四个因素……它们是写作赖以发生、存在和发展的先决条件。”[①] 所以他认为，“四体化一”论是关于“写作成因的横向综合”[②] 的理论。这个说法是有问题的，所谓“横向综合”是一种共时的静态系统——写作行为的状态、写作行为的场性状态，只有“四体”才能形成这个关系、状态，而“四体化一”中的“化一”是一个写作行为的操作过程。

从前文所引林可夫对“化一”的解释来看，“四体化一”论不是“构成写作活动和写作行为的四个因素”（写作行为状态）的描绘，而是对写作行为过程的概括。但是，作者关于写作行为过程的概括又有“三重转化”、“四环操作”这两种理论。而“三重转化”其实就是通过“四环操作”的过程。因此，如果“四体”是写作行为的“横向综合”、“构成因素”，就不能是“化一”的过程，如果是“化一”的过程，就不能是写作行为的“横向综合”、“构成因素”，二者必居其一。[③]

出现这种问题的一个原因在于二元对立的形而上学的思维方式：非要把写作主体和写作客体对应起来，殊不知他们所谓的写作客体（写作材料），其实并不能构成写作主体的客体，而是写作思维主体活动的产品、从属（选择、吸附来的材料）。他们忽视了这一点：进入写作状态之后，写作是无客体的，只有主体的心理思维活动在运行，所有的写作因素——驱遣因素和控制因素——都必须化为主体的意识和思绪。写作正是在种种写作意识控制下的思绪的生成、组织和表达。

出现这种问题的第二个原因是盲目追赶新学科的名词概念。例如，将信息论、传播学中的“载体”概念生硬变为写作载体，却又不问写作载体的所指、所载——信息的对应概念为何，致使概念体系不能自洽。

在这个理论中，如果把写作客体作为一个写作者所处的社会环境、背景与写作主体构成一种“系统—背景系统”的联系是可以理解的，因为这符合系统论的一般精神——系统与背景系统进行信息、能量的交流。但是，在写作行为中，客体世界并不是直接控制着写作行为的选择，而是通过一个介于写作行为的主体和客观世界之间的东西对写作行为实施选择控制的，只有通过这个中介才能进入写作行为的系统，因此，将客体世界纳入写作行为研究的系统是没有什么实际意义的。因为，写作学是关于写作行为研究的学问。

“四体化一”论对写作行为共时系统所进行的是表面的粗糙的即缺乏内在联系性

---

① 林可夫主编：《高等师范写作教程》，7 页。

② 同上书，8 页。

③ 比较而言，金长民先生对“四体”的理解较为清晰。他把这“四体”理解为“现代写作学横向框架”。他认为：“从横向来看，一篇文章（著作）产生的前后，至少有四个因素（主体、客体、载体、受体）渗入而且从不同的地方和方方面面制约着整个写作活动。”（金长民：《现代写作学基本原理》，9 页）金先生没有在把“四体”理解为横向综合的同时，又矛盾地将其理解为“化一”的写作过程，其原因在于，他对写作行为过程的原理有清晰的把握——物、感、思、文的“三重转化”。而林可夫先生对这个问题的认识是模糊的，所以出现了上述矛盾和混乱。

逻辑性的分析，而不是深入的原理模型的分析。因此，它既无法作为写作学研究对象范围的理论，也无法作为写作行为的共时性原理的理论。

## 二、“五要素”论

如果对写作行为的状态进行共时系统的抽象式描述，比较有逻辑性、科学性且较有深度的成果要算美国写作理论家迪恩·蒙默里和福兰克·奥哈勒提出的“五要素”模型（见图7—2）。

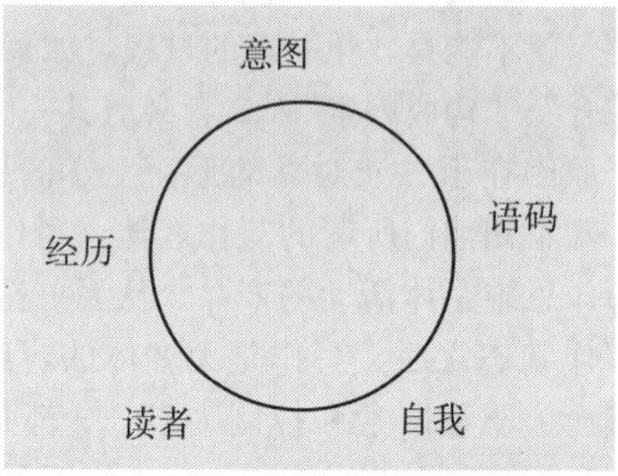


**图7—2 “五要素”写作状态模型**

### （一）“五要素”模型的基本含义

在《写作者的活动》一文中，他们对写作行为的共时状态进行了这样的分析、描述：

> 学好写作的第一步是要明白写作面临着一系列互为联系的选择。因此，写作就是一种选择行为。对这里每一个组成部分所做的思考和判断，形成并制约了你的写作行为。写作中所出现的大多数毛病都可追溯到过于强调或是轻视其中任何一个要素。一篇已经成章的作品对读者来说如同一个物体一样是完整统一的。为了使这些要素交融一体而不致使任何一个要素受到忽视或过于显眼而引人注目，你应该全面考虑每一个要素并使之和谐，构成一部完整的作品，如同格调、节奏、幅度和抒情谐和交融，谱就一首怡悦情性的歌。①

在这个写作行为共时系统的理论模型中，处于最高层次的写作意图是什么含义呢？

> 意图的含义一部分指作者的写作目的，即作者为什么要写作。同时也指任何作品所具有的共同原则：不仅要反映作者试图写些什么内容，而且要体现作品所力图表现的东西。②

①② 转引自刘锡庆主编：《外国写作教学理论辑评》，13页，呼和浩特，内蒙古教育出版社，1992。

这就是说，一方面，写作意图就是写作的主题（“力图表现的东西”）和内容材料以及写作的目的；另一方面，意图也是写作行为过程中的选择行为本身。前者是写作行为的控制因素，后者是写作行为的执行、选择因素。这从他们对写作意图的阐述中就可以看出来。

一般来讲，当说到写作意图的时候，人们就会想到写作的目的、功能这样的目标性概念。但耐人寻味的是，这两位学者阐述意图的内涵时却是这样说的：

> 什么是我的写作意图？你或许会意识到要回答这个问题必须先考虑写作过程的各种意图……对你的经历、你的读者以及自我看法的分析都构成了你写作意图中的因素。①

这就是说，写作意图就是作者在写作过程中对“经历”、“读者”、“自我（形象）”的看法和选择。

> 不妨想想当你进行写作的时候到底做了些什么。有时你的写作意图是要怡悦读者，有时则是想与人争辩或说服他人，有时你想要发现你想了些什么。“如果我不写出来，别人又怎能知道我有哪些想法呢？”你的读者也是多种多样的，他或许是你最亲密的朋友，或许是些不知名姓从未谋面的陌生人。②

因为，这些“态度”和“选择”（写作行为过程）又都是为本次写作的终极目的、功能、价值这些目标性东西服务的，是从属于这种终极性写作意图的。正是这个原因，使他们对写作意图做了这样深刻的解说：

> 我们可以把意图概括为对作品中一系列决断所做的综合控制。它包括你的自我看法和动机、你本人的态度和选取、你对读者或设想中的读者的态度和选取、你对用以把信息传达给读者的语码所做的选择。因为所有的这些因素相互联系并相互依赖，就像一项设计中各组成部分一样。其相互协调性或格调形成了作品的共同原则。更改其中任何一个势必波及其他因素。③

既然意图是一种“综合控制”，那么，写作意图实际上就是指写作行为的选择本身，甚至可以说，写作意图就是写作（选择）行为本身。

由此可见，这里表达的最重要的理论是：写作行为是写作控制系统和选择系统的统一。写作选择（写作行为）是在写作控制（目的、目标、功能）制约之下的选择；控制是在对写作行为的选择、决断中实现的。因此，写作行为的共时结构、系统就是这些选择因素、控制因素的系统。

**（二）对“五要素”模型的分析**

应该说，两位美国学者对写作行为状态的内部运行机制的分析和描述是非常科学的，不仅逻辑严密，而且真实地描述了写作思维的操作图景。他们深刻地指出了写作思维操作行为是在若干控制因素的制约下进行的选择活动，并证明了知和行的

---

①②③转引自刘锡庆主编：《外国写作教学理论辑评》，13 页，呼和浩特，内蒙古教育出版社，1992。

递变过程。

这里要表述的是这样的写作行为原理、本质：写作行为是在作者的写作主题、目的、功能——即我们所谓的“知”——控制下对文章材料（“经历”①）、自我角色（“自我”）、表达媒介（“语码”）和文章读者（“读者”）的态度和选择。

无论在逻辑上还是在认识的深刻程度上，“四体化一”论都不能与“五要素”模型的写作行为状态论同日而语。

但是，“五要素”模型也存在着与“四体化一”论相同的理论问题：忽视了对写作主体所处的时代、社会、地域等控制性、制约性因素的分析、考察、描述，而这种脱离具体当下时空背景的控制、约束的写作行为状态是根本不存在的。

这样，蒙默里和奥哈勒所描述的写作行为状态的“五要素”模型，就是一种抽象化、表面化的理论模型，它自然要遭到扬弃和超越。

## 第2节 对写作状态的自律与他律性的描述

迪恩·蒙默里和福兰克·奥哈勒关于写作行为系统的共时结构的微观原理、内在机制的分析应该说是十分深刻的，但是，这个理论是一种静态的内在的写作行为的原理，也是一种非时代化、非社会化的写作理论。其原因在于没有真实描述写作行为的真实状态。任何写作都不是在真空中，即脱离具体社会时代语境而进行的，因此，只有将写作的时代、社会等时空背景考虑进写作行为的共时系统，才是真实的写作行为的心理思维状态。

### 一、艾布拉姆斯的“四要素”论

最早对写作状态进行分析的是文艺学。美国当代文艺学家艾布拉姆斯在《镜与灯》中认为，文学是由作品、艺术家、世界、读者四个要素组成的系统。此后，一些学者对此进行了大同小异的修改。有学者把这个系统描述为：作品、作家、宇宙、读者。美籍华人学者叶维廉在这种系统中加进了“语言”这个因素，其实也大同小异，因为，语言已经固化在作品里了。

应该说，艾布拉姆斯这个模型是较为深刻的，其最大的特点是看到了客观世界对写作艺术家的创作和读者的鉴赏等审美行为的背景性、控制性、他律性。这样，

① 请注意，这里没有把材料当做一个独立于作者心理经验、意识之外的客观“事物”来看，而是把材料当做自己的生活“经历”的心理现实来看待的，这是十分深刻的。所以，有人说，所有的写作都不过是一种“回忆”——对自我“经历”的回忆而已。因此，对于写作行为来讲，只有这样主体经验化、经历化的材料才是有意义的。

文学活动就是一种自律性（作品图式）和他律性（世界背景）相结合，共同控制文学家的文学状态。从这个模型来看，写作行为同样也是这样的自律性（作品图式）和他律性（世界背景）相结合、共同控制然后选择的思维状态。

其实，中国当代写作学界的“四体化一”论中的“四体”概念的提出，与艾布拉姆斯的文学“四要素”模型有关。“四体化一”论中的写作客体的概念，显然是对艾布拉姆斯模型的“世界”概念的写作学改造。因为这些学者在对写作客体进行内涵阐述时，就是用“世界”进行定义的，经常能看到艾布拉姆斯“世界”概念的影子：

> 写作客体，即与写作主体发生对应关系的客观世界。它是写作主体的描述对象，包括一切被描摹的、被评述的物质世界与精神世界、外部世界与主观世界。①

遗憾的是这些学者在引进和改造这个模型的时候，并没有理解在艾布拉姆斯模型中“世界”这个要素深刻的社会学、文化学含义，没有把它理解为文学的他律性控制因素，而是用二元对立的“主体—客体”的形而上学思维方式去对应，去削足适履，这样就使一个在文学理论界具有世界影响的理论模型在中国写作学界变成了一个肤浅抽象的欠科学的理论模型。

另一方面，在艾布拉姆斯模型中，作品是四个因素的中心，这是因为艾布拉姆斯模型主要阐述的是文学的阅读、消费、阐释的接受行为，而在文学的写作行为中，显然其中心就是文学写作主体——作者。因此，“四体化一”论把“四体”统一到作品上，是没有注意到这一点。这样便暴露了他们对艾布拉姆斯文学世界的系统模型的误解和曲解。

但是，艾布拉姆斯的“四要素”模型也有不完美的地方，无论从文学写作还是从文学创作的角度来讲，都是如此。因为，把“世界”作为时空背景因素，作为文学写作和接受的控制、影响因素来理解，这是行为主义心理学的“刺激—反应”的单向、简单的陈旧模式，这也是一种机械唯物论的反映论。实际上，“世界”对于写作行为与阅读行为的影响、控制不是直接的，而是间接的。这就是说，在客体的“世界”到主体的行为（写作与阅读）之间还要一个中介的东西。而艾布拉姆斯模型中的“世界”与“作者”、“读者”之间缺乏的正是这个东西。所以，我们认为：“当我们说，文章是对生活的反映时，或者说，社会生活决定写作行为时，这是一个概括，它缺乏主体中介性。”② 这里的“主体中介性”不是指作为生理学意义上的作者，而是作者对社会文化精神、文化心理的主体性感觉、把握。

因此，艾布拉姆斯文学“四要素”模型与迪恩·蒙默里和福兰克·奥哈勒的写

① 林可夫主编：《高等师范写作教程》，48页。

② 马正平：《写的智慧》，第1卷，11页。

作“五要素”模型相比虽然科学一些，但是，用现在我们的观点来看，它还是不太科学，缺乏深度，不太令人满意。

## 二、华莱士·马丁的叙述模型

在这方面的研究中，华莱士·马丁的叙事学框架是有意义的。华莱士·马丁认为，20 世纪的叙事理论都可以纳入图 7—3 所示的框架中。①

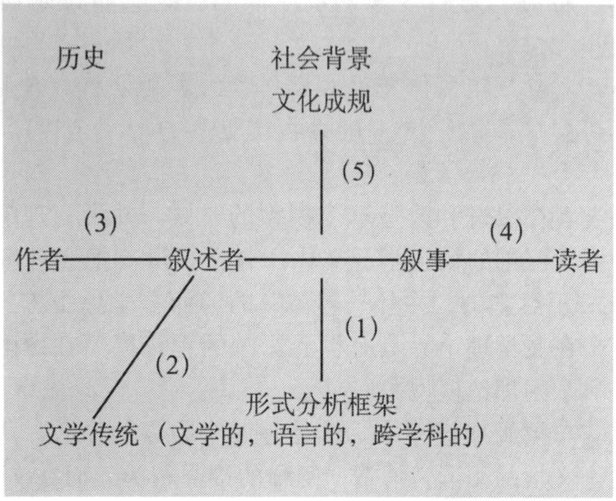


**图 7—3　华莱士·马丁叙述模型**

在华莱士·马丁概括的这个框架中，水平轴表示叙事和接受活动的行为过程，垂直轴表示叙事行为受到的语境制约。一方面，是“历史”方面的“社会背景”和“文化成规”的制约、控制；另一方面，是“文学传统”方面的“文学的，语言的，跨学科的”“形式”因素的制约、控制。虽然，这是关于文学作品小说的叙事行为的模型，但是，当代叙事学已经有泛化的倾向，而泛化的叙事学已经离写作学不远了。因此，我们认为，华莱士·马丁关于叙事行为的共时性系统的描绘，是适用于写作学的。可以把它作为一个写作行为的整体系统来理解，而其中垂直轴关于社会背景、文化成规和形式因素对写作行为的制约控制，则可理解为对写作行为的共时系统的刻画。

与艾布拉姆斯文学“四要素”模型关于写作行为系统的共时结构相比，华莱士·马丁的叙事模型的优点就是注意到了社会背景中“文化成规”对写作行为的制

① 该叙述模型见［美］华莱士·马丁：《当代叙事学》，19 页，北京，北京大学出版社，1990。与这个模型相近的是中国学者陶东风提出的文体演变的“三因素”说——语言学的、心理学的、文化学的。其重点也是探讨文体演变的文化学方面的问题。参见陶东风：《文体演变及其文化意味》，14 页，昆明，云南人民出版社，1994。

约、控制。所谓“文化成规”其实就是一种时代、社会的文化精神，这样，“文化成规”成了客观世界、社会、时代到文学叙述行为之间的中介，所以，这就比艾布拉姆斯的“世界”对叙述行为的控制前进了一步。

## 三、当代认知修辞学的三维修辞状态模型

与写作学靠得最近的是当代修辞学，其中认知修辞学是最注重语境认知的修辞学。当代认知修辞学认为，修辞活动首先是对语境因素的认知，即语境知觉，然后才是话语建构，最后是话语输出。① 因此，修辞行为是在语境知觉控制下的行为。

在图 7—4 所示的修辞状态的模型中，话语建构包括信息（材料）选择、（文章）结构预设、（表达）方式选择、（文章）话语组织（行文）、话语调整（修辞），而话语输出包括语气定位、语调定位、语速定位、表情定位、动作定位。因此，所谓话语建构和话语输出，就相当于写作学中的构思与行文。

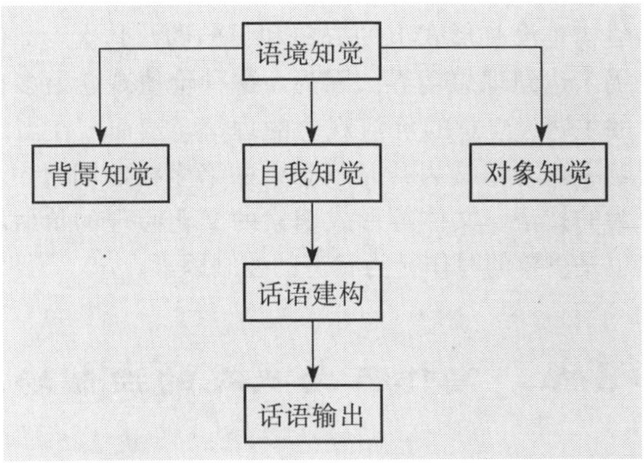


**图 7—4　陈汝东认知修辞状态模型**

这个模型更强调的是修辞行为在语境知觉控制下的行为。语境知觉包括背景知觉、自我知觉和对象知觉这三维因素。背景知觉包括政治背景、文化背景、社会心理、人际场、时间、地点；自我知觉包括动机、目的、角色、角色关系、价值观念、个性心理；对象知觉包括动机、目的、价值观念、角色关系、个性心理、修辞能力、知识、品质。

三维修辞状态模型中背景知觉的内容，既包括了艾布拉姆斯文学“四要素”模型中的“世界”或马丁叙述状态模型中的社会背景，即人际场、时间、空间和读者，又包括了马丁叙述状态模型中的文化成规，即政治背景、文化背景、社会心理。应

① 参见陈汝东：《认知修辞学》，85 页，广州，广东教育出版社，2001。

该说，这样理解时代、社会通过文化背景、社会心理对写作行为状态的控制是较有层次的，已经注意到了修辞话语建构状态的中介性控制。

其实，这些都不是陈汝东先生的创造。我们认为，其中最有创造性的是这个模型注意到了自我知觉对修辞的控制作用，尤其是对自我知觉中的价值观念这个问题的重视。其深刻意义在于，这里的自我知觉价值观念是“政治背景、文化背景、社会心理”对作者作用的产物，即自我在特定时空背景、文化背景、社会心理影响下对修辞话语建构（写作）价值取向的体认。这样，自我知觉的价值观念就成了政治背景、文化背景、社会心理到修辞话语建构（写作）行为的控制中介了。正是这个中介，最直接地控制、制约着写作者的写作状态、写作行为，而社会环境以及政治背景、文化背景、社会心理则成了间接的、远离写作状态的控制因素。

将当代认知修辞学的三维修辞（写作）状态模型落实到写作学的论域内，其理论的破绽也是明显的。首先，在这个模型中，缺乏对修辞行为状态中的形式预期、文章图式、话语图式等意识性控制因素的揭示，因为这是修辞行为话语建构的逻辑起点，修辞的话语建构是没有形式上的方向和目的的。其次，即使对自我知觉中的价值观念而言，也仍未达到理想境界。因为，这种价值观念最多也只能是对修辞的话语建构（写作）的主题、立意的价值观念的理解，然而，在当下性的时空背景和社会文化心理的影响下，写作行为共时状态中的诸多控制因素中，除了主题、立意外，还有对写作行为的技法、文体等形式因素的文化心理的价值取向、写作规范的理解和把握，这些也是重要的写作行为状态的控制因素。

## 第3节　写作行为状态的控制场论

### 一、最后中介的缺席：对他律性写作状态模型的批判

上文所述的几个写作状态模型，都十分重视社会背景和社会心理对写作（修辞、叙事）行为的控制，这是很有眼光的。这些模型对于口语交际来说，也许具有普遍的意义和价值，但是，对于写作行为这种高级的语言交际行为来讲，这些模型的理论漏洞是明显的。

首先，社会背景、社会文化对于写作的控制不是直接的而是间接的，或者说，社会背景和社会文化、文化心理、价值观念是无法直接对写作行为进行制约和控制的，还必须有一个中介，这个中介就是写作文化——特定时代、特定社会关于写作行为的时空情绪、思维方式、价值取向所形成的写作规范等。

其次，写作行为之所以产生是因为作者心目中已经形成了种种写作意识。首先是文章图样、文体意识、主题意识，然后是读者意识——读者这个对象，也必须内化为一种读者意识，成为读者与写作行为之间的控制中介。

因此，我们认为，写作行为的宏观系统共时结构包括这样几个层次的因素：最外层是客观社会背景，然后是作为写作心灵背景的写作文化和写作意识，最后才是写作行为（见图 7—5）。

从系统论的观点来看，上述猜想是有坚实的理论依据的。因为，写作行为是一个系统，而任何系统要保持自身的稳定和有序，都必须和它的背景系统进行信息、能量的交换，否则系统自身便要趋向崩溃。写作系统也是如此。从共时性的角度来看，写作行为的共时系统又包括两个层次：写作客观背景系统和写作心灵背景系统。这就是说，写作行为既要受外在世界这个写作背景信息的制约，也要受写作主体心理背景系统信息的制约。这样，写作行为系统与写作客观背景系统和写作心理背景系统就具有相关性、联系性、制约性，也就是信息、能量的交换性、互动性。

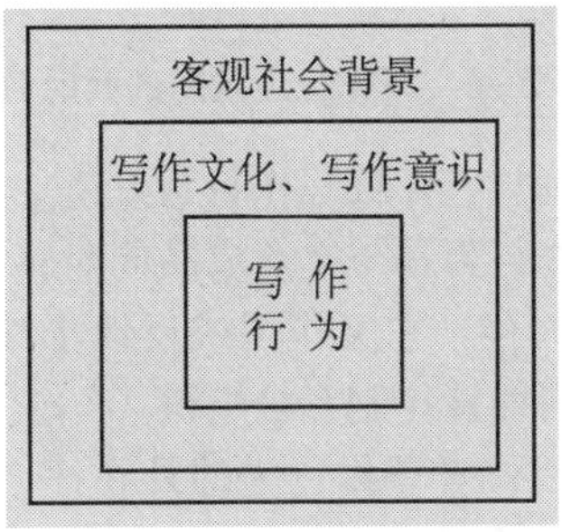


**图 7—5　写作行为宏观系统共时结构**

在写作行为系统中，写作客观背景系统是指写作时空背景、环境。在这个概念下，写作客观背景又分广阔的社会背景、时代背景和写作所处的具体环境即当下性时空背景。写作心灵背景就是写作者的写作素养、胸襟等和写作文化、写作意识。在现实的写作中，这几个方面的背景都作为一种控制力量制约、影响着写作主体的写作行为操作。写作者的心灵背景是由客观世界社会背景到写作行为的中介因素，没有这个中介系统，客观世界这个背景系统就无法与写作行为进行信息和能量的交换。

如果对写作意识进行更加详细的分析，我们就可以发现写作行为状态的共时结构，如图 7—6 所示。

在图 7—6 中，写作主体/写作思维就是写作者，这是写作行为过程和状态的核心。它是写作行为的发出者、控制者。

在水平轴上，表示的是写作者写作行为的内在性、自律性控制。一方面，由于文章图样是写作行为的形式预期、传统的形式规范，对它的建构生成是灵感产生的可能性前提，没有它，写作灵感、动机是不能产生的。主题意识是写作行为的内容预期，它保证写作行为、写作成品的秩序性、有机性的产生。文章图样和主题意识

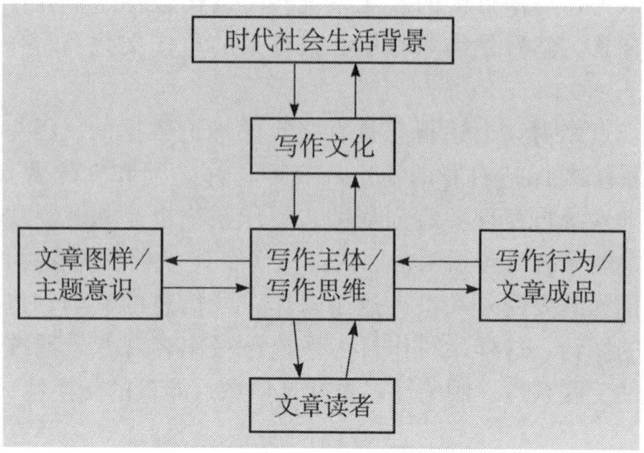


**图 7—6 写作行为状态的共时分析**

形成完整的文章概念、文章理想，导致写作行为发生——主题的获得，主题的展开，文章的形成。另一方面，写作行为是与文章成品同时存在的，后者是前者的伴生物。当文章成品或半成品形成的时候，它又作用或反馈于写作主体、写作思维，对写作行为进行调整，实现文本的自律性控制和自组织。

在垂直轴上，表示的是写作者写作行为的外在性、他律性控制。一方面，写作主体、写作思维在时代社会生活背景中感悟写作文化精神，从而对写作行为实施社会性时代性地域性的文化控制；另一方面，写作主体对文章读者的生动感知形成了鲜明的读者意识，再次实施写作行为对象性功能性的他律性控制。写作行为的瞬间状态，就是这样在多种他律和自律性因素的控制之下的一种自组织行为。

沿着这条思路继续思考下去，我们会洞察到写作行为无比辉煌壮观的世界，当多种因素作为控制力量共同地分布于作者头脑所感知的空间区域，控制着作者行为技能的时候，就形成物理学中所说的“场”现象。作者思维所处的那个控制力的空间范围不就是一个“写作控制场”吗？写作行为、写作能力不就是作者建立的写作控制场作用于作者行为的结果吗？

## 二、场的基本概念

在汉语中，场指的是平坦的空地。在英语中，“field”（场）的本义是指田野。可见场的含义是指空间范围，现代物理学正是在这个意义上使用场的概念的。

在物理学中，物理场是物质存在的两种基本形态之一（另一种是物质的具体形态），它是事物的势力（力）的范围区间。当磁铁所产生的若干个力的方向运动形成一个空间范围而形成了磁场时，磁铁就能驱动铁屑进入一个运动轨迹。由于场本质上是一种能量（力）运动，所以事物之间的作用就是通过有关场的作用来实现的。

一切交互作用均可以看成是有关场的作用。

场这种物质存在形式的一个重要特征就是空间共享，即同一空间可以有不同的场存在。例如收音机调频就是在一个空间内从若干个电磁场中选出一个来。它不像实物那样，甲物占据的空间乙物就不能占据。这样，实物存在形式是一种因果链条，是历时的，场则为共时的、非因果的或异因共果的。

在现代物理学中，场的另一含义是指分布在空间或空间区域的物理量。有时也指空间区域本身，不一定是物质存在的形式，例如温度场与速度场等。

总之，物理学中两种含义的“场”均是指力的空间或空间性的力的关系，若干交互作用的力耦合形成的一个功能空间。正因为如此，我们才在前面把写作者（主体思维）所处的那个控制力的空间范围称做写作控制场或写作场。

## 三、对写作控制场的描述

现在我们来看看写作控制场的壮观景象。

物理学中场的含义是：

（1）事物之间交互作用的能量关系（这就是功能耦合）；

（2）分布于空间中的控制因素。

那么要明确写作控制场的概念，必须首先明确：交互作用的双方是什么，分布于空间的控制因素是什么。实际上这两个问题是能够统一起来的。在写作控制场中，进行交互作用的有很多组双方关系，双方中有一方是不变的，这是“作为写作的我”，或“我的写作活动”。当若干组双方关系形成时，那么，针对“作为写作的我”而言，其他若干方就成了分布、弥散于空间的控制因素。

从总体上来划分，写作控制场是由写作动力场与写作引力场相互作用而形成的力的关系，或者写作标量场和写作矢量场相互作用的结果。

写作动力场实际上就是写作能力场或写作能量场。在这个场中，当作为写作的我（或我的写作活动）与每一种写作能力形成因素（例如，充满写作兴趣的我或我的写作兴趣）产生交互作用的时候，就形成一种小的写作控制场。例如，我追求写作兴趣。

我的写作增强了写作兴趣，这样，“作为写作的我”作用着充满写作兴趣的我（或我的写作兴趣）。同时，后者又作用着前者，导致写作能力增值。同理，作为写作的我同时与作为意志、知识、智力、写作文化的我发生交互作用，产生功能耦合，同时也产生相应的若干种较小的写作控制场。当这几种能力因素与作为写作的我产生的较小写作控制场之间同时进行交互作用、功能耦合的时候，写作动力场——这个中级层次的写作控制场就形成了。由于写作动力场本身是一种能量即控制能量、生产能量，所以，写作动力场是一个标量性的写作控制场。

与写作动力场不同，写作引力场是由作为写作的我与作者的写作目标或写作对象之间交互作用而形成的功能耦合系统。所谓写作目标、写作目的，就是人类写作活动、个体写作行为最后或最终要表达的东西。我曾经指出三个层次上的写作目标、写作目的。这就是文章主题、文章图样、心灵空间。[①] 所谓写作对象就是指文章接受者、阅读者，当作为写作的我与这四种东西中的任意一种发生交互作用，形成功能耦合之时，就形成了中级写作引力场。例如：作为写作的我（作者）拼命地提炼主题、表达主题，但主题一旦被感受到、被提炼出，它就具有制约作者表达的魔力，就像磁力把铁屑引入一个该去的地方一样。作者的技巧、材料，正像铁屑那样运动。又如，一方面作者拼命地向读者施加、灌输、传达着一种信息，作用于他；另一方面，读者又时时警示作者，哪些该写、哪些不该写，读者也在引导、制约作者。正因为如此，我们把这种写作控制场称为写作引力场。由于这四种控制因素相对于写作能力（量）而言，控制着趋避方向，有一种方向规定性，所以我们又把它称为矢量性写作控制场。

当然，写作引力场还可分为两个不同性质的子场：一是由主题、文章图样、心灵空间这些主观控制因素与作为写作的我交互作用而形成的主观性写作引力场；二是由读者作为客观性控制场因素形成的客观性写作引力场。

在我看来，作者进行控制的奥妙就在于写作动力场与写作引力场之间的对立统一关系之中。写作动力场产生能量、力量，写作引力场则告诉你、指挥你，冥冥之中决定你把力量用到什么地方去。

## 四、微观写作场现象

不仅客观整体层次上有一个写作控制引力场存在，在微观局部的写作行为中也存在着更为复杂、丰富的引力场。作者在写作中，主题随不同的写作阶段而变幻着自己的具体内涵，大致是感受、情感、问题、命题、形象或事件等，这是所谓主题的流动性特征。同时，如果从共时性整体（写作行为整体）角度来分析、考察主题意识的话，那么我们会发现，这些主题又是一个多种因素构成的结构。主题的本质是一种注意。在写作行为中，当新的注意（主题）产生以后，先前的注意（主题）亦不因此而消失，相反，它们和睦地结成一体，共同成为作者的写作主题，但是新的注意的性质与程度是不同的。当新的注意（主题）产生后，它就成为一种有意注意——意识较强的主题，而先前的那个注意（主题）则由有意注意变成无意注意（下意识注意）。除了最先产生的那个主题（感受）以外，越到后面，主题的内涵就越丰富、越多维，它是由几种无意注意和有意注意构成的结构体。用场的观点来看，主题场这个标量场是整个写作标量场的一个子场，但它内部又有几个更小的子场，如感受场、情感场、问题场、评价场、形象场等，其中每一个因素均与作者思维进

① 参见马正平：《知行递变：写作行为的内在机制和思维模式》，载《四川大学学报》，1987（4）。

行交互作用，耦合形成写作控制场。这样，主题场以非常丰富的场控制着作者对材料、结构、语言的选择，控制着作者写作技能的产生与选择。

文章图样、心灵背景两个写作控制场的分场也是如此，它们由若干分场形成。在文章图样场中至少有以下几种场：文章秩序（本体）意识、文章结构意识、文章卷面意识、文章类型意识、文章体裁意识、文章节奏（时间）意识、文章境界（空间）意识等。它们每一个因素都与作者写作思维交互作用、耦合，同时形成若干个文章图样子场，若干因素交互作用、耦合，又与作者形成一个更大的文章图样的标量场，共同制约、控制作者的写作定向、定度的选择。

心灵背景是作者追求、向往的一种理想的人格、心胸、精神。它作为一个写作控制的标量场，也是由多个因素形成的。当这些因素分别与作者发生交互作用、耦合之后，就形成了一个个写作控制的子标量场。若干个子场交互作用、耦合，又形成更大的心灵背景的写作控制场。

## 五、作为写作意识的写作场

在前面的叙述中，我们多次提到写作控制场是作为写作的我与多种控制因素交互作用而形成的功能耦合。这里有一个问题，作为写作的我具有主体性，可以和其他子场进行作用，但这只是单方面的作用，控制因素尤其是客体性控制因素怎样才可以对写作主体施加作用而彼此进行交互作用和功能耦合呢？

这里的关键在于写作主体是否把那些似乎外在于作者的控制因素变成了一种无意识水平的、属于自己身心的心理习惯和下意识。当其中控制因素在写作主体心目中达成了那种无意识水平的心理习惯和下意识时，那么，这些控制因素就像一块磁化了的铁块一样，产生了磁力，形成了磁场，就再也不是与写作主体的心理思维无关的外在之物、自在之物，而是一种影响作者、制约作者的强大的控制力量，就和作为写作的我的能量进行相互作用，进行功能耦合。作为写作的我的主体写作能量越大，那么作为客体因素形成的某种控制意识对作者的控制力量也越大，反之，则越小。这就是说，当写作主体追求的理想人格、心灵时空变成一种人格意识、心灵时空意识的时候，当主题和文章图样、读者变成了主题意识、文体意识、读者意识的时候，写作引力场才算形成了。

稍微不太好理解的是写作动力场形成过程中的交互作用问题。前面已经提到，人们在进行写作时，实际上是几个不同的“我”之间的相互作用。一个“我”是作为写作的我，即执行这次写作活动中感受、思维、操作的我，他是一个即时性的、情景性的、技能性的“我”。他比较盲目，比较被动，完全按照异于他的另外的“我”（客观性控制因素）的控制、指挥而行动。那另一个“我”就是作为历史性和文化性写作兴趣的我、写作意志的我、广博知识的我、高度智力的我、具有某种写作文化精神的我。在写作中，作为写作的我的目的在于表达他在某个具体时刻产生的文章信息（主题）。一方面，他依靠主题意识、文体意识和人格时空意识规范着主题的表达，文章的规范、节奏、境界；另一方面，他又与那些文化的我（兴趣的、意志的、智力的……）发生相互作用，写作的我向文化的我传递他的表达目的、心灵意向、情绪精神，而文化的我则向写作的我提供所需的物质能量、信息。这样，双方的交互作用形成功能耦合，写作动力场就形成了。

写作动力场和写作引力场都形成之时，由于它们交互作用、功能耦合，整体的写作控制场也同时形成了。写作控制场的功能是神秘的，这种神秘是因为写作控制场是共时性地作用于作者行为的。这种作用从微观来看，是若干层次上丰富的写作思维细节的广义因果性的运演耦合。但从宏观来看，我们无法明确其明显的因果关系，写作控制场中各个层次上的子场之间同时相互作用，也同时形成场力控制作者，作者在冥冥之中，似乎直觉地做出了抉择，写作行为就开始了。

## 六、未完成线性：写作场状态的内在机制

通过对写作这种控制机制作进一步研究，我们发现，写作场的控制不同于决定论线性的广义因果性，而是一种非线性状态，从思维状态上看，它似乎是一种“未完成线性”。

所谓“未完成线性”，是说在进行写作控制抉择那一瞬间（状态），若干控制因素中的每一个控制因素都不能立即做出写作行为的抉择，此一瞬间既要考虑到它的作用，但不能马上“拍板”。就在这一瞬间，思维马上又转入考虑另一个控制因素的控制、影响，这第二次仍像前次那样，这种状态一直要持续到一瞬间将所有的控制因素全部统筹完毕之后，才决定写作行为技法的选择，这是局部上的未完成线性的“悬决状态”，整体上最终的“终决”的广义因果性。写作场研究是写作行为的瞬间状态研究，也是写作行为的细胞学研究，如果能把这个瞬间状态的细胞研究清楚，那么，写作行为过程的机体机制也就清楚了。

## 七、探索写作复杂性的写作场论学术方向

写作控制场概念的提出，意在强调人类写作行为的非线性、非单因单果性、共时性整体控制的特征和机制，这与以往其他写作学对写作行为机制的研究是不同的。例如双重转化（包括三级飞跃）理论。这种理论认为，写作行为是由物（材料）到意（立意、主题），再由意到文（文章）的转化过程，这个过程是因果序列的线性关系的历时发展。但在写作控制场理论看来，写作行为是在文章图样和写作主题场的共时作用下与写作的思维形成了一个写作控制场来完成写作活动的。又如知行递变理论，它主要的思想（知行递变理论中也有控制场思想的表达）也是如此。它认为，写作行为在宏观上是三个大的层次上依次的知行递变，在微观上则是

若干知与行的递变，这递变的本质是因果性、线性关系。当产生了知以后，必然产生行，这里知决定行，知是行的因，行是知的果。当行的结果、成果被作者认为是新的“知”时，它又成为新的因，又决定着新的果。写作行为就是这样在知和行相互递变的过程中进行的。从总的趋向上、从动态上抽象地讲，这种说法无可厚非。但是从生动活泼的、随机的、具体的、即时的写作活动现实情景来看，这种单因单果、线性化的概括未免呆板了一些，因为写作行为的最大特点是整体性，它无法分解。

总之，场写作学与过程写作学是对立的，后者总怀着一种科学主义情绪，要弄清写作行为过程的线性、因果关系。而前者总是企图忠实描述写作时那种混沌的、整体性状态并探索其中奥妙。过程是历时性的、时间的、抽象的，而场则是共时性的、空间的、状态的、具体的，但任何过程都是由若干场状态的共时性形成的。因此，场是比过程更为基础更为重要的东西（细胞）。

为什么当代写作学总是对过程论不满意，而向写作主体论、写作文化论方向发展？原因也在这里。因为写作主体的写作能力总是具有场的性质，在本质上就是一个写作控制场的问题。因此，在我们看来，动力写作学、人本写作学、写作文化理论和人们对“物—意—文”双重转化理论模型的否定，对写作行为非线性、非稳定特征的强调等，均表明当代写作学已进入了场论写作学的新水平。

## 八、场论写作学：当代写作学的学术突破

现在我们可以看得越来越清楚：当代写作学研究越来越逼近实践的真实情景，越来越远离一切抽象的写作行为和模式。在这个艰苦的跋涉过程中，主要经过两次大的革命：第一次是写作文化概念及其理论的提出。它第一次突破了对抽象的写作行为、写作模式、写作规范的狂热描述与分析，而把学术重心转向特定历史环境和时代之中人的即时性写作活动，把共时性、抽象性写作学转变为历时性、具体性写作学，这给写作学研究拓展了一个广阔的发展空间。

第二次则是对一定时代之中的具体写作行为整体控制这个空间性特征的揭示。它突破了传统写作学把写作行为看成一个线性的、单因单果的、稳定的过程的抽象陈旧认识，把历时性变为共时性，其本质仍然是对准现实、具体的写作行为的真实状态，这使写作学研究更联系实际。颜纯钧对“物—意—文”框架的质疑以及对写作行为非线性、非稳定特征的认识，唐代兴的语义场论，以及本书的写作控制场思想，都是从不同的角度对这一问题的认识结果，都反映了写作行为的真正规律。如果上面的概括有一定道理的话，那么，搞清作者的写作文化与写作控制场是如何建构起来的，正是目前与今后摆在我们每一个写作学研究者面前的艰巨任务。

## 【基本概念】

“四体化一”论　“五要素”论　艾布拉姆斯的“四要素”论　华莱士·马丁的叙述模型　写作控制场　写作引力场

## 【复习思考题】

1. 场写作学与过程写作学有哪些区别？
2. 简述写作文化的中介作用。
3. 试用未完成线性描述写作场状态。

# 第 8 章

# 写作意识

认识的获得，必须用一个将结构主义和建构主义紧密结合起来的理论说明，每一个结构，都是心理发生的结果，而心理发生就是从一个较为初级的结构过渡到一个不那么初级的（或复杂的）结构，这个“结构”就是“图式”。

——［瑞士］皮亚杰

最佳作者不是唯我独尊，而是设法与他的读者对话。好像读者就站在打字机旁或电脑终端的另一边，眼睛直接盯着作者似的。

——［美］罗伯特·M·奈特

## 第 1 节　文章图样意识

宋代写作理论家倪思和吴讷认为“文章以体制为先”，这是因为在全部写作行为（包括显写作行为、潜写作行为和前写作行为）中，文章图样是一个最一般、最抽象、最原始、最基本的写作范畴。文章图样作为一个写作目标系统（知）与写作行为系统（行）形成一个知行结构，前者控制着后者。按照马克思的辩证逻辑方法论来理解，它理应是整个写作理论体系中的逻辑起点。因此，我们的分析就从这里开始。

### 一、文章图样是一个客观存在

一般来说，与动物活动相区别的人类活动包含着三个要素：

（1）目的（目标），即个体清楚地知道自己要干什么，最终要达到什么样的结果（目标）；

（2）前提（条件），他了解到有哪些东西可以利用，为了达到目的必须具备什么条件；

（3）方法，他必须考虑从前提到达目的的途径、手段和方式。

显然，方法就是行为活动本身，而它的运动在很大程度上是受目的和前提的控制的。尤其是目的，当没有目的控制定向的时候，人的活动是盲目的，甚至不可能产生行为活动本身，关于这一点，马克思说得十分清楚：

> 蜘蛛的活动与织工的活动相似，蜜蜂建筑蜂房的本领使人间的许多建筑师感到惭愧。但是，最蹩脚的建筑师从一开始就比最灵巧的蜜蜂高明的地方，是他在用蜂蜡建筑蜂房以前，已经在自己的头脑中把它建成了。劳动过程结束时得到的结果，在这个过程开始时就已经在劳动者的表象中存在着，即已经观念地存在着。他不仅使自然物发生形式变化，同时他还在自然物中实现自己的目的，这个目的是他所知道的，是作为规律决定着他的活动的方式和方法的，他必须使他的意志服从这个目的。①

这里，马克思指出了三点：

（1）人造事物的表象（房屋观念在表象中的存在）是先于个体活动行为存在的；

（2）这是人类目的性、对象性本质的体现；

（3）它的意义在于决定个体活动行为的方式、方法。

马克思对人类活动目的性的描述和当代认知心理学的知识形成的“格局”理论是相符合的。后者认为，人们对知识信息的编码在较小单元上形成意象与命题，除此之外，一些较大较复杂的知识单元就是“格局”。在认知心理学看来，“人有一种很强的（格局抽象）能力来侦察刺激事件之间的联系，从而建立起体现这种相关联系的格局，这类格局帮助我们认识客体、做出判断、理解故事以及进行其他处理环境事物的活动。格局是重要知识结构，它们能够使我们有效地对待广大而复杂的世界向我们提出的信息加工的要求。它们能帮助我们对来自外界的经验进行抽取和归类”②。“格局”一词是指特征组合群，这就是说，人们对一个事物的格局，就是关于这个事物若干特征的总体把握。心理学家通过实验证明，当人们想到一个范畴成员时，通常想到的是这个范畴的典型样例。这些研究表明，人们对自然范畴有一些强烈的“成见”来确定一个典型的范畴成员，这些“成见”包括关于一个范畴成员的外貌、行为、典型习惯以及品质的看法。关于范畴的这套“成见”，就是该范畴的格局，有人又称为原型。安德森认为这两个术语在一般行文中有时互用，但它们之间有重要的细微差别。原型是一个样例，因为其中包含着全部具体属性，而格局中则有些具体属性被省掉。例如，一个原型性的鸟，它的具体属性和任何一只鸟一样完

---

① 《马克思恩格斯全集》，中文1版，第23卷，202页，北京，人民出版社，1972。

② ［美］安德森：《认知心理学》，146页，长春，吉林教育出版社，1989。

备，而一个格局性的鸟则可以略去对某些特点的描述。也就是说，“原型是关于范畴的最典型的样例的设想，而格局则系由往往不完备的，但在某一范畴中联带出现的一套特点所组成的构思”[①]。实际上，格局和原型只是在同一类事物特征描述的抽象或具体程度上不同，格局较为抽象、普遍，而原型则较为具体、个别。也有人把格局和原型称为“知识结构”，不过这里的“知识”不是一个陈述性知识，而是关于这个事物特征的感觉、表象、评价。

总之，格局和原型是人们关于一类事物基本样态的大体印象，人们靠着它理解事物，进行编码。

“格局”在皮亚杰发生认识论中也是一个重要的概念。人们一般把它译为“图式”。但是，这个图式和格局的含义有所不同。皮亚杰认为：“认识的获得，必须用一个将结构主义和建构主义紧密结合起来的理论说明，每一个结构，都是心理发生的结果，而心理发生就是从一个较为初级的结构过渡到一个不那么初级的（或复杂的）结构。”这个结构就是图式。在皮亚杰看来，人们之所以对外部事物的刺激做出相应的反应，就是由于主体具有一种图式，来同化这个刺激。皮亚杰把图式界说为可变的动作结构，不同于安德森把格局（shema）界定为事物特征、印象、成见的图式，后者认为格局是和表象结构的图式是与生俱来的，不妨说它们是一个硬币的两面，总之，人的动作行为不受事物表象的支配控制是不可思议的事情。

因此，文章虽是个体写作行为的成品，但是，关于文章的表象（即文章图样）必定先于全部写作行为（显写作行为、潜写作行为和前写作行为），它是个体写作者心中一个实实在在的“存在”。

## 二、文章图样是什么

“文章图样”作为一个写作学的概念，既不是我们看到的某篇具体文章的外部形态，也不是理论家对文章构造和特征的概括（语言描述），而是人们在对文章的接触（如阅读、写作、分析）中在心理上所产生的关于文章的外在结构、内在结构和审美规范诸特征的印象、感觉、知觉的表象总和，它的最大特征在于它的感性直观性。概言之，文章图样就是关于文章的感知或关于文章的心理表象、样态。我们平时常说，某人的文章写得“像样”或“不像样”，这个“样”就是文章图样——人们认为某种文章应该具有的基本“样子”。一些写作教师常说，应该训练培养学生的文体感，这个文体感就是一种文章图样——文章体裁图样。我们这里的文章图样不等同于文体感，因为，除了文体图样以外，还有其他性质的文章图样，而文章图样又是对各种具体文章图样的总称。

---

① ［美］安德森：《认知心理学》，103 页。

文章图样是文章形式方面的感性规定，是一种“纯粹”的东西，因为它并不指某篇具体文章的样态，更不包含某篇具体文章的主题（思想、情感）、材料（情节、形象、事实）之类的文章内容，它是人们从各种类型的文章中抽象出来的感性的形式、格局、框架、规范。由于它是文章内容信息的能指和载体，所以，它在个体具体的写作行为活动中又承载、包容各种文章内容因素。由于文章图样是作者关于文章形式方面预期的写作目标，所以有人又把文章图样称为一种形式预期。

## 三、文章图样的层次结构

正像认知心理学中的格局和原型体现为不同的抽象程度或具体程度一样，文章图样也是一个有不同抽象层次的结构。文章图样不同层次的存在是由于人们在文章阅读和文章写作活动中的不同阶段对于文章的感性把握和理解不同，越在开始的阶段，人们理解、感觉的文章图样越概括、越抽象，越到后来阶段则越具体、越丰富，人们对文章图样的这个理解过程，形成了文章图样的四个层次。

### （一）文章本体图样

文章本体图样是最抽象的文章图样，它类似于文章概念，但不是理性化、逻辑化的文章定义、概念，而是对文章最终本质、本体的感性把握，它是既包括内容又包括形式的一个活生生的东西。它是对所有文章的最高概括图样或图样概括。文章本体图样作为文章的本质，也是写作行为所永远追求的东西——秩序。正是由于文章本体图样（文章秩序）是文章、文章图样的最高概括，所以，以后的文章图样都是对它的不断具体化和细节化。

### （二）文章美感图样

文章美感图样是指文章图样的内容方面、价值方面，虽然美感图样也包括形式结构方面的东西，但我们这里不指这些。作为文章图样内容方面的文章美感图样，具体指的是人类心灵的东西，对于作者而言是指作者追求的心灵空间和作为社会时代的人的心理速度感，前者即文章的境界感，后者即文章的节奏感。

### （三）文章结构图样

文章结构图样是指文章图样的形态、形式方面，即文章结构在我们心目中的印象、模型。文章结构图样是文章美感图样的载体、能指，它们二者共同具体化了文章本体图样，这是从历时性（从抽象到具体）层次对文章图样的分析。从共时性角度看，我们可以把文章图样分为文章类型图样和文章体裁图样（当然这样又和上面几种文章图样形成从抽象到具体的历时态层次了）。文章类型图样是指对各种文章类型的内容和形式方面基本特征的印象，掌握它可以控制我们对叙事、抒情、治理、释物、告语（传息）五大类文章的写作规范的运用。

### （四）文章体裁图样

文章体裁图样是对各种具体文章体裁的基本特征、写作规范的感觉。文章体裁图样还包括体裁类型图样与体裁题型图样。

### 四、文章图样的形成

作为写作主体的一种心理现象、精神现象，文章图样是一种文章特征、规范，按照辩证唯物主义认识论理解，它是文章这种客观事物在我们心目中的反映、积淀。按照发生认识论理解，它是文章特征的知识的不断建构。写作者对文章图样主要通过三条路径来建构。

首先，最重要的是阅读。因为通过阅读活动，通过对一篇又一篇具体文章的感性接受（观看、诵读、感受、理解），某种文章或几种文章的特征图样就不知不觉地感性地积淀在读者的心目中，成了一个鲜活、生动、具体的经验模式，将长期保存在读者的头脑里。这种文章图样会成为一种目的目标因素控制作者的写作，所谓“读书破万卷，下笔如有神”、“熟读唐诗三百首，不会做诗也能吟”就包含这个意思。

其次是学习文章知识。文章知识是对文章本体结构、类型、体裁、题型等文章图样的语言描述，学习这些知识并结合具体的文章真正地理解它，有助于提高我们对文章图样的把握能力。我们说有助于而不说就是，是因为文章知识只是一种理性的、逻辑的、冷冰冰的语言，而没有变成一种心理经验。但学习理解文章知识，会使我们在有目的的阅读、写作中追求文章图样规范，所以学习文章体裁知识就必须阅读大量的具体文章作品，这样才有助于提高文章图样的建构能力。学习还包括对文章的结构、体裁特征的写作分析，从而获得感性印象。

最后是练笔。将阅读和学习文章知识所建起的文章图样，运用到具体的写作活动中去。这种练习是把握文章图样能力的过程，实际上是一种“试错”行为，使笔下实际表达的文章图样逐渐和心目中理想的文章图样吻合起来，不断纠正自己对文章图样把握不准的地方，最后进入一种心手文章图样统一、无碍的境界。这时，真正的文章图样就把握住了，写作者就会进入一个较高的写作境界。

## 第 2 节　主题意识

主题（theme）泛指处于写作行为中主要、核心、中心地位上的文章因素。主题意识就是一种主题感觉，这种感觉主要包括表达的对象感、静态状态的主题内容的多维感、写作行为流动过程中主题内涵的变化感流动感。这几种主题感觉制约着写作者的静态或动态的写作行为。

## 一、主题的定义

写作是一个目的性很强的行为系统。从主体来看，这个系统由目的性思维和行为性思维组成了它的共时结构。随着写作活动的深入、展开、进行，这个共时结构的思维框架又表现于若干层次之中，主题就是其中的一种目的性范畴。因此，在写作行为系统中，主题是至关重要的。但什么是主题呢？

按照过去国内出版的一些写作教材的说法，作为一种常识，人们普遍认为："所谓文章主题，就是作者在说明问题、发表主张或反映生活现象时，通过全文内容表达出来的某一基本思想或中心思想。"但也有人认为："主题是作者对文章所提出并加以解决的问题的评价，即文章的'立意'。"有的人干脆说："凡文章的主题，都是一种思想认识，一种理念的判断。"

诚然，不可否认，在有些文章中，例如在议论文或一些记叙文、说明文中，主题可能就以作者的思想认识、理念、判断为基本思想或中心思想。但是，在绝大多数抒情文章中，作者"通过全文表现出来的"往往不是什么观念、评价、认识、判断之类的理性认识，而是一种意境、情绪、氛围、情趣、感受、情思。在不少的叙事性文章（例如小说）中，作家表现的也并非是这种理念、判断，而是一种感受、情绪，或者说有意味的题材、人物形象。而大多数说明文是在阐述解说对象的结构、状态、原理、历史、功能、过程，因为应用文主要是表达一种信息，所以很难说这只是在表达自己的观念判断、思想认识、评价等。甚至有少数说理文，主要是对一种理论的阐述，而不是论证作者自己的观点，这也很难说是在表现作者的评价、观念、判断。可以看出，这种主题观念恐怕是很难使人信服的。

通过对主题词义演变的详细考察，我们发现，主题的本质是文章写作活动中表达的主体或对象，是作者希望表达的那些东西，而并非单指理念、判断这些思想、观念。这就是说，主题是一个抽象意识，是一个非具体的概念。①

一般来说，在国外文论中，主题和主题思想是两个概念。主题常指问题、题材（范围），而主题思想则是指在这些问题、题材中蕴涵的思想、评价。美国文学批评家诺曼·梅勒说："在这样一块底布（引者按：指《第二十二条军规》所描绘的生活现象）上'刺绣'出了形形色色的事件，五十来个人物，两千来次精神挫折和一个简单的主题思想、普通的精神挫折。"②"普通的精神挫折"就是一种评价或思想。在苏联美学界和文艺理论界，艺术的主题和主要思想也是不同的概念。后者源于英文 idea，前者源于英文 theme。但就其都有"主要的"、"对象"这层本质内涵上看，它们又是一致的。

---

① 参见马正平：《论主题的本质、流动与多维》，载《四川师范大学学报》，1987（6）。

② ［美］诺曼·梅勒：《谈谈几个女神之子》，见《美国作家论文学》，398 页，北京，三联书店，1984。

在中国古代文章写作理论中虽没有主题这个术语、语词，但是关于“主题”的意识、观念、概念却是存在的。古人所谓“意”、“主意”、“主脑”、“主旨”等就相当于主题意识（theme或subject）。关于这些术语，古人和今人都曾把它们理解为静止的单一的思想、观念的主题。目前许多写作教材也引用了这方面的例子，例如范晔、杜牧、苏东坡、王夫之等对于“意”和“主意”，刘熙载对于“主脑”的理解就是如此；但另一方面，在古文论中确也有人把它看成一个由多个因素构成的结构系统。试看元代著名的文章学家陈绎曾在《文说》中是怎样解释“立意”问题的：

景：凡天文地理物象皆景也，景以气为主。

意：凡议论思致曲折皆意也，意以理为主。

事：凡实事故事皆事也，事生于景则真。

情：凡喜怒哀乐爱恶欲之真趣皆情也，意出于情则切。

凡文体虽众，其意之所从来，必由于此四者而出。故立意之法，必依此四者而求之。各随所宜，以一为主，而统三者于中。凡文无景则枯，无意则粗，无事则虚，无情则诬，立意之法，必兼四者。

很显然，文章写作中的“立意”要同时注意“景”、“意”、“事”、“情”四种因素。换言之，“意”、“主题”是由这四种因素构成的结构、系统，即所谓“立意之法，必兼四者”，“意之所从来，必由于此四者而出”，“立意之法，必依此四者而求之”。他反复竭力强调“此四者”，是意味深长的，这是一方面。另一方面，陈氏在那时就看到了，在各种不同的具体情况下，作者注意的主题因素（或层次）是不同的，而并非任何文体、任何气质的作者笔下的“意”都是思想、观念这样的“意”，即陈氏所谓的“各随所宜”。这里的“各”就是各样的文章类型、体裁，以及各个作者的气质、禀赋、习惯、兴趣，乃至各种不同的文章内容等。“各随所宜”的“所宜”，可能是“景”，也可能是“意”，也可能是“事”或“情”。可见陈氏注意到了主题意识中“分配”的不平均原则，或者说他看到了主题结构中的主要矛盾方面，但他并未忽视其次要矛盾方面，所以不像今天大多数论者所理解的主题内涵那样单一、片面、偏颇。也许用“意”这个内涵分明、单一的术语、语词表示主题的多因性结构有些牵强，于是明清文人创造了“头脑”、“主脑”这样的形象化而含义模糊的术语来表述主题的多因性意识。

“主脑”一词始见于李渔的《闲情偶寄》中，但在此一百年以前，明代人王骥德在《曲律》中就使用了和“主脑”相近的术语——“大头脑”。这个语词最初指的是作者的写作意图、写作目的等基本思想、观念。例如他说：

不关风化，纵好徒然，此《琵琶》持大头脑处，《拜月》只是宣淫，端士所不与也。

关风化这种意图就是“大头脑”，然而有时它又指关键性事件、情节。例如他说：

传中紧要处须，重著精神，极力发挥使透，如《浣纱》遗了越王尝胆及夫人采葛事，红拂私奔，如姬窃符，皆本传大头脑，如何草草放过？若无紧要处，只管敷衍，又多惹人厌憎，皆不审轻重之故也。

这里的"大头脑"就是指剧中"紧要处"的情节。明代另一位戏曲理论家徐复祚论戏曲亦常用"头脑"一词，窥其意蕴，仍指主要事件，或者似今之所谓"线索"。他认为，张伯起的《红拂记》"本《虬髯客》而作，惜其增出徐德言合镜一段，遂成两家门，头脑太多"。而孙柚的《琴心》"极有佳句，第头脑太乱，脚色太多，大伤体裁，不便于登场"。

王骥德的"大头脑"就是作者的注意点，即今之所谓主题，它既指意图、观念、思想，又指题材、事件、情节。李渔完全接受了这种主题意识，不过，为了把主题的主要、重要、紧要即"注意"这一本质意义表述出来，他创造了"主脑"这一新的术语。添一"主"字，意蕴豁然：

古人作文一篇，定有一篇之主脑，主脑非他，即作者立言之本意也。传奇亦然。一本戏中，有无数人名，究竟俱属陪宾，原其初心，止为一人而设。即此一人之身，自始至终，离合悲欢，中具无限情由，无穷关目，究竟俱属衍文，原其初心，又止为一事而设。此一人一事，即作传奇之主脑也。

很明显，这里的"主脑"，既指"立言之本意"这种观念、思想，同时又指"一人一事"这样的题材、情节、形象。由于受过去那种静态的、单一的"主题即思想"的主题意识的影响，许多研究者对李渔"主脑"的多因素结构的主题意识很不理解。有人说，李渔（包括王骥德）的说法是自相"矛盾"，于是无可奈何，不知所措，陈多注释的《李笠翁曲话》就是如此。有的看到了李渔的两处"主脑""实有不同之处"，前者即今之所谓"一篇文章的主题思想"，后者"即主要关键"，因此，李渔所谓"立主脑"在今日看来，虽可以参考，但非（一定的）圭臬。而当代写作学界有许多人则无视李渔"主脑"有"一人一事"之含义，只承认"主脑"即"立言之本意"，不承认"一人一事"这一层内涵。有的人为了使古人的理论符合自己的偏见，认为李渔所说的"主脑"这"立言之本意"是靠"一人一事"来体现的，从而否认李渔的"主脑"即亚里士多德所谓的"结"与"解"。总之，造成以上这种混乱状态的关键是囿于流行的主题观念，没有发现主题是一个由多种因素构成的结构、系统。

## 二、主题的本质：对象意识

中国古代写作理论中并没有主题这个术语，它是从外文里引进来的，要弄清主题的本质，必须考察一下在外文中主题这个概念的本来含义。主题最先是从日语中引进的，在日语里主题一词是从德语 theme 音译过来的。在德语中，它有两个义项：一是题目、主题、课题；二是指音乐主题，因为最早 theme 只是一个音乐术语，意思是乐曲中特征最明显并处于优越地位的旋律，它表现为一个完整的音乐思想，为乐曲的核心，后来移植到文艺创作和文章写作中。德语 theme 被吸收到英语里后，英文 theme 有三个义项：一是指 topic 或 subject，即谈话或一段文章的主体、对象；二是指作文；三是指音乐的主旋律。theme 是吸收法语 subject 而来，法语 subject 是指对象，所以英文中 subject 含义有三：（君主国）臣民、题目、主题。所以郁达夫曾把 subject 译为主题、主语。此外还有统治、征服的意思。可知 theme 的含义是指主要的和对象。法语的 subject 被吸收到俄语 тема 里，含义是题材和主体、主题，同时也指问题、题材和主题。德语 theme 则来自希腊文 thema，含义都是指主要的，而不是指思想、观念（idea）。

由此可见，由希腊文 thema 转译的德语 theme、英语 theme、俄语 тема 的本质含义就是英语的 topic 或法语的 subject，即主要的、核心的。主体、对象这些含义是从两个角度来讲的。对象，是人们行为的目标，它是客体，既然是目标，既然一个东西成了我们的对象，那么，它的地位、作用就是主要的、核心的了。这是从主体对于对象、目标的意义性质上来理解、评价的，这是一种意识。因此，似乎我们可以给主题下个初步的定义：主题是对象或主要的对象，在写作中，它是指作者在写作时所要表达、反映的主要对象、目标。在写作过程中，主题的内涵视具体情况而定，因而它是一个流动的开放的概念。

明白了主题的含义后，我们似乎可以初步理解当今主题所指的思想、形象、情感、题材都可能属于我们表达的主题对象、目标，它们都是主题的对象之一。但是，我们对于主题含义的阐述，并不能解释为什么每个人对主题的理解（主题的对象）会那么不同。要解释这种现象，我们从客体（主题）本身是找不到答案的。

这样理解写作行为中的主题概念，对于写作理论和写作实践都具有积极意义。从理论上讲，这样讲主题可使主题概念具有更普遍的意义，更能适应各种文体和各种文章作品，避免过去那种牵强附会、不切实际的讲法，使主题这个概念具有更大的概括性。而且这样讲主题，会使它成为写作理论中更核心、更重要的概念，使它更具有哲学意味——它是人们写作行为中的目的性概念。

从写作实践上看，首先，可以克服那种为主题而主题的写作心态。因为主题这个系统有层次、结构，由于主观与客观、主体与客体的差异，主题在不同作者那里，或者在同一作者的不同体裁里，或者在同一体裁写作的不同层次上，都将表现为不同的内涵、对象，因而就没有必要无论何时何地都要去考虑思想、观念……这种主题，只要有感受，情感可以是主题，问题可以是主题，题材、形象也可以是主题，而不至于像有的作者那样，在写抒情文时，当有了情感要表达却苦于没有思想主题，以至不敢动笔。在写说明文、应用文时也一定要开掘思想主题，殊不知只要在说明文中把事物的有关情况说清楚，在应用文中把信息传达清楚，主题也就表达出来了。

其次，既然主题的流动形成了若干层次，而每个层次上的主题内涵都不同，那么我们就应更加自觉地、有意识地把握住这些流动的主题内涵进行表达，而不是把注意点始终停留在某一个层次上。既然从共时性角度看，主题呈现为一个多因素的结构，那么，我们在写作构思阶段就应该考虑到、意识到主题的多种内涵，并依主体与客体（文体）的具体情况把握住多种主题的主次轻重来进行文章表达，完成写作行为，达到我们的表达目的。

## 三、主题的流动意识

主题的属性、地位是“主要的”、“核心的”，那么是什么决定了它的这些属性呢？我们知道，“主要的”是指对象在人们心目中的价值，是人们的一种意识、心理倾向，因此要解释这些写作行为中的心理现象，必须从写作中主体的心理活动来分析。从写作心理学的角度看，我们觉得主题意识是作者行为中的目标感、目的性的体现，它是写作行为过程中心理活动中的“注意”这种心理现象在写作时的反映。对于主题内涵的纷争，主要是作者注意的稳定与注意的转移的个性差异所造成的。作者在整个写作行为中随着写作活动的展开深入，注意点是不断流动（转移）的，由此而组成了一个注意点（主题）流动的层次，在这个层次中，有的人对某些注意点停留时间较长（稳定），于是，他就把他的注意对象认定为主题了。

在心理学上，“注意”这种心理现象“是人们对于一定事物或活动的指向和集中”。所谓指向，是在某一瞬间心理活动有选择地反映一定对象而同时离开其他对象。所谓集中，就是把心理活动倾注于一定的对象，使活动不断深入。注意有三种功能：一是选择，即通过注意，人们选择那些有意义的、有关联并符合个体需要的事物或活动；二是维持，即注意能使一定事物或活动的内容在意识中保持，直到完成行为动作，达到目的；三是调节、监督，即对于偏离行为目的的活动进行纠正，使活动沿着正确的方向发展。

注意的这些心理品质、特征不正是写作心理活动中的主题意识的品质和特性么？当任一主题获得时，写作主体的心理活动正倾注于它，指向和集中于它。于是，我们就依据主题选择那些有关联、有意义的材料，这是注意的选择功能在主题意识中的体现。于是，主题就一直维持着它的统帅地位。人们说主题是灵魂。既然是灵魂，那么，它就应该贯穿于文章的始末，渗透到文章的每个角落，这就是注意的维持功能在主题意识中的体现。在写作行为过程中，发现偏离主题的行为时（例如在选材、结构、遣词造句上等）就进行纠正，使主题沿着主题方向向前发展。这就是注意的调节、监督功能在主题意识中的体现。

心理学认为，在人们的一系列行为活动过程中，注意力是常常发生转移的。转移是注意的一种品质。所谓注意的转移，就是人们有意识、有计划、有目的、主动地调动注意，调动实现后，注意就迅速地在新的对象上稳定下来。研究表明，飞行员在起飞与降落的几秒钟之内，要发生两百多次注意的转移。在写作行为的全过程中，随着写作活动的深入，注意也不断地转移，这些转移着的注意点，就落在写作行为过程中一系列的目的性对象上，这些对象是什么呢？以叙事性文章为例，经验告诉我们，写作行为过程大致要经历如下一些环节。

首先，作者对客观事物的感受，既是写作的动机，也是写作的表达目的，作者要通过文章表现这种感受，因此，感受本身就有可能成为作者的注意点。也许作者并不满足于感受，于是他的注意开始向理性思考上转移，他会对引起自己感受的那些事物的意义是什么、包含什么本质进行评价，于是作者的注意点就是他理解了的思想、评价。也许作者经过冥思苦想（或根本不想）也不能理解这些事物的思想意思，不能对其做出评价，但是，他明白这些事实里存在某一方面的问题。于是，他的注意力就转移到这个问题上，就把这个问题作为其表达的主题。但是无论注意停留在思想、评价、观念上，还是停留在问题上，作者的注意点都必须向传达上转移，向这些主题的载体——题材或形象上转移，因为这才是文章的"安身立命"之处。当作者的注意转移到这些东西上时，他就认为这是主题了。由此可见，注意的停留（稳定、维持）和转移，产生了主题的流动现象。这种流动现象形成了主题的如下基本层次：(1) 感受（情感）；(2) 问题；(3) 评价（观念、思想）；(4) 题材（形象）。

这几个流动的层次互相联系，形成写作行为中的主题系统。我们对于主题系统的层次的分析，可以用作家的创作经验来证明。路遥在就《人生》创作答读者问时说：

> 我的作品，好多是因为引起了我感情的强烈震动，我才考虑要把这种感情表现出来，才开始去寻找适合表现我这种感情的方式。如 1961 年困难时期我在上小学……（1963 年）我上初中后……当时我在的那个班是尖子班，班上都是干部子弟，就我一个是农民儿子，我受尽了歧视、冷遇，也得到过温暖和宝贵的友谊。这给我留下了非常深刻的印象，这种感情上的积累，尽管已经很遥远了，但总想把它表现出来。我开始构思。怎么表现呢？如果照原样写出来是没有意思的，甚至有反作用。我就考虑：在那困难的环境里，什么是最珍贵的呢？我想，那就是在困难的时候，别人对我的帮助。我想起了那时的同学（当然不是女同学，写成女同学是想使作品更有色彩些）把粮食省下来给我吃。这就形成了作品的主题：在困难的时候，人们心灵是那样高尚美好，尽管物质生活那么贫乏，尽管有贫富差别，但人们并不是漠不关心的。可是今天呢？物质生活水平提高了，但人与人的关系却淡漠了，心与心隔得远了。所以，我尽管写的是困难时期，但我的用心很明显，就是要折射今天的现实生活。
>
> 当时，我写这篇作品时有一种想法：要写一种比爱情还要美好的感情，主题就是这样的。然后再来考虑怎么安排情节。

这里，作家最初的写作意图只是把那种"受歧视"和得到"友谊"的强烈"感情”与“印象”“表现出来”，为了使这种表现具有审美价值，他提出了这样一个问题：“在那困难的环境里，什么是最珍贵的呢?”作者通过思考，对这个问题做出了评价，产生了观念：“在困难的时候，别人对我的帮助。”由此思考更深入一步，又得出观念：“在困难的时候，人们心灵是那样高尚美好”，这时，作者马上联想到当今现实生活中那种被金钱异化了的人际关系，于是提出一个非常深刻的问题——今天“物质生活水平提高了，但人与人之间的关系却淡漠了，心与心隔得远了”。（怎么办?）作者并不是要对这个社会问题提出解决的方案，他只想“写一种比爱情还要美好的感情”来启发大家，陶冶大家，从而“折射今天的现实生活”，这就是作者的良苦用心即创作意图，也即主题。

从这里可以看到，作家在构思过程中，经过逻辑思维和形象思维，其创作意图、所提出的问题、所做出的评价或产生的观念都不断变化、不断流动、不断深入，如图 8—1 所示。

1. 意图——表现感情
2. 问题 1——什么是最珍贵的
3. 评价（观念）——别人对我的帮助
4. 评价（观念）——困难中人的心灵高尚美好
5. 问题 2——富足时人际关系冷淡
6. 意图——写一种美好的感情，折射现实

**图 8—1 作家构思过程示意图（一）**

在上面那段引文中，作家是把 3、4、5、6 几个层次上的东西（评价、问题、意图）叫做主题的，既然如此，1、2 层次的意图和问题何尝又不是主题呢？——事实上，人们常常说主题就是创作意图、立意，或是提出的问题，或是对问题做出的评价。于是，我们可以把图 8—1 简化成图 8—2。

作家的用心，是“写一种美好的感情”，其实与其说是写感情，不如说是描写形象更准确些。所以，我们说主题 6 不是描写情感，而是表现情感的题材。

主题 1——感情，感受
主题 2——问题 1
主题 3——观念 1（评价）
主题 4——观念 2（评价）
主题 5——问题 2
主题 6——题材（形象、情感）

**图 8—2 作家构思过程示意图（二）**

刘心武说："我觉得，写作品好比是架一座桥，起点是原始的冲动，或者说是初步的写作动机朦胧的主题，终点则是深入开掘出来的主题，连接起点和终点的这座桥，是一个创作的实践过程。"这里，作家描述的主题流动的层次如图 8—3 所示。

1. 主题 1——原始的冲动，即感受
2. 主题 2——朦胧的主题
3. 主题 3——深入的主题

**图 8—3　主题流动层次示意图（一）**

作家在该文前面又曾说过："我写小说都是有目的性的，但这种目的性，往往还不能形成确切的主题"，"所以不能轻易下笔，要在构思上多下工夫，构思的过程，既是人物命运由朦胧至清晰的过程，也是主题由朦胧至清晰、由浅入深的过程。那么，当构思完成以后，下笔写作时，是不是一切都围绕着既定的主题进行呢？也不是，在写作的过程中，还要对构思中形成的东西，不断地加以调整、补充、修正，这时候，主题就可能有进一步的深化，乃至写着写着竟转移，甚至否定了原有的主题"。在这里，作家描述的主题流动的层次至少如图 8—4 所示。

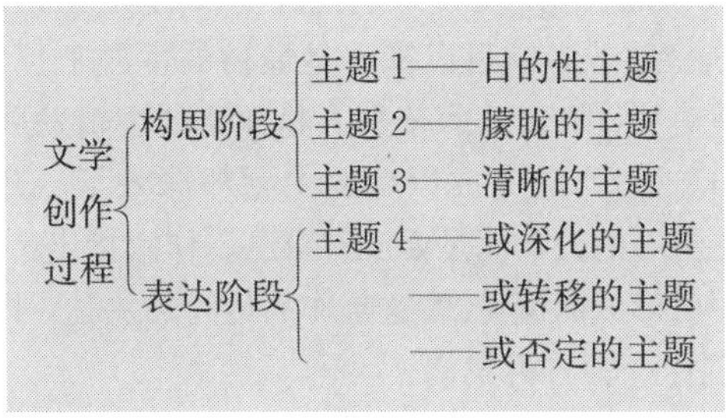


**图 8—4　主题流动层次示意图（二）**

作家说，在主题 2 与主题 3 之间，都有一个对题材、形象的思考阶段，实际上，这时正如有些论者所说的那样，是把题材或形象作为主题对待的。虽然作家受流行主题定义的约束而没有说出来，但这种主题意识是存在的。再者，作家在该文中具体谈及《我爱每一片绿叶》的主题形成过程时，还谈到了在最初冲动产生后，还有个对冲动的反思，探求是什么问题引起了自己的最初冲动的过程，即提出问题、发现问题的层次。其实，这问题也就是主题意识。如果我们把这三个层次上的主题意识考虑进主题流动系统，那么，作家在文学写作过程中，主题流动的主要层次应如图 8—5 所示。

- 文学创作过程
  - 构思阶段
    - 主题1——感受（“原始冲动”）
    - 主题2——问题
    - 主题3——意图（“目的”）
    - 主题4——题材（形象）
    - 主题5——观念（思想、主题）
  - 表达阶段
    - 主题6——形象、题材
    - 主题7——观念思想（深化、转移、否定的主题）

**图8—5 主题流动层次示意图（三）**

以《我爱每一片绿叶》为例，作家说，他“首先是产生了一种创作的原始冲动”，虽还称不上是清晰的主题，但是毕竟是主题。作家发现之所以产生这种感受、冲动，是因为他发现并提出这样一个问题——那种性格比较特殊的人，他们的积极性还受着无形的压抑，这是“主题2”。于是，作家产生了创作意图——“我决心写一写他们，为他们说说话”，这是“主题3”。接着“初步形成了魏锦星的形象”，这是“主题4”。当魏锦星的形象在作家头脑里活跃起来以后，作家才比较清楚地想到：“应当写出这么个人来，让大家谅解他，促使人们把这类人的积极性发挥出来，不要无形中压抑了他们。”作家说：“这或者就可以算作是最初的主题吧！”其实，这已经是“主题5”了。接下来就是动笔行文，作家依据人物性格的逻辑发展，实际上是以形象为主题了，这是“主题6”。但作品完成以后的主题却深入了、升华了——作品不是要我们去谅解一个“不正常”的人，而是要反省自己。作家指出：“不正常的恰恰是我们在不正常的政治生活中所形成的偏见。”这是作品最终的主题，即“主题7”。

上述两位作家的创作经验告诉我们：

主题并非仅仅只是观念、判断而已，它在写作过程中确实有一个流动的层次，从而形成了主题动态系统。这之中，感受是主题，问题也是主题，意图是主题，观念、思想是主题，而且形象、题材也是主题。至于在抒情文章中，情感、意境更是主题，这自不待言了。

当然，我们这里分析的叙事性作品、抒情性作品的主题流动的层次比较复杂，层次较多，而说理文和释物文（说明文）中主题流动的层次较少，但也是有层次的。例如，说理文主题流动的层次至少有两个：一是问题，二是作者对这个问题的评价、主张等观念。例如，人的正确思想是从哪里来的？这是一个问题，它也是文章的主题，全文都是在它的统率下组织材料进行思考的。

“人的正确思想是从社会实践中来的”，这是作者的观点，是该文论证的目标，它也是统率全文的文章因素，当然也是文章主题。

说明文的基本主题就是被说明事物本身，在说明过程中，这个事物的各个方面

（例如构造、功能、特征、历史、制作过程等）就是局部的主题，这些局部主题也是存在层次结构的。此外，事物的一般和具体也会形成二层次的主题。再者，有的作者写说明文，除了事物主题外，还存在一种思想主题，即作者写这篇文章的意图、倾向，这两个主题存在层次，虽然这不是普遍的情形。

由此可见，各类文章的主题都呈现为一种流动的层次结构。

那么，为什么主题会流动、转移成这若干层次呢？心理学认为，活动的目的性是注意转移的主要条件。从写作行为来看，表达目的和表达行为构成了这个系统的共时性静态结构，并不断运动、发展。在写作过程中，随着写作活动的深入、表达的完善，各个层次上的行为本身就不断地变为目的，例如感受与问题、问题与评价、评价与题材、题材与结构。

整个写作过程实际上只是不断地把表达目的变为表达行为，再把行为变为目的，当最后一个行为变为目的时，文章的全部表达才算完成了，才实现了自己的目标，达到了自己的目的。这就是我们所说的"知行递变"的写作行为现象。从这里，我们可以看出，文章写作过程中产生注意（主题意识）的转移（"流动"）是完全自然的。

## 四、主题的多维意识

以上我们是从局部的历时性即微观的角度来分析、考虑主题意识的活动性层次特征，如果我们从共时性的、静态的宏观（写作行为的整体、全局）和中观（小于整体，大于局部）的角度来分析、考察主题意识的话，那么，我们就会发现，这时的主题又具有共时性结构特征。如果说主题的流动性特征是由于注意力的转移所致的话，那么，主题的共时性结构特征则是由于注意力的分配所致。

心理学认为，注意的分配也是注意的基本品质之一。它是指注意的总的方面不变，在同一时间内把注意分配到两种或两种以上的对象或活动上的心理现象。例如边阅读边思考，或边听讲边记录。要实现注意分配必须具有三个条件：(1) 两种或两种以上（主要是两种）活动之间要有一定的内在联系；(2) 同时进行的这些活动，其中至少有一种达到了熟练的程度；(3) 注意的分配，不是平均使用力量于多种活动，而是有主有从，微观上看仍有先后。在写作行为的全过程中，也存在注意分配的现象。写作行为中注意的总方向是表达感受、认识从而形成文章。为了达到这个总方向，从客观的静态的写作行为来看，作者的注意力必须同时注意到两个方面：一是表达目的，二是表达行为方式，即在考察表达内容时也考虑到表达形式——感受（情感、认识）与题材、形象。这就是写作行为中客观的静态的共时性结构：表达目的与表达行为。从中观来看，作者的注意也会同时分配到两种活动——表达目的与表达行为这个共时性结构上去，例如前面所指出过的感受与问题这个较大层次，又如问题与评价以及评价与题材、题材与形象、形象与结构等，或者感受、评价与题材、形象、结构等。从另一个方面来看，我们前面讲主题流动的层次，讲的是有意注意的变化、深入、发展。从共时性的静态角度来看，当第一个有意注意（主题）产生以后，同时一个无意注意（题材）就会产生。当这个无意注意（题材）变为有意注意（主题）之后，那么它之前原来的有意注意（主题）就会变为无意注意，或者说有意注意的程度降低了，与此同时，它之后也就会产生一个新的无意注意，或者注意程度不高的有意注意——形象或结构。这样一来，此时的主题必须是一个多维因素的结构体。换句话说，此时作者的注意就会不平均地分配到两个或两个以上的目标上去。目前有人说主题包括情感和思想两种因素，又有人说"主题是包含情感思想的形象"，原因就在这里。难怪路遥创作谈中所讲的主题，在同一个地方既指观念评价，又指提出的问题，还指情感（实指题材、形象），在另一篇文章里，他说题材、主题、感受是同时产生的，其原因也在这里。

## 第3节　读者意识

文章是一种信息媒介或载体，写文章就是为了传播信息。关于信息传播的过程，西方传播学家有多种看法：一种以为信息传播的过程和效果是一种线性模式，即以传播者为起点，经过媒介以受传者为终点的单向直线运动；另一种是新型控制论模式，这种模式的核心是在传播中建立反馈系统，即不仅要求传播者把信息平向传递给受传者，而且要求把受传者的反应通过种种途径接收回来，再发出新的信息。这虽然讲的是大众传播（电视、报刊等），但对文章、写作理论研究同样有启发意义：它们对受传者（读者、观众、听众）的研究都很重视。按照信息论，信息源—信息—信息接收器三者构成一个反馈系统。其实，这个反馈系统也存在于文章写作的构思与表达阶段，作者是信息源，文章的主题、题材是信息，读者是信息接收器。作者在构思文章时，不仅要考虑自己希望发布什么信息，而且要考虑读者需要的信息以及信息的浓度，也就是说，读者的心理需要也会作为一种信息反馈给作者，从而使作者确定更加合适的信息，所以文章未成或未到读者手中时，这个反馈系统就已客观地存在于作者的头脑之中了。文章完成传到读者手中，读者发表的一些见解作为一种信息反馈给作者，以便作者更好地修改，这又是一个明显的反馈关系。由此可见，读者对象应该作为我们写作理论研究的一个重要范畴。

读者对象研究的全部内容就集中在认清读者是谁这个问题上。因为每个具体的读者都会有特定的心理状态、接受能力和与作者的关系，下面分三个方面来谈。

### 一、读者心理

读者心理包括读者的兴趣和读者的注意。传播学认为，读者的兴趣直接影响传播效果。美国传播学家雷蒙德·鲍尔在《顽固的受传者》一书中指出："在可以获得的大量（传播）内容中，受传者中的每个成员特别注意选择那些同他的兴趣有关，同他的立场一致，同他的信仰吻合，并且支持他的价值观念的信息。他对这些信息的反应受到他的心理构成的制约……现在可以看到，传播媒介的效果在广大受传者中远不是一样的，而是千差万别的，这是因为每个人在心理结构上是千差万别的。"虽然"千差万别"，但在实际传播中，按照人们的某些倾向和特性，受传者又分为一些大的群体，属于各个大群体的受传者选择大体相同的传播内容。因此，我们写文章时，要考虑你的读者属于哪个群体，他们的兴趣是什么，然后按照读者制约的信息来组织文章内容。

表面上看，文艺作品似乎对读者兴趣因素考虑得不太多，其实不然。纯文学都把读者假设成那些喜欢探索生活奥秘和人生哲理的人，而通俗文学则更多地是迎合小市民那种猎奇、寻求刺激的心理。注意也是一种心理状态，作者为了更好地传播自己的文章内容，总是尽量设法去引起读者的注意。引起注意，实际上也是为了使读者产生阅读兴趣。有的读者拿到一本杂志、刊物，首先看一下目录，就是在寻找使自己注意产生兴趣的作品，所以作者常常在标题设计上力求能引起读者注意。

## 二、读者接受能力

读者对文章的接受能力也是作者写文章时应该考虑的问题，这在说明文的写作中尤为重要，因为即使同一类读者，由于其知识结构、知识水平不同，也会有不同的接受能力。少年儿童和成年人、一般读者和专业技术人员、一般的专业技术人员和专家学者，他们的接受能力有明显的差异，他们的兴趣也有差别，所以写这类文章时，内容有深有浅，效果会更好。议论文也是这样，写给一般群众看的和写给理论家看的文章内容应深浅有别。即使是文艺作品同样存在一个读者接受能力有差别的问题。人们的文化程度和文学艺术修养程度不同，从而产生不同的审美标准和审美能力，因而一般读者看意识流小说感到吃力，而知识分子和一些文化水平、文艺修养较高的人看用传统表现手法写的故事性较强的作品又感到不够味，这些人希望能通过作品发挥自己的再创造能力。由此可见，写任何文章都要考虑到读者的接受能力，按他们的希望、需要去安排组织文章材料。

## 三、读者与作者的关系

这个问题主要是针对应用文、公文写作。不同的读者和作者的关系不同，于是作者要采取不同的表达口气、称谓、态度。例如给朋友的信，口气自由随便；给长辈的信，不可放肆而应尊重对方；写给晚辈的信应严肃庄重一些；写给同事的文章应亲切、平易；写给敌人的文章应严厉尖锐。只有这样，才能更好地表达文章内容，增强表达效果。

## 【基本概念】

文章图样意识　文章图样　主题　主题意识　读者意识

## 【复习思考题】

1. 怎样形成文章图样?
2. 为什么主题是流动和多维的?
3. 读者意识具体表现在哪些方面?

# 第9章

# 写作美学

文贵奇，文贵高，文贵大，文贵远，文贵简，文贵疏，文贵瘦，文贵变，文贵华，文贵参差，文贵品藻，文贵去陈言。

——（清）刘大櫆

须知意境中有海阔天空气象，有清风明月胸襟。

——林纾

词以境界为最上，有境界则自成高格，自有名句。

——王国维

## 第1节　美：从对象直观或折射出来的生命时空

### 一、美

美学基本原理的核心问题就是对美、审美活动的本质的解释，只有当这种解释符合所有的审美活动实际的时候，这种美学理论才是科学的、有效的。

机械唯物主义的美学家认为，美应该在客观的外在世界的审美对象上去体认，美不依赖于主体，是一种客观存在，这样就产生了“客观论”美的本质论。极端的主观主义美学家认为，美在于主观的情感、想象，美和美感是一个东西，美是对人而存在的，离开了审美个体，美便不存在，这样就产生了“美在主观”的主观论美的本质论第三种观点则认为美是“主客观的统一”。但是这三种美学思想的核心都是建立在主客二分、等级优先的现代主义哲学的思想基础之上的，总是把美看成一种特质，或存于主题，或存于客体，或存于关系，而没有把美看成一种审美主体在审美客体上面的一种发现，一种创造，一种感悟，一种主体间的生命对话。

马克思说：“人也按照美的规律来建造。”① 写作也是“按照美的规律”进行的。那么，“美的规律”究竟是什么呢？“美的规律”就是“美”的原理，就是美的本质。古希腊美学家柏拉图曾为“美的本质”困惑不已。人们一般以为，美就是一匹漂亮的母马，美就是一个美的汤罐，美就是黄金、象牙、云石，美就是一把美的竖琴，美就是一位年轻漂亮的娇嫩小姐……但柏拉图认为，这些都无法说明“美自身”（即美的本质、本体）是什么。自柏拉图以来，关于美的本质有许多说法，是形式、是真理、是生活、是自由、是生命……但是没有一种说法可以说服普天之下所有的美学家，因为，要能使美的本质能够成立，必须能够把真、善、美的区别与联系讲清楚，即在何种意义上，真、善、美是相区别的，何种意义上美与真、善又不可分，这个不可分的东西是什么。这个“什么”就是美的“本质”。

另一方面，这个美的定义还必须能够将自然美与艺术美统一起来，将艺术品艺术美中的形式美与艺术品的内容美统一起来，还必须将美的本质论（本体论）与美的方法论、思维论统一起来。不仅如此，这三个问题最后还要统一起来。正是这几个问题，让几千年来所有关于美的本质的论断、猜想不能得到充分证明。主观论美学是这样，客观论美学是这样，主客观统一的美学还是这样。现代主义美学是这样，后现代主义美学还是这样。实践论美学是这样，后实践论美学还是这样。

## 二、审美活动

审美活动是一种主体间性的活动。每一个审美主体都具有表达生命鲜活和生命自由的生命时空或心灵时空，它具有先在性、背景性、主体性、心灵状态性。审美活动就是审美主体在审美对象的表象形式之中去发现、创生表象形式上的生命时空的过程。后者实际上就是艺术家（艺术作品）的生命时空、心灵时空或造物主（自然现象）的生命时空、心灵时空。因此，审美活动就是这两个主体的心灵时空，即“天地之心”。因此，审美活动就是这两个主体的心灵时空、生命时空的对话、交流。当二者吻合、和谐的时候，美和美感就同时产生了。

美学唯一根本的问题就是清晰地阐释自然和人类社会现象中的真、善、美的区别与联系而已，所有的美学问题都从属于此。关于这个千古难题，马正平的观点是：一方面，真、善、美分别属于认识、伦理、情感三大人类心理知识活动，疆界清楚；

---

① 《马克思恩格斯全集》，中文1版，第42卷，97页。

另一方面，美又存在于真善之中：形式的美是对形式表象直观出来的生命时空（生存与自由），真、善之的美是对真、善折射出来的思维时空、心灵时空。这样，形式（美）、真、善统一于生命时空（美）之中。因此，美和真、善的关系不是“真＋善＝美”（李泽厚先生语），其真实的关系应该是：美是真和善的公分母，而这个审美分数的分母与分子成正比。如果用柏拉图在讨论这个问题时的术语去说，美是真、善的父亲、原因、前提，这样“以美启真”、“以美储善”（李泽厚先生语）才有可能。这样才可解释大凡科学大师，都在艺术和美学上有过人的优势，这样才能解释美育教育何以合法。

总之，美感产生的对象（美）就是审美主体在审美对象的表象形式之中去发现、创生表象形式上的生命时空、心灵时空。从表象形式之中去发现、创生表象形式上的生命时空、心灵时空就是美的本质、本体，而审美活动中的发现过程的思维方法就是“直观”与“折射”。形式（自然界的时空形式）中的生命时空的发现是通过“直观”（王国维所谓“天眼”）的审美思维方法产生出来的；真、善及艺术作品的内容中的生命时空、心灵时空（境界、意境）是通过“折射”（一种瞬间型的直观溯因的直觉）的审美思维方法创生、产生出来的。

## 三、美学三定义

现在，我们可以主体间性哲学的角度给“美”、“美感”、“审美”给出如下定义：

> 美，是审美主体在审美对象的表象中直观或折射出来的艺术家或造物主的生命时空、心灵时空，它就是生命生存、生命自由的确证，或者说，它就是产生自由这种“功能”的“结构”（精神实体）。
>
> 美感，就是审美主体对从审美对象直观或折射出来的生命时空、心灵时空感受的情感状态。
>
> 审美行为、审美活动，就是对审美对象中的心灵时空、生命时空的直观或折射的心灵判断的思维活动过程，这是一种审美主体和审美客体的主体间性关于生命自由体验的交流、对话、共鸣的过程。

美不在主观，也不在客观，也不在主客观统一，而是在审美主体对审美对象的表象中直观或折射出来的艺术家或造物主的生命时空、心灵时空之中。在这个最新的美的定义里，真、善、美的区别与联系讲清楚了：真、善、美是人类三大不同领域活动的理想，真是认识活动成果的目标、理想，善是道德活动成果的目标、理想，美是人类对形式的情感活动的目标、理想。但是，真、善、美三者之间具有全息的关系，即其中任意一个都具有其他二者的性质。生命时空通过直观与折射的审美思维来生成，其中，形式之美（生命时空）是通过直观来生成的，内容之美（生命时空）是通过折射来生成的。

马正平曾经指出：“在中国美学看来，‘意境’（境界）是文学艺术的终极本体。

在这里，不仅作为艺术形式的语言符号是艺术的载体，而且就连作为艺术内容的主题、形象也是艺术的载体，这一切都是为了表现作者的艺术意境、境界。无论从写作的角度，还是从鉴赏、批评的角度来看，我以为‘意境’、‘境界’既不是文艺作品中‘情景交融’的图画，也不是西方文论中的‘典型’，既不是艺术鉴赏时的联想想象的‘艺术天地’，也不是艺术形象和环境结合的立体化的‘艺术世界’，而是超越于这一切艺术形象之上的一种抽象的高远无碍的空间感，这种空间感是艺术家通过艺术符号、艺术内容、艺术技巧所体现出来的艺术家的内在心灵（思想、情感、人格）的高度。这是艺术的高度，也是人的生命高度。在这个高度上，作品产生的艺术空间和人的生命空间臻于无限，臻于永恒，这就是艺术之‘道’，这就是艺术之‘无’，这也许就是萨特所谓‘虚无’，这也许就是海德格尔所谓生命存在的‘澄明’之境。显然作家艺术家正是在这里获得了自己艺术和生命的真正存在和自由。可见，艺术体现着人生的境界，寄托着人生的理想。人类之所以创造艺术，需要艺术的原因也许正在这里。……因此，‘时空美学’才是生命美学的实现形式，才是艺术的最终本体论。”① 这是马正平对作为美学基本原理的“时空美学”的最早表述。②

## 第2节　写作美学何以可能

### 一、美学与写作美学的关系

作为思维和语言艺术的写作行为，本来就是一种审美活动，无论是文章的灵感、立意的产生，还是对主题的行文表达，无不是一个充满了充沛的审美活动的过程。因此，难怪柏拉图在《大希庇阿斯篇》这篇专门讨论美学问题的对话中，一开始就谈文章的写作美学问题。在那里，柏拉图假托苏格拉底的口气说：“谈到文章问题，你提醒了我须先要向你请教的一点。近来在一个讨论会里，我指责某些东西丑，赞扬某些东西美，被和我对话的人问得无辞以对。他带一点讥讽的口吻问我：‘苏格拉底，你怎样才知道什么是美，什么是丑，你能替美下一个定义么？’”而该文的结尾也是讲到了写作美学的问题：“我回到家里，他一听到我说起刚才那番话，他就问我知道不知道羞耻，去讲各种生活方式的美，却连这美的本质是什么都还茫然无知。这人向我说：‘你既然不知道什么才是美，你怎么能判断一篇文章或其他作品是好是坏？在这样蒙昧无知的状态中，你以为生胜于死么？’你看我两面受敌，又受你们的骂，又受这人的骂。但是忍受这些责骂也许对于我是必要的，它们对于我当然有益。至少是从我和你们俩的讨论中，希庇阿斯，我得到了一个益处，那就是更清楚地了

① 马正平：《生命的空间：〈人间词话〉的当代解读》，5页，北京，中国社会科学出版社，2000。

② 参见上书，10页。

解一句谚语：‘美是难的。’”意大利著名美学家克罗奇说：“美学和语言学、艺术科学和语言科学之间，并没有什么区别，因为作为真正的科学的美学和语言学，不是两回事，而是一回事。语言哲学和艺术哲学恰好是相同的。这是从它们的对象是相同的这一点上必然得出的结论。语言在质上是一种表现，而表现又是基本的审美事实。”所以，西方美学史上，许多美学家也是著名的修辞学家，例如亚里士多德、朗吉努斯、维柯、尼采、克罗奇等。在西方美学尚未独立为一门学科之前，许多美学思想存在于修辞学里，例如，西方美学的“崇高”这个重要美学范畴，最初就是罗马修辞学家朗吉努斯在《论崇高》中最先提出的。而西方许多美学家本身就是修辞学家（例如维柯、康德、克罗奇、尼采等），也可证明这一点。从这个意义上讲，美学与写作学是无法断然分开的。

中国美学史也是如此。中国美学没有西方那样多的哲学美学、纯理论美学，大多数的美学著作都是以文论、诗话、词话的形式出现的，而中国古代文论、诗话、词话也不像西方的近现代文艺理论、文学批评那样进行作品的思想、价值的哲学批评、思想评价，而是进行写作艺术的批评，但这样的文艺批评其实就是美学著作或写作美学著作。例如刘勰的《文心雕龙》、钟嵘的《诗品》、王昌龄的《诗格》、严羽的《沧浪诗话》、叶燮的《原诗》、陈廷焯的《白雨斋词话》、林纾的《春觉斋论文》，莫不如此。至于王国维的《人间词话》更是公认的近代美学名著。

## 二、写作美学：一门古老而年轻的学科

在中国写作史上，写作美学无疑是一门古老而又年轻的学科。虽然写作美学作为一门学科直到 20 世纪 80 年代才被正式提出，但是中国古代却早已经积淀了丰厚的写作美学资源。

早在几千年以前，孔子就有“言之无文，行而不远”之说，强调了写作中美学形式的重要性。其后历代名家不断论及：欧阳修有“状难写之境如在目前”，苏轼有“出新意于法度之中，寄妙理于豪放之外”，皆是从美学的角度对写作活动的探讨。至清朝的桐城派，认识更为清晰，刘大櫆的《论文偶记》认为“文章最要节奏，譬之管弦繁奏中，必有希声窈渺处”，指出“文贵远”、“文贵简”、“文贵华”、“文贵参差”、“文贵去陈言”等，已包含有深刻的写作美学思想。中国古代也有丰富的文章美学资源，为现代写作美学研究提供了大量可供借鉴的资料。然而，不可否认的是，中国古代文论所特有的感性的评点式研究，使得这些资源显得过于零碎、分散、不系统，亟须现代话语系统的理性阐释。

我国写作美学研究的进一步发展是在 20 世纪二三十年代。在西欧语法学的冲击下，白话文逐渐兴起，文章学研究者开始注意以美的标准来指导写作，如陈望道在 20 世纪 20 年代出版的《作文法讲义》一书中，专设一章研究“文章的美质”，提出文章应具有“明晰、遒劲、流畅”三大审美理想和标准，第一次比较自觉地从美学

的角度研究了文章写作的审美尺度，但该书对文章成品与写作行为还没有清晰的认识，同时，研究也显得比较感性，不够系统。其后，施畸的《中国文词学研究》一书则是正式从美学的角度进行文章写作美学研究的第一部专著。该书明确指出，“文章的要素是美，文章的作用应该是满足人类美的要求”，提出美的质素——数宜美、力宜美、色宜美、声宜美，“中国文词学，是研究怎样运用这些定律和原理，以创造好的中国文学作品的，就是回答如何方做得出好的文章的”[①]，并进一步对文章美的风格、表现形式以及写作过程的审美特性进行了研究。《中国文词学研究》在写作美学研究领域的突破是不容否认的，尽管该书还没有明确提出写作美学的概念，但已经对写作美学功能和操作有一种清晰的思考和研究，理论也开始趋于理性和系统化。然而，《中国文词学研究》的缺憾也是不容忽视的，该书明显受到西方形式美学的影响，所谓“数宜美”、“力宜美”、“色宜美”、“声宜美”，实际上就是西方形式美学的中国化，在理论上不可避免地有众多附会之处，影响了理论的说服力与可操作性。并且，由于该书没有解决写作美学的本体论问题，故明显缺乏哲学的深度。

其实中国现代写作史上，最有深度的写作美学思想家应该是被蒙文通先生誉为“一代之雄，数百年来，一人而已”的英年早逝的刘咸炘先生[②]。这位20世纪二三十年代不亚于刘师培先生的文史哲通达的天才学者在《文学述林·文学正名》中说：“学文以求工也。所谓工者，工于形式也。事期于真、理，情期于真、善。此内实之工，工在文外矣。若形式之工，则字期于当，训诂之学也；字群、句群期于顺，文法之学也；体性期于合，文体之论也；此皆止期于明其内实，则皆期于真、善也。若规式、格调则别加美为目的，规式本以美之标准而定，格调变化而要随人以动人为目的，皆期以主观之美者也。具此美者，皆谓之工文，其期于真、善者，无美丑派别之可言，非文学专科之所求也。”[③] 这里，所谓的“规式”、“格调”就是文章的语言节奏和文章风格等写作美学问题。也就是说，文章写作所产生的美是通过写作中的语言节奏的表现，文章的风格、情调、境界的达成来实现的。刘咸炘先生还指出，文章“规式”之美是通过“全篇诸字、诸句排列之形式”[④] 表现出来的，而“格调”之美则是“关于所有之字”、“在章节间”的写作眼与艺术所致。这是深得写作美学真谛的高明之论。

---

① 施畸：《中国文词学研究》，3页，上海，上海出版合作社，1925。

② 刘咸炘（1896—1932），四川双流人，20世纪二三十年代，历任四川敬业书院哲学系主任，成都大学、四川大学教授，被称为“近代学术史上英年早逝的天才学者”。张尔田、陈寅恪、梁漱溟、蒙文通、吴芳吉、卢前、唐君毅均对其学术成就推崇备至。有著作数百卷《推十书》传世。广西师范大学出版社2007年出版了《刘咸炘学术论集》，哲学、子学、史学、校雠、文学诸编共8册，数百万言，为海内外学界所瞩目。

③ 刘咸炘：《刘咸炘学术论集·文学讲义编》，5页，桂林，广西师范大学出版社，2007。

④ 同上。

1986 年，普颖华应武汉大学及全国写作学会之邀，为全国高等院校写作助教研修班讲授硕士学位研修课——中国写作美学，但遗憾的是，由于采用讲稿的形式，该书显得零散而又不系统，而且多侧重于对中国古代文化学和美学的知识教授，实质上并未取得深入进展。1987 年《写作》杂志刊出王铁军的《关于写作美学的思考》，但该文的思考也是停留在文章学的层面，并未区分文章成品与写作行为两种视角。

其后，1989 年由河北教育出版社出版的《写作学辞典》和 1992 年由汉语出版社出版的《写作大辞典》，都列有专条解释“写作美学”，开始区分文章成品与写作行文两种视角，将“写作美学”限定为写作行文这一特定视角。学者们在论及写作学理论构架的同时，也多承认写作美学的存在，但除了个别学者表现出为建构写作美学本体、寻求写作学与美学的结合点而努力之外，写作美学一直未曾有深入发展，系统的写作美学理论构建更是很少出现，至于具体的细化即微观研究，则基本上还没有开始。

所以，严格地说，在中国当代写作学的建设中，写作美学基本上还处于一种事实上的缺席地位，亟须系统、深入研究。

## 三、写作美学研究是当代写作学深化的必然

写作美学的研究现状与其本身具有的重要研究价值是非常不相称的。

首先，写作美学研究是写作主体建构的需要。任何写作行为都是在写作主体控制下的行为，写作主体心灵背景的建构是写作行为顺利推进的动力与源泉。在某种意义上，我们甚至可以说，决定写作行为是否成功的最重要的部分是写作主体的知识结构、健康人格和审美心灵结构。写作美学研究必须关注写作主体对美的感受能力，弄清楚“怎样的文章才是美的文章”，着力于建构写作主体优良的审美心理能力，形成进步的高尚的审美理想。写作主体心灵背景的理性建构与写作美学研究有着密切的关系，要想进行写作主体完善的理性建构，就必须对写作美学进行系统的研究。

其次，写作美学研究是探索写作行为内在机制的需要。人类写作是一个复杂的行为系统，处于若干因素的相互影响和多维控制之下。写作美学最终要解决的是“怎样才能写出好的文章”的问题，而这正是写作学研究的最终目的，也是探索写作行为内在机制的最终目的。而探索写作行为内在机制，揭示其内在的特性与规律，目的就在于为现实的写作服务，即指导写作者在写作过程中顺利写出文章。写作美学着力探讨的是在写作行为中怎样写出好的文章，在理论上更深入一层。因此，要进一步深入探索写作行为内在机制，最终必须落到写作美学的研究上来。

最后，写作美学研究是当代写作学学科体系建构的需要。写作美学以中介的身份联结了写作哲学、写作文化和写作思维这几个理论层次，向上以其特有的人文性

与写作哲学、写作文化贯穿，向下则以其控制性机制与写作思维联结。可以说，写作美学是中国当代写作学理论体系中不可或缺的一部分，写作美学缺席的中国当代写作学学科体系必然是残缺的。因此，要想进行当代写作学学科体系的完善建构，就必须深入开展对写作美学的研究。

总的来说，写作美学研究是当代写作学深化的必然。只有系统、深入地研究写作美学，越过写作美学这一高峰，中国当代写作学理论体系才能趋于完善。

### 四、写作美学研究的艰巨性

当然，写作美学研究也有其不可忽视的艰巨性。

首先，它要求研究者具备多学科的知识结构和学术素养。写作是一个复杂的行为系统，涉及心理学、思维学、美学、哲学等多种范畴，写作美学是写作学与美学相结合的一门边缘学科，复杂性更甚。要研究写作美学，研究者不仅必须具备心理学、思维学、美学、哲学等多学科的知识结构，而且还必须具备融会贯通、熟练驾驭各学科的能力。除此之外，研究者还得积累丰富的写作经验。写作学是一门操作性极强的学科，作为其分支学科的写作美学也必须以操作性为其归宿，纯粹的纸上谈兵解决不了实际问题。研究者只有以其实际丰富的写作经验为基础，才有可能对写作美学进行深入研究。

其次，写作美学研究的原创性也是造成写作美学研究艰巨性的重要原因。写作美学是一门新兴的边缘学科，仅有的理论粗胚也都完全是原创性的，没有现成的理论与方法可以借鉴，一切都必须依靠研究者从“无”到“有”逐步摸索。

可以说，任何理论的初建期都是非常艰难的，写作美学自身研究的特性，更增加了其研究的难度。然而，研究越艰巨，得到的欢欣也越多，在精神的历险中，写作美学正逐渐向我们展露出其神秘的面容。

## 第3节　写作美学的概念与结构

### 一、何谓写作美学

#### （一）写作美学的研究对象

写作是人类运用文字、符号进行记录、交流、传播信息的语言活动，是人类重要的精神生产过程，是按照美的规律进行的。写作美学就是一门研究在写作活动中怎样按照美的规律创造出美的文章的学科。它以审美视角下的写作活动为研究对象，主要包括两部分内容：一是对写作主体关于文章写作的审美理想和文章图样的研究；二是对写作行为过程中审美规律和审美特性的研究。

写作美学研究对象的确定是写作美学得以独立的前提。正如在 20 世纪 80 年代写作学创建初期，写作学界对写作学和文章学没有严格区分一样，在很长一段时间内对写作美学与文章美学也没有特别的区分，往往将以“文章成品”为审美对象的文章美学和以“写作行为”为审美对象的写作美学混为一谈，导致研究无法顺利进行。

具体说来，写作美学在研究内容上还可以有以下划分：(1) 总体写作活动及其传播活动的审美特性；(2) 写作主体审美心理结构的建构；(3) 各种文章体裁的审美特性规范；(4) 写作活动内部各个环节的审美特性和审美规律。应该说，写作美学的研究前景十分广阔。

**(二) 写作美学的特点**

写作美学主要侧重于研究形而上层面的写作原理和内在机制，目的在于弄清怎样写才更人性化、更美，理想性是其突出特点。写作主体的审美理想投射于文章写作，表现为文章审美理想。写作主体的文章审美理想再具象化、心灵化即为文章审美图样。在写作行为中，文章审美图样永远以一种至美的理想状态在不远处若隐若现地闪烁，给写作主体以无限美好的憧憬与渴望，引导着写作主体不断地有意识地控制和调节着写作行为，使之不断地、尽可能地趋近文章审美图样。但必须明白的是，文章审美图样相对于写作者这一个体来说，是一种至美的理想状态，写作主体可以无限地趋近，却很难绝对达到。即使是一个成熟的写作者，也可能出现词不达意的情况，而对于一个有可能“眼高手低”的初学写作者来说，向文章审美图样的趋近便显得尤其困难。

求异性也是写作美学的典型特点。写作美学着重探讨的是怎样才能写出美的文章的美学规律。陈旧的、被重复使用的写作形式与内容往往会失去美的冲击力，因而缺乏审美价值。而那些充满个性的、不可重复的、奇异的写作形式与内容则有可能产生巨大的美的冲击力。因此，写作美学鼓励写作主体在写作过程中寻求切合自身的独特的写作形式和内容，创造出理想的审美效果。

**(三) 写作美学的功能和意义**

人类写作是一个复杂的行为系统，由无数的子系统构成，这些子系统在其中都具有特定的功能和机制。一般地说，写作活动可分为三个大的行为系统：一是动力系统，如写作主体心灵背景的建构；二是操作系统，如写作思维模型的构建；三是控制系统，如写作文化的定位。写作美学作为写作主体的中介，在写作这一系列的选择活动中起的是一种控制的作用，它决定写作者这样写而不是那样写。写作审美理想在心灵上具象化形成文章审美图样，这种文章审美图样作为一种意识时时规范、控制着写作者的立意、行文、修改，并最终形成节奏分明、境界高远的文章成品。

研究写作美学，不仅有利于更深入地探索写作行为机制，进一步揭开写作行为这一谜题，更好地利用其控制功能进行写作活动，而且有利于更为理性地进行写作主体的审美心理建构，使写作活动得以具备不竭的动力与源泉。

## 二、写作美学的学科边缘性

### （一）写作美学与美学

写作美学是一门界于写作学和美学之间的边缘性学科。写作美学有狭义和广义之分。广义的写作美学，研究的是人类所有自觉的书写创造活动的美学规律。它既包括一切文字书写即文章写作的美学规律，也包括一切非文字书写即艺术创作的美学规律。其概念与作为“感性科学”和“艺术哲学”的一般美学概念大致等同。狭义的写作美学则专指对文字书写即文章写作的美学规律的研究，排除了非文字写作即艺术创作的美学规律的研究。为了研究的方便，一般意义上的写作美学皆指狭义的写作美学。

### （二）写作美学与写作学

写作美学是写作学的高层次理论，它着重研究的是写作学形而上的写作原理。它更注意从操作、技法的层面抽象出写作原理，它探讨怎样写才更人性化、更理想、更美的规律，而这些规律皆与终极的价值规范相联结。

### （三）写作美学与写作哲学和写作文化学

写作美学与写作哲学、写作文化学也有着密切的关系。就写作美学与写作哲学而言，一般地说，写作哲学是写作学的最高层次理论，它为写作学的其他学科包括写作美学提供本体论基础，写作哲学的心灵化、感性化和技术化就表现为写作美学。

就写作美学与写作文化学而言，写作美学更为强调求异性，鼓励个性的发挥。写作文化学则最强调求同，一种哲学思潮或一种审美理想只有在群体化、地域化之后，才可能纳入写作文化学的范畴。简单地说，写作美学的时代化、地域化、群体化即为写作文化。

## 三、写作美学的内涵

### （一）写作主体关于文章写作的审美理想和图式的研究

写作美学主要包括两个方面的研究内容，即写作主体关于文章写作的审美理想和文章审美图样，主要解决的是一篇怎样的文章才算美的问题，由此，培养写作主体对美的敏锐的感受能力，建构写作主体优化的审美心理结构。

首先，从哲学的层面而言，写作主体对美的感受能力来源于对人生终极价值与意义的清醒认识。人类自出现于地球，面对茫茫宇宙，就不得不承受有限生命必然走向死亡的深沉苦痛：浩瀚无垠的宇宙中，个体生命只不过是渺小有限的漂泊者。人类开始寻求超越有限生命的途径，为自身的存在寻找合适的理由。写作美学就是对写作主体人生终极理想实现途径美学意义上的研究。写作主体对人生哲学认识的深浅程度往往能影响到他对美的感受能力，由此决定他在写作过程中采用何种美学形式。写作大家，往往经历人生变故，阅世颇多，最终则能绚烂之极归于平淡，风格上呈现出沉静安详之美，原因就在于此。

其次，就具体的写作层面而言，写作美学是对写作主体文章审美理想实现途径美学意义上的研究。写作主体终极的人生审美理想决定他有一个怎样的文章审美理想。在具体写作过程中，写作主体的文章审美理想往往会心灵化为文章审美图样，文章审美图样再作为一种理想的状态与意识时时提醒和推动着写作进程向自身的无限趋近。

写作主体文章审美理想的成型，除了与其自身的人生经历、人生认识有关外，还与写作主体对美文的鉴赏和感受有着密切关系。阅读者在对美文的欣赏过程中，逐渐积淀独特的审美经验，由此形成自己独特的文章审美理想。一篇好的文章，首先透露出的必然是某种感觉和感受，或者文采飞扬、自然流畅，或者节奏分明、力度得当，但总的来说，又必得文脉贯通、生气盎然。好的文章还应该能极大拓展人的思维空间：就文学文体而言，是能从较少的文字中看到丰富生动的表达效果，获得空阔的弥漫性的氛围，即能进入某种意境；就实用文体而言，则应该是深刻鲜明、逻辑严密，走在时代思维的前列，由此能进入某种智慧的境界。好文章还应该表现出对文体的恰当把握，文体不同，表现出的审美特性也必然不同。一般说来，文学写作有较高的审美要求，对写作行文都有特别的讲究，实用性文章也同样讲究强化审美效果，但必须掌握好审美分寸。所以，严格说来，还应该有文学写作美学和实用写作美学之分。

**（二）写作行为过程的审美特性和规律的研究**

写作美学还应该注意对写作行为过程的审美特性和规律的研究。写作美学是一门以操作性为特征的学科，写作主体的优化、心灵背景的建构最终都必得归结到写作行为过程上来。我们研究写作美学，最终仍以操作性为其归宿，对写作行为过程的审美特性和规律的研究便显得尤其重要。

写作行为过程中，从立意、行文到修改，皆是一系列审美理想影响下的选择过程，有其内在的审美规律可循。

具体说来，在立意的过程中，对高远、深刻、新颖的理想追求是其既定规律。元代陆辅之提出“作词四贵”，即“命意贵远，用字贵便，造语贵新，炼字贵响”，而将“命意贵远”置于“四贵”之首。李东阳的《怀麓堂诗话》也有“诗贵意，意贵远不贵近，贵淡不贵浓”之说，在这里，“远”即高远、深刻，也就是说，立意应以高远、深刻为标准。另外新颖也是立意要追求的目标，清人沈谦在《填词杂说》中明确标举“立意贵新”，赵翼探讨了“新”的含义，即“意未经人说过，则新；书未经人用过，则新”。可见，新颖的立意也为古人所重视。

立意实际上是一个写作主体扩充情感空间和智慧空间的结果。方东树在《昭昧詹言》中指出：“大约胸襟高，立志高，见地高，则命意自高”，说的就是立意与写作主体心灵空间的密切关系。并且，立意的高远、深刻又与写作主体超越自我、探寻事物深层本质的潜在要求是分不开的，而立意追求新颖，又与写作主体追求理想的美的冲击力有密切关系。

在行文过程中，对文章内部构造和组织方式的选择即结构的安排也与写作主体审美理想的引导分不开。结构本质上是一个共时性、空间性的存在，它突出地与写作主体心灵空间相对应，写作主体超越有限生命、实现心灵空间的开放与自由的普遍要求具体到结构上，则是力求结构的立体开放，追求充盈的立体感，忌窄、小、呆板。

行文的过程中，还有一个材料的选择过程。一般说来，选择材料应围绕主题，不可一味堆砌，力求贴切得当，但也力求丰富充实。写作主体若阅历丰富、博闻广记，选择材料上便更为丰富自然和从容。《史记》所涉极广，天文地理无所不包，全书显得极为厚重，与材料的丰富有很大关系。

语言的问题在行文中也不可忽视。《礼记·表记》中就有“情欲信，辞欲巧”之说。汉语言因为其本身固有的平仄声调，突出地与写作主体对生命节奏感的内在追求相连。一般地说，语言应自然灵动，力求呈现出生命自身的流动之美。

最后还有一个修改的程序。修改也是对文章成品进行整体的审视，与文章审美图样进行对照，并尽可能地从各个方面使之向文章审美图样靠近。

总的来说，写作行为过程有其特定的审美规律，明确这些审美规律，有利于写作的顺利进行。

## 四、“美的规律”和写作行为的“美的规律”

所谓“按照美的规律来建造”，其实就是按照“生命时空生成的规律”进行“建造”的。所谓“写作是按照生命时空生成规律进行建造”，是说写作活动要在生命时空论美学的指引下创造出能够使读者在写作成果、文章作品中直观和折射出生命时空、心灵时空来。不仅在写作立意中，而且在写作行文措辞中，还有在写作技巧中都要能够让读者轻而易举地在文章形式中直观到生命时空、心灵时空，在文章内容中折射出生命时空、心灵时空。

总之，从这个意义上讲，写作思维只是对写作之美（生命时空）表达生成的一种表达方式、手段途径而已。例如，写作中运用赋形思维中“重复”的思维操作模型就是营造文章主题的一种文气、氛围、思维情感的空间而已，运用赋形思维中“对比”的思维操作模型就是产生文章内容、形式表现力的张力空间而已，运用因果性路径思维的分析与综合都是为了生成无限博大的思维空间而已，而所有的语言形式产生的节奏、韵律都是为了产生文章的时间之美而已，最后融合成为一种时空交融的整体精神生命时空。这就是写作美学的全部奥秘所在。

# 第4节　写作美学的形态与理想

## 一、作为写作审美本体的时空

### （一）流动时间是生命存在的依据

时间问题是同人类最初对自然的思考联系在一起的。正因为太阳星辰的运转，日月山河的变更，人在对事物前后变迁的对照中才感觉出时间的无情流逝。流动是生命存在的基本形态，时间是存在得以展开的地平线，现实的人总是存在于时间之中。每一个生命个体都只是永恒的时间之流中微不足道的一个小点，生命的孕育、萌生、成长、衰亡，呈现的是一个必然走向死亡的不可逆转的流动过程。而人类只有先验地感受到时间的一往无前和生命的必然走向死亡，才能深刻地感觉到生命个体的存在，存在也才能因此得以彰显。

在人类历史中，现实时间几乎总是以一种压迫性的力量存在的。“子在川上曰：‘逝者如斯夫，不舍昼夜。’”几千年以前，孔子面对滚滚流逝的江水发出了对于时间无情流逝的深沉喟叹。粗猛如桓温，亦有“树犹如此，人何以堪”之叹。陈子昂之《登幽州台歌》更是充满了在无情时间中自我存在的孤独：“前不见古人，后不见来者。念天地之悠悠，独怆然而涕下。”人作为现实的时间存在，永远无法逃脱必然走向死亡的既定命运。然而，作为有高度智慧和情感的人类，不可能无所作为地忍受这种有限生命的煎熬，他们必然会为自己的存在寻找一个合适的理由，来确证自身的存在，寻找人之为人的价值和意义，也就是超越有限生命，求得灵魂或精神的不朽，实现生命的自我拯救。中国古代有“太上有立功，其次有立德，其次有立言”（《左传·襄公二十四年》）之说，认为立功、立德、立言是不朽的三大途径。事实上，对大多数普通而平凡的人来说，立功、立德毕竟离现实生活太遥远，只有立言才显得伸手可及。写作即是自觉意义上的立言行为，是超越有限生命的实现途径之一，写作对有限生命的超越主要在于它以文字的永久存在使有限生命得以永恒延伸。写作主体按照自己的意志、愿望、理想创造出一个意义世界，为漂泊的有限生命建构出永恒的家园，自我由此得以确证，存在也因此得以彰显。

### （二）高远空间感是生命自由的标志

与时间紧密联系在一起的是空间。如果说时间是物质运动过程的持续性和顺序性，那么，空间则是运动物质的伸张性和广延性，个体的存在即是对空间的占有。同样，不仅个体存在对空间的占有是有限的，而且个体感官所能把握的空间也是有限的，要超越有限空间，同样也只能借助心灵。人类心灵天赋的想象力和联想力是超越有限空间的前提。正是在想象空间中，人类才能得以摆脱有限形体的局限，在高远空间中无所阻碍地遨游，而这种无所阻碍的遨游状态，正是自由的境界。陆机的《文赋》曾经描述了这种境界："其始也，皆收视反听，耽思傍讯，精骛八极，心游万仞"；刘勰的《文心雕龙·神思》中的"文之思也，其神远矣。故寂然凝虑，思接千载，悄焉动容，视通万理"，指的也是这种境界。

思想界曾经流行一种看法，认为自由是对必然性的认识，这其实只是认识论领域内的自由。当人的知识结构、思想视野达到时代思维所能达到的极限，在认识论领域内，我们可以说，他是自由的。但必须指出的是，自由不仅仅是一个认识论的范畴，在心理学的领域，自由还可以表现为人类对于必然性的现实世界的一种无限开放的精神状态，一种不滞于物的虚无——一种心灵、精神的无碍感。这种自由，人类往往必须经过审美活动才能达到。这两种自由都表现为一种高远的理想空间、生命空间，但后一种自由更多地表现出对生命的关怀和对心灵的抚慰，从而更具有终极的人生意义。

**（三）美感来自于对生命自由的体验**

我们认为，流动时间感是生命存在的依据，高远空间感是生命自由的标志，而美感来自于对生命自由的体验。

对于有感觉有知觉的人类生命来说，美其实就相当于美感。美不是一种单纯的存在物，因为美作为一种单纯的存在物是没有意义的。它只有在生命与之发生联系的时候才会显现出来，当主体以自身的生命去领悟宇宙生命，超越个体的有限生命，无所阻碍地遨游在无限时空中时，我们就感觉到了美，也就是说，美感来源于对生命自由的体验。

本体的问题如同美感的问题一样，一直为哲学界所争论。在这里，我们不准备对本体作详细的阐述和细致的论证，我们只是一般地认为，本体指的是生命的一种终极存在方式，是体系得以生长的原点。写作审美本体则指的是写作主体的一种终极存在方式，也就是从绝对价值关怀的角度对"写作审美为何以及如何存在"的回答。就终极的层面而言，写作主体作为生命个体是一种有限的时空存在物，有一种超越有限生命进入无限时空实现生命自由的潜在终极追求。苏珊·朗格曾经指出，人类与动物的不同之处，主要在于他时时想使体验象征化、符号化。写作即是人的生存意义在语言符号上的表征。人类通过写作行为实现对有限时空的超越，进入审美的境界，体验生命自由的欢欣，在将体验符号化之后，优秀的文字符号还将超越有限的时间，使生命的意义得以永恒流传。由此说来，时空感是写作美学体系最为基本的理论生长点，它从终极的角度回答了写作审美对有限生命的超越和美感的终极生成。因此，我们将时空感设定为写作审美本体。

在时空感的统摄下，写作者优化的心理时间与心理空间成为文章主题的价值秩序的源泉，而每篇具体文章则是写作者心灵时间与心理空间的折射与表征，其基本的美学形态即节奏和境界。

## 二、写作的时间之美——节奏美

### （一）节奏的概念与范畴

节奏原指乐音的高下缓急。《礼记·乐记》曰："乐者，心之动也。声者，乐之象也。文采节奏，声之饰也。君子动其本也。"即为此意。现在所谓的节奏，已不单纯指乐音节拍的强弱或诗歌音韵的平仄，而是作为时间与速度的表征，表现出一种有规律的运动。时间不是绝对平稳均衡的河流，它体现于万物的孕育、萌生、成长、衰亡的过程中，随着万物运动的变化表现出起伏振荡、疾徐迟骤等有规律的运动。

节奏作为时间与速度的表征，具有非具象性、非主观性的特点。节奏的非具象性，指的是节奏无法反映现实生活的具体图案、事件，只能主要反映出这个时代的运动速度；非主观性则说的是节奏能激发情感，但不直接激发，而是以节奏运载的内容为中介，节奏本身具有一种独立于主体品格的表现力。

就其范畴而言，节奏可分为外在节奏和内在节奏。外在节奏有宇宙节奏、时代节奏。内在节奏则指主体的心理节奏。《易传·系辞上》言："一阴一阳之谓道"，正是由于阴阳的相互作用和相互转化，宇宙才得以显现出一阴一阳、一明一暗、一动一静、一寒一暑等的和谐节奏。特定的时代有特定的节奏。古代社会"日出而作，日落而息"，故时代节奏舒缓；现代社会科学技术发达，生活步骤加快，故时代节奏急骤。除此之外，主体因为个性、气质、情感等的不同，还表现出不同的心理节奏。总的来说，内在节奏受外在节奏的影响，时代节奏又受宇宙节奏的影响，宇宙节奏统领一切节奏，只有内在节奏与外在节奏相和相应，才会趋于和谐。

具体到写作行为中，不同的主体在宇宙节奏的统领下，在时代节奏的影响下，在自身特定心理节奏的驱使下，付诸文字，则又表现出不同的叙述节奏、语言节奏。

叙述节奏指的是叙述的快慢程度，它和现实节奏是不一样的。一件事情的发生也许就在一秒之际，但写作者却可以花几百字、几千字乃至更长的篇幅来叙述，同样的道理，几年、几十年的时间却可以一笔带过，这完全视写作主体表达、情感的需要而定。

语言节奏则是指具体语言组织起来所形成的高低、起伏、强弱等有规律的运动。由平仄组成的汉语言文字本身就极富节奏感，另外语言的详略、句式的长短变化都是一种语言节奏，而这种语言节奏的快慢又会影响到叙述节奏。

但叙述节奏、语言节奏的快与慢、动与静，应与时代节奏相宜，与宇宙节奏相和，由此形成的写作节奏即为一种理想的时间与速度之美。

### （二）写作中的节奏现象

节奏在写作中是作为一种理想的流动感和运动感而存在的。在写作学中，写作节奏既体现在内容方面，也体现在形式方面。

从内容方面来说，思想感情的起伏跌宕是一种节奏。所谓"文似看山不喜平"，讲的就是文章内容节奏。当代诗歌多注重以繁复的意象运动表现纷至沓来和多变的意识流动，由此产生的是一种强烈的节奏感即快速流动的时间。另外，写作一气呵成、意脉贯通、思路流畅也能产生节奏感，古人所谓“清通流畅”，即是着眼于文章自然流动的节奏感进行评论的。中国古代特别讲究文章的行云流水，苏轼的《答谢民师书》云：“……所示书教及诗赋杂文，观之熟矣；大略如行云流水，初无定质，但常行于所当行，常止于所不可不止，文理自然，姿态横生”，即是指一种整体的无所阻碍的流动感、运动感，体现出来的是一种和谐的节奏感，与生命的流动相和相应，由此得到的便是一种深层的美感。

写作节奏还更多地体现在形式方面。

首先，结构的转折开合呈现出的是一种流动的节奏感。中国古文的典型模式“起、承、转、合”就是通过结构的转折变化表现出时间的流动之美。

其次，在叙述的过程中，还可以随写作主体情感的强弱调整叙述的快慢，由此显示出鲜明的节奏感。

再次，句子的长短变化也能形成节奏，长句的整体运用形成的是一种缓慢的流动感，短句的整体运用产生的则是快速的流动感。当代文章写作往往频繁运用偏短句子，以此与当代信息时代的快速节奏相应。当然更为常见的是长短句的综合运用，因为这样更利于形成与写作主体心灵情感状态相协调的节奏感。

最后，语言的运用也能鲜明地显示出节奏。在语音方面，平仄相对很明显地会产生节奏感。中国古代诗词特别讲究平仄相对，故节奏感极为鲜明。现当代写作已不再特别讲究平仄相对，但音节的和谐仍是其一般要求。除此之外，语言的详略处理也能产生节奏。

对时间之美也即节奏的追求是写作主体潜在深层次的追求，刘大櫆《论文偶记》中极力标举“文贵变”、“文贵参差”，指的也是要写出优秀的作品，就必须注意对时间之美的自觉追求。

## 三、写作的空间之美——境界美

### （一）境界的概念与范畴

境界本义为一定的疆域、疆界。《诗经·大雅·江汉》有：“于疆于理”，郑玄笺注曰：“正其疆界，修其分理”；《列子·周穆王》云：“西极之南隅有国焉，不知境界之所接，名古莽之国”，其中的境界皆用此意。现在所谓境界，已不再是实体的疆域，不再是单纯的认识问题，而是指向一种心灵状态，一种经过自我体验、自我超越、渴求无限空间的心灵状态，一种弥漫性的空间存在。方回的《桐江集》卷二《心境记》曰：“心即境也，治其境而不于其心，则迹与人境远，而心未尝不近；治其心而不于其境，则迹与人境近，而心未尝不远。”梁启超也说：“境者，心造也，一切物境皆虚幻，惟心所造之境为真实。”（《饮冰室合集》）事实上，境界的本义指的就是空间的延展性。境界的本质就是一种对生命空间之美的向往，而这种生命空间之美其实就是对生命自由的感觉与体认。

境界具有审美特性，但不是说境界本身就是审美境界。境界有多样性和多层性的区分。就其内容不同可分为思想境界、道德境界、审美境界；就其层次来分，又可分为自然境界、功利境界、道德境界和天地境界。①

具体到写作这一特定行为，就其内容来分，有情境、智境；就其层次来说，有主体（心灵）境界、文章境界。主体（心灵）境界指的是写作者所能达到的心灵空间，文章境界就是主体境界的折射、表征、符号化。为能达到理想的文章境界，写作者必须不断提升主体的心灵境界，获得最优化的心灵空间。

姚鼐的《与陈硕士书》云："大抵作诗古文，皆急须先辨明雅俗。俗气不除则无由入门，况求妙绝之境乎？"林纾也谓："须知意境中有海阔天空气象，有清风明月胸襟。须在未临文之先，心胸朗彻，名理充备，偶一着想，文字自出正宗。""妙绝之境"、"正宗"皆指理想的高远境界。这里其实已指出了提升主体心灵境界、拓展思维空间的两条途径：一为"去除俗气"，达到"心胸朗彻"，由此获得的是高雅纯洁的人格态度，所谓"虚一而静"、"涤除心胸"是也；一为"辨明雅俗"、"名理充备"，由敏锐的洞察力和渊博的学识进而获得深邃的见解，所谓"积学以储宝，酌理以富才，研阅以穷照，驯致以夷辞"是也。《文心雕龙·论说》进一步说："宋岱、郭象，锐思于几神之区；夷甫、裴頠，交辨于有无之域，并独步当时，流声后代。然滞有者，全系于形用；贵无者，专守于寂寥。徒锐偏解，莫诣正理，动极神源，其般若之绝境乎？"明确指出写作者只有加强智能因素的培养，才能达到时代所能达到的思维空间的极限。前者可称之为"情境"，后者可称之为"智境"。主体境界的符号化即为文章境界，情境多指向涉及形象与情感的文学作品，故对主体的人格、心境有严格要求，智境则多指向非文学作品，故对主体的观察力、感受力、理解力等智能因素有较高要求。但必须说明的是，将情境与智境区分开来只是为了说明的方便，在实际操作中，为了达到最优化的心灵空间，主体对智能因素和非智能因素都必须加以培养，在具体写作中，智境和情境是同时出现的，只是在不同文体中各有偏重而已。

**（二）境界在写作中的体现**

境界在写作中是作为一种理想的弥漫着生命力的高远空间而出现的。它必得以心灵为中介，并通过心灵而表现出来，表现在写作中便是一种整体的文气盎然。

境界可分为两种，即情境和智境。情境主要表现为一种极具弥漫性的情感空间，由此实现的是心理学领域内的自由，即一种开放的精神状态，我们通常所说的"韵外之致"、"味外之旨"、"含不尽之意见于言外"，皆是指情境而言。情境的出现，往往需要写作主体情感纯朴深厚，以尽量简要的文字，写出意蕴无穷的想象空间。智境则主要表现为一种思想上的张力，一种阔大深邃的智慧空间。智境的形

① 参见冯友兰：《贞元六书·新原人》，上海，华东师范大学出版社，1996。

成，对写作主体学识的要求更为严格。为了达到时代思维的极限，实现认识论领域的自由，写作主体不仅要具备敏锐的洞察力、挥洒自如的表现力，还得具备渊博的学识。桐城派散文家标举“义理、考证、文章”，表现出的即是一种鲜明的对智境的追求。

成熟的写作者往往呈现出独特的整体风格，风格的形成其实也是一种境界，风格、格调就是一种独特的境界和氛围，由此表现出的即是一种独特的心灵空间。王士祯的“调即思之境，格即调之境”就是这个意思。风格的形成和写作者独特的心灵空间有着直接的关系，不同的写作者会表现出不同的写作风格，由此形成了境界的多样化。

在具体的行文中，境界还可以通过多种方法表现出来。首先，写作中想象的上天入地、纵横古今能产生一种阔大的空间张力。如屈原的《离骚》，诗人“朝发轫于苍梧兮，夕余至乎县圃”，全诗纵横天地，上下求索，表现出了一种阔大的想象空间。其次，对细小事物的传神描写与对壮美景物的描绘同样都能产生境界。王国维的《人间词话》说：“境界有大小，不以是而分优劣。‘细雨鱼儿出，微风燕子斜’，何遽不若‘落日照大旗，马鸣风萧萧’？‘宝帘闲挂小银钩’，何遽不若‘雾失楼台，月迷津渡’也”，讲的就是这个意思。另外，结构安排上的立体开放也会有助于开拓空间，形成境界。

但总的来说，境界强调的是一种整体的空间之美，故写作者往往要综合运用各种方法，以便形成文章整体上文气盎然的空间效果。刘大櫆的《论文偶记》有“文贵奇”、“文贵高”、“文贵大”、“文贵远”、“文贵华”、“文贵品藻”等，皆是指优秀的写作成品必须表现出对理想高远空间之美的追求。

## 四、写作审美理想

从人生终极价值的层面来说，流动的时间感是生命存在的依据，高远的空间感是生命存在的标志，而美感则来自于生命自由的体验，那么，终极的写作审美理想就应该是时空的融合，即境界美和节奏美的水乳交融。空间不是静止的空间，而是气韵流动、节奏分明的空间；时间不是单纯的时间，它必得在空间中展开，并融为空间的一部分。王维的“行到水穷处，坐看云起时”即表达了时间空间化的过程和以空间吸收无限时间的深长意味，正是写作审美理想的完美实现。为了阐述的方便，上文将境界与节奏分开阐述，但实际上，正如时间与空间不可分割一样，写作中境界与节奏也是不可分割的，只能有所偏重。在具体的写作行为中，时间可以空间化，空间也可以时间化。节奏的加快可以拓宽文章的空间，使文章产生高远的境界感。同样，空间上的重峦叠嶂也可表现出一种时间的跳跃。中国古代典型的写作模式“起承转合”就是以文势的转折变化给人以鲜明的时间感。

具体地说，审美理想毕竟是在一定的文化环境和社会实践上形成和发展起来的，必然受一定时代所达到的思想视野和哲学追求的限制。不同时代的写作者因为时代整体文化环境的不同，会有不同的审美理想，而一定时期的写作者因为自身经历的不同、对社会文化体会的不同，也有可能形成不同的审美理想。就同一写作者来说，审美理想在他的社会和写作实践中会有一个形成过程，形成之后也有可能发展变化 。

不同文化环境的人也会形成不同的审美理想，表现出的也就是对时间美和空间美的不同偏重，或者是对时空之美不同的表现方式。

中国是大陆国家，古代中国人很少有海上冒险的经历，大部分以农业为生，他们纵身大化，与物推移，安然于一个天人和谐的理想境界，他们以“俯仰自得”的精神欣赏宇宙空间，安然聆听宇宙的生命节奏。表现在写作审美理想上，则往往是时间之美对空间之美的自然依托。中国古代也重视时间之美，六朝时期沈约还专门提出“四声八病”，探讨怎样才能形成最完美的节奏形式，以后的诗词文写作也极为强调平仄的相押，但总的来说，中国古代的写作审美理想更以空间之美为旨归，时间之美只是表现空间之美的方式。王国维说：“词以境界为最上，有境界则自成高格，自有名句”，又言“文学之事，其内足以抒己，而外足以感人者，意与境二者而已”，皆是指出境界（意境）即弥漫性的空间之美是写作追求的最高审美理想。刘大櫆一方面指出了节奏之美对写作的重要性，“文章最要节奏，譬之管弦繁奏中，必有希声窈渺处”；另一方面却认为时间之美最终要为空间之美服务，“神气者，文之最精处也；音节者，文之稍粗处也；字句者，文之最粗处也”，强调“神气不可见，于音节见之；音节无可准，以字句准之”。神气是一个空间美的范畴，音节是表现节奏美的方式，刘大櫆明确指出，音节为神气服务，神气才是文章最精妙的审美效果。

发源于希腊理性精神的西方文化，虽然同样渴望超越自我，同样向往无限空间，但他们的向往其实是希望通过理性的力量征服无限空间。西方很早就出现了天文学，西方人对时间充满了不信任感，时间的吞噬力量对他们来说显得尤其痛彻心扉，于是便有了精密的测量时间的仪器出现。在写作上，西方人特别强调逻辑思维的训练。到了现代，他们终于厌倦了波澜不惊的理性之流，在这一理性之流中，面对浩瀚无垠的宇宙，他们仍然是孤独无依的渺小漂泊者。于是他们将时间割裂为碎片，再重新加以自由组合，期望以此获得一个理想的空间。但正如一个任性的顽童，摔坏了父辈留下的时钟，他坐在地上试图重新组合，但是一切都无法回复到从前。

必须说明的是，随着当代中国商业逐步发达，物欲开始膨胀，传统的以和谐为核心的审美理想也开始淡化。当代中国人开始期望在文化上占据一个更为主动的位置，在写作中，时间的碎片也在不断地出现，新的写作审美理想正在形成。但对时空之美的向往仍是人类永恒的梦想，时空之美的水乳交融也仍是人类写作永恒的追求。

## 【基本概念】

写作美学　空间美　时间美　境界　节奏　智境　情境

## 【复习思考题】

1. 为什么要研究写作美学？
2. 怎样使文章获得空间之美？
3. 怎样使文章获得时间之美？
4. 谈谈智境与情境的美感差异。
5. 为什么说时空感是自由的体验？

# 第 10 章

# 写作文化学

文学……就其本质来说，它不能不是时代愿望的体现者，不能不是时代思想的表达者……只有那些在强大而蓬勃的思想影响下，只有能满足时代的迫切要求的文学倾向，才能得到灿烂的发展。

——［俄］车尔尼雪夫斯基

任何文学作品都是时代的表现。它的内容和它的形式都是由这个时代的趣味、习惯、憧憬决定的，而且愈是大作家，他的作品的性质由他的时代的性质而定的这种关系愈强烈、愈明显。

——［俄］普列汉诺夫

## 第 1 节　写作文化概念的提出

实事求是地说，20 世纪中国写作学在理论上的成就有一个重要的方面，那就是写作文化学。因为写作文化学的提出使当代写作学的观念和方法产生了划时代的变革，获得了丰硕的理论成果，因此，写作文化理论在中国当代写作学界产生了深刻的影响。

### 一、对抽象化写作学的困惑与反思

在 1988 年以前，中国当代写作学经历了两次重大的研究方向的变革。第一次是 20 世纪 70 年代末起，“八大块”的文本主义写作学由写作技法论转向写作过程论的表层研究，即写作行为论研究，或者说由文章表层结构的深层研究转向写作过程论的深层研究即写作思维模型研究，这是20世纪80年代初期写作学界提出的“写作学应以写为研究中心”的方法论、观念论的重大胜利，而1985年是写作过程论研究的标志性年份。到1987年为止，写作学界在写作过程方面的研究，已经产生了刘锡庆的“双重转化”论、张得一的“三级飞跃”论、裴显生的“三重转化”论、马正平的“知行递变”论等重要理论构想。

由“八大块”的研究转向写作过程论之后，写作学界便酝酿掀起一股强大的写作学宏观研究风暴，发动了当代写作学的第二次观念和方法论的变革，形成当代写作学研究的壮丽景观。

“宏观研究”针对写作学的“微观研究”而言，后者是指对写作中的各类具体文体和写作行为过程各个环节的技法、技巧、规范的研究，而前者则是对这种微观技法的控制力量即写作主体的研究。当时这些研究者崇尚一个信念：对于写作行为来讲，写作技术是不可言传的，宏观控制因素才是更为重要的东西，没有它的存在，写作技巧就成了无本之木、无源之水。

在20世纪80年代中后期这种学术思潮的背景下，写作学便由对写作过程的研究转向对写作主体的研究，产生了写作主体论的写作学思想。写作主体论所强调的是对作者的人格、心灵以及思维等文化心理结构的培养，以此形成写作行为的心灵背景。有了这个写作主体建构，作者才会发现“写什么”的问题，只有决定了“写什么”，才会知道“怎么写”的问题。写作心理论、写作智能论、写作人本论、文化心理结构论、写作状态论、写作心灵背景论等人本论写作学，都属于这种宏观研究的写作学思潮。

人本主义的主体论写作学是睿智的。的确，当建构起优化的写作主体（人格、修养）之后，作者便产生了发现主题、题材和材料的能力，打好了写好文章的基础。其实这就是对清代著名写作理论家叶燮所说的“诗之基，其人之胸襟是也”的当代解读。

但是，写作主体论的第二个信念是虚假的，没有说服力的，至少是不清晰的。因为优化人格、修养、心灵背景无法解决“怎么写”和“应该怎么写为好”的问题，无法解决调动旧技巧创作新技巧、改造旧文体创造新文体、摒弃旧语言创造新语言诸如此类的写作规律性问题。原因何在？这是因为写作主体论虽然比“八大块”、文体技法论、写作过程论的认识深了一层，但是，它还缺乏对社会时代与写作活动间制约关系的科学揭示。人本主义的写作主体论和过程论、技法论、“八大块”都是一种抽象的即超时代、超社会的写作研究，所以，它们讲的这种人本论、主体论写作学只揭示了写作行为的自律性机制，无法揭示社会、时代对个体、群体写作行为技巧的决定性、控制性、他律性内在机制。

写作过程论和写作主体论对于当代写作学学术话语体系建构的意义是非常重大的。写作过程论使过去经验化的写作知识描述开始走向写作学原理的理论模型所概括的抽象性学术境界，使写作学向着哲理化与操作化统一的学科境界迈进。写作主体论的意义在于使写作学从对写作行为过程的静态描述向写作行为过程发生学、动力学的当代学术前沿挺进，使写作学不仅具有操作性，而且具有了人文性、哲理性，提升了写作学的学术品位，使写作学具有了培养国民素质的功能。应该说，写作过程论和写作主体论的形成，已经初步建构了一个“动力学—过程论”的当代写作学理论体系。

从更深的学术背景来看，第二次观念和方法论变革，是在当时本体论哲学和主体论文学理论的学术影响下产生的。写作主体论的提出是对当时的时代学术精神的一个敏锐回应。当代写作学界这两次研究观念和方法论的变革，表明写作学的学术意识、学术观念和学术研究的方法论意识在增强，并开始走向成熟。

但是，应该看到，这种写作学（无论写作过程论还是写作主体论）是不真实的，因为它是抽象的、空洞的。这就是说，这两种写作学都把写作行为和写作主体看成一个封闭的自律的东西，而真实的写作行为并不是这样的，写作行为不仅是自律的，而且是他律的，是一个受特定时代、特定社会的人文精神环境控制、制约的系统。世界上没有抽象的写作行为和写作主体，只有具体时间、空间、时代、社会这些当下语境因素制约、控制的写作行为和写作主体，而 20 世纪 80 年代的写作过程论和写作主体论描述的正是这种抽象的理想的写作行为和写作主体。显然，这种写作学的观念、方法和理论受到当时一些先锋写作理论研究者们的质疑。他们觉得，这种抽象的写作学，无论对于写作行为还是对于写作学功能都存在着重大的问题。

首先，从写作行为来讲，这种抽象的写作学所描述、所概括的写作行为没有确立写作创造的功能性标准，即缺乏写作行为中的“怎么写”的当下性时代性规范、理想、依据，缺乏写作创造性的动力。不仅写作，就是一般的语言表达、一般的人类书写都是在当下特定语境、时空背景下进行的对话，写作的内容和形式的全部创造性的目的意图都是为了体现时代的审美动向、价值观念，因此，抽象化的写作学是一种无根的写作学，是一种“独语”。这种写作学显然不能反映人类写作行为的真实图景。

其次，从写作学的功能上看，这种抽象的写作学由于忽视了时代性，它概括出来的写作学知识永远只能是对已经写成的文章成品亦步亦趋，永远无法反映写作者在写作时的写作内容和形式、文体与技法的价值标准，所以，这种抽象化的写作学——写作主体论和写作过程论必然缺乏一般科学理论所应具有的理论预见功能，这样，这种写作学必然缺少对社会写作实践和批评的指导性。社会写作者和学术界、知识界对写作学科的鄙视与冷淡就是必然的了，写作学科在 20 世纪不被学术界承认的根本原因也正是在这里。在 20 世纪 80 年代末期，一场当代写作学观念、方法与理论的变革是无法回避的了。

这种写作学观念、方法与理论的变革应该与写作社会学有关，但实际上却得益于系统论文化精神的滋育。系统论认为，任何事物和行为都是一个系统，而这个系统要维持系统的稳定又必须与它所依存的环境形成一种信息、能量的交流与反馈。写作行为当然是一个系统，那么，写作行为系统的“背景系统”是什么呢？显然是时代社会及社会生活。所以，早在 20 世纪 80 年代中期，在一些写作者构想的写作原理体系中，背景系统就由写作背景和写作行为系统所构成。背景系统中包括生活系统（自然、社会）和知识系统（作为“思维”的哲学、逻辑学、心理学等，作为“表达”的语言学、数学、文艺学等，作为“材料”的自然科学和社会科学、文学艺术等）。① 这个理论模型要说明的是写作背景系统与写作行为系统双向的信息、能量交流，说明写作背景系统对写作行为的制约性、他律性，因此，它基本揭示了写作行为的当下性、语境性特征。

这个理论模型并不是简单的行为主义社会生活的“刺激”——写作主体行为的“反应”的模式，即庸俗社会学决定论模式，而是在社会与写作之间剥离出了“知识系统”的概念，即波普尔所谓的“世界 3”。这样，“世界 3”的知识系统成了由社会到写作行为之间的中介性控制因素。

但是，这里好像存在一个问题。这里知识系统中的所有知识似乎都是写作行为的产品和结果，这个理论模型成了写作成品决定写作行为。其实不是这样的，这里对知识系统这些“间接信息”的关注是对这个时代的思维、语言、材料的关注，尤其是对思维问题的关注，一个时代的思维已经是该时代的意识形态即文化。也就是说，这个写作原理模型的写作背景论已经开始对社会的文化问题有了朦胧的关注。

走向真正的中介，还是在于对“写作文化”概念的发现。

## 二、写作文化：对写作行为的真正控制中介的揭示

虽然上面的知识性背景系统所包含的内容、情感、思想、观念、价值，也是这个社会时代的文化成果，但是一种已然的文化精神，虽然这种文化精神对人类写作行为也要产生某种传统性背景性的精神制约作用，但是起更大作用的则是某种新的时代、社会当下背景作用于人类而生成的一种鲜活的未曾凝固、面向未来的人文精神。当这种人文精神落实到人类写作行为上，形成人类关于特定时代、特定社会的写作行为人文关怀的时候，就产生了这个时代、社会的写作文化。因此，马正平等在 1988 年就提出了“写作文化”的概念：

> 写作文化是人类文化在写作活动中的具体表征，它是通过文章所反映出来的作者的写作活动行为（角度选择、立意、结构方式、节奏安排、视点运用、标题制作、文面表现等）中所透露出来的某一时代的新社会心理状态（生存态度、价值观念、时空情绪、行为准则、思维方式等）的总和。②

当第一次发现了写作行为的重要的制约、控制因素——写作文化的时候，这些学者认为写作文化学最重要的意义在于：写作文化是写作创造行为的“大技巧”。

---

① 参见马正平：《对高等师范院校、教育院校写作课教学目的的重新认识——兼对写作课课程设置、教材改革的初步构想》，载《新疆师范大学学报》，1987（2）。

② 马正平等：《写的智慧》，第 2 卷，488 页。

主体的写作文化是把写作知识、写作技法转化为写作能力的中介和杠杆。不仅仅是因为写作文化是具体运用写作知识、技法的内在动力和依据，而且是因为作为心灵空间、心灵节奏以及思维方式等，它是写作技巧内蕴的一种“同构”、“对应物”。所以，不仅可以依据写作文化选择、改造、运用现存的传统写作方法和技巧，而且还可以创造新的写作方法、技巧甚至新的文体，以此来完美地表现我们时代的写作理想。这样写作文化就是关于写作技巧的技巧，即写作行为的“大技巧”。这样，人们在学会了各种写作知识和写作技法之后，就不会像迷途的羔羊一样手足无措，而是将变得心中有数、运用自如，从而真正提高写作能力。

个体（及类）的写作活动、写作行为（例如，一种体裁的更新、诞生，一种写作方法和技巧的创造，一篇文章的生成）不仅创造了艺术形象、科学理论等内容方面的文化，而且还创造了一种新的写作文化。这种新的写作文化为发展人性提供了高级营养，为人类文化增添了新的血液和风采，也创造、更新着人类文化。

所以，写作学研究空间广阔，大有作为。从此，写作学将由共时写作学转向历时写作学以及共时—历时写作学。写作学不会只停留在“八大块”的描述上，人们将花大力气去研究社会时代、写作文化、写作行为（方法技巧）三者之间的联系、关系，去研究每一种写作方法、技巧、体裁的写作文化的价值取向和规范。时代是不断发展的，写作文化、写作方法技巧研究也将处于动态的发展状态，这使写作学充满了无限的生机。再者，写作文化研究将涉及心理学、美学、哲学、社会学、历史学、文化学等，使写作学变得有“学术味”，而且和人的本质、人性、需要、自我实现等形而上的思辨结合起来，使写作学充满哲学的庄严感。这样，写作学就有说不完的话，就会变得“饶有兴致”，也就“大有希望”了。①

## 三、写作文化学产生的学术背景

应该说，写作文化的概念和理论的提出，明显受了20世纪80年中期学术界“文化热”思潮的影响。因为“文化热”思潮中人们所关注的文化，是关于时代社会处境下，人类为了更好地生存而创生的新的价值观念和思维方式、行为规范，这些文化精神成了人类生存的方向和指南。认为写作文化的概念和理论是在“文化热”这一学术思潮影响中产生的，这只是从表面、直接关系上来分析的，实际上，写作文化论的产生，还是写作学自身发展的一种必然逻辑。“文化热”只是一个触媒。如果没有对写作深入研究的学术成果，要在“文化热”到来时突然提出写作文化的概念，那是不容易的，即使模仿地套用出这个概念，也无法形成其丰富自洽的学术理论和话语，完成其学术理论体系的完整建构。

---

① 参见马正平：《写的智慧》，第2卷，446页。

如果再作追溯的话，写作文化思想的渊源可追溯到20世纪80年代中期的“文风”理论研究的成果。一些学者十分强调作者写作时对“读者心理”和读者“欣赏习惯”的分析，注意时代发展对读者的欣赏习惯的影响。他们把文风分为基本文风和时代文风。所谓时代文风，是指随社会变迁、时代发展而变化、发展的“一种新时代的文风”。非常明显，在时代文风研究中，人们注重社会时代精神对写作行为影响的思想，毫无疑问已是写作文化概念的萌芽。在这里，写作文化概念已是呼之欲出了。因为，时代文风是时代的表层写作规范，而这种表层写作规范背后的人文精神、价值取向正是后来讲的写作文化，或者说，这两个层面的精神构成了写作文化的精神整体。

导致写作文化产生的另一个较近的学术根源就是对写作哲学的思考。1986年7月，中国首届现代写作学学术研讨会在烟台召开，这次会议的主旋律正如后来会议述评所说的那样：“走现代写作学宏观综合之路”。那时候，宏观研究的概念是比较模糊的，主要是指人本论写作主体的写作学研究，即写作主体对写作操作技术的宏观控制问题，其次是从各学科角度研究写作，例如写作哲学研究。

林可夫在这次会议上提出了写作哲学的话题。他认为，写作哲学就是运用马克思主义原理、规律来分析人类在写作活动中的表现，从而概括出一些写作基本规律和重要观念。基本规律如：

（1）客体—主体—客体（文章模式）；

（2）实践—认识—实践；

（3）特殊——一般—特殊；

（4）分析—综合—分析。

重要观念如物心观、情理观、宏微观、时空观、总分观、表里观。

但更多的与会者不同意这种演绎式的写作哲学观，认为这种写作哲学是机械、被动地演绎一般哲学原理，于写作学建设无多大实际意义。他们认为真正的写作哲学应该从人类写作活动实践特征和规律中抽象出来。他们之所以对林可夫的写作哲学观表示异议，并不是反对林可夫在写作学研究中运用马克思主义哲学原理，而是觉得他最后得出的那些写作哲学规律与观念太机械，缺乏历史唯物主义的历史感、时代感，无法阐明社会时代精神对写作的控制和决定。

当时，马正平等人认为写作哲学就是最抽象的写作原理，而最抽象的写作原理就是“写作背景”论、“知行递变”论。这些理论已经实际地触及了人类写作行为与社会生活背景、文化知识背景的相互作用关系，或者说，这里已经隐含了写作文化的思想。

正是在写作的时代文风和背景系统（知识信息背景）的理论背景下，当思想文化界、哲学文艺界的“文化热”思潮到来的时候，在“法文化”等应用文化学思想的启发下，写作文化的学术灵感就自然产生了。

## 第2节　写作文化的结构

### 一、写作文化的精神结构

#### （一）文本写作文化感受和主体写作文化心理

写作文化可以从文本上反映出来，这是文本写作文化，它是一种实现了的写作文化。写作文化从本源上说，是写作者主体的一般社会文化心理的写作化表现、文章化物化。因此，写作文化这个概念同时包括两个方面的含义：文本写作文化和主体写作文化，主体写作文化又可叫写作文化心态。

主体写作文化是写作主体在某一特定社会、特定时代中对于文章规范和写作技巧的审美化憧憬，即写作主体对文章和写作技巧应该表现的时空情绪、社会氛围、文化心理、思维方式的感应、感受、直觉、把握，或是作者主体性的群体写作精神，是一种感性的写作哲学思潮。

因此，我们可以再次为写作文化做这样的概括：写作文化是作者的写作行为规则、文章模式和写作技巧的审美规范以及深藏在这种规则、规范之中的社会心态、思维方式、价值观念、人生态度等化合而成的精神结构的整体。作为一种感性（感觉性）的实体，它存在于（若干）作者的心目中，也可以从（一系列）文章作品中感觉到。这里，行为规范与观念精神整体（系统）是一表一里，正如一个硬币的两面一样，须臾不可分离。一种写作文化产生、形成的标志是群体认同，形成之后对群体作者具有一种强制作用，形成一种写作“时尚”。这个意义上的写作文化，仍有空间和时间两个状态上的含义。

#### （二）写作文化的共时性结构

在抽象的、共时性的状态下，写作文化是一个民族或使用同一种语言的人们对文章写作行为、写作技巧的一般的、共同的、恒定的规则规范以及在这种规范背后的社会（尤其是文人）心理状态、思维方式、价值观念、人生态度等精神整体，它是民族文化在民族写作活动上的折射和表现（即具体化）。这是一种传统写作文化或写作文化传统。以小说写作文化为例，陈平原指出，中国晚清小说在叙事模式、叙述时间上是连贯性的，叙事角度是全知的，叙事结构是情节性的。[①] 这种叙事规范（当然还有其他方面的规范）以及从这种规范上显示出来的非自我性的价值观念、非开放性的思想方式，就是这种传统写作文化或写作文化传统。又如，中国传统学术论著写作中的“我注六经”，就是非论证性感悟式评点，宗经征圣，讲求“字字有来

① 参见陈平原：《中国小说叙事模式的转变》，145、253页，上海，上海人民出版社，1988。

历”，形成一种传统文章写作规范。在这种文章写作规范中表露出来的封建文人的臣妾人格、自卑意识、非主体非创造性的社会心理状态、思维方式、价值观念这个精神整体，就是论著写作中传统的写作文化。

对于写作文化，我们还可以分析出它的内在结构层面，也就是说，写作文化是由若干层面（层次）组成的系统，也称做广义的写作文化。

写作文化的表层结构是作为物质层面的文本，它是文章、书籍、报刊等书面语言物质形式。正是这些物质性文本的符号系统成了写作文化的载体。

写作文化的中间层面是写作行为，写作行为分为外部行为和内部行为。内部行为又包括两个层次：一是写作方法、技巧，二是写作心理活动过程。

写作文化的深层结构是心灵的层面。由于文化的本质、内核、精髓是一种心灵上的东西，所以，心灵这个层面上的写作文化是最重要的处于决定意义上的东西。它是上述两个层面写作文化生成的依据、来源和动力。我们把心灵层面上的写作文化称为狭义的写作文化。

心灵层面上的写作文化仍有它的层面和结构。从共时性静态角度来看，它包括这样三个层面：在最底层是本民族深厚的社会文化心理结构（生活方式、思维方式、情感方式、思维模式、价值观念等）；在此之上是本民族写作文化心态，它是本民族一般社会文化心理在语言活动、书写活动中的具体表征，即人们在言语活动、书写活动中所体现出来的思维方式、时空情绪、价值观念等；最上面则是作为写作文化心态物化状态的文章图式，即心理上的关于文章结构、文面、句法、意境、节奏等的综合的审美感性图样、表象。

这样，广义写作文化的静态结构可以用图 10—1 表示。

| | |
|---|---|
| 深层（心灵层面）： | 文章图式（文章理想的心灵表象、图样） |
| | 写作文化心态 |
| | 社会文化心理 |
| 中层（行为层面）： | 写作行为活动 |
| | 写作心理活动 |
| 表层（物质层面）： | 文学性文章、书籍 |
| | 实用性文章、书籍 |

**图 10—1　广义写作文化的静态结构**

这里讨论的写作文化就是作者心灵层次上的写作文化，它首先要从时代的节奏气息和人文思潮中感悟，其次是从文章中感受。

**（三）写作文化的历时性结构**

就动态、历时性而言，写作文化由传统写作文化和时代写作文化两个层次构成。

写作文化的产生、发展、演变是一个又一个“正—反—合”的逻辑过程。

传统写作文化是已被人们接受、遵循的过去式的写作文化，它呈稳定态，具有统治个体写作行为的规范力量，对个体写作行为是一种强制性的束缚。时代写作文化是某一特定时代追求的新的写作文化，它分为两个层次：新的写作文化心态和新的文章图样。

新的写作文化心态包括这样一些内容：

(1) 个体对社会事物运动变化的节奏感（时间感、速度感）；

(2) 个体在不断认识客观世界的过程中拓展了视野、眼界和追求超越而形成心理、思维的空间感；

(3) 作为一种下意识状态的新的思维方式、思维方法；

(4) 个体的思想作风和写作文风；

(5) 新的写作价值观念体系。

这个层次上的现代写作文化心理具有动态易变性、敏感性、指向性。

在新的写作文化心态之上是新的文章图样。新的文章图样是传统写作文化和新的写作文化经过整合（选择、综合等）形成的另一种较为稳定的东西，它保存了传统写作文化精神中可取的有价值的东西，扬弃了落后于时代的旧的无价值的东西，吸取了新的写作文化精神，作为新时代文章的理想“心灵样本”。

写作文化的深层结构，既是共时态的，又是历时态的。因为三个层次的展开恰好体现出了写作文化建构中的“正—反—合”的发展过程：原始的传统写作文化与传统文化思想、观念及逝去的社会节奏是和谐的、合拍的，已为人们接受传诵，这是“正”；但是，个体用这种传统的写作文化及其物化（写作文章）表现新社会时代生活时，作者感到它在许多方面缺乏应用功能，感到“词不达意”即“失语”，在困惑之中，作者从新的社会运动中感受到属于这个社会时代的时空情绪、思维方式，产生了新的写作文化精神，且往往是一种激进的精神，它与传统写作文化精神是对立的，这是“反”；而第三个层次上的写作文化则是吸收了传统写作文化的可取部分，扬弃其不合时代的部分并吸收新的写作文化，通过“整合”而形成一套新的写作行为的价值取向体系，或者说是规范体系、文章图样，从而控制、指导个体的写作行为。在新的历史环境下，由于社会生活的变化发展，这个新的写作文化反而又成为传统写作文化。要使写作文化同步于这个时代，又必须再进行一次新的“正—反—合”的过程，又形成新的时代写作文化。人类写作文化就是这样周而复始地生成着、创造着。

需要指出的是，上面出于分析的需要，我们暂时抽象出了深层写作文化的共时性结构和历时性结构。但事实上，写作文化这三种因素的存在与发展像一条流动的河流一样，它们之间很难截然分开，往往互相交错、互相矛盾斗争，统一地向前发展着，形成一条奔腾不息的生命之流——写作文化发展之流。

虽然写作文化有“传统”和“时代”两个层面的含义，但是，写作文化学理论所强调的主要是对时代的新的写作文化精神的感悟与掌握，因为只有它才是写作语境的主要控制力量。因此，写作文化就是人们在某一特定社会历史时代背景下的一种写作行为的新时尚、新规范以及在这种时尚和规范背后的社会（尤其是文人圈）普遍的心理状态、思维方式、价值观念、人生态度等精神整体。例如，在当代小说写作中，小说叙述模式的特征表现为以第一人称限定性叙述的大量涌现、叙述时间的非连贯性、叙述结构的非情节性（所谓意识流、淡化情节等），这是一种新的写作规范。在这新规范中潜藏着当代作者（社会）主体性、自我意识增强的价值观念和开放的思维方式、自由的心灵空间、求表现求创造的时代精神，这是一种新的或者说时代性或现代性的小说写作文化。

作为一种社会时代产物的时代性写作文化，直接影响着人们的写作行为、技巧，因此，我们所关心、研究的主要是这种意义上的写作文化。

但传统是一个过程，它来自过去，影响现在，指向未来。一般文化是如此，写作文化仍是如此。一方面，传统写作文化作为一种“积淀”，形成规范、定势，影响现在、未来人们的写作；另一方面，时代写作文化以一种革命性、创造性的生命力，批判、选择传统写作文化，从而整合着新的写作文化。这时，新的写作文化中仍有传统写作文化的影子、精灵，于是使写作文化生成一种民族的特殊性。王蒙式的“中国意识流”的写作方法所表现出来的写作文化就是如此。时代写作文化随社会时代的发展而不断发展、演变、更替、消亡，最终由另一种写作文化取而代之。

## 二、形式写作文化与内容写作文化：写作文化指涉领域的拓展

写作文化概念提出的初期，我们主要将其理解为对特定社会时代中作者写作技巧、写作文体、写作语言表达方面的控制力量，而那时所谓的写作技巧更多倾向于“怎么写”，即形式的方面。当时写作学界对写作文化的研究，也主要是从这个方面入手的。人们认为，写作内容（题材、主题、材料）上所体现出来的时代文化精神，应该是一般文化的范畴，而不是关于写作行为的文化精神，不属于写作文化学研究的范畴。

但是，进入20世纪90年代以后的写作文化研究则认为，写作文化不仅是写作技巧、表达方式的控制者，而且也是“写什么”（主题、立意）的控制者。因为，在任何一个社会、时代，写作者（文学写作和实用写作）关于写作主题、题材的确定，仍然受这个时代写作精神的控制，这种对主题、立意、题材的写作控制心理精神规范，也是一种写作文化现象。因此，任何一个国家、地区、民族的写作主题史，也就是写作文化史直接或间接的反映。

显然，不同意把写作内容方面的写作文化精神纳入写作文化来研究，是从阅读、接受的角度来看问题的，这时，这些写作内容方面的写作文化精神自然是人类社会

的一般文化成果了。但是，从写作行为过程的角度来看，这种文化成果在写作生产时是受作者的时代写作文化精神这个心理现实的制约、控制的。还有，内容和形式是相和谐的，形式的写作文化是为了表现内容的写作文化。因此，真实的写作思维图景是，写作文化精神既要对文章写作内容进行选择、控制，也要对文章写作形式技巧进行选择、控制。

因此，写作文化不仅包括写作技巧、表达方式、形式（文体）发生上的写作文化，而且应包括写作主题、立意、题材发生选择上的写作文化，这二者结合才是对写作文化的完整理解。只有对写作文化作这种理解，才算揭示了写作创造性的全部机制。这样，我们的写作学不仅可以对各种既成的写作现象（内容的与形式的）做出写作文化阐释，而且可以预测写作主题、题材、技法、文体的发展趋势和热点。在文学史、写作史上，那些大作家、大文章家产生的机制以及追随他们而起的文学流派、写作思潮的形成原因皆在于此。于是，写作文化学的写作批评和文学批评将对写作者产生导向作用，写作者的写作活动将变得主动、自由而进入创造境界。

需要指出的是，同样是解决“写什么”的问题，关于写作主题与题材方面的写作文化论仍和写作主体论有质的区别。后者只为“写什么”提供一种主题、题材产生的可能性、前提、条件与土壤，它与一篇文章具体的主题、题材的内涵、性质关系是间接的。而写作主题、题材的写作文化则不是这样，它与一篇文章的主题、立意、题材具有意蕴、价值上的自相似性，具有一种一般与个别的直接关系。此刻，我们发现，写作文化论又是一个中介性概念，它是由写作者的主体心灵背景到写作主题、立意、题材、技法、文体、语言间的中介、桥梁。不明确写作文化的概念和理论，我们是无法明白写作主体心灵背景是怎样控制、决定写作者写作的思维操作细节的。

**（一）写作内容层面的写作文化**

写作内容层面的写作文化可以分为宏观和微观两个层面。内容上的宏观写作文化主要是指写作题材、写作话题上所显示的时代社会真善美的人文精神的时空情绪和价值取向，以及由此而形成的写作思潮、写作流派、写作运动等写作文化现象。从这个意义上讲，内容上的宏观写作文化就是写作题材、写作话题等写作内容和写作流派、写作运动、写作思潮中所共有的时代写作文化精神，即某种心理状态、价值观念、行为准则、思维方式、智慧水平的总和。例如，20世纪80年代以来，在文学写作领域，伤痕文学、寻根文学、改革文学、新乡土小说、城市文学等都体现着各种不同的写作文化精神。

内容上的微观写作文化就是指写作主题、写作立意、写作材料上体现出来的时代社会真善美的人文精神的时空情绪和价值取向。例如，主题、立意的价值标准是高远、深刻和新颖，而这三者都是对写作主体精神而言的。高远是文章立意对物质功利的超越而奔向精神追求，表示主体心灵逐级超越升华。深刻是指对形式、现象最终原因、本质的探寻，从而表现出一种智慧的眼光。新颖的立意表现出作者思维方式的灵活性。于是，我们从文章立意中窥见了人类高尚的心灵、智慧的眼光、灵活的思维方式这些写作文化。

**（二）写作形式层面的写作文化**

**1. 形式的宏观写作文化**

形式的宏观写作文化是存在于特定时代社会的写作运动、文艺思潮、写作流派、写作文风、写作文体之中的写作文化，而形式的微观写作文化则是表现在一篇文章和一本书的写作技巧、技法中的写作文化，但写作文化并不是这些载体。宏观写作文化是时代社会的写作文化精神的体现，而微观写作文化则是具体的写作者对时代社会写作文化精神的体现。

（1）文风与写作文化。文风既是写作文化的载体，又是写作文化本身。从前一个意义上说，文风是文章的作风，它是从文章内容和形式统一体上体现出来的写作风气、现象。从后一个意义说，文章的文风是作者思想作风的反映。1942 年延安整风运动的主要任务之一就是整顿文风，当时要反对的是“党八股”、“本本主义”，那种“无实事求是之意，有哗众取宠之心”的恶劣文风，要树立起一种清新、活泼、尚实的革命文风。这实际上是一次写作文化运动。又如第二次世界大战前后日本的“生活作文运动”，既是一场文风改革，也是一场写作文化的革命。当时一批中小学作文教师反对学生作文只能按日本天皇规定的宣扬孔孟之道的《教育勒语》写作，而极力主张学生作文写生活中的事，写身边自己所感受到的事物和生活事件。这次“生活作文运动”是一次地道的写作文化革命，后来竟由此波及日本全国，成为一场前后经历 50 年的伟大的思想文化解放运动。

（2）文体与写作文化。文体是就作品的客观构成要素而论，作为具有共同特征的群被区别开来。这些作品都具有固有的形成原理和由此规定的本质结构，而写作文化则是导致文章体裁生成的人的主体性精神、心理状态和追求。风格是使文章作品个性形成的多样性中存在的统一特征，是持续的形式结构特征，是作品外部语言的特征。它从根本上规定了对象性地显现出来的个性法则。

**2. 形式的微观写作文化**

在一篇（部）或一系列文章（包括书刊）中，写作文化主要是通过角度、结构、节奏、叙述方式、标题、语言、文面等方面的写作行为、技巧进行表征的。其中每一个因素都能透露出某种写作文化，这若干因素又共同地表现一个整体性写作文化。

（1）角度写作文化。这体现为一种视野、智慧。每篇文章、每部书刊（包括文学作品或一般文章）可以选择一种角度进行写作，也可以选择多种角度进行写作，这是显示生命力的写作文化。相反，作者的每篇或若干作者的文章、著作都只用一种角度进行写作，这就是一种僵化的趋于死亡的写作文化，就是写作文化的枯萎。

（2）结构写作文化。结构方式是表现写作文化最直观的因素。因为，结构作为一种共时态空间性的东西，可以作为心理空间的对应物，来表现作者的心理空间（心灵空间、思维空间、智力空间）。我们可从三篇著名的报告文学《包身工》、《为了六十一个阶级弟兄》、《世界大串联》的结构模式的变化中看出 20 世纪 30 年代、60 年代、80 年代写作文化思维空间的拓展历程；我们可以从曹禺的剧本《雷雨》和高行健的剧本《野人》的结构变化即由单线结构到多线结构的变化中看到变化着的戏剧结构写作文化；同样，我们可从壁垒森严的倒金字塔结构到自由活泼的散文式的新闻结构变化中看到新闻写作文化的变化……我们还可以毫不费力地举出诗歌、小说、学术论文中关于文章结构写作文化的变化。

（3）节奏写作文化。如果说结构表现的是写作文化中的心理空间感的话，那么，心理的时间感则是由节奏来显示的。节奏同样是一个敏感而重要的东西。新诗从一产生到现在都有人说它太散文化，没有“诗的格律”。但奇怪的是六十多年过去了，虽然有许多好事者设计出现代格律诗的节奏，但自由体新诗却依然故我。自由诗正是以它的口语节奏表现了这个时代快速流动的心理节奏。文言文、近体诗、现代格律诗就其语言节奏的呆板、缓慢、悠闲而言，与时代的心理节奏不能合拍，所以不受人们的青睐。文章节奏不仅表现在语言音节这个形式上，而且也表现在文章内容的高信息化上。例如现代诗歌中意象叠加、复叠，以给人形成川流不息的信息流动感，这就是节奏感。节奏感是人对社会事物运动变化的速度感的内心体认、领悟、感受。一个体认、感悟到一定社会节奏感、速度感的人，他就预感到了这个社会新的文化。事实上，时间和空间是统一的，所以在文章中节奏感、速度感加强，就会拓展一种空间感，同样空间感的拓展又会呈现出一种快速的节奏感来。

（4）叙述方式上的写作文化。视点、叙述者、写作人称这三种东西互相联系又互相区别，它们也能表现一定的写作文化。视点、叙述者、人称的频繁变化不但可以增强一种空间感、速度感、多维感，而且可以表现出真实感、人情味。西方现当代小说由过去第三人称的全知角度转向现当代第一人称的角度就是如此。至于现代小说中运用第二人称的手法来写，则表明当今人类需要人与人之间直接进行心灵沟通和对话的独特心态。如果说上面这些写作行为、写作方法是表征写作文化主要情节的话，那么，即使在一些细节上，写作行为、写作方法也能十分传神地表露出某种写作文化精神来。

（5）标题写作文化。过去的文章只有一个单独的标题，后来又产生主标题和副标题，近年来的文章（尤其是论文）往往把那种正、副标题中的破折号去掉，在正标题后面加冒号，合成一个标题，这样从标题上就让人有一种快节奏的感觉。同样是“××××：××××”式的标题格式，另一些作者在构思标题内容时前后不是一种正、副标题的模式，而是一种对象、主题与阐释、评价的关系，这样给人一种多维视野的立体印象。这显然是一种新的写作文化的表征。

又如，文章中的小标题，过去总是很简单、概括，往往是这段、这部分的一个主题句，段落内容必须对段落标题进行论证、阐述、展开。但近年来一些文章的小标题不再是一个简单的主题句，有时是段落和内容提要，有时是段落中的精彩部分，有时甚至对下面段落起着一个烘托、渲染的作用，如此等等。总之，这些标题打破了陈旧的清规戒律，使文章涌动着一种活的生命气息。这正是一种新的写作文化精神。

（6）语言的写作文化。中国人历来主张宗经征圣，言出有据，所以对一些人使用创新的语言很是反感，动不动就斥之为“生造”。实际上，合乎使用规范的语言创新是思维、心灵的拓展，是对陈旧写作文化的直接批判和抗议，是一种生命力的曝光。

（7）文面的写作文化。文章的文面上也能准确地表现出一定的写作文化。从文章标题页不同的布白安排中，你可以看到两种迥然异趣的写作文化心态：或者显得心胸狭窄、吝啬，或者显出心灵的宽阔、大方。

以上这些就是我们所理解的写作文化。

## 三、写作文化与写作禁忌

前面已经指出，写作文化从结构上讲有三个层面：表层是文本规范，中层是写作技能，深层是写作心理。写作心理的层面主要又是写作思维的层面。

然而，作为心灵、思维层面的广义写作思维文化（写作文化），它本身包含着双重结构：时代精神、现实禁忌。换言之，在这个心灵层面上，写作思维文化又分时代的积极的新的写作文化和传统的现实既成的消极的写作文化。前者是体现人类更好的生存措施、处方的写作文化精神，本书主要讨论的就是这样的写作文化，也可以说就是写作文化。后者是写作禁忌，即某种体制意识形态对体制外意识形态的防范和指令，一种成文或不成文的写作制度。由于和前者构成管理与被管理的关系，因此，它是一种消极的写作文化。

一般说来，艺术性的写作，主要关注的是积极的写作文化，而对消极的写作文化持一种批判的态度，在这里，新的写作文化既是它的新追求，也是它的新规范。在实用性、应用性、职业性的写作中，对这二者的态度比较复杂。在这种写作中，一方面它要追求表现时代新的写作思维文化；另一方面，它要考虑具体时空环境下现实的诸种写作禁忌（政治的、宗教的、地域的、民族的，甚至军事的、经济的……），还要考虑具体的话语者、发言人的个体文化规定。总之，最简单的应用写作，反而因为写作文化、写作禁忌的问题变得异常复杂起来。因为写作者要带着种种镣铐跳舞，而且要跳得潇洒自如，这确实需要某种特殊的写作思维和策略智慧。

## 四、写作文化的特征

### （一）写作文化的当下性和先锋性

写作文化的最大特点在于，它是一种当下性的人类写作行为所追求的人文精神。当下性人文精神，也就是时代性、社会性的人文精神。一种写作文化精神总是反映一个特定时代社会关于写作行为和成果的审美理想。

写作文化学不等于写作社会学（或文学社会学）。因为，写作社会学可以只关注社会的写作活动、写作行为、写作题材等写作内容、形式与时代社会的关系，指出某种写作现象与某种社会现象、时代现象的相似、同构关系。只强调时代社会生活对写作的作用是庸俗社会学的观点。写作社会学的问题在于，它不知道社会生活对写作活动、行为的作用是通过社会心理、时代心理的中介来进行的。在这个意义上，写作文化学有一点像写作社会心理学。

但是，写作文化学还是不同于写作社会心理学（例如文学社会心理学）。因为，写作社会心理学的社会心理既包括现实的、落后的社会心理，也包括理想的先锋的社会心理。例如，在当前这个物质化社会时代，"钱不是万能的，但没有钱是万万不能的"，这是一种现实的社会心理；但也有人"看破红尘"，能够超越金钱物质的诱惑而追求精神的自由与解放，即对艺术、智慧、美的追求，这也是一种社会心理，虽然前者比后者更社会，但是后者比前者更文化、更美学、更自由。因此，写作文化不是一般的当下性、时代性、社会性，而是一种先锋的审美化的社会心理和时代人文精神。

### （二）写作文化的群体性

写作文化最根本的特征是它的群体性。当一个人写文章空话连篇、套话连篇时，这只是个人的恶劣文风。然而如果许多人乃至 10 亿人写文章都是这种写法，那么，一种写作文化就形成了。同样，当一个作家用荒诞的手法来写一个剧本、小说的时候，我们只把它看成是借鉴某种技巧，只是一种新的写作文化的萌芽状态。当许多作家、一群作家都是如此创作时，这就标志着一种新的写作文化产生、形成了。

一种写作文化形成之后，它就对作者有一种强制性的力量。人们要遵循它，按它的规范来调动过去、现存的传统的写作技巧，甚至创造一些新的写作技巧来为这种写作文化服务，或者说表现这种写作文化。这样，写作文化就具有了"大技巧"或"深层技巧"的品格，因为只有当写作文化成了写作内容对象和写作技巧之间的中介，特定时代的文章（包括文学作品）必须有这个时代的写作文化氛围时，文章才被人们称道，而写作行为技巧、方法又能传达出某种写作文化氛围。也可以这样说，特定的历史时代社会生活决定了特定的写作文化，而特定的写作文化又决定了特定的写作方法、技巧。因此，感悟、把握、变革某种时代的写作文化，就成了作家、文章家们写好文章的关键环节，这是普通作者、写作学习者和作家、文章家的真正区别。在这个意义上，感悟写作文化，把握写作文化，就是我们竭力提倡重视写作文化的良苦用心。

**（三）写作文化的内化性**

写作文化的内化性即写作文化的精神又必须是一种体验化、感觉化的个体主体化的心理现实。写作文化似乎是一个名词性概念，是一个客体性的东西。其实，写作文化是一种精神实体，是我们感受、把握的对象和成果，而真正的写作文化却是对这个精神实体、对象的感受、把握本身。这就是说，未经我们感悟、把握，未变成一种生命状态的写作文化概念（语言叙述）不是真正的写作文化。写作文化是一个鲜活的生命行为，也是一个具有动词意味的主体性概念。一个大学教师会讲一些写作文化的理论，但他不一定具有写作文化。一个敏感的作家，虽然不能给写作文化下定义，但他有可能感悟到某种写作文化。这种客体的主体行为性和主体行为的客体性，就是现象学家所说的人类活动的意向性原则。

也许正因为写作文化的主体行为性，所以，我们从一开始给写作文化下定义时，就始终强调“在文章上感受到的关于写作行为的价值取向、规范规则”。在这里“感受”是个关键性的字眼，其重要意义可以从有关社会语言学的论著中找到。

在社会学流派中，有一个影响较大的人类文化方法学流派。这一流派关于文化的概念与一般社会人类学流派的认识比较相近，即把文化看做知识的总和。“但跟许多社会人类学不同，人类文化方法学家认为文化不仅仅是知识的总和，文化还是对解释社会诸现象的规则固定总和的掌握，这些解释规则对该社会集团来说是共同的。”① 这是一个奇特的文化定义，它把文化理解为对规则的掌握。正是这个奇特的文化定义，恰好解释了我们为什么一定要说写作文化是作者或读者感受到、感悟到、直觉到的写作精神、行为规则。

也许正是由于写作文化是主体（作者、读者）的一种掌握行为，所以，我们才极力主张重视写作文化研究，并希望现代写作学的研究兴趣、研究重心转移到写作文化上来。这样，可使作者、读者更好地具有对写作行为规则、价值规范的掌握、感受能力，具有写作文化。这样，我们才可驾驭写作技巧，在较高层次上提高写作的实践水平和理论水平。

**（四）写作文化不等于写作主体性**

写作文化虽然是特定社会时代关于文章写作的价值取向、时空情绪、思维方式的精神整体，但是，这种精神整体仍是写作者的写作意识、主体精神。这种主体精神和写作主体论的主体精神的区别在于，后者是一种抽象人格、心灵的真善美等精神修养，而前者的这种意识、精神修养更多地打上了时代社会的烙印，它是一种具

---

① ［苏］A. И. 什维策尔：《现代社会语言学——理论·问题·方法》，61页，北京，北京大学出版社，1987。

有时代性、社会性的特殊主体人格心灵。因此，从这个意义上看，写作文化仍然是写作主体精神意识的重要组成部分，是它的高级阶段。正因这一点，写作文化才有资格成为由写作主体心灵背景到具体文章主题、立意、题材、技法、文体、语言生成的中介性“装置”。任何一个伟大的作家、文章家，都是在具有了这种写作文化意识后，才获得了创造的自由。二流、三流的写作者之所以永远没有预见性、创造性，就是因为终身不知写作文化为何物，因此终身未去感悟他所处社会时代的写作文化精神。因此，我们说，写作文化论一方面的确是一种社会学写作学、历时性写作学，但另一方面，它又是一种写作主体论。同时我们可以看到，主体论写作学研究关心的是写作行为的行为控制机制，即“写作主体性”对写作行为的控制。而这种主体控制又分两个层次：直接的控制是写作文化，间接的控制则是人格心灵背景。也只有这样看，我们才可以理解为什么有的学者认为写作文化论是对写作主体论的超越，“是一场方法论的革命”。

坦率地讲，写作主体论、人本写作学学者关于写作主体对写作行为的控制、指挥机制的细节的认识是不清晰的，他们只猜想到了一个大概情形，这种认识是朦胧的。直到写作文化的概念和理论提出后，才清晰地揭示了写作主体对写作行为实施控制的内在机制的重要细节。因此，我们才说“人本学的写作主体论”是写作主体论或宏观研究的初级阶段，而写作文化论则是其高级阶段。

人本学写作主体论虽然在新时期是一种进步的、激进的、新潮的写作理论，但本质上具有一种浓郁的古典写作学意味，因为它所强调的东西，中国古代写作理论已经强调过了。前述叶燮的名言是这样，王国维的境界论也是这样，再往前追溯，韩愈、曹丕乃至孟子、孔子的文气说、立诚说仍是这样。传统古典的写作主体论对于写作主体是怎样控制写作行为的，同样是不能言说的。

写作文化论却不是这样，它是真正的现代写作学的观念论与方法论。虽然古典写作学的“通变”思想（刘勰《文心雕龙》云：“文变染乎世情，兴废系乎时序”，“文随世变，与时高下”）与写作文化学的思维方向、思想特征相近，但是，写作“通变”论仍只是关于社会、时代对写作行为、写作主体有影响、有控制性的一种猜想，其认识仍然是肤浅的、朦胧的，它也未能揭示出社会时代控制写作者写作的中介因素，而写作文化论却做到了。

当然，我们也是在传统写作学思想哺育下成长起来的，不可能不受其影响。写作文化论可以看成是对传统写作理论的发展、整合，因为，写作文化论之中既有“通变”论的思想基因，又有文气说、胸襟说、境界说的思想基因。但写作文化却不是它们二者生硬的简单相加，而是一种化合、超越与升华。

另外，据我们的研究，在当代文艺理论（创作论）和当代文艺美学中，似乎还没有一个与写作文化同等或类似的概念和理论，即使新时期文艺理论、文艺美学作为显学有着辉煌的成就，并影响过当代写作学的发展。

## 五、写作文化的概念

通过上面的讨论，我们可以看到，写作文化就是写作者在写作活动和行为中，控制写作内容（题材、主题、材料）和形式（技巧、文体、语言）的选择、调整和创造的时空情绪、思维方式、价值取向、写作规范的主体化的时代精神。

# 第3节　写作文化的内在机制

## 一、写作文化：作为一种多层次的结构与系统

我们曾对写作文化作了这样的定义："所谓写作文化，就是写作者的写作行为、方法的规范、准则、观念，即通过文章反映出来的作者的写作行为及写作行为所透露出来的某一时代关于写作的社会心态、价值观念、思维方式、人生态度、时空情绪等的精神整体。"① 有的学者认为：这种界说是一种感受性的东西，是一个大杂烩，相互重复，互相解说，互相包揽，不符合下定义的基本准则。

是的，我们给写作文化下的定义是一个描述性定义而不是一个逻辑化的定义。我们之所以这样定义，实际上是对文化结构和本质的层层探讨，实际上是描述写作文化内在机制的若干因素和现象。

自18世纪以来，西方文化学家们给文化下定义时，始终都不能排除描述性这种定义方法，即描写文化这种心理精神的整体现象。从泰勒起就形成了这个传统，泰勒说："文化是一个复杂的精神整体，它包括知识、信仰、艺术、道德、法律、风俗，以及人类社会里所习得的一切能力与习惯。"当代文化学家索罗金也认为："文化是意义、价值、规范、行为和物质媒介的总和。"总之，这些文化学家们认为文化就是人类为了更好地生存而设计形成的一套价值取向、规范、观念、思维方式、人生态度等。显然，这些东西之间是互相包含、互相解说的，确像"大杂烩"。

另一方面，确有学者不满足于这种描述性的文化定义，企图下一个逻辑性定义，即形式逻辑中"种概念加属差"的定义法，一般认为，文化就是价值或价值观。被称为"文化学之父"的怀特就说："文化就是象征，而象征可定义为一件其价值和定义由使用它的人加诸其上的东西。"博克也说："文化精神就是价值模式的整合。"当代文化学家卡尔巴泽认为："文化则是被说成使文明变得高尚的精神价值。"那个在20世纪50年代初就搜集了161个文化定义的克罗伯，通过分析这些定义，最后还是说："文化的核心部分是传统即历史地获取和选择的观念，尤其是它所带的价值观

① 马正平：《写的智慧》，第2卷，702页。

念。”苏联美学家卡冈认为，艺术文化的核心是艺术价值。

这些学者的观点都强调价值。另一些学者对文化进行逻辑化定义时则强调方式，认为文化是一种行为方式、思维方式。克拉尔·威勒斯说：“文化即一个民族的生活方式。”迪韦尔热说：“文化是协调行动的思维方式、感觉方式的整体。”或者说“文化包括了思想模式、情感模式和行为模式”。迪韦尔热还认为：“文化不仅仅是一种具体模式，它还包括高于具体模式的理想模式、形象。”

还有的学者为“文化”定义时强调文化是一种精神、态度。博阿兹就说：“如果我们想真正了解一个文化，就需要深入探索这个文化的精神，深刻认识这个文化和个人及团体的态度。”

这样，在逻辑化定义者的眼中，文化分别被理解为价值观念，行为方式（思维方式、感觉方式、活动方式、理想模式）规范、态度。这还不包括作为制度文化和物质文化的那些东西。

那么，从逻辑化定义角度来看，文化到底是其中哪一种才确切呢？答案令人失望，这当中无论哪种定义都不能完全被人接受，否则，就不会出现上述多种定义了。

这里，我们得到一个启示：为文化这个非常复杂的东西下定义，任何分析的方法、抽象的方法、逻辑的方法都是无能为力的。最好的也是唯一的办法就是采取综合的、整体的、描述的方法对它进行完整准确的描述。正是由于这个原因，前辈学者们给文化下定义时运用了文化结构的概念进行解释。实际上，那些关于文化的描述性定义，就是对文化这个结构因素的描述。所以有位美国文化学家就曾说，泰勒的文化定义就已包括知识、习惯和行为三个层面。但最早明确把文化分为层次和结构的是美国学者林顿，他认为：

> 文化至少包括三个层次的现象：（1）物质文化，即工业产品；（2）动态（kinetic）文化，即外显行为（因为这必然包含动力）；（3）心理文化，即一个社会成员所共享的知识、态度和价值。前两个层次的现象可以合起来构成文化的外显部分，第三层次的现象即心理现象则构成了文化的内隐方面。

这是一个划时代的见解。后来，克罗伯与克鲁柯亨通过对 161 个文化定义和概念的分析，给出了文化结构的精彩定义，这至今仍然处于学科前沿。他们认为：

> 文化代表了人类群体的显著成就，包括他们在人工物品中的体现；它由外显和内隐的行为模式构成。这种行为通过象征符号而获取和传递；文化的核心部分是传统即历史地获取和选择的观念，尤其是它所带的价值观念。文化体系一方面可以看做人类活动的产物，另一方面则是进一步活动的决定因素。

这两位文化学家的高明之处是通过广博深入的分析把文化看成一个由外显和内隐的行为模式两个层次构成的（文化）体系。在这个系统中，外显的行为模式就是“人工物品”，它是人类的成就、产品。内隐的行为模式又包括两个层面：表层是观念，底层是价值，它既是“人工物品”的内涵、意味，又是“进一步活动的决定因素”，即先在理想、图式、目标等。

当代学者麦克迪则进一步用形象的说法描述文化体系的整体景观，他说：“每种文化就像一座巨大的冰山，在准则、规范、行为方式的表面之下有着一整套价值系统。”这种看法被许多学者认同。

通过对国际文化学界学者们对文化定义的分析，我们可得出这样的基本认识：“文化”作为客体，它是人类进步的成就、成果；作为主体，它是人类行为的目标、理想、蓝图。后者是起点（因），前者是终点（果）。当把起点和终点连接起来，文化就形成了一个由若干层次（面）构成的体系、系统。

我们还发现这样的认识规律：人们在认识文化这个系统时是经过了一个过程的。最初即感性阶段，人们只凭直觉对文化体系中诸因素进行笼统描述，人们对它的认识处于混沌状态，例如泰勒。在第二阶段，即抽象阶段、分析阶段，人们不满足于对文化认识的混沌状态，希望通过抽象分析文化的本质，例如怀特、博克。在第三个阶段，人们发现对文化抽象定义的结果并不能认识文化的真面目，这就迫使人们采用理性（抽象上升到具体）和整体系统方法完整认识文化这个体系，并再次采取描述方法，描述文化体系内的若干层次因素，例如林顿、克罗伯、克鲁柯亨。这就是对文化的认识史。

现在问题已经很清楚了。本书前一章和本节开头引述的那个写作文化定义，既不属于第一（感性）阶段混沌描述的写作文化定义，又不属于第二（抽象、分析）阶段的抽象化、逻辑化写作文化定义，也不属于第三（理性）阶段对写作文化的系统描述。但是，这个写作文化定义的思维水平既属于第三阶段，又有第一阶段的方法论。就前者而言，这个定义是第三阶段在对写作文化进行系统描述时对该系统最底层因素的描绘。

前面对写作文化进行过多层次、多角度的定义。最终我们对写作文化定义时，采取的还是第三阶段那种系统描述的定义方法。所以，我们认为，写作文化作为一个结构、系统，它由多个层面构成。首先广义的写作文化包括物质层的文章（书籍）、行为层的写作行为技巧和心灵层的写作文化心态。心灵层的写作文化心态又包括表层的文章图样、规范，底层的关于写作的时空情绪、价值取向、思维方式等和最底层的传统文化精神。

## 二、写作文化：作为一个过程的精神行为

任何对象都是一种行为。所谓对象、客体都是人认识的东西，或作用、支配、摆弄的东西。当一个事物成为人的研究对象、成果时，它只是人们活动、行为的产物，因为活动、行为早已先于对象、成果而存在了。当我们说太阳这个词的时候，不是我们先看到了太阳，而是早就想到了太阳。同样，当我们说文化是人类的成就，或者是人类行为的理想和规范的时候，就意味着先于这个东西的生产与追求的行为

早已存在着、进行着。

另一方面，当我们把文化或写作文化理解为一个由若干层次因素构成的体系、结构、系统的时候，由文化深层到表层的逐渐实现，即文化的完成，毫无疑问将表现为一个过程、行为。没有这个实现过程，也不可能有什么文化。从这个意义上说，文化的底蕴仍然是一种过程、活动、行为。

从词源学角度来看，实际上文化这个词无论在古英语还是在古汉语中，本来就是一个动词。古汉语中的文化就是用文德来教化、化育、改变的意思。刘向《说苑》所云“凡武之兴，为不服也。文化不改，然后加诛”即是此意。英语中的“文化”为 culture，它的词源是拉丁语中的 culus，在拉丁语中，该词的原意是耕作、耕耘。现代英语中的农业（agriculture）和园艺（horticulture）两词中仍保留了文化这个词根耕作的本义。当西塞罗最先使用文化（culture）一词时，也是用来指耕耘智慧，首开文化今义之先河。15 世纪《牛津词典》首次出现文化（culture）一词时，把它理解为“意味着为增进某种东西的质量而作的努力”，例如“麦子的改良，工艺的改进”，含发展、进步之义。到 19 世纪中期，纽曼使用了精神耕耘和智力耕耘的英语词汇，intellectual culture 类似今天的精神文明或精神文化，实际上也是后来文化（culture）的含义了。今天，人们把文化理解为成就、成果，这起源于 18 世纪。当时，法国的沃尔纳格和伏尔泰运用文化一词时，其含义均指“训练和修炼的心智（或思想、趣味）的结果的状态”。到 19 世纪初，克莱姆和泰勒的文化定义仍是如此。

对文化的定义、本义——活动、行为——的发现，是文化研究的重要进展。这一点可从苏联文化学界对文化的理解过程得到证明。和古汉语、拉丁语一样，作为一个外来词，俄语“文化”一词最初含义是指人对自然的有目的的活动，也指人本身的教育和学习。直到 20 世纪 40 年代《俄语词典》仍把它定义为：“（1）对某一物体所做的活动，以使该物体从沉睡中醒来；（2）一定程度上发展该对象本身具有的潜在力量——换言之，就是对它进行加工、改善、完善。”同时指出：“文化一词不仅可以用到外部世界的客体上，如对土地耕作，也可以用到对人的智慧和才能的开发上。”这时，文化均指活动、行为。到了 50 年代，《苏联百科全书》（1953 年版）开始把文化定义为“社会在教育、科学、艺术及其他精神生活领域所取得的成就的总和”。《现代俄语标准词典》（1956 年版）也认为“文化是人类社会在生产中、社会生活中所取得的成就总和：物质文化和精神文化”。这时，文化被理解为成果、成就。

到 20 世纪 60 年代，人们开始对 50 年代的文化定义提出质疑。马尔卡良最先用“活动”的概念对文化定义，认为文化是人类活动的手段、生存的手段。或者说，“人类活动这种专门手段就是文化”。马尔卡良进一步指出：“文化还可以看成实现人类活动的万能工艺学。”后来，有人把这个问题说得更清楚，认为文化是“人类在生产和生活范围内某种活动的类型，它并不包括人们的所有活动，只是那种在物质和精神范围内的创造性活动”。这个文化定义受到比较多学者的认同。另外有的学者则企图把成就和活动两个定义统一起来。有的人认为：“文化是人类在物质和精神生产中创造性活动的总和，是这种活动的结果，是扩大和运用物质和精神财富的手段，是人类建立在相互的社会关系以及促成自身进步中所取得的成就。”而有的人则认为：“从现代意义上，应把文化理解为人类活动的物质和精神成果的总和，是服务于社会的组织形式的总和，是人的思维过程和状态及活动的企图的总和。”

实际上，后面这个定义只是对文化结构的整体描述而已，它并未解决成就和活动之间的争论。那么，究竟把文化理解为成就（价值、成果）准确，还是理解为活动（行为）准确呢？

我们认为应该是后者。因为，第一，理解为活动，那么，活动必然产生成就；第二，作为成就、产品的预成模式的规模、理想、目标本身存在于人的行为、活动之中。概言之，活动包含规范、成就。

现在看来，人们对文化的认识，从把它理解为一个东西、对象（成品、成就、价值）到把它理解为一种过程的精神性行为，是人类认识的飞跃，是文化哲学研究的重大突破。这样，我们可以给文化下一个抽象的定义：文化是人类的创造性行为，从精神行为到活动行为，首先是前者。

同样，我们可以把写作文化定义为关于写作的行为，首先是精神性行为。这也许就是我们把写作文化首先定义为“导致体裁生成的人的主体性精神、心理状态和追求”的主要原因。

那么，写作文化思想所体现的主体性精神和追求的心理状态的具体内涵又是什么呢？

## 三、生存关注：写作文化的本质与精髓

应该说，写作文化的概念和理论的提出，主要是追求一种理想化的生命秩序和生存秩序，一种生命关注的人文精神。

最初我们对写作文化是通过对角度、立意、结构、视点、分类、标题、文面等写作行为中具体写作文化现象的描述来阐释的。在这个阐释过程中，我们十分关注生命、生存问题：认为一种写作就是一种鲜活的（非僵死）生命力的表征。因此，抽象地说，写作文化的本质就是一种生命关注。就历时性而言，它是一种生存关注。

《写作文化与写作哲学》一文认为，“写作文化就是写作哲学的传播化、蔓延、群体化、普及化”，并且，“只有人类生存需要的写作哲学，才有可能发展成为一种进步的写作文化”。这种写作哲学“是作者在处理自己和世界的关系时，在写作这种人类活动上采取的生存措施，即是他达于自由、理想之境的一种生存智慧和态度”。显然，写作文化的哲学精神应作如是观。

不难看出，我们提出的写作文化的概念及其理论，其核心、本质就是生命关怀

和生存关注。

“生命”和“生存”这两个词既有联系又有区别。生命或生命论是从共时状态而措辞的，这是一种高度抽象；生存或生存论则强调生命的历时状态，生命的历史、时代处境。由于写作文化理论的最大特点是由写作的抽象研究转向对具体时代、社会的人的写作活动的研究（例如写作文化概念的提出），把共时态写作学变为历时态写作学，因此，写作文化理论中所饱含的生命关怀，实际上又是一种生存关注。写作文化理论竭力强调时空情绪的原因亦在于此。

这样，写作文化的概念及理论的基本追求、最终本质就是对生命、生存的关注，这是写作文化理论的基本精神，也是其独特内涵。

当我们深入考察文化学史时发现，写作文化理论中生存关注和生命关怀并不能算做一种理论的发明和创造。因为，生存关注和生命关怀本来就应该是文化哲学的题中应有之义。

美国著名文化学者克鲁柯亨就曾这样说：“‘文化’这一人类学术用语所确定的含义，是指整个人类环境中由人所创造的那一些方面，既包含有形的，也包含无形的，所谓‘一种文化’，它指的是某个人类群体独特的生活方式，他们整套的生存样式。”所以，他给文化下了一个被认为最“具体而精致”的定义：“文化是历史上所创造的生存式样系统。”在他看来，“人类机体为着生存，必须在最低限度上随着自然环境而做出一定的调节，人类的生态和自然环境为文化的形成提供了物质基础，文化正是这一过程的历史凝聚。”

美国另一位文化学家罗杰·皮尔逊也认为：“文化作为一种行为方式，它增加了他们在不同条件下生存的可能性。”前面述及的苏联著名文化学家马尔卡良也把文化定义为“人类活动的手段，生存的手段”。所以，一位国内文化学学者也认为：“所谓文化，就是人类群体为适应环境（包括社会环境），求得群体更好地生存和发展，借助于群体内部的沟通，而形成的共同行为习惯模式及其思想观念体系。”① 这一定义得到学者们的认同和接受。

其实，文化在早期人类文化学家那里，都是从生存的本质来定义的，泰勒的文化定义把文化看成是一种社会成员获得的能力和习惯。这能力就是指生存能力。马林诺夫斯基说得更为清楚：“所谓文化，是一个在满足人的要求的过程中，为应付环境所面临的具体、特殊课题而把自己置于一个更好的位置上的工具性装置。”这里所谓“把自己置于一个更好的位置上”，就是指最佳生存状态而言，文化这个“工具性装置”就是为这个最佳生存状态服务的。人只有处在这个“更好的位置上”，才能更好地生存。这就是说，文化的本质就是生存关注。

原来，文化这个结构、系统，就是一个生存结构、生存系统，一个人类的生存

① 严加其：《要协调两种文化因素的发展》，载《光明日报》，1986-01-17。

“处方”。换言之，生存化即文化。写作文化，就是写作主体在写作行为、成品中体现出来的一种生存关注（生存意识、生存情绪）。换言之，生存关注的写作精神最初是一种写作哲学，最后才播散为写作文化。

## 四、时空情绪：写作文化的最终动力

既然每一种文化都是一种生存（样式）系统，每一种写作文化都是一种在写作上体现出来的生存样式系统，那么，我们所主张的写作文化理论的真正特征又是什么呢？换一句话说，我们所主张的那个写作生存样式系统与其他人的写作生存样式系统的区别在什么地方呢？写作文化是在写作中的一种追求，那么，写作文化论在追求什么呢？我们是通过什么东西来使作者、读者更好地生存的呢？

于是，我们重新研究写作文化学的早期文献对这一问题的阐述。这时，我们发现，在我们的写作文化描述性定义中自觉不自觉地增加了并不断强调着一个其他文化定义所没有的东西：时空情绪。

试看我们最初对写作文化确立定义的过程。一开始概括地说：“写作文化则是导致文章体裁生成的主体性精神、心理状态和追求。”① 之后，接着又说：“写作文化则是从风格、流派、运动、思潮中所感觉到的人们的各种心理状态、价值观念、行为准则、思维方式、智慧水平的总和。”② 这第二个定义比第一个定义具体些，但仍不能使人明白这个写作文化定义和一般文化或亚文化定义的区别。因为，这个写作文化定义基本上是一般文化定义的横移或具体化。要弄清“写作文化”概念含义的本质、本体，必须从我们对各种写作文化载体因素的写作文化分析、描述中去发现。

在具体描述中，我们体验、理解了写作文化的独特内涵：时空情绪。所以在结束具体写作文化描述、分析之后，我们再次给写作文化下定义时说：

> 写作文化是人类文化在写作活动中的具体表征，它是通过文章所反映出来的作者的写作活动行为（角度选择、立意、结构方式、节奏安排、视点运用、文面表现等）中所透露出来的某一时代的社会心理状态（生存态度、价值、观念、时空情绪、行为准则、思维方式等）的总和。③

这第三定义与第一、第二定义相比，其区别在于增加了“时空情绪”这四个字，这是非常重要的四个字。它是通过上面多次的感性描述之后不自觉、下意识地加上去的。这个思维细节说明，在对写作文化多角度描述和不断定义过程中，我们首次概括出了“时空情绪”这个新的命题，甚至下意识地把它强调到头等重要的位置。试看我们第四次对写作文化的定义：

> 主体写作文化又叫写作文化心态……它是写作主体在某一社会时代中对于

①② 马正平：《写的智慧》，第2卷，1页。

③ 马正平：《写的智慧》，第1卷，450页。

文章规范和写作技巧的审美化憧憬，即对文章和写作技巧应该表现的时空情绪、社会氛围、文化心理、思维方式的感应与感受、直觉、把握。[①]

这个排列次序表明，我们把“时空情绪”看做写作文化的本体。

而且，这并不是一个偶然的前置。因为在以后的定义描述中总是把它放在头等重要的位置。例如在从动态性、历时性角度描述新生的写作文化心态时，我们认为它包括心理的时间感，思维的空间感，思维方式、方法，写作文风，价值观念。在分析新的写作文化产生的情形时又写道：“在这个困惑之中，作者从新的社会运动中感受到属于这个时代的时空情绪、思维方式，产生了新的写作文化精神，且往往是一种激进的精神。”[②] 这里我们都是在不断地强调时空情绪作为写作文化的本体、动力这一基本观念。

写作文化的本体是时空情绪，而在另一些地方我们也说写作文化的本质是生存关注，其实，这二者是统一的。因为作者所追求、憧憬的理想的时空情绪、时空感觉就是自由生命的实现、自由生存的证明和表征。因为生存是一个意义判断，而时空情绪的体验则具有一种亲身感受的自明性。

## 五、时空情绪、价值观念、思维方式、写作规范之关系

文化、写作文化的本质、动力是一种生命、生存关注的时空情绪，这显然与以往文化哲学有较大的差别。许多文化学家都说，文化或艺术文化的本质是价值观念，是思维方式，是行为规范等。那么，时空情绪和这些东西的关系是什么呢？换言之，它们之中谁更本质、更本体呢？

所谓价值观念就是个体基于对某一个对象事物的功能是否符合自己的要求、理想的一种主客之间关系的评价而形成的稳定的看法、思想。价值观念的建立是通过比较、评价来进行的。这里，评价是依据个体的理想性事物而做出的。这时，个体的理想性事物就是评价标准、准则。因此，作为评价标准的理想性事物比评价本身更为先在，也更为本质、更为本体。而作为理想和审美化憧憬的时空情绪、时空感觉恰恰是这种评价标准。

因此，在写作文化中，作为自由生命、自由生存表征、证明的时空情绪比价值观念更为本质、更为本体。而价值观念则是在时空情绪之后派生出来的东西。

为什么这么说呢？时空情绪作为生命的自由境界，它是个体和类的生命栖身之所，是灵魂、心性自由生存之所。对高远无碍流动变化的时空情绪的追求是人的生命本能，也是人的社会机能。难怪我们在描述写作文化时常常把时空情绪和生命力看成一个东西——至少是看成联系至为紧密的东西。

---

① 马正平：《写的智慧》，第 1 卷，450 页。

② 同上书，437 页。

因此，对时空情绪（高远空阔的空间感和快速流动的时间感）的追求、感受、欣赏、享受是个体生命和类的生命的理想存在方式，是自由存在的处所，是和宇宙合一，是一种无我的永恒，它也就是人的终极审美理想。但是，当个体涉足于现实处境时，他和理想发生了矛盾。因为，现实往往是有限的、不自由的。这样，个体就产生了对现实的评价，而个体的评价是以他追求的时空情绪作为参照系进行的。在评价活动中，他建立了一个以符合自己的时空情绪追求为前提的价值观念体系。这样，个体通过建立理性的价值观念来表达、体验感性的时空情绪，他感觉到生命与生存、生活的自由。

思维方式与时空情绪、价值观念的关系又是怎样的呢？思维方式不等于思维方法，后者是思维过程中的操作性技术、技巧等具体办法，思维方式本质上是思维之初思维运动的方向性、方面性的确立。这是一个空间性选择问题。因为人类思维方式的发展总是由一维到多维，由平面到立体，从线性到非线性，从封闭到开放，从非此即彼到亦此亦彼（即从点到线、到面、到体）等。因此，思维方式的本质是一个时空情绪的问题。当一个人有高远的空间感追求、流动的时间感追求时，他必然产生一种整体的、立体的思维方式。这种思维方式是他时空情绪在思维运动中的必然反映、表达和证明。

这样，思维方式就必然成了从时空情绪到价值观念的中介。所以人们说，一定的价值观念是建立在一定的思维方式之上的。因此，文化的革命，本质上是思维方式的革命，而思维方式的革命，又需建立在时空情绪的革命性追求之上。至于行为规范、活动方式、行为图样则是在价值观念之上的表层因素了。

至此，我们把过去对文化或写作文化的混沌描述，最后分析为前述四个层面。但从整体综合角度看，文化、写作文化本质上是一种生命、生存关注。而整体的生命、生存关注和自由，是通过这四个层面，用其过程来实现和表征的。

总之，时空情绪——无限的生命自由感和生动的生命鲜活感、存活感——是个体生命进入特定时代社会之后的一种生命生存的基本的心理、心灵的状态或态度。它是写作文化的生命之源，是一种动力系统。而思维方式是人们关于人的行为、活动的意识性方法、模式，是个体生命生存的时空情绪在人的行为、意识上的一种影响、折射、作用、效果。这二者之间是一种“知”与“行”的关系。而价值观念则是思维方式的对象化生成，即能体现表达这种思维方式的思维对象、目标的获得。这二者之间又构成一种“知”与“行”的关系。这样看来，作为写作文化深层结构的写作文化心态中的思维方式和价值观念就已经存在于写作文化表层结构——写作行为和文章的时尚规范之中了。因此，写作文化的精神结构整体内部的关系应该如图 10—2 所示：

| | |
|---|---|
| **写作文化** | 写作规范（文体时尚、题材时尚、立意时尚、结构时尚、语言时尚） |
| | 写作行为价值观念 |
| | 写作行为思维方式（立意、行文、语言的时空化思维方式） |
| | 写作文化心灵状态（个体生命在特定时代生存的时空情绪） |

**图 10—2　写作文化精神结构整体内部关系**

这即是说，作为表层写作文化的文章、文体（内容和形式）的时尚性规范，应该是写作文化的价值观念层面。它是写作文化的最终理想、目标、目的、成果，以文体时尚、题材时尚、立意时尚、结构时尚、语言时尚的形式体现出来。作为深层的写作文化应该是个体生命在这个时代理想性生存的基本普遍的心灵状态，以时空情绪或生命生存态度的感受体现出来。而作为写作文化中层、中介的应该是写作行为的时代规范，即写作主体写作行为的思维方式，它以立意、行文、语言的时空化思维方式的形式体现出来。

从这个图解可以看出：这几个层面的任何一个层面，都是写作文化的体现。因此，原则上说，从任意一个层面感受到写作文化都是对写作文化的感悟。但是，这里有对写作文化理解深度的差异，有盲目和理智的差异，有模仿和创造的差异。理解的层次越深，对写作文化的理解越深刻，写作文化的创造性就越大。

## 六、写作文化的内在机制

实际上，上面对写作文化的内部因素——时空情绪、价值观念、思维方式、写作规范——之间关系的分析，也就是对写作文化的内在操作机制的研究。可以说，写作文化的内在机制，就是写作者的写作心理思维中关于写作的时空情绪—思维方式—价值观念—写作规范交互作用的关系。

如果从更深的思维层次上分析，写作的时空情绪产生于写作者在现实生存状态下所产生的精神突围而成的生存秩序或生命秩序。这是因为，生存秩序和生命秩序只是一种生命或生存的方向。而方向感是一维的，它必须向四维的时空感、时空情绪的心灵状态发展，获得更具体的生命自由感。在这里，生命秩序是一种目的，时空情绪则是一种表达方式和体现方式。当写作精神进入时空情绪状态的时候，它自身又递变、自变为生存目的、目标，主体必然要创生新的思维方式以适应时空情绪。这是第一次写作精神的知行递变。这里，思维方式是时空情绪的同构。当写作者的时空化思维方式生成之后，作为一种世界观和方法论，它生成的价值判断、价值取向、价值选择必然要与这种时空情绪化的思维方式相协调，而这种价值选择、价值取向的落实，又必然生成新的写作规范——选材、立意、行文、语言的时代审美规范，如此等等。

这就是说，写作文化的内在机制起于生命的哲学情绪，落实到具体的写作规范。

## 第4节　写作文化学：理论意义与实践功能

一石激起千层浪。20世纪80年代末，写作文化的概念和理论提出以后，的确给沉闷的当代写作学界带来了强烈的思想震荡。90年代初的中国青年写作理论家协会第二届学术年会上，经过反复认真的学术讨论，最终将“深化写作文化研究，建设以文化写作学为主要特色的中国当代写作理论体系和教学体系”作为会议决议正式确定下来。写作文化学之所以会如此受写作学家们的青睐，是由写作文化自身巨大的学术魅力所致。

### 一、写作学观念的变革

从写作学研究、教学的方法论上讲，张会恩、陈果安等人认为，写作文化的提出“坚决、自觉地否定了对写作行为（过程）的共时性、理想化、模式化、抽象式的研究，将写作学导入了具体历史的、社会的和现实性研究，它使现代写作学更好地把握了自己的研究对象，使写作学从方法论上第一次真正获得‘现代’意味，它带来了现代写作学研究方法论上的一场自觉革命”①。用张传真的话说，“文化写作学思想把写作活动放在了特定时代的社会的文化的个体的背景上进行研究，把写作理论和写作实践的距离大大拉近了”。这种新的写作学的价值在于“逼近了写作实践”，“逼近实践是文化写作学理论经得起考验，并将立于不败之地的重要原因”②。黄景容也认为写作文化最逼近写作心理思维的实践。③

为什么说写作文化概念和理论的提出，真正“逼近了写作实践”呢？从写作行为上说，张宁认为：“正是这种包蕴着主体写作文化的全息输出，才深深地拨动了我们的心弦。写作是一种创造行为，观念可以模式化，可以模仿，单纯的技巧方法也可以模仿，然而与观念、技巧等浑然一体，并通过文章形式所全息输出的主体写作文化、激情氛围和心灵律动，却总是一个特殊的‘这个’，是不可模仿的。我们只能基于我们自己的主体文化而创造、书写出另一个‘特殊’来，而决不能重复和模仿那个已经出现的‘这个’，这也许可以更令人信服地解释写作的创造本质及写作主体创造机制，这也许是‘写作文化’较之一般的写作方法、技巧更带有根本性，从而被

① 晓成：《新时期现代写作学研究的一面镜子》，见马正平等：《中国写作学的当代进展》，336页。

② 张传真：《写作学：艰难的分娩》，见马正平等：《中国写作学的当代进展》，446～475页。

③ 参见黄景容：《写作心态》，福州，福建教育出版社，1993。

称之为‘大技巧’的原因吧。由此，我们不能不认为，‘写作文化’概念的提出，确实触及到了写作主体创造机制中更为内在、更带有根本性的东西。它既是写作主体创造机制内核的更高、更深层次的理论抽象，又是具体可感的活生生的客观实在。”①

从写作教学上说，湖南师范大学的陈果安教授认为：“我们不能满足于仅仅告诉学生应该怎么写，我们在告诉学生应该怎么写的同时，必须认真地、具体地告诉学生为什么要这样写……强调为什么要这样写，才能沟通学生主体的心灵，使它真正地从内部去掌握各种写作技巧。在‘写作文化’提出以前，要回答‘为什么要这样写’似乎是一个很难的难题，但自从写作学界提出‘写作文化’以后，我们似乎找到了一条切实可行的思路，那就是在讲每一种写作技巧时，都认真地揭示出其所透露出来的人们关于这一写作技巧的价值观念、时空情绪、思维方式、人生态度等。”陈果安由此指出：“从写作文化角度看，写作不再是写作者对事件的组合和对语言的运用了，它也是写作者心灵工程和人类心灵工程建构行为的途径和方式，写作学不应该是仅仅研究操作技巧的术科，而是具有人文意味的学科。倘若放在当代现实和世界教育总趋势下考察，现代写作学会成为当代社会一门十分重要的新兴学科。新时期十年写作学研究终于使我们第一次从理论上确认了我们学科的重要性质和重要地位。”②

辽宁大学的高楠教授认为，“写作文化”是一个“似乎没有其他概念可以取代的现代写作学新范畴”③。湖北大学的洪威雷教授认为，写作文化研究是现代写作学攻坚战中的“攻打腊子口”。奚愉康认为，写作学的文化—哲学系统是写作学界“新生代”意识的集中体现，21 世纪的写作学将在这个系统内日趋完善。这些“新生代意识，使他们成为中国最有希望的一代写作学家成为可能”④。

## 二、写作学研究思维方式的革命

写作文化论宣告了一种新的思维方式与思想方法的诞生，是一场思维方式的革命。

唐代兴说：“‘写作文化’是一种思维方式，是一种整体的综合化的思维方式，这一思维方式启迪我们从文化入手把写作看成是一种文化创造行为，当我沿着这一思维路线去具体地并进一步地探索写作文化时，则发现它的迷人，尚不在流动着整体、综合意向，更在于一旦把她视为个体生存的有机内容时，又蕴涵着一种理性的生存

---

① 张宁：《写作文化：现代写作学研究的新思维》，见马正平等：《中国写作学的当代进展》，448 页。

② 晓成：《新时期现代写作学研究的一面镜子》，见马正平等：《中国写作学的当代进展》，331 页。

③ 高楠：《我们为什么要接受写作文化》，载《中国写作》，1990（4）。

④ 参见奚愉康：《中国第三代写作学家的思考》，见马正平等：《中国写作学的当代进展》，453～456 页。

情趣。因此，当我提出写作的形式化命题时，就领悟到了这样一种崭新的思维方法和思想方法——生态化综合的思维方法和思想方法的诞生。”①

唐代兴之所以认为“这是一个了不起的发现”，是因为“这是一个天地广阔而任重道远的奋飞起点。‘写作文化’的发现，揭示了写作学研究的视界、方向、重心、方法等都将从根本上转移：从文化生成写作、从写作生成文化的意向性角度研究写作的网络性生成建构的生命机制。现代写作学不再是一个孤零的自我封闭的‘学科’，而是一项浩大无比创化文化和塑造人的心灵形象的工程性科学。写作，不再是写作者对事件的组合、对语言的运用的技巧活动，它是写作者心灵工程和人类心灵工程建构的行为途径和必然方式。写作，是文化的批判和创造；写作，是哲学的发现与沉思”。“‘写作文化’之所以在今天被发现，在于人类现实生存处境的要求……‘写作文化’发现的本身发现了写作文化精神——作者的写作哲学。‘作者的写作哲学’的发现为真正揭开人类一切伟大的写作家（文学家、思想家、哲学家、科学理论家、军事理论家）之所以成为人类伟大的写作家的奥秘提供了可能性。因此，研究和探索写作文化精神自然成了现代写作学建设的坚实起点。”②

写作文化学、文化写作学是一门历时性、具体性、时代性、社会性、生存性、当下性的学科。每一个时代、社会，每一个地域、群体都有不同的写作文化产生，从而控制着人们的写作行为、文章规范。因此，文化写作学将与人类写作同在。写作文化学、文化写作学是当代写作学、未来写作学、人类写作教学和人类写作永恒的探索主题。因此，从这个意义上说，当代写作学、未来写作学都应该是一种文化写作学。

这个认识是20世纪写作学的幡然醒悟，也是20世纪写作学献给21世纪写作学的智慧。因此，文化写作学应该是21世纪写作学的基本方向。

## 【基本概念】

写作主体论　文化　写作文化　大技巧

## 【复习思考题】

1. 请从写作理论自身发展的角度谈谈写作文化的概念是怎样提出来的。
2. 写作文化的精神结构是怎样的？
3. 写作文化的指涉领域有哪些？

---

① 唐代兴：《作为一种新的思维方式的写作文化思想》，见马正平等：《中国写作学的当代进展》，229页。

② 唐代兴：《写作哲学与写作文化》，见马正平等：《中国写作学的当代进展》，77页。

4. 写作文化有哪些特征?
5. 为什么说写作文化是对写作行为的真正的控制中介的揭示?
6. 谈谈写作文化中时空情绪、思维方式、价值观念和写作规范之间的内在机制。
7. 谈谈写作文化的哲学基础。

# 第3编

# 写作行为论

写作过程论
思维新论
写作思维学
写作智慧学
写作措辞学（上）
写作措辞学（下）

# 第11章

# 写作过程论

艺术家的这种构造形象的能力，不仅是一种认识性的想象力、幻想力，而且是一种实践性的感觉力，即实际完成作品的能力。这两方面在真正的艺术家那里是结合在一起的……按艺术的概念，这两方面——心理的构思与作品的完成（或传达）是携手并进的。

——［德］黑格尔

（一旦进入写作）词汇给我带来形象，描写这些形象又把我引向新的形象……语言开始依靠其自身的生命进行活动，每一组词汇、每一句描写都将自行引导下一组词汇和语句出场。文字在自生自长，仿佛语言是一种独立的有生命的组织，它能够按照自己的规律萌芽、扎根并播下种子，在这个过程中，作家本人仅仅成了一件工具或媒体。

——［法］克洛德·西蒙

写作行为的过程是写作学研究的重点之一。写作行为过程可以分为广义过程和狭义过程。广义过程是从写作行为与世界的宏观关系方面来理解写作行为的本质。狭义过程是指写作行为内部环节之间的关系和规律。本章首先对写作行为狭义过程进行分析，然后对写作过程的理论模型进行讨论，从而揭示写作行为过程的一般原理和理论模型。

当代写作学界对写作行为过程原理、规律主要是从三个层面来进行探讨的：一是对写作行为过程表层的中观环节的分析、描述；二是对写作行为过程表层的宏观阶段的分析，即对写作行为转化原理的概括；三是对写作行为过程深层微观的写作心理思维原理、规律的探讨。其整体的趋势是从构思主义写作过程论向非构思主义写作过程论的方向发展。

## 第1节　写作行为过程的表层描述

### 一、陆机的“感—思—文”的写作过程论

真正从一般写作学角度来理解写作过程的是我国文论家陆机。在《文赋》中，他对写作过程做了十分完整而准确的分析和描述：

若夫应感之会，通塞之纪，来不可遏，去不可止。藏若景灭，行犹响起。方天机之骏利，夫何纷而不理。思风发于胸臆，言泉流于唇齿。纷葳蕤以馺遝，唯毫素之所拟。文徽徽以溢目，音泠泠而盈耳。

显然，开头八句是对写作的应感、灵感、感兴等感思阶段写作心理、思维状态的描述：朦胧、直观、贯通、高速。第九句讲的是在感兴、灵感之上写作理性思维的产生，即所谓的运思阶段。第十句以后讲的完全是写作行文传达阶段的情形。陆机已经对写作的基本过程，即“感—思—言（文）”的过程有了一个十分准确的描绘。

陆机关于写作过程的描述是准确的。19世纪俄国学者别林斯基同样认为，诗的创作是由灵感开始经由构思再到传达的过程。[①] 所不同者，在陆机那里，写作之思是自由之思，而在别林斯基那里，写作之思是一种构造之思。

在当代写作学界，有的学者根据陆机在《文赋》开头所说的“每自属文，尤见其情，恒患意不称物，文不逮意。盖非知之难也，能之难也”，便由此认为，陆机描述的是“物—意—文”三个阶段的写作过程论。其实，这是不准确的。因为，这里的物并未进入写作的写作行为之中，是一个“不及物”的概念。在这里，陆机只是描绘了“感—思—言”写作过程中的后面两个阶段，并未对“（应）感”的阶段进行描绘。

许多学者由此而认为，陆机的这段论述是双重转化论的依据，这也是不准确的。实际上，陆机所主张的不是什么双重转化，而是三重转化，或三级飞跃。

### 二、“选材—立意—结构—表达—修改”的写作过程分析

在20世纪的中国现代写作学理论视野中，一直都认为，狭义写作行为的过程就是：选材、立意、结构、表达、修改。这是20世纪80年代以来最流行的一种写作过程的理论模型。这种写作过程环节的分析最初来源于20世纪70年代末80年代初通

① 参见《别林斯基选集》，第1卷，178页，上海，上海文艺出版社，1979。

行的《写作基础知识》中的“八大块”体系的“材料、主题、结构、叙事和抒情、议论和说明、描写和对话、修改、文风”[①]。在 80 年代中期，刘锡庆先生将其换改成写作准备阶段的“聚材取事—命题炼意—谋篇布局—定体选技”、写作行文阶段的“得其机遇—贯通文气—多种表达—遣词造句—讲求文面”和写作完善阶段的修改润饰。[②] 作者在对这个写作过程环节的分析中，最有特色的是对写作行为阶段的展开性分析。在此以前的所有写作教材对写作过程的分析都比较粗疏，一般都是从选材到立意到结构再到行文。这是重视构思忽视行文的写作研究，这种写作过程论似乎认为从构思到行文是十分自然的事情。实际上，从构思到行文中间还要经过一些中介环节。刘锡庆先生的贡献就是初步发现了这些中介环节，即在构思完成之后，首先是“得其机遇”，然后是“贯通文气”，前者是进入行文状态，后者是确立表达基调。因此，刘锡庆先生的写作过程论最主要的贡献正是在这里，而不是他的“双重转化”论。

但是，从写作过程宏观框架上来看，这种写作过程论主要还是一个“选材—立意—结构—表达—修改”的过程模型。从哲学上来看，这是一种反映论的写作过程观。因为，这些学者认为，写作是从客观世界的生活现象——材料——的选择开始其立意的，这样体现了“文章是客观世界的反映”的写作学思想。但是，所谓材料是针对“立意”这个内容而言的，材料是表达内容的载体。所以，在没有产生文章的立意之前讲材料是很荒唐的事情，它还没有资格叫材料，此其一。其二，在没有产生文章立意之前是没有资格谈材料选择的，你何来的材料，你依据什么进行选择？原来这些学者所谓的材料是指客观世界的生活现象，所谓材料选择就是对它们的选择。问题在于，在没有产生文章主题、立意、主旨之前，这些东西还不是表现文章主题、立意的材料，本来就还没有材料，你到什么地方去选择呢？因此，人们发现立意是比材料更为原初的写作过程的范畴、环节。

## 三、“立意—选材—结构—表达—修改”的写作过程分析

这种写作过程论的最初形态是产生于 20 世纪五六十年代的另一种“八大块”的文章论写作知识体系——主题、材料、结构、语言、风格。[③] 20 世纪 60 年代初期，复旦大学中文系和北京大学中文系编写出版了两部重要写作学教材《写作基础知识》和《写作知识》，其中的写作知识都是这种“八大块”的知识体系。80 年代以来，这种体系得到了新的发展，由此而产生出一种写作过程论的知识体系。最先是李景隆在《写作法概要》中初步确立了这样的写作过程：主题（确立）—主题的展开，即

① 参见北京师范大学中文系编：《写作基础知识》，北京，北京出版社，1979。

② 参见刘锡庆：《基础写作学》，北京，中央广播电视大学出版社，1985。

③ 参见何家槐：《写作基础知识讲话》，上海，上海教育出版社，1958。

材料的选择—材料的安排，即结构—段、句和词—文面。其中的“段、句和词”讲的就是行文问题。90年代这种写作过程体系得到了较多学者的认同。路德庆主编的《普通写作学》的写作过程分析就基本如此。

### 四、“动机—立意—开笔—行文—修改”的写作过程分析

正常的、成熟的写作行为过程是没有构思的，即没有写作构思环节的写作行为过程。这个写作行为过程的主要框架就是“立意生成—行文展开—修改清誊”。这里，关键是立意、行文。

但是，立意和行文并不是一下子就直接进入的，而应该还有一些中介环节，这些中介环节的发现，使写作行为的操作得以实现。写作经验和理论研究表明，进入立意的中介写作环节就是写作动机，而进入行文的中介写作环节则是文章开笔。这样，写作行为过程就是“写作动机—写作立意—写作试思—写作行文—文章修改”。

从更加精细的角度上讲，每个环节都还有其生成的中介环节。例如，写作动机是由写作感思中的价值评估而产生的，而价值评估的写作感思则又是对文章胚胎中的价值的洞察而产生的。这样价值评估就是从文章胚胎的感受到写作动机、欲望生成的中介。例如，《现代写作学》对写作过程的动态考察中，就包括了“动机触发—双向逆反—整合完形”这样三个阶段。[①] 这里显然是把写作行为过程的初始阶段确定为“动机触发”。

在写作试思环节同样如此，首先是试思行文状态的达成，然后是文章胚胎的生成，最后才是文章开笔的生成。因此，我们认为写作行为微观系统历时结构应该是：写作感思—写作立意—写作试思—写作行文—文章修改—文章清誊。

在这里，最重要的是发现一个写作环节走向另一个写作环节的中介环节，这些中介环节，就是重要的写作技能和艺术。

## 第2节　“转化”观写作过程论

所谓写作行为的狭义过程，是指狭义写作行为相关因素所形成的系统、结构，即狭义写作行为系统的微观结构。微观写作行为同样有共时性静态结构和历时性动态结构。在本节中，我们主要进行写作行为微观系统的历时性分析，通过这种分析来理解写作行为过程的基本原理。

---

① 参见朱伯石主编：《现代写作学》，北京，人民日报出版社，1986。

写作行为微观系统中的写作行为即从写作动机产生开始到文章修改清誊结束这个显写作行为，或狭义写作行为过程。那么这个写作行为过程中，究竟经历了哪些写作行为环节呢？关于这个问题，在写作学界和写作教学界是有着不同理解的。

## 一、双重转化论

从上述写作行为过程中概括出的写作过程论就是双重转化论。双重转化论是刘锡庆提出来的。刘锡庆认为，写作这一行为过程有个重要特性，就是双重转化性。所谓双重转化，是说在写作过程中，首先是现实生活、客观事物向认识主体即作者的头脑的转化。它要依据反映论，精神能动地、本质地、真实地将现实生活、客观事物转化为作者的认识（观念和情感），这是由事物到认识的第一重转化；然后是作者的观念感情向文字表现的转化，它要遵循表现论的原则，有理、有物、有序、有文地将头脑所获得的意理、情感转化为书面语言（思想的外衣），这是由认识到表现的第二重转化。由事物到认识，再由认识到表现，这就是写作过程所必须完成的双重转化。在他看来，双重转化是写作行为过程的“本质属性”，是“启开写作奥秘的一把钥匙”。

应该说，作为对写作行为过程的描述、概括，双重转化说没有什么错，写作活动的确是那么一回事，就连略早于《基础写作学》的《基础写作概论》（林可夫主编，1985）中也已经表述出与双重转化相同的思想了。该书认为，写作过程是“摄取—构思—表述”即“物—情、理—言、文”的过程。因此，既不是客观反映论（生活—文章），也不是主观表现论（意识—文章），而是现代辩证的“客观—主观—客观的写作转化”。很显然，这里的“写作转化”规律就是双重转化。

双重转化的思想来源有两个。一是直接来源于苏联著名文艺心理学家 A. 科瓦廖夫。他在《文学创作心理学》中将文学创作活动概括为两重变换说：

> 任何创作过程都可以包括两个方面，这就是：第一，个体在反映现实时的过程中积累生活印象，舍此，任何创作都是不可思议的。第二，对这些印象进行创造性的加工和把这项工作的成果用语言表现的形式投射出来。换句话说，创作的过程不是别的，而是两重地变换的过程，就是：第一，把外部的刺激的能量变换成知觉的显示或现实的形象；第二，把形象变换成为形象客体化、物质化的体现的文字描写。

这里，第一重变换中所谓“把外部的刺激的能量变换成知觉的显示或现实的形象”的过程，就是构思的过程。因为这个“知觉的显示或现实的形象”就是文学创作论中所谓的意象营造，或意象化的形象生成的问题，也就是写作学界所说的雏物化、意态化、内孕化的问题。而第二重变换则是所谓的表达、行文问题。由此看出，“双重转换”说基本上是“拿来主义”。

科瓦廖夫这个两重变换理论的基础是认为写作过程有三个基本阶段：生活积累—印象加工—语言表达（文字描写）。其实，两重变换这三个阶段的假说也不是科瓦廖夫的独创，在此之前，苏联著名作家法捷耶夫早就已经提出了：

> 我觉得，任何艺术的创作过程都可以假想为三个时期：（一）积累素材的时期，（二）构思或“酝酿”的时期以及（三）写作时期。①

法捷耶夫认为：“第一个时期可以称为‘艺术的原始积累时期’。这一时期的特点是：作家部分是自觉地、部分是自发地积累着现实的素材，常常自己都不知道，从这里会得出什么东西：作品的思想、主题、情节都是模糊的。”②

其实，无论是科瓦廖夫还是法捷耶夫，他们所说的这个第一阶段指的都不是艺术创作的行为过程，而是深入生活的阶段，相当于写作广义过程的“前写作”阶段及写作的“原始阶段”。由于这个阶段的意识还不一定是有意识的，因此，它还没有进入作为意识活动的写作行为阶段，最多为文学、艺术创作活动做一些准备而已。因此，科瓦廖夫和法捷耶夫关于这个问题的论述是不能作为写作过程描述的。

科瓦廖夫和法捷耶夫关于写作过程的描述，最早可以追溯到西方古典修辞学的五阶段修辞模型。起源于古希腊、发展于古罗马的修辞学不像今天中国现当代修辞学那样主要研究修辞格问题，而是一门研究怎样雄辩、怎样讲演、怎样说服人的学问。③ 由于古希腊对讲演的研究又特别主张讲演的准备工作——讲演稿的写作，而讲演稿的写作就是一般的议论文或者散文写作，因此，古希腊、古罗马修辞学从来都比较重视散文写作行为过程的研究。这样，远在古希腊、古罗马的古典修辞学的五阶段模型——（1）觅材取材；（2）布局谋篇；（3）表达；（4）记忆；（5）演讲技巧——中，其中前三个阶段就是关于演讲稿写作过程的研究。试看古罗马著名修辞学家西塞罗对古典修辞学五阶段的阐述：

> 觅材取材是发现有根据的或者似乎有根据的论辩来使一个人的事业貌似有理。布局谋篇是把发现的论辩用一种合适的顺序分开来。表达是用恰当的语言来与已经找到的材料匹配。记忆是用大脑对材料和语词的牢固掌握。演讲技巧是用一种适合于主题和文体的方式来控制嗓音和身体。④

---

①② ［苏］法捷耶夫：《和初学写作者谈我的文学经验》，见苏联作家协会：《论写作》，107页，北京，人民文学出版社，1955；又见《外国理论家、作家论形象思维》，172页，北京，中国社会科学出版社，1979。

③ 但是，在当代美国修辞学界，修辞学的概念既包括“说服”、“论辩”的内容，即“修辞话语的建构”，又包括修辞格的研究，所以，当代美国修辞学已经包含写作学的内容。这种趋势也在影响着中国新一代的修辞学家，修辞学也在注意研究“修辞话语的建构”（说话与写作）问题。参见陈汝东：《认知修辞学》。

④ ［古罗马］西塞罗：《论雄辩术》，转引自胡曙中：《美国新修辞学研究》，63页，上海，上海外语教育出版社，1999。

这里的觅材取材并不完全是写作学中选材的概念，而是对道理或证据的寻找、创造，布局谋篇即对这些道理或证据进行策略上的先后顺序结构的安排，表达就是用合适的问题和风格进行演讲稿的起草行文。所以有的学者又把这三个阶段称为“创造—构理—风格（文体）”①。尽管如此，这也大体上和现代写作学中的“立意—选材—结构—表达”的写作过程论相似。

无论怎样说，双重转化论第一次使写作学进入抽象性理论模型化、框架化阶段，标志着写作学发展到一个新的历史时期。因此，我们认为双重转化说提出的方法论意义大于其学术价值、理论价值。我们得出这个评价主要因为双重转化说的理论信息量极其有限。信息论认为：信息是用来消除人们认识上不确定性的东西的，信息量可以用消除人们认识上不确定性的多少来表示。这就是说，如果我们得到的信息（知识的内容）是我们事先预料或知道的，那么，就可以认为这种信息的信息量等于零。我们认为，双重转化正是近于这样的信息。所以，双重转化无论怎样阐释均不能消除我们对写作行为本质认识的不确定性、未知性，因为，它实质上是对写作过程的表层描述（照相），它最多把纷繁复杂的若干个写作行为环节简缩、概括成两个：意化与物化的宏观过程。研究者并未深入一个思维层次，仍然停留在写作经验的表层。说写作要双重转化和说写作要立意、表达一样无意义。人们关心的是怎样转化、怎样立意、怎样表达，这才是写作行为过程的本质，因此，就写作本质而言，双重转化几乎什么也没有说。

双重转化论应该是 20 世纪中国写作学关于写作过程原理的经典性和代表性理论。20 世纪最后 20 年当代写作学的发展从总体上来看，就是一个对双重转化写作过程论和写作基本原理的证伪、批判的过程，正是在这个批判过程中，中国当代写作学理论越来越走向成熟，走向科学和完善。

## 二、三级飞跃论

与双重转化相似的写作理论是三级飞跃论。这个理论是在朱伯石主编的《现代写作学》中提出来的。该书认为，一篇文章或一部作品的产生，首先要实现由客观事物向写作主体即作者的飞跃，这时，无数客观外物的现象通过人的眼、耳、鼻、舌、身这几个感官反映到自己的头脑中来。开始是感性认识，这种感性认识材料积累多了，就会产生一个飞跃，变成理性认识，这就是思想。这种由客观外物升华为作者内识的过程，他称之为“感知飞跃”。这个阶段，是整个写作劳动的基础，一切写作活动和写作意图都在这里萌生。接着，作者的认识在动机的支配下同时向两个方面运动：一是向多种内在物象投射，一是向某种内在形态聚合。这时，

① 祁寿华：《西方写作理论、教学与实践》，11 页，上海，上海外语教育出版社，2000。

不仅可以利用自然界丰富多彩的形象，而且还可以用创造的想象去另外创造无穷无尽的形象，这种由心灵产生和自生一个完整或基本完整的心灵产品的过程，他称之为“内孕飞跃”，这是写作行为的核心，一切作品的“胎儿”都在这里形成。最后，孕育在作者头脑里的内在形态，以文章符号的形式向外在形态转化，使整个写作劳动凝聚、化合为精神产品——文章，即“外化飞跃”，这就是所谓三级飞跃。①

从上面的分析可以看出，所谓“感知飞跃”，其实就是思想产生的立意阶段，“内孕飞跃”就是构思，而“外化飞跃”就是表达行文。

三级飞跃是具有重要意义的。因为，它把这个立意阶段称为“感知飞跃”的良苦用心，在于揭示了写作的立意是从对材料、生活的“感知”的心理思维活动中生成的，强调了写作灵感在写作过程中的动机作用。这就从某种朦胧的层次上揭示了双重转化论关于意化的机制。

总之，三级飞跃的写作过程模型是：感知立意—孕育构思—表达行文。

双重转化和三级飞跃的差别只是前者把外化的过程概括得比较笼统——“物化”，而后者把外化的过程环节分析得比较详细，从“物化”环节中离析出一个“内化”（构思）的环节。这样，便找到了从客观现实生活、材料到主体写作行为发生的中介和动力。因此，三级飞跃是有写作学意义和理论价值的。

## 三、三重转化论

三重转化论的写作过程模型则是：积材蕴意—立意塑体—表达行文。它最早是由金长民、林可夫先生在《高等师范写作教程》中提出来的。

> “三重转化”律——写作行为的纵向概括。写作是在写作主体操作下多元复合的整体行为，然而在具体推进中却呈现出由内化到意化再到外化的流动变化轨迹。所谓内化，就是变外物为内物，变身外之物为储存于脑中的感知之物，并使之被写作主体化解、融纳。它是写作的准备亦即感知的积累阶段。所谓意化，就是在写作主体心理操作下，将感知之物意态化，使之转化为意念与形象。它是写作的设计亦即意象的孕育阶段。所谓外化，就是将孕育成型的意象，通过语言符号定型于身外，使思维成果物态化。它是写作的完成亦即表意行文的阶段。写作主体只有超越感知上、思维上和语言上的三道障碍，实现了三重转化，才能达到预期的写作目的。

后来，其他一些学者在编写写作教材时，对这个理论还不断地进行引用和阐述。

三重转化中内化阶段的内涵是指“写作的准备亦即感知的积累阶段”，其目标是

---

① 参见朱伯石主编：《现代写作学》，17页。

“积材蕴意”。而意化阶段即“孕育”阶段，其目标是“立意塑体”。外化阶段即行文阶段。

三重转化论把双重转化的第一阶段的自在之物变为了感知之物，意在强调在写作的准备阶段深入生活积累材料对于写作的重要性。

三重转化论、三级飞跃论都是在不同的角度上探讨双重转化的深层转化机制，探讨双重转化过程的中介环节。二者的差异在于，三级飞跃把写作行为中对材料的感知（即对主题的酝酿）和主题的确立（立意）视为写作行为的第一阶段，而把对写作材料的结构酝酿（内孕）视为写作行为转化的第二阶段。而三重转化则把对材料的感知（即对主题的酝酿）视为写作转化行为的第一阶段，而把写作立意、写作构思视为写作转化行为的第二阶段。

实事求是地讲，三重转化的转化阶段的划分有其更加合理之处，因为，这个转化阶段的写作行为的心理特征是情感化、感觉化、体验化、经验化，这时，还没有进入理性化、整体化的写作立意阶段。这个写作行为阶段的功能、意义在于为萌生写作行为，并为写作行为提供动机、动力。因此，第一重转化的本质，就是文章胚胎的形成、写作动力的生成。而三级飞跃论则把感性化、直觉化的感知和理性化、思考化的立意杂糅在一起了，其理论思维比较混乱，不如三重转化论的思路清晰。

但是，三级飞跃论的划分概括也有道理，它是把立意作为写作的起点和动力，而把感知作为立意的生成途径，这样两个环节合在一起，作为写作的意化阶段的生成原理。三级飞跃论的问题在于，不应该把内孕独立出来，因为，在外化阶段，内孕与表达就是行为的深层与表层融合的一体行为。实际上，三级飞跃论是对双重转化论的细化：在意化的阶段，找到了感知这个途径、中介；在外化的阶段，找到了内孕这个途径、中介，使写作行为的双重转化成为可能。因此，三级飞跃实际上不能这样称呼，要么叫做四重飞跃，要么还是叫做双重转化。

这样看来，三级飞跃论在写作行为环节划分上，划分单位不平衡，层次不同一。感知飞跃的层次很大，而内孕飞跃和外化飞跃的层次又太小。①

三重转化论的问题同样出在这里：内化的层次是一个较低的层次，而意化的层次则是一个较高的层次（包含了构思的环节）。此外，将立意和立意的展开（构思）杂糅在一个阶段，而行文本身又不仅仅是语言文字的问题，同样存在一个思维化、思绪化的立意展开的过程，之后就是用文字进行外化。如果要以内化的感知作为环节分析，那么应该是“感知、立意、运思、行文（语言）”。但是，在三重转化论中只有“感知、运思、行文（语言）”。

① 虽然在双重转化论中，也有“文”和“外化”的阶段，但是，它和“意”、“意化”的行为层次是平等的。

## 第3节 “生长”观写作过程论

### 一、知行递变论：对写作行为内在机制的揭示

“知行递变”是对写作行为内在机制、本质规律的概括。① 在写作学中，表达方式是一个说不清道不明的问题，就连像张志公、吕叔湘等名家也感到麻烦和疑惑。我们在对文章表达方式——记叙、抒情、说明、议论、描写——的研究中发现一个重要的现象：过去所谓五种表达方式，实际上是把两个层次上的表达方式混淆在一起了。在写作思维的第一个层次上，主题是表达目的，而记叙（事件）、抒情、说明（事物）、议论（道理）是它的表达方式；在写作思维的第二个层次上，记叙（事件）、抒情、说明（事物）、议论（道理）马上变成表达目的，而它的表达方式就只是描写。但是，过去人们混淆了这两个层次的写作思维的概念范畴，所以这个表达方式的问题变得不可理解。表达目的和表达方式就是一个“知”和“行”的问题。在上述写作思维过程中，作者已经完成一个“知行递变”的过程。在此思考的基础上，我们进一步将此现象升华为写作行为过程的知行递变原理。

知行递变原理中的“知”指的是写作活动中写作主体所获得的目的性、目标性表达对象，即广义的表达目的和广义的写作主题、信息，而“行”是指写作主体为了实现、物化、传达表达目的、写作主题而采取的广义的表达方式。如果说感受是一种“知”，则选体是一种“行”；如果说立意是一种“知”，则结构是一种“行”。在词汇学上“知”既是名词，也是动词。这是由两个原因使然：一方面，从宏观意义上看，产生表达目的、主题是一种行为——写作活动中的一个局部行为；另一方面，作为认识、成果的“知”，是作为行为的“知”产生的产品。在这里，活动、行为与产品、成果须臾不可分离。一般来说，没有不产生成果的行为，也没有无行为的成果，因此，“知”又是“行”。根据同样的道理，这里的“行”本身又是一种“知”：选体。这种写作行为必然产生体裁（模式），当体裁（模式）被行为产生出来，作为行为产品（半成品）的时候，此时写作行为即告结束，而这个行为产品（体裁、模式）则成为新的表达目标了。它之所以能够作为新的表达目标，是因为它在写作行为由抽象（目的）到具体（文章）的过程中较之前段写作行为更加具体，也就是说它已包含前面的目的意识（感受）于其中，写作者选定的体裁模式总是伴随着作者希望传达的感受在内。从微观上来看，“行”将产生“知”，“行”的后面即是“知”。从宏观上（笼统地）看，“行”也就是“知”。正是由于写作

① 这个理论的最初提出，本来与双重转化论无关，它是一个独立的原创性写作理论，但是，它的提出实际上自然构成了对双重转化写作过程论的严峻挑战。

活动中的“知—行”内部的矛盾运动，当这一思维模式进入运动的、连续性的写作活动过程中的时候，就产生了写作活动的“知行递变”的写作心理—思维活动的规律。

知行递变论揭示了写作活动的如下本质：写作活动就是作者不断地把自己的表达目标、目的、对象（知）形式化为具体感性的写作行为、手段，只有作者把全部的表达目标、目的变成最后一个写作行为、表达方式以后，写作活动才算真正完成。因此，写作是一个把抽象变为具体的过程，或是形式化的过程。在这个过程中，作者一旦把写作目的、目标变为具体的写作行为，由于行为的形式化、赋形化产生了文章半成品，这个半成品就成了下一阶段写作行为的表达目标、目的（知），以此类推。所以，写作过程就是“知”与“行”不断递变的过程。

知行递变论告诉人们：写作是一个将感受、主题、立意形式化、赋形化的过程，这个过程就是维果茨基所谓的艺术过程是一个“形式架空、消灭内容”① 的过程。然而这个形式化、赋形化的过程不是一蹴而就的，必须多层次地形式化、赋形化，即用写作行为、方式、半成品去复制、赋形写作目的、主题、立意，而这个形式化、赋形化的原理机制就是：未完成写作行为产生的文章半成品瞬间进行写作行为层次的转换而变成下一个写作行为环节的写作目标。这就是知行递变。

广义的写作活动（行为）系统可分为显写作行为和隐写作行为，或者表层写作行为和深层写作行为两个阶段。作为写作思维模式、基本原理的知行递变，不仅能解释表层（显）写作行为，也能解释深层（隐）写作行为。

**（一）表层写作行为系统中的知行递变**

人们一般认为，表层（显）写作行为过程划分为五个大的阶段、环节——动机、构思、运思、传达、修订，这五个阶段、环节，构成了四个层次上的知行结构。

首先，文章动机是目的，文章构思是行为，二者构成一个写作行为系统。在第二个层次上，上述由知行结构形成的写作行为的成果，又成了新的表达目的、目标、对象，它与运思这种行为又构成一个新的知行结构，形成一个写作行为系统；在第三个层次上，上述写作行为系统的成果的产品，又成为新的表达目的、目标、对象，它又与传达这种写作行为形成一个新的知行结构，形成一个写作系统；在第四个层次上，上述写作行为系统的成果、产品又成为新的表达目的、目标对象，这时它又与修订这种写作行为形成一个知行结构，形成一个写作行为系统。实际上，这种多个层次上的静态知行结构是由动态的知行递变的思维规律造成的。因为，从最先的层次上看，“行”是“知”的表达，也就是写作主体由“知”的思维转向“行”的思维，“知”必变成“行”，接着这个“行”马上变成了“知”，成为第二层次上的表达目的、目标，这个新的“知”要表达，必须采取新的行为。于是思维必须由“知”

① ［苏］维果茨基：《艺术心理学》，284 页，上海，上海文艺出版社，1985。

变成“行”，一旦行为结束，它马上又变成了新的“知”。写作行为的思维模式，从动态来讲，就是这样不断地知行递变下去。

上述写作行为静态的知行结构，可以描述成下列知行递变的动态过程，动机是“知”，构思是“行”。在第二层次上，构思这个“行”瞬间就递变为“知”，而这个新“知”的“行”就是运思。在第三层次上，运思这个“行”马上又变成了“知”。实现它的“行”就是传达。在最后一个阶段上，传达这个“行”又递变为新“知”，它的“行”则是修订。

这四个阶段的知行递变过程具体表现在表层写作行为的细部、个别、具体的写作行为过程中则更为明显：获取感受是“知”——感知某种感受，选择体裁是“行”。如前所说，由于在被选择出来的文体中感受的目的性意识，并且选择出来的这个文体已经不是抽象文体，而是文章从抽象（感受）到具体（文章成品）过程中的一个中介环节，即半成品了，但毕竟是个半成品，作者希望把它表达出来，于是这个半成品在下一个层次的写作活动中，就是写作的表达目的、目标，即“知”了。为了把这个半成品表达出来，表达完美，这时作者必须采取两个新的写作行为：读者分析和确立主旨。读者分析的最终成果是明确读者需要什么样的文章内容。确立主旨则是明确自己应该表现什么主题。这两种写作行为的结果则是对选择出来的体裁内容具体化一步，但它仍然是一个半成品文章，可是在下一步的写作活动中，它就变成了表达目的、目标（知）。为了把这个半成品文章表达出来，必须采取新的写作行为——安排章法。章法即深层结构，或称修辞结构，通俗地说，就是文章材料的性质之间的对比和重复的修辞关系、结构，或者由对比和重复组成的“起承转合”的章法。章法是一个共时性的关系结构，它也是一个半成品的文章框架，为了完成这个半成品的文章，必须按这个深层结构选择材料。选择的结果，就是获得若干材料。这些材料，和前面的感受、章法（深层结构）已经发生了某种联系，又成为一个文章半成品，于是在下一步的写作中，它又成为新的表达目的、目标、对象（知）。为了把它传达出来，物化为文章，就必须采取新的写作行为——谋篇布局、组织结构。这时的结构是一种表层结构，它是把按深层结构（对比、重复关系）选择出来的材料，组织成一个具体有篇章连贯性的整体。在这个工作中，理清、把握线索是至关重要的。因为，线索实际上是指若干文章因素的点的轨迹的整体印象，它是一个动态的、历时的、整体的（表层）结构。把握、理清线索，实际上就是把材料和感受、深层结构组成一个表层统一物（序列）。很显然，线索仍然是一个文章半成品，它还是一个大体框架、文章的骨架，它仍是一个需再表达、完美化的“知”。要使之具体、丰满化，作者必须采取运思，它虽然是把线索、章法具体化了一些，但是，它毕竟是一个意识性的东西，它还不是书面文字的文章。要使之物化、文字化，就必须采取描写等传达方式、写作行为。描写就是用语言文字表现、反映、传达、物化文章内容，它是使作者的内部语言变成外部语言，由心理语言变成书面语言的重要手段，至此，文章初成。文章初稿并不一定完全表达了作者的全部意图、感受，作者还必须对文章初稿进行审读、检验。当作者发现尚未尽意时，这未尽之意又成了新的表达对象，成为新的“知”，为了使文章达意、尽美，作者必须采取修改这样的行为。修改虽使文章达意，但破坏了文章的书面美（其时，文章也未考虑文面美的因素），文面美可以说是某种人格、胸襟、境界的部分物化系统、象征，所以，在这里，这种人格、胸襟、境界则成了作者写作活动最后企图表达的东西（知），要表达它就必须对文章初稿、修改稿进行清誊，这也是表现文面美的写作行为。只有到了这个时候，当作者捧着一篇清誊好的书面文章，欣赏、玩味、沾沾自喜的时候，作者才把写作活动中的全部目的变换为行为，把内容变换为形式，使抽象的感受变成具体的文字，到此写作行为、活动才真正结束。

**（二）深层写作行为系统中的知行递变**

所谓深层写作行为主要是显写作行为之前的隐写作、潜写作行为。假如我们把前述显写作行为过程看成是整个大写作行为系统的一个子系统、微观部分的话，那么深层写作行为也可以叫做宏观大系统的写作行为——它已经包含显写作行为这个子系统了。作者头脑中的文章图式和显写作行为过程构成了一个知行结构。而这个知行结构构成的写作行为系统又与写作背景构成一个知行结构，从动态角度来看这两个层次上的知行结构，它们仍是由知行递变规律造成的。

写作背景系统的客体背景（自然、社会包括人的活动）和主体背景（心灵和知识）虽是显写作行为的背景，但它也是我们整个写作背景系统和显写作行为中的主题、文章内容，是一般与个别、抽象与具体的关系，写作活动的本质就是通过（具体、个别的）文章来反映（抽象、一般的）背景系统。这样，文章（包括主题、内容）就是反映一般自然、社会、主体、心灵、心理的载体、媒介了。于是，写作背景（客体、主体）就成了被表现的目的、目标、对象（知）了，而写文章这种活动就是“行”（写文章这种主体活动的静态思维模式就是由文章图式这个“知”与显写作行为这个“行”构成的知行结构）。当写作思维、活动再具体一步，即在第二个层次上，写文章这种写作行为的对象——文章就是作者希望表达的目的、目标、对象（知），于是它以文章模式的潜意识深藏于作者头脑中，希望作者表现、物化，这样，作者必须采取具体的写作行为，这个行为就是表达某种主题的具体的显写作行为过程。从宏观来看，深层写作行为又构成了一个知行递变的过程，这个过程，我们可以这样叙述：写作背景（知）—（行）写文章（知）—（行）表达主题（知）—（行）显写作行为过程。

这里我们顺便讨论一下表层写作行为与深层写作行为的关系。从以上的叙述中，我们可以看出，表层写作行为是有意识的活动，趋于理性，深层写作行为是无意识的活动，趋于感性，那么二者的关系是什么呢？概言之，它们既有历时性关系又有共时性关系，而共时性关系又是由历时性关系造成的。从历时性角度看，我们可以把“表现某一主题”的那一系列有意识的写作活动叫做写作行为，而把塑造写作背景（客体背景与主体背景）的活动，即观察体验以及积淀文章图式的活动（例如读书、研究）称为前写作行为，二者形成一种因果关系。从共时性角度看，我们可以把写作行为（显写作行为）称为表层写作行为，而把反映背景、物化背景这些隐写作行为称为深层写作行为，表层和深层是一表一里的共时性关系。这就是说，表现主题的写作行为与反映背景、物化文章的无意识的隐写作行为是共时平行的。换句话说，在写作行为过程中，写作背景、文章图式、文章主题三位一体。作为写作行为表达的对象，它制约、统帅着整个写作行为过程。而这种共时关系则是由前写作行为的显写作行为的影响、相关效应决定的，也是由写作背景、文章图式与显写作行为的非线性关系决定的。

从这里可以看出，写作不仅是对客观外在世界的反映，而且更重要的是对自我心灵的投射、复制，写作就是在文章中复制自我，表现自我，所以才有“文如其人”的说法。

知行递变理论的意义在于，写作行为的宏观系统或微观系统的运行机制，都是建立在对所指的映射、复制（生长）的基础之上的。写作行为过程不存在需要转化的写作阶段，即不需要从一个阶段转向另一个阶段转化，而是连续性的自我复制、生长。这就是说，写作的过程不需要人去进行他组织，而是一种信息的自组织生长行为，这种理论无意间造成了对“转化”论写作过程原理的严峻挑战：写作之“知”产生出写作之“行”的过程，就是一个用“知”作为母版对“知”的复制、外化的过程——“行”复制了“知”的“部分”信息，正是这种部分性信息的不完满性导致了作者在对不完满性埋怨的瞬间，将上次“行”的半成品再次作为新的“知”（表达目的），再次生产出“行”来。这个知行递变过程不倦地进行下去，就形成了写作的非间断连续生成的过程。因此，写作过程的规律应该是递变性演化、生长，而不是转化或飞跃。

虽然知行递变论揭示了写作行为的演化性、生长性本质，但是，它又散发出一种浓厚的线性化、稳态化的理论气息，无视写作行为的复杂性、混沌性问题。而关于这一点，写作控制论、写作“双非”理论则进行了更深入的思考。

## 二、“双非”过程论：对线性化稳态化写作过程论的批判

以双重转化论为代表的种种“转化”论写作过程论，显然是把写作过程看成一个线性的稳态的过程。但是在20世纪90年代初新的哲学观念、学术观念和方法论的大背景下，这种写作线性化稳态化过程论受到了一些写作学者的深刻批判。这些论者认为，上述对写作行为的过程分析和原理概括是不真实的，写作行为过程的本质应该是“非线性、非稳态”。这就是在90年代影响极大的颜纯钧的写作本质“双非”理论。

早在 1986 年，颜纯钧就提出了写作主体的准备状态对写作行为随机性、偶然性的控制的思想。1989 年，他把这种思想概括为“写作行为的非线性”问题。①

1990 年初，颜纯钧同时在《写作》杂志与《中国写作》第 1 期上发表了质疑“物—意—文”理论框架和强调宏观控制的文章。他认为，以前被写作学界普遍接受、津津乐道的“物—意—文”（即双重转化、三级飞跃）的理论模型是一个决定论思想的线性排列。决定论思想强调事物或过程的初始状态必然会遵循因果链条，一步一步走向确定的目标。事实上，写作行为过程并非是线性的、特定的单因单果的，而是非线性、非稳态、互为条件、互为因果的。因此必须彻底推倒“物—意—文”这个决定论、线性的理论框架。“物—意—文”的本质是历时性、线性、过程性，对它的否定必然走向共时性、非线性、状态性。②

在另一篇论文中，颜纯钧在充分论证了在写作行为的内部环境和外部环境的影响下写作实践（写作行为过程）的非线性、非稳态这个“本质特征”之后指出，既然写作实践（行为过程）是非线性、非稳态的，那么，用纯粹必然性目光去研究非线性、非稳态所呈现的规律，至少在目前是行不通的。在作者的写作实践中，写作主体仍然可以表现为对这个非线性、非稳态过程的熟练驾驭，从而使写作实践成为可重复的实践。颜纯钧认为，写作实践的稳定性问题也许不是表现在实践本身这个非线性、非稳态的参照过程中，而是表现在作为实践者的写作主体这个非线性、非稳定性宏观过程的控制中。因此，他认为写作实践有两种方法，即在写作实践中，写作者扮演双重角色，执行双重职能：他既是整个写作行为过程中各种行为的实践者，又是写作行为过程的控制者。研究者对两种实践的偏重、兴趣形成两种写作理论。对于前者，理论试图描述的是写作实践所表现的那些行为本身，进而把它们理出一个秩序（如收集、构思、表达）；对于后者，理论所要研究的则是对这种行为的控制规律。换言之，写作理论不是提供某种现成行为规范（如双重转化），而是通过对千变万化的行为提供某种控制技术，最终达到既定目标。因此，写作学研究的写作实践，不是常人所谓那个行为本身的具体行为技法，而是作为控制的实践。这就是颜纯钧提出的著名的“写作控制论”③。

说“写作行为过程是非线性的、非稳态的”，这符合写作经验和常识，这个理论是没有问题的，但如果认为写作行为的本质是非线性或非稳态的，似乎说不过去。道理很简单：既然写作行为的本质是非线性、非稳态的，那么写作行为最后无法走向线性和稳态，即无法走向理想的写作秩序，但这显然又有悖于写作的经验和常识，因为写作行为最后的确是线性语言之流的生成，即文章落笔、修改、清誊的

---

① 参见颜纯钧：《写作学的宏观研究》，载《中国写作》，1990（1）。

② 参见颜纯钧：《对“物意文”理论模型的质疑》，载《写作》，1990（1）。

③ 参见颜纯钧：《写作实践论》，载《中国写作》，1990（1）。

完成，这证明写作的问题和秩序已经形成，也说明写作的本质不是非线性、非稳态的，而是线性的、稳态的，是秩序化的，而非稳态和非线性只是写作行为的表面现象。①

颜纯钧后来也接受了这一观点。他承认："作为一个问题提出来，'非线性和非稳态'只是对写作实践的外部特征的描述，而不是对本质特征的描述。这个问题的提出和讨论应该导致某种深化，便是寻找和揭示写作实践的本质规律。"②

在颜纯钧看来，"写作实践本质规律"就是写作主体对写作非线性、非稳态的控制，主要是通过既定目标和作者的写作经验来实现的。③ 但这种看法仍然是一种经验描述，而不是原理的概括、抽象，我们关心的是这种写作目标和写作经验是以何种思维机制、原理来实施控制的。在我们看来，这个"写作实践本质规律"就是写作者以自己的写作秩序的生成来实现对非线性、非稳态的控制。

## 三、写作分形论：对写作行为混沌现象的消解

以往的写作理论认为，写作行为过程是一个"物—意—文"的双重转化过程，但后来颜纯钧一再指出，这种线性、稳态的因果过程只是一种特例，在更多情况下，写作行为过程是非线性、非稳态的。物、意、文三者无论从哪个环节开始，都可以展开写作行为形成文章，究竟以什么环节作为初始因素则受各种内外环境的干扰而呈随机性，不可预测，总之写作行为过程是一种复杂的随机现象。指出写作行为（尤其是文学、艺术创作）是一种混乱（即混沌）现象符合人们的写作经验。但如果仅仅指出这一现象，用格莱克的话说，这只不过给写作学"报告了一则坏消息"，因为这并不能解决写作混沌的问题。

### （一）写作分形论（写作混沌学）的基本思想

这时混沌学理论倒给我们指出了方向。根据混沌理论，写作行为虽然是混沌的，但它不是真正的无序和混乱，它只是一种假象，是"有序扮成随机"。这就是说，在写作混沌现象的背后，有精致的结构、严谨的秩序，它作为写作混沌运动的"奇怪吸引子"控制、决定着写作行为过程。

在我们的经验中，吸引、控制我们写作行为的是作为文章内容因素的主题和作为形式因素的文章图样。混沌学认为，"奇怪吸引子"是一个分形——局部之与整体在某种性质上具有自相似的结构，一个层层自我嵌套的系统。这样看来，只有文章图样（文章结构在心灵上的样态）才可能是"奇怪吸引子"。

文章结构有表层和深层两个层面，表层结构是指文章结构中的材料在时间、空

① 参见马正平：《写的智慧》，第 3 卷，1036～1047 页。

② 颜纯钧：《非线性和非稳态再探》，载《中国写作》，1992（5）。

③ 参见颜纯钧：《写作实践论》，载《中国写作》，1990（1）。

间、逻辑上的段落关系，深层结构是指文章结构中的材料及材料群集之间在思想、情感、色彩、情调上的性质关系。前者呈历时性，后者呈共时性。稍加分析便可发现，一篇文章是由四个层次组成的层层嵌套的系统：两个或两个以上的句子构成语段或段落；两个或两个以上的语段或段落构成部分；两个或两个以上的部分组成更大的部分（例如“中间”部分）；两个或两个以上的更大部分组成篇章（开头、中间、结尾）。研究表明，无论在哪一个层次上，文章表层结构都是以渐进和平列两种方式进行结构的，无论在哪一个层次上，文章的深层结构都是以重复和对比两种方式组织材料的。在终极的意义上，平列也是一种渐进（书写时平列变成语言渐进），对比也是一种重复（对比的功能达到了重复的作用）。这样文章深层结构的本质就是重复，文章表层结构的本质就是渐进。

当我们鲜活生动地感受到文章从大尺度到小尺度（或相反）的每一个层次上表层结构和深层结构抽象结构方式（渐进、重复）的统一性、贯通性、不变性时，文章表层、深层结构的局部和整体的自相似性——文章分形图样便呈现了，作为写作目标的写作秩序便产生了，这就是写作混沌现象的“奇怪吸引子”。写作分形作为文章写作混沌的“奇怪吸引子”是和我们的写作经验吻合的，文章分形图样不仅包括前述的文章结构这个宏观控制因素，也包括文章主题这种内容方面的控制因素，因为文章深层结构的性质关系中的“性—质”就是主题性质，不过在文章分形图样中，主题已不再是单一的思想情感，而是被组成一种“关系”了。

上面是对写作混沌的“奇怪吸引子”的静态描述，这时写作（文章）分形是一个空间性的分形关系，当我们的思维面对写作分形把它从大尺度变换到小尺度时，写作行为的分形就开始了。写作分形的局部与整体关系在文章分形中体现为文章部分与文章整体的相似。在写作行为过程分形中便体现为初始环节（动机）与写作过程（行为）的相似。在文章分形中那两种分形的渐进和重复仍对应地体现在写作行为过程的分形运动中，前者体现为写作行为过程的局部和整体都以渐进作为思维操作进行文章表层外在的篇章结构、语言运动、文字书写，形成一维的语言之流，这是文章表层结构的分形运动。但是，最重要的是文章写作行为的深层结构的分形运动，因为写作行为表层结构的渐进运动之所以可能进行，是基于写作行为深层结构分形运动选择、凝聚、吸附了足够用来渐进的有效材料。

写作行为深层结构的分形运动，就是重复这种思维流，在写作行为过程的局部和整体、动机与行为的各个层次上重复、相似运用它。它包括两个层次的含义。在第一个层次即整体过程历时性的层次上，指的是写作行为的初始环节与过程本身具有相似性，即动机与行为是相似的。在第二个层次，即局部、空间、结构的意义上，指的是在写作行为过程的每一个环节上，作者都是以重复作为思维操作的，即前面所说的文章分形中那种文章材料与材料群集之间的性质关系的思维。

我们可以把第一个层次上的写作行为深层结构上的分形运动叫做写作行为重演

律。它可这样表述：写作行为的过程是对写作行为初始环节——灵感、感思的重演、重复，换言之，写作行为过程与写作行为初始环节的内在结构是相似的。这就是说，在写作行为的初始环节——灵感、感思中，已经浓缩了写作全过程主要环节的主要信息，这样，写作行为过程的实质就只不过是对写作行为初始环节缩微了的精要信息的放大重演而已。像生物重演律那样，类的发育不过是个体发展的再现、重复、重演。于是，写作行为若干环节之间便形成了层层嵌套的结构。写作行为的重演过程由两步完成，最初是写作冲动产生时瞬间洞察过程的高速扫描的缩微行为。在此一瞬间我们跨越大小不同的尺度（动机、立意、行文、措辞）寻求文章主题信息及其表达可能性的恒定不变性。当我们感觉这种统一性相似性出现时，写作动机的分形运动便告结束，从而转入重演行为。这时，写作分形由原来的整体性时间性行为过程分形转入环节性空间性结构、对象分形，因为这以后的每一次分形运动都是对文章基元信息的放大、生长、发育。这样，作者便进入写作行为深层结构的第二个层次了。这时，重复的性质思维制约着每一个环节的分形运动。重演阶段的分形运动由立意、构思、传达分形构成，表达的具体化、细节化尺度一个比一个小，而具体化、细节化程度却越来越高。[①] 重演阶段有三条重要的写作分形规律。

**1. 思想生长律**

思想生长律是立意的分形规律，它力图描述作者知、情、意不断深化发展的思维操作过程的分形情景。文章立意要求新颖，而新颖是通过立意的深刻或高远来实现的。立意的深刻高远必须经过分形思维方有可能，因为深刻高远的获得是一个思维尺度变换的问题。立意的深刻是指对社会、自然现象事件原因的追问，它具有层次品位之分。这样，立意深刻的思维活动就是在一系列越来越大的尺度（层次）上探寻事件现象的原因，最高境界是看到关于事件现象原因层层嵌套的自相似结构。立意的高远是指对自我利益的超越，它也有层次品位之分。真正的立意高远应该是在一系列由小到大的尺度上超越否定自我利益，或者说对由小到大尺度上的自我利益的超越和否定，最后指向一个无可超越的境界，这又是一个分形，即关于超越的层层嵌套的自相似结构，一个尺度变换的层次系统。

**2. 结构分形律**

结构分形律描述的是写作内部语言自相似分形系统的生成过程，它主要指从千千万万的生活事件、事物中吸附某些材料成为写作材料并进行自组织。在这里，选择和组织都是一个分形过程，即按文章分形图样，以文章胚胎（激发写作欲望的刺激）为基础，运用重复（对比）的手法把材料吸附、凝聚、组织成一个层层嵌套的材料系统。文章胚胎的生长发育（分形）虽是一个材料的选择、吸附、组织的工作，但是这些活动都是以文章胚胎及其他材料的主题性质（思想、情感、色彩、情调）

---

① 参见马正平：《写的智慧》，第3卷，1000～1027页。

为思维操作对象进行尺度变换，从而形成了文章材料性质的分形（自相似关系）。这里，材料只是一个躯壳载体。总之，结构的创构活动是以文章胚胎（的性质）为起点展开的分形运动，即在不同文章尺度上一再重复这一胚胎材料的主题性质，这便吸附起那些性质相同相近（重复）或相反相对（对比）但在形式上是新鲜的材料，并把这些材料组织成一个分形结构。这就是未传达的写作内部语言系统。

**3. 开笔动力学**

开笔动力学是传达分形的动力机制。当作者在生机勃勃的传达状态、把握未来文章的基础上通过测试写出一句能传达、物化未来文章基调——主题情调、语气口气等感性情调的话语——的文章开笔时，全部传达活动便以此为起点进行生长发育放大，即尺度变换的语言分形仍以重复的手法进行思维，在不同的尺度和层面上追求文章开笔时那种文章基调的一贯性、对称性、相似性，从而形成一个有机的秩序语言系统——文章。

构思与表达的分形思维运动，产生了文章形式上的高分维。

通过上述简要分析描述，写作分形论第一次把过去分类主义、还原主义认为是互相独立、迥然区别的写作行为过程的四个环节整合成一个非过程的空间系列，并发现了它们共同的内在机制：一方面，写作动机与写作行为过程是一种重演、再现、重复关系，它们二者具有相似的内在结构，于是，写作过程的若干环节被抽象成一个空间关系的整体模式；另一方面，写作立意、构思、传达（甚至包括写作动机）的区别只是一种现象、假象，它们都是性质同一、形式相近的生长放大的分形运动，因为这每一个环节都是对运载主题信息的材料的尺度变换，只不过是从不同层次、不同侧面角度由抽象的主题走向具体的文章。这样，过程中每一环节和分形运动与其他环节以及整体过程的分形运动在结构、信息功能上都是相似的。因此，在现实写作中，我们无论以哪一个环节作为动机开始展开分形运动，都可以顺利地完成写作行为。在写作过程中遇到的任何一种随机干扰，都不过是某种新的文章因素力争成为此次写作活动真正分形运动的分形元的一种努力，或者是一种新旧写作分形运动的竞争、后继。

于是，写作行为过程的非线性、非稳态的混沌现象就被写作分形运动的秩序彻底吸收、消解了。这是用混沌学、分形论研究写作行为的最大理论突破，也是最大实绩。

**（二）从写作分形论角度看知行递变论**

知行递变和文章写作分形有无内在联系？答案应该是肯定的。换言之，导致文章写作分形的最终原因是知行递变的写作思维规律。

其实，我们仅仅从“知行递变”这几个字中就可以闻出分形论的浓郁气息。格莱克说：“首先，分形的首要意义是自相似性，自相似性意味着‘递归’，意味着图案套图案。”“递变”就是“递归”，而“递归”就是“图案套图案”。这绝对不是望文生义的生硬比附，知行递变的写作思维模型本来面目就是如此，因为写作思维系统的静态结构和动态模式都是一个分形结构。

从静态共时性结构来看，我们首先在一系列研究（表达方式、表达目的、主题、写作原理等的研究）中发现，显写作行为（从动机到清誊）是由主题意识和表达行为构成的一个知行结构。这个抽象的知行结构却是层层自我嵌套的。在传达起点上，试思、开笔、行文形成一个知行结构；在高一个层次上，这个知行结构又是一种传达行为，它与构思这个知又形成一个知行结构；在更高一个层次上，这个知行结构仍然只是一个表达行为，它和动机这个知又形成一个知行结构；在更高一个层次上，就形成显写作过程的写作行为。这样，作为中观的写作过程行为的静态思维结构就是层层嵌套递归的一个分形。

不仅中观写作行为是这样，宏观写作行为也是如此。上述写作过程思维结构从宏观的层次上看，它与另一个“知”（写作目标系统）构成一个知行思维结构，这又是一种写作行为系统，在更高更宏观的层次，它又与写作心灵背景这个“知”构成更高层次的知行思维结构，这仍是一个分形。

后来，我们在研究写作动机这个微观写作行为（写作过程的环节）时发现，写作动机阶段包括四个行为环节：文章胚胎（感受）、感受（价值）评估、写作欲望（兴趣、意向）、文体酌定。这四个环节又是一个层层嵌套的分形结构。从中可以看出，不仅每个层次上的写作结构都是一个层层嵌套的分形结构，而且，在三个尺度（微观、中观、宏观）上写作思维模式是相似的，这就是尺度变换，自相似性在这里出现。

若从动态过程来看，仍是如此。作为动态规律的知行递变的发现，是以静态规律知行结构的发现为前提的。由于（1）行是对知的把握；（2）行为产生半成品，包含知；（3）行为包含表达目的（知），所以知即是行，行即是知，知行统一现象导致写作思维的知行结构处于运动状态时，便出现知行递变规律。写作过程就是作者不断地把主体的表达目的（知）变成具体的写作行为、表达手段（行），当把全部表达目的变成最后一个写作行为、表达手段以后，文章的写作活动才算完成。

因此，写作活动也是一个把抽象变成具体的过程。在这个过程中，当作者把写作目的变成一种行为、方式以后，这个行为马上就变成新的表达目的，这就是第一次知行递变。新的知产生以后，为了表达它，必须采取新的写作行为，而这第二次行为伴随产生的结果又递变为新的知，需要新的写作行为来表达它……写作活动的全部过程就是由这种连续的知行递变机制构成的。

同时，知行递变思维模式和内在机制在微观（一个环节，例如构思、传达、修订）层次上也显示出来。并且在宏观尺度上，广义写作行为思维模型也存在知行递变规律。

然而，宏观、中观、微观的知行递变，都是来自一个更为原始的东西，这就是写作动机。微观写作行为分形结构表明，写作动机这个原初的写作行为环节，其内容又是一个知行递变模型。

在宏观层次上，也和微观层次一样。第一，写作行为的每一个层次（尺度）都存在一个自我嵌套、递归的分形结构；第二，每个尺度（层次）上的内在机制、思维模式都是知行递变，于是跨越尺度的对称即自相似性再度出现，于是，写作思维结构的分形特征得到确切的证明。

那么，文章写作行为的分形与写作思维结构知行递变的分形这二者的内在机制是怎样的呢？

## 第 4 节　非构思写作过程论

### 一、非构思写作过程论：对构思主义过程论的解构

如果说，颜纯钧的写作控制论——写作“双非”论是对双重转化论的“物—意—文”线性化、稳态化写作过程理论提出了挑战和批判的话，那么，非构思写作过程论则是对双重转化论的“物—意—文”的构思主义写作过程论形成了挑战。与写作“双非”论不同的是，非构思写作过程论是当代写作理论产生质的飞跃后对双重转化论的自然否定。[①]

#### （一）构思主义写作过程论的理论批判

以双重转化论为代表的写作过程论对写作过程的分析的差异是：究竟是立意在前，还是选材在前？其共同的特征是都有一个写作构思——选材和结构——的环节，似乎没有构思就不能进行写作。我们把这种崇尚写作构思环节的写作过程论称为构思主义写作过程论，或构思主义写作学。

构思主义写作过程论和写作学并不是中国传统写作理论的精神特征，而是在 20 世纪初的“白话文运动”中中国传统写作理论被终止、颠覆之后，为了建立白话文的写作知识体系和教学体系，纯粹从西方舶来的西方传统写作过程论及写作学观念和知识体系。这种写作学知识体系的最初源头是西方古典修辞学中的“五艺说”——觅材取材、布局谋篇、文体风格、记忆、讲演技巧——修辞学理论。在 19 世纪以后，由这种修辞学（写作学）发展出了西方的文学创作过程论。

构思主义写作过程论和写作学是有问题的，因为，这种理论对写作行为过程的历时性环节的描述是不真实的。在写作的真实过程中，构思并非一个非有不可的写作行为环节。作家和普通人写作的大量经验已经证明，没有构思环节的写作不仅可

---

① 参见马正平：《非构思写作学宣言》（上），载《海南师范学院学报》，2002（2）。

能，而且这才是最好的写作。这样，构思主义的写作观、过程论、写作学就已经被“证伪”。

构思主义写作过程论和写作学的问题在于，对写作过程是一种“假想”。这里描述的写作过程不是正常的写作过程，而是一个学生学习写作的写作过程，是一种不成熟、初级的写作过程。就像儿童最初学习走路，刚刚要学会之时，还不能保持平衡，需要别人搀扶；一旦走路的能力提高，他就不愿再被人搀扶，而是自己自由自在随心所欲地走路。写作的情形也是如此。

无论是双重转化论（意化—外化）、三级飞跃论（感知飞跃—内孕飞跃—外化飞跃）还是三重转化论（内化—意化—外化），其写作过程原理都是大同小异的。这几种写作过程论的差异，其实就是不同的研究者对写作行为过程的若干环节进行不同尺度的切割、组合和命名。这三种理论的共同点还是双重转化，而双重转化的核心是构思（聚材取事、命题炼意、谋篇布局、定体选技）与行文。这样的写作过程原理，就是一种构思主义写作学。从哲学上看，双重转化论构思主义写作学是反映论的过程观和方法论。

另一种与双重转化论不同的写作过程观认为，写作行为并不是起于对材料的把握，而是起于文章立意的产生。只有文章的立意产生之后，文章的材料概念才开始产生。因为，材料是对表达主题、立意而言的，没有主题、立意的产生就没有写作的材料意识和取材行为，而人们在写作中对生活的观察和材料的收集，那不是写作的取材，而是一种写作的准备。那时的材料、素材的概念，都是针对抽象的写作活动、写作事业而言的，与具体当下的写作行为过程关系不是十分紧密，它尚未进入写作者的理性视野。因此，写作行为的过程应该是立意的产生和对立意的表达的意识过程。知行递变论的写作过程观就是如此。

知行递变论认为，在写作行为过程的层面，写作过程的起点是“知”（主题、立意），为了表达这个“知”，必须生成写作的“行”，即依据主题选择材料；而这个“行”的结果则是生成新的“知”（作为文章未成品的结构），这个新的“知”又要进行新的“行”（试思）；而这个新的“行”又要生成新的“知”（文章基调），这个新的“知”（基调）又要进行新的“行”（开笔行为）；而这个开笔行为又要生成新的文章开笔……写作过程就是这样不断地“知”与“行”相互递变着的，直至文章的最后完成。[①] 从哲学上看，知行递变是一种表现论的过程观。

从上面对双重转化论和知行递变论写作过程内涵的叙述，我们可以看出，尽管这两种写作过程观是对立的，但是有一点是共同的，那就是都把写作理解为一个从构思到表达的过程。正因如此，构思（选材、结构）成了任何一本写作教材不可或缺的内容、章节，所以，至今还没有一本没有构思（选材、结构）章节的写作过程

① 参见马正平：《知行递变：写作行为的内在机制和思维模式》，载《四川大学学报》，1987（4）。

论的写作学专著或写作教材。总之，构思主义写作学是中国当代写作学界关于写作行为过程的基本理念，这就是中国当代写作学学术水准的基本现状。

**（二）构思主义写作过程论的实践批判**

科学起于对常识的怀疑、批判与证伪。这种认为艺术创作的过程为素材积累—构思酝酿—写作传达阶段，或构思—传达的过程的"假想"，是不真实的，是缺乏实践的。同样，由中国当代的几代写作学家所共同创造出来的这个构思主义写作学的"假想"，也是不真实的，缺乏实践依据的。

现在的作家、艺术家和理论家对于艺术创作的过程存在着两种观点。一种观点如上所述，用别林斯基的话概括就是：在作家落笔之前，文学构思已经完成，他在用笔尖赋予其形式时，他就多方面整个地看见了构思出来的形象。另一种观点则认为，艺术、文学、写作的过程并不存在构思这一阶段，只有立意与行文两个阶段。列夫·托尔斯泰就说过，在落笔的时候，作者还不知道人物在五分钟之后会怎么样。① 他是边写边完成构思的。在诗歌创作中，这种没有构思环节的写作更符合现实的写作情形。

那么，在这两种创作过程论中，哪一种描述更实质、本质呢？在上面两种描述中，行文、传达这样的过程是必不可少的，是两种描述都共同认可的，那么构思的环节就变成可有可无、非本质的环节了。

怎样从理论上来证实这个结论呢？其实，关于这个问题，黑格尔阐述得最为精彩。他认为：

> 艺术家的这种构造形象的能力，不仅是一种认识性的想象力、幻想力，而且是一种实践性的感觉力，即实际完成作品的能力。这两方面在真正的艺术家那里是结合在一起的……按艺术的概念，这两方面——心理的构思与作品的完成（或传达）是携手并进的。②

在黑格尔这里，虽然也有构思的概念，但是与一般的构思创作过程论和构思写作学所讲的构思不同的是，黑格尔的构思是与传达（行文）"携手并进"，而一般的构思与传达则是先后相接的两个环节。这样看来，前者所谓的构思只是一种生思或运思，因为，它并不是把形象构造好后再行文表达，而它所谓"认识性的想象力、幻想力"才是一般人所谓的构思的概念。"实践性的感觉力，即实际完成作品的能力"，其实就是思维（运思）与表达结合的行为。这样，一般人所讲的构思在"真正的艺术家"那里是不能独立存在的。

当代美学家、艺术理论家玛克斯·德索对这个问题的看法与黑格尔较为接近：

> 试图在弹奏钢琴时形成主题的作曲家，是由实际的声音引向新的结构的。

① 转引自钱谷融、鲁枢元主编：《文学心理学教程》，143 页，上海，华东师范大学出版社，1987。

② ［德］黑格尔：《美学》，第 1 卷，336 页，北京，商务印书馆，1979。

当画家制作草图时，那些线条都在指引着他。当纸上的字句面对诗人时，他突然感到思想奔放起来。我们向自己解释这种关系时一般都说，完成的作品需要草样只是为了紧紧被把握住。但有许多艺术家——虽然并非全体——还由于草样对内心幻想的反作用而珍视它。①

所谓“草样对内心幻想的反作用”就是指在传达、行文过程中，语言草样（已成思绪）对艺术、写作行文思维的推动、激发而展开的传达思维状态：音乐结构（文本）是由声音对声音的引领而形成的，绘画结构（文本）则是由线条对线条的指引而形成的。这就是艺术的奥秘！

关于这个问题，另一位卓越的艺术理论家弗里德里奇·黑伯尔把这种艺术传达的精髓表述得更精彩：

当一位狂喜的画家看着云彩惊呼说：“我看见一位美丽的仙女！”这不会给他的画布带来什么仙女，他只是通过绘画才能得到仙女，倘若他已经看清仙女的面目，那他一辈子就不会用他的画笔了。②

玛克斯·德索接着说：

画家只有通过画笔才能得到他的仙女，这个真理涉及一个基本的精神生活的特殊性：创作对于表达的依靠。那种要我们在说与写之前便把事情想个明白的旧学派的规则提出了某种常人达不到的要求。在任何情况下，说和写都帮助思想变得更加清晰，而且它们常是使之成为可能的必要条件。③

“创作对于表达的依靠”是一个十分精彩的观点。所以，很难相信，书法家在进行书法创作，尤其是创作狂草时，音乐家在钢琴上即兴创作乐曲时，都是经过构思之后才进行传达的。他们何曾进行了艺术构思啊！例如书法，线条运动完全是按着书法创作的具体上下文——前后左右线条的节奏形态，根据节奏规律进行布局和节奏的线条运动。即兴的钢琴创作也是如此。这样，表达在整个艺术创作过程中就成为第一性的、主要的东西了。而且德索还认为那种构思主义（即“在说与写之前便把事情想个明白”）的创作论、写作学是一种“常人达不到的要求”。这是一种委婉的说法，这句话的真实意思是：这种构思主义创作学的观点是根本行不通的，是必须清除的一种“旧学派”的“旧”观念。

其实，这就是中国古代艺术家、理论家们常说的所谓“下笔之后，意随笔走”的创作思维现象。“创作对于表达的依靠”，不仅在艺术创作上是如此，而且在一般写作（文学创作和文章写作）中也是如此。

在上面的分析中，我们看到了艺术家在进行艺术创作的过程中对表达的依赖性，以及不在场的思维对于在场的语言符号的依赖性。但是，关于科学创造过程，爱因

① ［德］玛克斯·德索：《美学与艺术理论》，178页，北京，中国社会科学出版社，1987。

②③ 转引自上书，179页。

斯坦则是这样说的：

> 在我的思维机构中，书面的或口头的文字似乎不起任何作用。作为思想元素的心理的东西是一些记号和有一定明晰程度的意象，它们可以由我“随意地”再生和组合……这种组合活动似乎是创造性思维的主要形式。它进行在可以传达给别人的、由文字或别的记号建立起来的任何逻辑结构之前。上述这些元素就我来说，是视觉的，有时也有动觉的。通过文字或其他记号只能在第二个阶段很费劲地找出来。此时上述的联想活动已经充分建立，而且可以随意地再生出来。①

从表面上看，爱因斯坦在这里认为文字、记号对科学创造思维的影响不大。其实这是一种误解。请注意，爱因斯坦这里讲的“思维机构”、“思维形式”都是在“书面的或口头的文字”参与下进行的，否则就谈不上“书面的或口头的文字”对科学创造思维的影响了，因为只有二者在一起的时候才存在着影响的问题。由此表明，爱因斯坦所描述的“思维机构”、“思维形式”，绝对不会是纯粹的构思性的联想活动，而是他在进行科学创造时的表达思维或行文思维，因为只有这个时候，才存在思维与语言文字是否相互影响的问题。

那么，为何爱因斯坦又说“在我的思维机构中，书面的或口头的文字似乎不起任何作用”呢？这是因为，在写作行文思维中，思维和语言几乎是同时进行的，思维是行文的内容，语言文字（声音）则是行文（言说）的形式，它们是一个硬币的两面。当我们关注思维的时候，语言也就伴随其中了，所以，这时，人们好像觉得语言文字（声音）对思维没有什么作用。人们的感觉是：行文思维主要是在进行思维机构的运转即意象的再生与组合。但是，当我们关注语言文字时，就会感到是语言文字的生成（写作）在推动思维。当代著名心理学家皮亚杰就有一句名言：“写作才能思维”，所以，就有德索的创作思维的原理：“创作（思维）对于表达（行文、语言文字）的依靠”。

爱因斯坦认为在科学创造思维中，思维的运行是第一阶段，而文字（表达）是第二阶段，这是否意味着，爱因斯坦把科学创造思维又分成了截然不同的两个阶段呢？不是的。这里，爱因斯坦是在讲思维与文字表达的先后关系。不是思维把全部的内容结构全部设计构造生成完毕，最后才来进行文字的表达活动，而是边思维（局部性运思）边表达（局部性行文）这样一种关系。前者是构思主义的创作论、写作学；后者是非构思的创作论、写作学。

这两种表面对立的创作思维理论都恰好证明了前面黑格尔的著名论断：在真正的艺术家那里，心理的构思（运思）与作品的完成（或传达）是携手并进的。然而，最能证明黑格尔这个论断的是美国当代著名语文（写作）教育家唐纳德·奎得和罗

① 转引自［德］玛克斯·德索：《美学与艺术理论》，209 页。

伯特·爱特温下面的这段话：

过去大家以为，思维是一种内部的语言活动，而写作是外在的语言表达，这是自然不错的。但事实上，我们在思考问题时，总要有一定的语言形式。这就涉及思维和口头语言之间的密切联系的问题了。在整个写作中，写作和思维是同时产生的，写作的过程也就是思维的过程。①

这就是写作思维和写作行文关系的全部奥秘。

### （三）非构思写作思维基本原理

#### 1. 非构思写作过程观

在当代，德国美学家、艺术理论家玛克斯·德索提出了一个新的创作过程的思维模型。他认为，艺术创作的过程首先是产生艺术创作的“创作情绪”，相当于艺术创作中最初产生的艺术感受、艺术灵感、感觉的感性审美经验；然后是“艺术概念的形成”阶段，这个艺术概念就是克罗奇所讲的“被表达的直觉”，相当于写作过程中的立意主题；最后是“草样”（草稿、起草）的形成阶段。他认为：“当艺术品涉及的范围最小时，这种草样会结束创作过程，因为草样在此处会意味着完成的东西，意味着既不需要又不能需要改进的东西，而且它就是艺术家艺术能力的特定结果。但是对于大一些的作品来说，紧接着就是其‘制作’——或者更准确地说，是内心的完成。这样，全部的形式就出现在创作者的心目中了。”② 这就是说，内容较大的艺术作品还要在“草样”的基础上进行内心的整体化、完善化艺术加工：充实、修改、调整。

这样，艺术创作的过程就可概括为这样几个阶段。当作品内容范围较小时，艺术创作的过程就可概括为这样三个阶段：创作情绪、艺术概念的形成（被表达的直觉）、表达（草样）。当作品内容范围较大时，艺术创作的过程也可概括为这样三个阶段：创作情绪、艺术概念的形成（被表达的直觉）、表达（草样—内心完成）。由于创作情绪和概念的形成是一个密不可分的过程，其目的都是形成被表达的艺术对象，因此，艺术创作过程也可以进一步概括为两个主要阶段：从概念形成到概念表达（草样—内心完成）。所以，德索所说的在艺术家的创作过程中，“实际上，他们的天才，一部分在于创作情绪和艺术概念的形成上，一部分又在于内心完成的通畅与速度上”，就是对这两个阶段的说明。

与许许多多的艺术创作论学者不同的是，德索把艺术创作过程看做从概念的形成到作品草样形成（表达）的过程，或概念形成到内心完成的过程，而不是从艺术构思到艺术表达的过程。在德索那里，对于较小作品的创作，根本就没有艺术构思

---

① 参见［美］唐纳德·奎得、罗伯特·爱特温：《写作中的思维训练》，1页，北京，中国广播电视出版社，1991。

② ［德］玛克斯·德索：《美学与艺术理论》，181页。

的环节，而对于较大的作品创作，也是在草样基础上的整体化、完善化加工。而对于“五分钟以后人物怎样行动都全然不知”的托尔斯泰，他的长篇小说要重写好几遍，原因就在这里。在我看来，托尔斯泰、德索都主张和实行一种非构思的文学创作过程论。

**2. 非构思写作的思维操作模型**

在文学、艺术创作过程中，作家、艺术家的非构思艺术创作行为是怎样进行的？换句话说，艺术创作的思维规律、原理是怎样的呢？德索没有讲，其他学者也没有讲。通过二十多年对艺术创作和写作过程理论的研究，我们提出了一个基本的理论模型。

前面讲过，非构思写作之所以可能，是因为我们揭示了写作全过程的写作操作的基本原理规律。只要在写作立意阶段和行文阶段运用这些思维模型，非构思写作就能变成现实。

这些思维模型共有四组：

（1）路径思维操作模型——分析与综合；

（2）赋形思维操作模型——重复与对比；

（3）策略思维操作模型——协调与对抗；

（4）文本思维操作模型——渐进与平列。

路径思维操作模型是文章立意和立意展开（行文）都要用到的基本思维操作模型、技术。在立意阶段，运用它可以生成深刻、高远的文章立意、主题；在行文阶段，运用它可以生成表现主题、立意所需要的典型充足的高质量材料。赋形思维操作模型是文章内容的结构、有机体形成思维操作模型，其目的在于强化、厚化、浓化文章的主题感觉，将主题结构化，将结构主题化，本质上是一种结构思维、修辞思维。策略思维操作模型是对思维路径的选择以及对从思维路径上产生思维过程（材料）的合目的性、合功能性的对话性调控、把关、决策。文本思维操作模型则是将前面三种思维操作模型整合运动所生成的文章材料进行时空性组织化、语言符号秩序化、语流化，最终生成文章文本。对于写作者来讲，重要的不是立意，即使立意对于写作十分重要。作为认识的立意并不是写作的本质，因为，不写作的人也要认识，也可以立意——产生观点、产生感情、产生诗意，写作者与常人的区别就在于写作者能把常人的立意展开、演绎成一个书面语言的整体——文章。这个展开的过程就是行文的过程、写作的过程，这个过程就是非构思的过程。

在行文过程中，作为目标、动力、理想的是赋形思维操作。这时，作者内心深处是想对自己的写作主题、立意进行强化、渲染，使其在读者心目中即感觉和理智上产生强烈、深刻、鲜明、浓郁的主题印象，最后征服读者，打动读者。赋形思维操作模型是重复与对比，或者说渲染与反衬。在赋形思维中，对比（反衬）与重复的目的是一致的，都是为了突出、加强写作主题、立意的印象、感觉。不同的是，运用重复的赋形思维，是对主题、立意的累积、强化，而运用对比则是对主题、立意的比较、反衬，从而使之清晰。因此，在赋形思维中，其本质就是重复、渲染。因此，养成重复、渲染的思维无意识，是赋形思维成熟的标志。

但是，重复与对比只是一个总体的方向，是最终的目的，重复与对比的思维操作是一种共时性的比较性思维，是对两个思维结果的再思维。换句话说，用来重复与对比的东西（句子、材料、结构）是从哪里来的呢？赋形思维操作本身是无法解决这一问题的，要解决这个问题就必须用分析与综合的路径思维。之所以叫路径思维，是因为它是赋形思维的思维路径、途径、方法。路径思维有十多种具体的分析和综合的细节化思维操作模式，在非构思写作中，作者就是运用这些分析和综合的思维模式，生成句子、段落、部分，对写作主题、立意进行不懈的重复与对比、渲染与反衬，使主题赋形，从而征服、情化、氛围化读者。在路径思维的分析和综合两种操作模型中，分析是主要的本质的方面，综合是以分析为基础的。所以，在逻辑思维中，分析思维无处不在。

上面，我们把赋形思维（重复与对比）和路径思维（分析与综合）分别进行了阐述，这是一种科学的分析方法。在非构思写作的过程中，更为实际的情形是，重复与对比和分析与综合是同时进行的，分析与综合就是重复与对比，重复与对比也是分析与综合。

在非构思写作中，路径思维解决了在赋形思维过程中思维展开的路径问题，从而生成了文章的材料、结构、语言，但是，这些东西是否与当下的写作时空背景、写作文化和谐，是否与当下的写作禁忌相背，是否与自己的写作目的、功能相和谐，这些都需要对上述路径思维的成果进行反思、审查、控制、把关，这种对思维成果的反思、应对的措施就是写作策略，这种思维就是写作智慧或策略思维。写作策略的思维操作模型是协调与对抗。在协调与对抗这两种写作策略中，协调是矛盾的主要方面，在绝大多数情况下，在人与人的交际中，都运用协调的策略。对抗是协调不成时的一种迫不得已的应对策略。

只有通过写作智慧的策略思维应对处理之后形成的材料，才有资格进入书面语言符号系统的文本思维之中。之所以要讲这些材料形成书面语言的文本，是因为书面语言的文本是高度秩序化的，只有将材料融进这个书面语言系统、拟自然的时空结构和逻辑结构之中，文章的主题、立意、事实才能被人认知、理解。因此，文本思维追求的最高目标和理想是清晰、明白、流畅、清通，这样的书面语言符号系统才能形成清晰的拟自然的时空结构和逻辑结构。文本思维的操作模型是渐进与平列。前者是历时性，后者是共时性；前者是时间意象，后者是空间意象。由于书面语言系统意义语义流形态的存在，无论什么样的平列性的材料写到文章中，都只能以表面的渐进的形态出现，文本思维的本质就是渐进。因此，养成渐进意识是文本思维操作的基本功。

以上就非构思写作（行文思维）中的思维操作模型运行的基本状态和大体的思维轨迹、过程进行的阐述，就是非构思写作的基本原理。

## 二、非构思写作学的特征、观念、方法论

### （一）非构思写作学的基本特征

从上面对非构思写作过程的描述我们发现，非构思写作学具有如下的基本特征：

第一，非构思写作最重要的特征是，把人类写作行为由经验化、猜测化、自发性的初级阶段提升到思维化、科学化、自觉性的高级阶段。

第二，非构思写作的整个过程保持着写作灵感、感受阶段所产生的写作激情、兴趣。这是因为，非构思写作没有理性的冷静的整体的构思阶段。

第三，具有生成高质量的文章立意，行文中的材料、结构、语言的必然性。这是因为，文章立意和材料的生成是依靠写作思维操作模型产生的。

第四，非构思写作过程充满了创生的乐趣，充满了神秘感。这是因为，非构思写作行为过程是一种“无中生有”的生成生长过程，文章后面的内容不是很清楚，一切都要随机生成。

第五，非构思写作的内容更加客观，更加容易实现写作的功能。这是因为，非构思写作没有构思行为的主观性和抽象性。

### （二）非构思写作和非构思写作学的观念、方法

任何批判都意味着一种建设。从前面对构思性写作不断的批判中，我们已经隐约地看到非构思写作的写作状态、写作情形，也大体知道非构思写作学的大体轮廓。为了使我们对于非构思写作现象和非构思写作学有一个整体的认识和印象，这里将非构思写作学的观念、方法作一个基本概括。

#### 1. 写作生长观

非构思性写作学主要是一种动态的、生长的写作行为观，即写作生长观。它的核心是写作内容不是选择、拼凑、组合、制作出来的，而是通过一定的写作思维操作模型、技术分析，生长、自组织出来的。是生长而不是构造，是生思、运思，而不是构思、布局。

在这里，写作就是立意、立意展开（行文）的过程，而行文的过程就是思维的过程，或者说，思维的过程就是行文的过程。朱熹说：“文者，顺理而成章之谓也。”这个理，就是重复与对比、渲染与反衬，就是“起承转合”，就是逻辑思维。

**2. 写作动力学原则**

非构思写作学特别强调：只有在写作者强烈的情绪状态、传达基调的动力推动下，才能进行写作思维的展开、生长。这是因为，强烈的写作动机会激发写作思维的灵活性、联想的丰富性和思维的强烈性与丰富性。

**3. 写作思维操作性原则**

非构思写作就是一种直接写作。非构思写作学认为，写作者之所以能不进行写作构思就进行直接的写作，其全部奥秘就在于，写作者建构了一整套写作行为所需要的写作思维操作模型，正是这些模型的运行，形成了写作思维的技术与艺术。写作学的全部任务，就是揭示这些写作思维操作模型，而写作教学的全部任务，就是认识文章中作者所运用的写作思维模型，并通过各种渠道、训练方案建构这些思维操作模型。这样，在写作过程中，从文章立意的生成到材料的生成再到结构的生成，一切都通过操作模型来获得，写作行为的全过程便实现了彻底的思维操作性。于是，我们将写作的艺术变成了写作的科学，然后又将写作的科学变成了写作的艺术。

**4. 思维即表达，表达即思维**

构思性写作学认为，构思（构造性思维）和行文传达是两个前后相续的写作环节，构思是构思，行文是行为，构思是思维，而传达行文则是语言活动。非构思写作学认为，写作行文的过程就是写作思维的过程，写作思维技术及其思维成果的生成过程，也就是写作书面语言的生成过程。意大利美学家克罗奇曾经提出一个遭到众人反对的名言“直觉即传达”。他认为，艺术活动完全是心理的活动。心里直觉一个形象，就是创造，就是表现这形象，就是艺术作品。至于传达，是把已在心中的艺术直觉用物理的符号留下痕迹来，它本身不是创造，也不是艺术活动。① 其实，非构思写作的情形也是如此。思维活动也就是话语生成的活动，后者并不具有创造性的艺术本质，所有的写作创造性都是由写作思维的操作活动来完成的。因此，我们才说，思维即表达。

**5. 自由思维，无中生有**

非构思写作学非常崇尚心理自由、思想自由、思维自由，强调写作思维的“无中生有”，认为不断的思维展开即随着写作思维运行的当下情况而吸附、凝聚文章材料，实现材料的自组织，不是在作品构思、提纲面前进行描摹的“有中生有”。

**6. 应对随机性，消解随机性**

在非构思写作中，对未来的写作内容，文章发展的方向、脉络，无法也不能先知，或不能确知。一切都是未知的、开放的、创新性的。一篇文章的写作思维向什么方向发展，不是根据写作时的感受，而是根据写作思维动态运行中对事物的深化认识来确定，根据写作过程中情绪、思想态度的发展来确定，根据写作过程中所遇到的随机性扰动来确定。非构思写作学主张通过深化的写作思维过程来消解作者的

---

① 参见［意］克罗奇：《美学纲要》，北京，中国社会科学出版社，1979。

主观性，使写作更加逼近写作的当下语境，真正实现写作的功能。而这正是非构思写作行为的神秘之处，吸引人之处。

这里有三点需要说明：

第一，非构思写作是一种不进行构思（结构的思考）的直接写作，但并不反对在心中对作品进行酝酿、思考。只是反对将文章的内容进行结构化的预先选择、组合、安排、布局，并将这种构思结果凝固化、物化下来，作为行文的依据、范围，反对行文对构思成果的被动描摹。凡是不将这种酝酿、思考进行空间性静态性组合、定格、凝固化、物化的写作行为，都属于非构思性写作的范畴。因为，非构思写作学的主旨是反对僵化、定格化、约束化、描摹化。

第二，对于大型作品的写作来说，可以考虑（也可以不考虑）对大的板块的思考。但是这种思考不是对作品内容的组织，而是对非内容的抽象关系（例如人物关系、思维操作模型）的思考，这种思考仍然是生长式的，而不是组合式的。另外，提纲的形成是生长而不是内容组合，这不是对文章内容的构思，而是一种思维操作的准备、初稿。这时，非构思写作行为已经开始。因此，非构思写作学并不反对写作的准备性思维。如果把构思转向生思，这样的构思性写作就是非构思写作了。

第三，非构思写作学不能简单地理解为不要构思环节的写作学。非构思写作学具有两个最基本的特征：一是自觉性，即思维性；二是这种自觉性既包括对写作思维操作模型的运用，又包括在写作思维过程中写作文化、写作美学、写作禁忌对写作行为的控制、调控应对。因此，它是一种场性写作学。

**（三）非构思写作和非构思写作学的定义**

通过上述分析，非构思写作和非构思写作学可以作如下定义：

非构思写作就是指运用一整套写作思维操作模型来控制生成文章立意、文章结构、文章材料、文章语言的自觉化写作生长过程。

非构思写作学就是对这种写作行为活动规律的研究。强调写作行为的自觉性（写作思维操作和写作文化、写作禁忌、写作审美控制），强调写作过程自组织生长性的写作学就是非构思写作学。

## 三、非构思写作学的价值与意义

非构思写作对于人类写作尤其是学习写作的人具有十分重要的意义。

第一，写作学习者不再怕写作了，因为，他可以学会非构思写作所需要的全部写作思维操作技术、模型，凭借这些写作思维操作技术、模型，他可以快速、高质量地进行文章立意，而且可以快速、高质量、充分地进行材料生成和组织。

第二，写作再也不会陷入无话可说的窘境，而是进入思如泉涌、滔滔不绝、头头是道的理想境界。

第三，写作不再是迷迷糊糊地猜测、乱碰，而是明明白白学写作，明明白白写文章，明明白白读文章和改文章。

第四，非构思写作中的写作思维操作模型，不仅对于写作教学具有重要的意义和巨大的魅力，而且对于语文教学中的说话教学、阅读（听话）教学具有同样的意义和魅力。因为，说话基本上是一种口头的写作，而在阅读和听说中对文章、话语的理解本质上就是进行写作思维的分析，而且运用的正是非构思写作的写作思维操作模型、技术。非构思写作学探索出来的那些写作思维原理、模型、规律、技术，不仅是写作、说话的原理、规律、模型、技术，而且是人类一般思维基本原理的具体显现和暴露。因此，人类思维的一般原理对于写作学习和语文学习以外的学习也具有非常重要的意义、价值。

第五，可以运用非构思写作学中的路径思维操作模型、技术，探索中文、外文教学和中学小学语文教学学科的学习思维原理，即学习方法的原理，提供一种非学科知识的思维方法论。也就是说，运用路径思维操作模型去解政治、数学、物理、化学中的习题。[①] 这将产生一种新教育观，学生不仅要学习具体学科知识，而且要学会关于学习与解题的思维操作原理，即学习的思维方法论。这样的教育才是 21 世纪人类完美高效的高质量教育。

第六，非构思写作中的写作思维原理、规律、模型、技术，不仅是学习的思维方法论、技术论，而且是人类认识世界、改造世界、探索未来的一般思维原理、规律、操作模型、技术。熟练并重复运用这些路径思维模型，可以提高人类的认识能力和创造、创构能力。

## 【基本概念】

三级飞跃论　双重转化论　知行递变论　“双非”过程论　写作分形论　非构思写作过程论　非构思写作

## 【复习思考题】

1. 简述双重转化论的含义和意义。
2. 简述“双非”过程论的含义和意义。
3. 非构思写作思维基本原理是什么？
4. 非构思写作学有哪些价值与意义？

---

① 参见杨元林：《写作思维学：剥开人类教育的迷雾》，见张家恕、董小玉等主编：《写作传统与当代立场》，88～97 页，重庆，西南师范大学出版社，2002。

# 第12章

# 思维新论

《春秋》之制义法，自太史公发之，而后之深于文者亦具焉。义即《易》之所谓“言有物”也；法即《易》之所谓“言有序”也。义以为经而法纬之，然后为成体之文。

——（清）方苞

在整个写作中，写作和思维是同时产生的，写作的过程也就是思维的过程。

——［美］唐纳德·奎得

## 第1节 对传统思维概念的质疑

### 一、从形象思维研究的困窘谈起

在中国20世纪的文艺理论和美学研究中，有不少激动人心的学术大事件应该写进历史，其中持续最久、影响最大的是关于形象思维问题的讨论。

早在20世纪30年代初，形象思维（最初译为“形象的思索”）的概念就被引进我国。此后的40年代到60年代，形象思维一直是文艺理论界和美学界的研究课题。由于“文化大革命”初期郑季陶先生发表了《文艺领域必须坚持马克思主义的认识论——对形象思维论的批判》① 一文，形象思维论被戴上了“反马克思主义的认识

① 载《红旗》，1966（5）。

论”、“修正主义文艺思潮”的帽子，于是，在“文化大革命”中，人们对形象思维论噤若寒蝉。

1978年1月，有关杂志发表了毛泽东《给陈毅同志谈诗的一封信》，文中毛泽东认为诗要用形象思维，于是，尘封十年的形象思维讨论重新展开，这成了文艺界思想解放的标志。文艺界、美学界对形象思维讨论倾注了极大的热情，那时，在许多刊物上都可以读到关于形象思维的文章。在当时影响很大的由中国社会科学院哲学所美学室、上海文艺出版社文艺理论室创办的《美学》丛刊，1979年第1期主要就是讨论形象思维。当时，形象思维成了文艺界、美学界最为关心最为热门的学术话题。人们对形象思维讨论如此关注，主要原因有二：一是形象思维说解禁产生的解放感；二是人们想通过对形象思维的讨论，探讨文学艺术创作和鉴赏的美学规律。更多的人喜欢读这类文章，是为了学习了解文学艺术创作、鉴赏的美学规律。

但是，那时和以后的形象思维讨论的成果难以令人满意。

虽然形象思维的讨论是作为文艺界、美学界思想解放的标志被提出来的，但是，它却主要是以学术讨论的面貌出现的，基本上是一种科学主义的方法论。这显然和当时的人文性时代精神——要求人的尊严，要求个性解放的哲学思潮——极不协调。于是，兴起一年的形象思维大讨论，在完成了思想解放开路先锋的历史作用之后，很快让位于人道主义和“异化”问题的讨论。所以从20世纪80年代以后，形象思维论风光不再。加之后来人类学本体论的实践哲学、文学主体论、新方法论、文化热、语言学转向、生命美学的大潮一浪高过一浪，学术界基本上没有形象思维论说话的机会了。

1980年以后，钱学森先生竭力倡导建立思维科学，并主张加强对灵感思维和形象思维的研究。但是，由于这时的形象思维学已经不是文学艺术界、美学界心目中作为艺术创作的形象思维概念，而是一般形象思维学的概念，加之上述时代原因，文艺学、美学界的理论家、作家、艺术家们介入极少，这样，思维科学界形象思维研究阵势稍显薄弱。除了张光鉴先生的《相似论》有一些创造性理论概括外，其余的研究并未发现有多少真正具有实用价值的形象思维规律、原理、模型。倒是文艺心理学界，尤其是文艺创作心理学界对文艺创作形象思维问题的研究有一些有价值的研究成果，但显得支离破碎，难以成形象思维学的理论体系。

总之，文学艺术的形象思维问题，或者说艺术创作的思维问题，并没有真正解决。形象思维论似乎成了20世纪文艺学与美学的遗憾，成了20世纪未了的“美学梦”、“思维梦”。

## 二、形象思维到底是不是一种思维

纵观20世纪苏联、东欧和我国的形象思维讨论，关于形象思维不外乎三种观点：否定说、平行说、半否定说。否定说以郑季陶先生为代表，他认为思维只有一种，那就是抽象思维，艺术中不存在用形象进行思维的问题，艺术创作的过程就是“表象—概念—表象”的过程。平行说认为，人类有两种思维，一是抽象思维，二是形象思维，科学要用抽象思维，而艺术要用形象思维。1978 年至 1979 年持这种观点的人较多。半否定说以李泽厚先生为代表。他认为，说形象思维是思维，就像说机器人是人那样，是一种比喻，实际上讲的并不是通常所说的思维。它不是通常的（狭义）思维，实际上是指人们在艺术创作中有某种跟狭义思维的作用、功能相同的东西。在他看来，所谓形象思维，就是艺术想象。我们认为，李泽厚先生对形象思维是持半否定态度的。这三种观点虽然不同，但他们有一个共同点，就是都把思维仅仅理解为认识，因此，抽象思维才是真正、狭义的思维。

上述三种关于形象思维的观点，我们都不能同意。平行说和否定说极端观点的谬误是显而易见的，半否定说也难令人信服。因为，如果承认形象思维就是艺术想象，而艺术想象主要是形象的再造、组构，它和“狭义思维的作用、功能”——反映、认识——就没有太大的关系。如果说，形象思维真的“有某种跟狭义思维的作用、功能相同的东西”，那也只能是艺术灵感、艺术直觉，这和想象又不是一回事。

既然形象思维“有某种跟狭义思维的作用、功能相同的东西”（认识），那么，形象思维就具有某种认识论的作用，这也许是对的。问题在于，形象思维（艺术想象）中，除了认识是思维以外，剩下的内容（艺术想象）还是不是思维呢？李泽厚先生认为不是。他认为，这剩下的东西“包含着很多种心理因素的综合过程，交融在一起。比如，情感里有理解，理解又表现在情感中”①。我们觉得，否定这“多种心理因素的综合过程”是艺术的思维过程，这是说不过去的，也是不太准确的。

现在，全部的问题归结到艺术想象到底是不是艺术思维，根据通常的思维定义，答案当然是否定的。

这意味着否定形象思维，也意味着形象思维是二等思维。但我们的艺术创作经验和理论的直觉又不答应。

于是，我们不得不怀疑通常的思维定义。我们觉得，必须重新为思维定义，否则，对这个问题的研究将无法深入下去。

## 三、传统思维定义的局限

思维是多学科研究的对象，哲学、逻辑学、心理学、认知科学都要研究它。在以往各学科的研究中，人们主要把思维定义为一种反映活动，一种认识活动。苏联

---

① 李泽厚：《谈谈形象思维》，载《社会科学通讯》，1979（20）；《走我自己的路》，184 页，合肥，安徽文艺出版社，1994。

编纂的《简明哲学词典》认为："思维，是物质——脑——的最高产物，通过表象、概念、判断等来反映客观现实的一种能动活动。"我国哲学界给思维下的定义也与此类似："思维，人脑对现实世界能动地、概括地、间接地反映过程。包括逻辑思维和形象思维，通常是指逻辑思维。"① 在这里，形象思维只是被提到，而全部解释都是针对逻辑思维的。结果是思维等于逻辑思维，它的作用、功能是反映、认识。

在心理学界，一般认为思维就是指向性思维，它是指一组解决问题的内部活动。因此有的心理学家把思维定义为"问题的解决"。似乎这个思维定义的内涵要丰富一些，但很不幸的是，心理学家们认为思维要解决的问题，还是认识或反映。北京师范大学等四所高校编写的教材《普通心理学》认为："思维是人脑借助于语言而实现的，以已有的知识为中介的，对客观解释的对象和现象的概括的、间接的反映。"② 朱智贤、林崇德主编的《思维发展心理学》认为："思维作为一种心理现象，也是一种反映；思维是心理这种能动反映的高级形式。"③ 汪圣安认为："思维有三个基本特点：1. 思维是一种间接的、概括的认知。2. 思维是一种过程。3. 思维是解决问题行为中的指向，是指向解决问题的。"④

## 四、创构也是思维：当代学者的新思考

在新兴的思维科学界，学者们同样坚持认为思维是一种反映："思维，在特殊物质结构中对客体深远区层实现穿透性反映的物质运动。"⑤ 所谓"穿透性反映"，就是由表及里的本质性认识。应该说，把思维定义为反映和认识，是有相当根据的，但是，如果把作为人的高级意识活动的思维仅仅局限在反映和认识上面，则又与我们的思维经验大相径庭，不管你对反映、认识做怎样的修饰，加怎样的定语。例如，在我们的艺术创作思维的过程中，或者说在形象思维中，大多数思维活动就不是反映、认识，而是将已经获得的对现实的反映和认识及其载体（材料）构筑成艺术的"建筑物"、精神的"建筑物"——艺术的文本、作品。在这里，艺术思维、形象思维主要就是创构行为。

这便对现行的思维定义提出了严峻的挑战。思维学应该给艺术思维、形象思维应有的存在空间，应该给形象思维、艺术思维一个可信的科学"说法"。我们认为：创构也是思维，创构就是思维。显然，全部的思维定义应包含这一含义。

说创构就是思维，我们应该是很熟悉的。无论是古代还是现代，在汉语中不是

---

① 傅季重主编：《哲学大辞典·逻辑学卷》，336页，上海，上海辞书出版社，1984。
② 《普通心理学》，340页，西安，陕西人民出版社，1982。
③ 朱智贤、林崇德主编：《思维发展心理学》，7页，北京，北京师范大学出版社，1986。
④ 汪圣安主编：《思维心理学》，4页，上海，华东师范大学出版社，1993。
⑤ 田运主编：《思维辞典》，396页，杭州，浙江教育出版社，1998。

都有构思这个现成的词汇么？但是，要人们接受"创构行为就是一种和通常所说的思维平起平坐的另一种思维"的思维学新观念就不那么容易了，因为传统的思维概念毕竟流行了几千年。其实，我们这个来自于艺术实践分析的思维定义，还可以得到当代哲学、心理学、认知科学和思维科学研究成果的有力证明。

传统的思维定义，都是建立在"在场"的哲学基础之上的。这种根深蒂固的哲学传统关注的是对客观世界的实存之物怎样去反映它、认识它、认同它、复制它、掌握它，而对"不在场"的创造之物、想象之物、未来之物、预构之物的生成规律是不太感兴趣的。当代世界哲学的主潮已由思考"世界是怎样"转向"世界应怎样"，主体的创造性想象性成了人们的关注焦点，这就是说世界哲学的热情已由"在场"转向"不在场"。当代社会已经进入了一个"想象的时代"。这种新的哲学思潮必然要对思维的定义做出我们这个时代的新思考。

朱智贤、林崇德先生在《思维发展心理学》中虽然把思维定义为一种反映，认为"思维是心理这种能动反映的高级形式"，但是，他们在分析思维的特性时，认为思维具有概括性、间接性、逻辑性、目的性、问题性、层次性、生产性等七大特性。但"生产"并不等于产生，作为反映成果的感性或理性认识，是产生而不是生产，因为生产更多指制作的工艺行为。这"生产性"显然不是反映所能概括的。生产的产品可能有对现实生活的反映，但是，生产的行为过程思维过程本身，绝对不是反映，这应该是显而易见的。

所以朱智贤、林崇德先生在阐述思维的生产性时不得不说："思维不仅能够使主体去深刻地认识客观现实，而且能够制作思想产品去能动地改造客观世界。""人们从认识客观现实到改造客观现实的每一阶段，都在依靠思维的作用生产着大量的思想产品。"[①] 注意"制作思想产品"这几个字。显然，他们在《思维发展心理学》中所阐述的思维定义是前后矛盾的，或者说不自觉地修正了传统的思维定义。一旦承认思维的生产性，也就等于承认了思维的创构性，因为思想产品必须通过创构才能形成。

朱、林二位先生对思维的定义之所以有这样的自相矛盾或松动，是因为在此以前，苏常浚先生在《普通心理学讲话》中已经讲到思维的生产性问题，他把思维所生产的思想产品分为四大类：认识性产品、表现性产品、指导性产品和创造性产品。[②] 实际上，他讲的就是新闻类、文学类、文秘类和科技类的文章写作和艺术创作，或者说广义写作。朱、林两位先生的观点思想来源即在于此。思维的这种生产性，表现了思维不是消极地反映，而是能积极地创构，这是思维的目的性、计划性、操作性的能动本质使然。

---

① 朱智贤、林崇德主编：《思维发展心理学》，19 页。

② 参见苏常浚：《普通心理学讲话》，北京，人民出版社，1982。

## 第2节　对思维概念的重新定义

### 一、关于思维概念的新思考

在哲学界，人们也看到了传统的意识概念、思维概念、逻辑体系的破绽。周农建先生认为："长期以来，关于人的意识的理解是不大令人满意的，意识的本质和功能被定义为只是对于既成实在性的认同和复制，或者至多被看成一种阐释，一种知识性的整理……这类见解不能解释人的创造性是怎么来的。如果意识就是关于既成实在的复制与阐释，那么一切文明又是如何出现的呢？"[①] 在他看来，人类的意识有两种功能，一是认识，一是设计。"发现是一种认识，发明是一种设计。它不是为了去获得知识，而是为提出一张蓝图。这种设计活动，与认识活动是有本质的不同的，意识的能动性主要表现在这种设计上。"[②] 他甚至认为，人与动物的区别，主要不是表现在认识上，而是表现在设计上。因为动物也能认识，但只有人才能进行设计，所以，人制造工具，动物则不能。进一步，周农建先生认为，传统的逻辑是建立在意识的唯认识论基础上的，是一种讲求真假的判断逻辑，而考虑到意识的设计功能，应建立与这种新的意识论相适应的新的逻辑体系——讲求价值的指令逻辑。[③] 应该说，周农建先生的这种见解是比较符合人的意识活动实际的。实际上，周农建先生所讲的意识问题，也就是思维问题。他对意识功能、逻辑体系的"新论"，也是对思维的"新论"。因为，设计就是构思，而构思就是创构化的意识行为、思维行为。同时，设计构思就是思维生产的组成部分（第一步）。但是，应该看到，思维的生产性有着比意识、思维的设计性内涵更广的范畴，更为复杂的思维活动。

对周农建先生的观点，我们颇有同感。早在他著作出版前的三年，我们在文章分类时就认为，如果说文章是对世界的反映的话，那么世界有两种，一种是客观世界，一种是主观精神世界。"客观物质世界包括两类'物质'：一是作为主体认识的人，一是作为认识客体的物。主观世界的'精神'、心理过程却有三个层次：一是认识感性阶段的内容——感觉、情感；一是认识理性阶段的内容——观点、理论、主张；一是认识理性阶段的意念、意向、要求、设想。例如，当我看到一朵花时心里产生一种欣喜之情，这是情感。继而产生一个判断'这朵花很美'，这是观点。继而心里产生一个念头：'摘下这朵花'，这是意向、设想。当人们用语言文字去反映这

① 周农建主编：《摹本与蓝图——意识新论》，2页，北京，人民出版社，1988。

② 参见上书，19页。

③ 同上书，439页。

几种生活内容、表现对象时，就产生了五类文章：叙事文、释物文、抒情文、论理文、告语文。”① 在这里，意向、设想显然不是反映、认识，而是设计意识（思维）的开始。

从上面的论证中我们可以看出，思维作为人的高级意识活动，不仅仅复制反映现实，更重要的是创造新的现实，这个创造活动，首先是设计（构思），然后是制作。这设计制作的过程，其实就是一个对反映、认识重新加工的过程，创造就是重新加工。这样理解思维的功能恰好与认知心理学对思维本质的理解相符。认知心理学认为思维是人脑的信息加工活动或过程。所以，丁润生先生就主张从认知心理学的角度为思维定义。他所著的《现代思维科学》认为：“人们所说的思维，是一个多层次的复杂概念。思维是指客体的信息移入人脑并经过人脑信息加工改造的特殊物质运动过程。”② 信息加工，既可包括思维的认识功能，也可以包括思维的生产（设计、制作）功能，这比传统的思维定义肯定要松动一些。

## 二、思维，还应包括应变策略

心理学家和思维学家们把思维定义为对问题的解决。这是一个聪明的、永远正确的定义。但是，这也是一个没有多少实际用处的定义。因为它太空洞，太笼统，我们无法知道思维究竟要解决什么问题、怎样解决，上面我们对传统思维定义的修正，就是要让人们明确思维的主要任务是要解决哪些问题。如果我们再仔细地反思一下，难道思维就只能解决认知和建构这两个问题吗？换句话说，我们上面这个新的思维定义就完美了吗？答案是否定的。

我们这里所讨论的思维，是一种抽象的、共时性的思维，没有考虑具体的当下情境、处境对思维的影响制约。这种时间环境当下因素影响着现实思维过程中对问题的解决。思维环境对思维操作的影响有正反两方面。从正面来说，就是现成的传统思维模式和思维方式对象模式不能适应新的时空背景下的时代精神、价值取向、行为规范，必须对旧有的思维模式和思维方式对象模式进行变革、对抗、创新，使之适应新时空背景下的时代精神、价值取向、行为规范，这是一个思维文化的创造性问题。从反面来说，在现实的思维环境中，客观存在着许多阻碍思维行为达到思维目的的现实禁忌、操作“红灯”，而思维主体则要在面对这些东西时选择正确的思维战略、操作策略，最终达到思维目的，解决思维问题。

显然，无论是从正面对新的文化的创造，还是从反面对现实禁忌异己性的消解，思维规范都达到了对主体行为操作问题的解决，即任务完成，目的达到，目标实现。在这里，主体的思维活动体现为一种思维操作的应变策略。显然，这是一种高层次

---

① 马正平：《文章分类原理新探》，载《语文》，1985（4）。

② 丁润生：《现代思维科学》，4 页，重庆，重庆出版社，1992。

的“问题的解决”。既然思维的本质是“对一组问题解决的内部活动”，那么，没有理由不把这种选择应变策略的“内部活动”纳入新的思维定义之中。

### 三、思维新概念：一种秩序化的意识行为

假如从哲学的角度去为思维定义，赵仲牧先生的见解比较深刻。在他看来，“思维是秩序化的意识活动。即运用符号媒体，依据一定的思维程序并通过描述和解释各种秩序去解惑释疑和解答问题的意识活动”①。

他的思维定义揭示了在信息加工的两个阶段中思维目的的本质：秩序化。在反映、认识阶段，思维的秩序化即是对事物现象与本质之间的联系、规律的发现；在设计、构思、制作阶段，思维的秩序化表现在对价值取向的确立以及对价值世界（精神或物质生产的产品）的创构。创构活动的本身就是对思想或物质材料构建的秩序化行为。在应变策略的选择中，思维的秩序化体现为思维的操作与思维环境正反因素的协调、和谐问题。

正是由于这个原因，我们在1988年就指出：“我们真切、鲜明、强烈地感受到的是：写作，无非是寻求、表达、缔造、建立一种‘秩序’。因为，紊乱和非概括性是一种无序状态。无序使我们不安和失落。新的观点、见解产生后，建立起了解释的秩序，而文章制作也是建立秩序。”② 并且，我们认为写作秩序包含三层含义：第一层含义是指写作中主题的确立和展开；第二层含义是对语言材料的组织化、结构化，从而形成文章的有机化结构；第三层含义则是超越思想、语言、材料、结构之上的写作文化。这里只是把正面的写作文化的创造看成写作思维的问题，还没有把对写作现实环境中的写作禁忌的应变策略看成思维的问题。

由于写作活动的主要问题是一个思维的问题，因此，对写作本质的定义也可以看成是对思维的定义。至此，我们可以给思维下一个比较完整的定义：

> 思维，就是人类在精神生产的过程中，反映客观现实世界、创构未来理想世界、应变现实环境的（秩序化）意识行为。③

## 第3节　对思维活动的重新分类

科学是什么？科学其实就是一种分类。通过分类，我们可以揭示事物内部各种

① 赵仲牧：《序言——思维的分类和思维的演化》，见邓启耀：《中国神话的思维结构》，2页，重庆，重庆出版社，1992。

② 马正平：《秩序：作为写作活动的目标与行为》，见马正平等：《中国写作学的当代进展》，187～190页。

③ 马正平：《从反映走向创构和应对——对人类思维概念与分类的当代思考》，载《哈尔滨学院学报》，2002（1）。

因素之间的内在联系，而这内在联系就是科学的规律或原理。我们通过以下的思维分类来理解思维原理（科学）。①

## 一、一般思维和现实思维

从能力上分，思维可分为一般思维和现实思维，亦即思维一般和思维个别。人类的任何思维都指向问题的解决，所以，思维总是具体的思维，现实的思维。一般思维是一种科学研究，而现实思维是一种具有目的性、目标性、任务性的内在行为和活动。前者是对后者的概括。

所谓一般思维，又称普通思维。一般思维是指没有具体目标、目的、任务的，抽掉具体思维内容的纯形式思维。它是一套抽象的逻辑规则、操作模式，不是一种思维实践行为，它不具有生产性。形式逻辑、辩证逻辑（辩证法、辩证思维、分析与综合、归纳与演绎、抽象与具体等）都是一般思维。一般思维是一种逻辑，是一种思维意识、模型操作技术，是一种思维的素质和能力，它是为现实思维服务的。

所谓现实思维，又称具体思维、实用思维或应用思维。它具有某种具体的思维目标、目的和思维内容，要解决具体的理论或实践问题，它不仅仅是一套规则、操作模式，而且是一种具体的思维实践行为。它具有生产性，它要产生某种有形或无形的思维产品、作品。因此，现实思维具有产品性或造型性（这种“型”仍有具象和抽象之分）。平时所说的抽象思维、形象思维、灵感思维就是现实思维，所有的现实思维都是具体思维。现实思维是一种思维实践的行为活动，它是思维学研究的对象。

## 二、日常思维和生产思维

把现实思维分为日常思维和生产思维是从思维的质量档次上进行分类的，也可以称为初级思维和高级思维或大众思维和专家思维。日常思维就是人们在日常生活中的思维活动，这种思维是零碎的、简单的、经验的、平面的，它伴随在人的日常行为和日常语言活动之中。生产思维则是一种复杂的、系统的、立体的思维，它伴随着人们的科学研究、文艺创作、专门职业、专门事务活动。这种思维最终要生产出精神性作品，因此，生产思维可以称为广义写作思维，包括哲学创作思维、文学创作思维、艺术创作思维（音乐思维、绘画思维、书法思维、戏剧思维、电影思维、建筑思维等）、实用写作思维（新闻写作思维、文秘写作思维、科学写作思维、司法写作思维、经济写作思维等）等。

---

① 马正平：《从反映走向创构和应对——对人类思维概念与分类的当代思考》，载《哈尔滨学院学报》，2002 (1)。

## 三、认识思维和创构思维

把现实思维分成认识思维和创构思维，是根据现实思维的阶段性、历时性来分的，或者说，这是根据人类思维发展的历史阶段来分的。这二者构成人类从认识到实践完整的、理想的思维历史和思维全过程。更确切地说，认识思维和创构思维是生产思维的主要过程和内容。

在认识思维阶段，无论感性认识还是理性认识，思维都要求超越现象寻求现象的本质，即事物与事物之间的内在联系和规律。它不仅要有逻辑思维、灵感思维、直觉思维，还要有猜想思维。认识思维虽然可以把握客观世界的规律和本质，但是这种把握只是一种一己之见。从某种意义上说，这只是对世界的规律和本质初步的、粗浅的、局部的一维至多二维的认识。

在创构阶段，主体希望把这种一维或二维的认识创构成一座三维乃至多维的精神或物质的"建筑物"。在这个过程中，虽然也包含认识思维的因素，但是更多的更主要的则是这种建筑行为思维本身。主体之所以这样做，一方面是为了用这座精神或物质的建筑物去传播、交流、流传、影响别人和社会，另一方面则是为了建立精神或物质的秩序，表征生命的痕迹，拓展、表达、物化自己的心灵、情感、思维空间，实现个体生命存在的自由和永恒。

看来，如果把思维定义为"问题的解决"的话，那么这个要解决的问题不仅包括反映（认识），而且还应包括"创构"在内。这就是说，人的思维在第一阶段要反映客观世界，经感性认识产生一个理性认识，获得观点和思想。在第二阶段，他可以将这个观点和思想创构（构思并制作）成一件精神或物质的产品。前者是认识的产生，后者是精神、物质的生产或实践活动。这就是人类思维的完整作用和功能，这才是思维概念的完整含义。

认识思维中不必有生产、创构思维，但是，在生产、创构思维中却有认识思维的因素。最为关键的是，在生产、创构思维中，主要是创构思维问题，而认识的因素退居其次，处于从属的位置。这正是形象思维、艺术思维、写作思维的特征所在。

## 四、操作思维和控制思维

完整的现实性思维、生产性思维即认识性、创构性思维，它体现为一系列思维操作技术，而策略思维则是控制机关。无论立意与定体、定调与行文、聚材与创构，它们所生成的所有写作内容和写作形式，都必须受写作策略这个机关的控制、监察、把关。

控制思维的目的是更好地让读者、社会乐意接受或更好地传播，以实现文章的写作目的、写作功能，实现写作的价值，使写作不至于成为无效劳动。

作为写作思维操作技术的认识思维和创构（赋形）思维，它的操作系统模式已经成为一套逻辑运演程序，它可以不管写作的具体历史、文化、地域背景，不管写作付诸对象的文章读者，也不管写作话语的语境，但为了写作的目的、目标、功能、价值的实现，必须有一种写作思维的控制机关，对写作思维操作技术形成的写作内容、材料和形式进行审查 、鉴别、选择。因此，作为写作思维操作系统技术的认识（立意）思维、赋形（创构）思维和作为写作控制的写作文化思维和应对思维，就构成写作思维的表层结构与深层结构。

## 五、目标思维和行为思维

如果对现实思维的思维状态作结构性、共时性分类的话，无论认识思维还是创构思维，它们内部都存在着目标思维和行为思维两个思维层面。

目标思维又可称内容性思维，是为完成某种思维实践的活动目标而进行的思维过程。所谓“某种思维实践的活动目标”，就是对思维产品的生产。这种生产的实质，就是对人生存空间的构筑。这种构筑包括两个方面：其一，是通过认识、认知、感觉、感受产生一种思想、观念、灵感（感觉、感受、情感），从而提升、拓展自己的心灵空间；其二，是将这种思维成果（产品）物化、符号化为有形或无形的思维建筑或思维造型。因此，目标思维就是关于人生存空间的思维。换言之，目标思维就是空间性思维。

目标思维表达的是对生命美（理想、向往、自由）的追求，这种追求是通过空间思维来体现的。目标思维的目标是拓展或建构高远辽阔复杂的分维空间（生命空间、思维空间、情感空间、智慧空间），建立一种共时性精神空间的秩序。目标思维是一种内容思维、性质思维、情感思维、主题思维，也是创构思维。

行为思维是创构写作空间的操作思路、手段、技术，它从属于目标思维操作。它是达到目标思维的手段、途径，是一种思维的演算过程。这种演算就是逻辑的过程。从哲学上讲，它是一种时间思维。行为思维的目标是建立一种符号化的时间秩序、自然秩序，让人清晰，让人理解，让人认同。行为思维是形式思维（逻辑）、辩证思维（逻辑）。行为思维是思维的技术，它是目标思维的表达方式。

无论认识思维阶段还是创构思维阶段，都既有目标思维的层面，又有行为思维的层面，这是形象思维、艺术思维、情感思维、写作思维和广义写作思维（生产思维）的又一特征。

## 六、表层思维与深层思维

马克思说，工业产品是一本打开了的心理学。如果从文本（作品）分析的角度来看，任何思维产品都可以分析出它的表层思维与深层思维。所谓表层思维，是从思维产品中所表现出来的对时空结构（自然结构、世界结构、宇宙结构）的思维，对数量结构、逻辑结构、话语结构（秩序）的思维，对信息能指、载体秩序的思维。所谓深层思维则是对思维产品的信息结构、主题结构、艺术结构、心灵结构（秩序）的思维，对信息的所指、目标秩序的思维。表层思维是文本分析的起点，深层思维则是思维分析的终点。对文本进行分析（思维分析）的最后目的就是要探知文本的深层思维，获得信息。深层思维又包括显性和隐性两个层面。

### 七、显性思维和隐性思维

把生产思维分成显性思维和隐性思维，这是从思维心理学的角度，按照思维操作程序的先后对生产（广义写作）性思维进行分类的。

表层结构是由深层结构决定的，如果说文本分析首先是从表层思维分析再到深层思维分析的话，那么生产思维即广义写作行为的思维分析，就是首先分析其深层思维，然后再分析其表层思维。由于生产思维即广义写作思维是针对主体的思维目标、目的、信息的思维开始其思维活动的，因此，生产思维的深层思维就是其“最直接的”思维，这就是显性思维，准确地说，应该叫写作显性思维（有意识的写作思维）。而对文章进行分析时的表层思维则是写作时的隐性思维（下意识的写作思维）。

深层思维是所指信息、目标、心灵的秩序，具有动力学性质，而表层思维具有操作技术的性质，因此显性思维和隐性思维，又可称为动力思维与操作思维。也可以说，显性思维和隐性思维就是目标思维和行为思维。

总之，在广义写作（生产）思维中，显性思维是前提，是动力，是本体，是监测器，它是第一性的；而隐性思维则是结果，是手段，是途径，是从属，是行为，它是第二性的。这是广义写作思维操作技术的基本原理。

显性思维和隐性思维具有层次性。广义写作（生产）思维的原理、科学，就是探索主体在这个思维过程中是怎样从零维的思维起点经由深层思维（显性思维）一步一步地转化到一维、二维、三维甚至多维、分维的表层思维（隐性思维）上来的内在机制。探索这一转化机制是广义的写作思维学乃至新思维学的主要使命。

## 第4节　人类思维的操作技术原理

### 一、对分析与综合的再次分析与综合：从思维定义说起

思维科学的兴起，是因为人们希望通过思维科学对人类思维的本质、规律、原理进行探讨、揭示，掌握思维的规律，将其更好地运用到思维实践中去，为人类科

学研究、文学艺术的创作、世界的改造和创造的实践服务。但是当代思维科学并没有担当起这一重任，它没有对思维操作行为做更加深入、细致的研究，从而概括出思维操作的基本原理、规律、操作模型。

从思维的定义上来看，既可从思维的本体、目标上来定义，例如许多心理学家说“思维是对文体的解决”；也可从思维的操作行为、方式、角度方面定义，许多有关思维的专著和教材、辞书上都说，思维是一个分析和综合、归纳和演绎、概括和抽象的过程。

这个定义本来也没有什么大的错误，问题在于，从这样的思维定义中，我们却看不出分析和综合、归纳和演绎、概括和抽象之间是一种什么关系，以至于不知道怎么进行思维操作了。在我们看来，思维行为的操作本质就是分析和综合。换言之，分析与综合就是思维行为的过程本身。归纳和演绎只是分析和综合的运用而已，归纳在本质上是一种综合，演绎本质上就是一种分析；而概括抽象同样也是一种综合的形式。因此，不能把归纳和演绎、概括和抽象这些思维现象与分析和综合放在同一个内涵平面上去描述思维操作的本质。

其实，在此以前也有一些思维学家认为思维的过程就是分析与综合的过程。他们常说，所谓分析，就是把思维的对象进行分解，从而了解其内部的关系和构成；所谓综合，就是对分析的结果进行整体把握，即抽象、概括。但是，这样为思维定义过于抽象、模糊、混沌，到头来，我们仍然不会进行灵活自如的分析综合的思维运演，其原因在于没有对思维对象进行深入的分解、分析，人们同样不能靠这个思维操作的定义学习思维，训练思维。

关于思维的问题，关于分析与综合的思维技术，历来只是停留在理论家的讲章上，很少被人真正理解。于是出现了这样的现象：许多理论家善于思维，善于分析与综合，他们能够把分析与综合运用得出神入化、精妙绝伦，但是，他们无法从思维操作的技术上、模型上说明自己是怎样进行这种分析与综合的，因此，这种思维本领不能传授，不能学习，这种思维技术和艺术并不能被大众所掌握。总之，造成这种局面的原因在于没有分解、离析出分析和综合的种种具体操作模型，即对分析和综合的再分析、再综合。我们对思维行为的讨论就从这里开始。

## 二、思维（分析与综合）的五大类型：思维行为的宏观操作模型

对思维基本技术的分析是人类对世界深入、细致的认知探索。对分析这个概念来讲，分析就是分解、解剖，因此，分析概念本身已经无法再进行分析。所谓对分析的分析，不是对分析技术行为、程序本身的分析，而是对分析对象——世界——的分析。

世界是什么？世界是一种关系、结构、系统。世界的存在的确是通过种种关系表现出来的。对世界深入细致的分析，就是对种种关系的结构、系统的分析，于是

我们对世界这个系统的细节有了深入、准确、全面的认知。

我们可以首先把世界分为客观世界和主观世界。

客观世界指的是事物存在的形式——空间和时间。对客观世界的分析就是对空间关系和时间关系的分析。对空间与时间的分析与综合，产生了空间思维与时间思维。我们把空间分析与综合称为共时思维，即共时分析与综合；把时间思维称为历时思维，即历时分析与综合。

主观世界是指人对世界的知、情、意的心理认识活动。对主观世界的分析即是对数量关系、异同关系（情）、逻辑关系（意）的分析。对数量关系的分析与综合就是对事物的某种性质、功能的量的程度分析与综合（知），对事物异同关系的分析与综合就是对事物相似特征的分析与综合，即相似思维——分析与综合，相似思维产生情趣（情）。对事物逻辑关系的分析与综合就是对事物与事物之间因果关系的分析与综合，这就是因果思维，因果思维产生了观点（意）。

通过这样的思考，我们发现：人们平常所谓的思维（分析和综合），其内部存在着五种大的思维（分析与综合）操作模型：因果思维操作模型（逻辑）、共时思维操作模型（空间思维）、历时思维操作模型（时间思维）、程度思维操作模型（数量思维）、相似思维操作模型（异同思维）。

这样，我们便从对象的角度将混沌、笼统的思维（分析与综合）分解成这样几种思维操作模型的基本类型，或者称思维行为的宏观操作模型。正是思维行为的宏观操作模型为我们的思维——分析和综合——提供了具体性、方向性、角度性的思维路径，而这思维路径就是思路，就是思维即分析与综合的操作技术、程序。

## 三、对五大思维操作模型的再分析：思维行为的微观操作模型

从思维操作的终极目的上来讲，上面这种宏观思维（分析与综合）操作模型的揭示还是不够的。因为，这种宏观思维（分析与综合）操作模型内部又存在着几种微观的具体的思维（分析与综合）操作模型。其中每一种微观思维（分析与综合）操作模型都是思维行为的微观具体的操作技术、思维程序。①

我们分别对宏观思维操作模型进行再次分析，便揭示出人类思维行为的 19 种微观操作模型、技术。具体见下面章节。

一旦学会并掌握了这些操作模型、技术，在现实生活中我们就可以用它们来认识世界（科学和艺术的发现）、改造旧世界、创造新世界（科学和艺术的发明）。同

① 参见马正平：《赋形·路径·策略·文本——人类广义写作思维基本原理》，载《哈尔滨学院学报》，2002 (1)。

样，在写作（文学创作和一般文章写作）中，不但可以运用各种分析和综合的操作模型、技术来进行立意、炼意，进行选材、结构，还可生成表达行文的话语。在所有的写作思维中都是如此。

我们之所以强调建构上述思维操作模型，是因为在写作中，作为创构思维（赋形思维）操作规律的重复与对比的实现也必须通过一般思维（分析与综合）操作技术（模型）来进行，没有分析与综合也就没有重复与对比这种写作赋形思维、创构思维的存在。没有重复与对比的思维操作，也就没有写作行为，没有文章本身。从这个意义上说，分析与综合这种一般写作思维模型的建构，是为狭义写作思维操作技术、艺术的功能实现提供了一种写作思维的技术准备。分析和综合的思维技术就是赋形思维的路径思维。当写作赋形思维操作运行起来的时候，不会路径思维分析和综合，人们将寸步难行。

## 【基本概念】

思维　一般思维　生产思维　认识思维　创构思维　操作思维　控制思维　目标思维　行为思维　显性思维　隐性思维

## 【复习思考题】

1. 谈谈传统思维定义的局限。
2. 思维为什么还应包括应变策略？
3. 按照不同的标准可以对思维进行怎样的分类？
4. 试述思维行为的宏观操作模型的五种类型。

# 第13章

# 写作思维学

海涅首先是一个艺术家。他具备任何艺术家所都有的三个基本特征。第一个特征：对于周围环境的特殊敏感、特殊强烈的感受性。第二个特征：对于外来材料的复杂丰富的内心加工过程。最后，第三个特征：善于将取自客观现实的材料，经过艺术家的主观气质的改造和渲染，用异常感人、异常鲜明和富于表现力的方式重新呈献于自己作品中的那种能力。正是这一过程的第二个特征——内心的加工——最能使艺术家和思想家接近起来；它标志着感情上和思想上的分析和综合，将观察来的材料转化为形象和新的概念体系。

机智——这是合并不同事物和分解相类事物的一种能力。海涅比较狭隘而简单地说明过这一点："对照，两个矛盾因素的精巧结合。"用另外的话来说，只要能够将十分不相称的事物、思想和感情联结起来，就会充满着机智。

——［俄］卢那察尔斯基

道沿圣以垂文，圣因文以明道，旁通而无滞，日用而不匮。《易》曰："鼓天下之动者存乎辞。"辞之所以能鼓天下者，乃道之文也。

——（齐、梁）刘勰

在上一章中，我们对思维的基本概念和原理进行了初步的探讨。在本章中，我们的主要目的是针对人类具体的写作行为，更加细致具体地阐述写作行为从立意到行文的思维操作技术、艺术的规律，阐述如何进行一般写作思维操作模型的建构，生成基本的写作思维能力。

上面对人类一般思维原理的探讨是为这里的写作思维模型建构服务的，而讲解写作思维的理论、建构写作思维的操作模型，又是为具体的当下的文体写作思维的素质和能力服务的。

写作思维的基本原理是：赋形思维是由主题到路径思维的中介，路径思维是由赋形思维到文本思维的中介。或者说，写作思维不过是自觉的目标性（赋形）思维与下意识的手段性（路径）思维相结合形成自动化的思维操作过程而已。

## 第 1 节　写作立意思维操作原理

### 一、立意的概念

立意就是过去写作学中讲的主题提炼，即经过作者的写作思维对事物进行深化认识而得出深刻主题。写作中的立意与主题是有差别的。主题是表达的主要对象，在不同类型的文章中主题是不同的。在议论性的文章中，主题就是作者企图表达的基本观点、认识及主观和客观世界的规律；在说明文中，主题就是事物结构、过程和事理的特征、功能、性质；在记叙性、抒情性文章中，主题就是作者要写的人物的精神特征、性格特征以及其对生活的认识、主张，或者是作者企图表达的感情、感觉等。

立意也是一种主题，但不是所有主题的确立都能叫做立意。例如，抒情文写作中的情感感觉性主题和说明文写作中的事物结构、过程的特征性主题，这两类主题都是一种客观的存在，都不是靠作者的写作思维去创造性确立、提炼出来的，而是直接的感知和把握。

### 二、通过因果思维立意

从正面说，立意就是对事物规律的认识。这种规律可以通过作者的观点、主张等思想生成的方式来体现，也可以通过对生活的哲理和人物、环境的精神性格特征的把握来体现；既可通过议论性、说明性等非文学的写作来表达、展开，也可以通过文学性的写作来表达、展开。

而文章立意既可运用因果（逻辑）思维的写作思维操作模型来生成，也可运用相似（形象）思维的写作思维操作模型来生成。运用因果思维进行写作立意主要是通过对事物和生活的本质、规律的认识来确立文章的主题、文旨。

那什么是本质、规律？所谓本质、规律，主要就是事物与事物之间存在的一种稳定的必然的因果关系。因果关系具有必然性，当一种因的现象发生之后，必然要产生相应的果，这样，因果之间就产生了重复性、规律性的现象。因此，因果关系是一种规律性关系。而在这个规律性关系中，果是现象，因是导致果产生的本源，因此，因便是果的本质。

探索事物这个已然现象的本质，就是对其先在性或背景性的因的追问、思索。同样，这也是对事物运动内在机制规律的探索。

**（一）运用原因分析进行立意**

原因分析是对导致事物的现象、现状（结果状态）形成的先在性事件因素的追问。因此，在写作立意中，可以运用这种因果分析的操作模型来提出观点、主张、见解，作为文章的立意，从而让人们从对现象的认知转向对本质、规律的认知。在议论文写作中，运用这种思维操作模型来分析某种社会现象、生活现象产生的原因——回答“为什么”的问题——从而生成写作立意。在说明文写作中，运用这种思维操作模型来分析某种事物的事理，从而生成文章的主题、立意。在记叙性、抒情性文章中，运用这种思维操作模型来分析某种人物的命运、性格现象产生的原因，来生成作品的主题、立意。

**（二）运用背景分析进行立意**

实际上，背景分析也是一种原因分析，只不过是对导致事物的现象、现状（结果状态）形成的共时性、同在性的大气候、大环境的思考、追问。因此，在写作立意中，为了从更广阔更间接的因果关系上来探讨导致事物的现象、现状（结果状态）形成的原因，必须运用背景分析的思维操作模型进行写作思维，从而生成文章的主题、立意。同原因分析在立意思维中的运用一样，背景分析也可在各种文体的写作中运用。

由于原因分析和背景分析的思维操作技术都是面向过去的，运用二者进行立意，可以使文章的主题、立意趋于深刻。因此，要使文章的主题立意深刻，应运用原因分析和背景分析的写作思维操作模型、技术。

**（三）运用功能分析进行立意**

功能分析是从未来的方向，去思考某种已然的社会生活的事物现象将会产生什么样的影响、作用、后果、意义等连锁反应。在议论性写作中，必须运用功能分析来提出作者对某种事物、事件发展趋势的预见等见解、观点，确立文章的立意；在说明性的文章写作中，必须运用这种思维操作模型来对某种事物的作用、价值、意义、功能进行说明；在记叙性、抒情性的文章写作中，也必须运用功能分析的思维操作模型，来决定人物性格、精神情感的未来发展趋势、方向，从而进行行文写作。

**（四）运用措施分析进行立意**

措施分析也是一种未来性、功能性的思维技术。它是对人们企图干预某种现象和事件，使之朝着理想方向发展所采取的办法、手段等措施的分析。但是，措施分析无法孤立进行，它必须依赖于上述因果分析等三种分析模型来进行，是对三种分析模型所产生的结果的一种应对策略和方法。因此，在进行措施分析的时候，也必须同时进行上面因果分析等三种思维操作，只有在上述三方面的分析成果出来之后，措施分析才能展开。措施分析主要运用于议论文的写作立意中，而很少用于说明性、记叙性、抒情性文章的立意思维中。

由于功能分析和措施分析的思维操作技术都是面向未来的，其文章的主题立意必然具有预见性、远景性、前瞻性，运用功能分析和措施思维操作模型进行立意，可以使文章的主题、立意趋于深远。因此，要使文章的主题立意深远，就必须运用功能分析和措施分析的写作思维操作模型技术。

**（五）运用数量综合进行立意**

所谓数量综合，就是数量的整合和超越，也可以叫做超越式的思维。它是对作者的认识空间、心灵空间、心胸境界的超越，使之由狭窄变得宽广、高远，从而使心灵获得自由。写作可以运用这种数量综合的思维操作模型进行立意思维，生成文章的写作主题和立意。随着作者的认识空间、心灵空间、思维空间的不断超越、不断拓展、不断升华，作者越到后面的精神层次，其产生的认识、观点越高远，越深刻。这里认识的变化完全由作者心灵空间、思维空间的数量的变化所决定，因此，这种立意思维被叫做数量综合的思维。

## 三、通过相似思维立意

思维在本质上是一种由此及彼的运动，由于此与彼之间的关系不同，所以又有逻辑思维和形象思维之分。逻辑思维指的是思维运动中“此”与“彼”之间的关系是一种先后的、历时的、决定与被决定的、秩序的关系，其本质就是一种因果关系和数量关系的思维。形象思维指的是思维运动中的“此”与“彼”之间的关系是一种同时的、平列的、没有决定与被决定的、非秩序的关系，其本质就是对相似关系的思维。概言之，逻辑思维是对时间的思维，形象思维是对空间的思维。

上面所讲的立意是运用逻辑思维的种种操作模型来进行的，下面我们来讨论运用形象思维进行立意的种种思维操作技术和艺术。

**（一）运用他相似思维进行立意**

所谓他相似思维，是指对两个事物之间某种相似性质和特征的洞察、感悟的思维操作过程。在这个过程中，对两个事物相似性质特征的洞察、感悟，是对其各自的性质特征进行分析和比较之后进行的，因此，他相似思维表面是一个洞察、感悟的过程，其实质仍然是一个分析与综合的思维过程。在写作活动中，可以运用他相似的思维操作模型来生成文章的主题和立意。

他相似思维是一种隐喻、象征的思维，而隐喻和象征的产生全赖于喻体和本体之间相似性质特征的发现。而他相似思维就是发现这种相似关系的思维操作技术和模型。

按照具有相似性的两个事物的不同，他相似立意思维有以下四种情形：

**1. 物与人的他相似思维**

从某种客观世界的物质事物现象身上看到某种人类行为或状态性质特征，于是产生了隐喻和象征，感悟洞察——产生——了文章的主题和立意。许多讽喻性议论性的文章和诗歌、小说、散文就是运用这种思维操作模式来生成文章的主题、立意的。

**2. 古与今的他相似思维**

从古代的某个人物、某个历史事件上看到当代人类行为或状态的性质特征，于是产生了隐喻和象征，感悟洞察——产生——了文章的主题和立意。许多借古讽今的议论性文章和诗歌、小说、散文、历史剧就是运用这种思维操作模式来生成文章、作品的主题、立意的。

**3. 人与人的他相似思维**

在各个不同的个体人物身上发现他们共同存在的某种相似性质（性格、精神、思想、心态）特征，从而进行文章的立意。在议论性文章中发现社会成员中个体与个体之间存在的某种共同思潮、心态的时代精神、流行倾向、趋势，就是运用这种思维操作技术来生成作品的主题和立意的。

**4. 事与事的他相似思维**

前一个"事"具有表面性、能指性、生活性，后一个"事"具有深层性、所指性、主题性。二者在某种性质上具有表面的相似性，能够从前者联想到后者，从而表达作者的真正意旨。许多"寓言"就是运用这种思维操作模式进行文章立意的。

**（二）运用自相似思维进行立意**

他相似思维讲的是在一个事物与另一个事物之间发现、感悟二者的性质相似性，从而生成文章的主题、立意，而自相似思维则讲的是在一个事物的内部发现、感悟其局部与整体之间的性质特征的相似性①，从而生成文章的主题、立意。

在自相似思维中，按照整体事物的不同，可以把自相似思维分为如下三种情形：

**1. 精神的自相似**

即从一个人行为活动的细节上，去发现感悟到他整个人生精神性格的特征，或从一个人性格精神特征上去感悟整个人类的精神性格特征，从而产生文章的主题立意。在文学创作中，常常运用这种精神自相似思维操作模型去生成作品的主题、立意。而在议论性、学术性文章的写作中，同样也可运用这种思维操作模型去发现生活哲理和科学规律。

**2. 环境的自相似**

即从具体的个别的当下的小的环境特征上去感悟、领会整个时代大的社会环境、社会背景的性质特征，从而生成文章的主题、立意。

---

① 自相似性，又叫做尺度变换性，它是现代自然科学前沿理论混沌学、分形论的一个核心思想，是指系统在大小不同的尺度变换时基本性质具有稳定性、不变性，这是事物演化生长的第一原理，是分形和混沌产生的内在机制。这里的自相似主要是指事物的最小尺度（局部）和最大尺度（整体）之间性质的相似。

**3. 历史的自相似**

即从历史的一个断面、瞬间的性质特征上去感悟整个历史过程的性质特征，从而生成文章的主题、立意。

运用上述七种相似思维操作模型生成的文章主题、立意往往具有高妙性的特点，因为，从两个截然不同的事物或事物截然不同的尺度上去发现其秩序性、相似性、规律性，能让读者产生一种钦佩、羡慕的惊奇感、智慧感、巧妙感，因此，运用相似思维操作模型产生出来的文章主题、立意自然令人产生“高”和“妙”的感受和评价。这种评价的意思是说，这些主题、立意的产生都不是用一般的逻辑推理可以产生出来的，所以才比一般的逻辑思维的立意“高”和“妙”。

## 四、立意思维操作的思维方式

上面我们讨论的是用什么思维操作模型、技术来认识生活的内在联系，从而产生文章的立意和主题，这是最一般也是最基本的思维操作技术和模型。在写作中，为了使这种认识活动能更加深刻、更加新颖、更加全面地认识事物的内在联系，进行立意的时候还要注意写作者主体科学的理想的认识方法、思维方式的运用。这种思维（分析和综合）的思维方式主要是以下三种：

### （一）剥笋式分析法

在对一个事物现象、状态、结果运用某种分析思维模型、技术进行分析的时候，不要浅尝辄止，而要连续运用这种分析技术对问题进行层层追问，做到“打破砂锅纹（问）到底”，这样，会产生出更加深刻的立意来。因此，剥笋式分析法就是讲分析的连续性问题。

### （二）多角度分析法

即在对一个事物现象、状态、结果运用某种分析思维模型、技术进行分析的时候，不要总是停留在既有的角度、常人的角度，而要变换认识的角度，从反面、背面运用某种分析技术对问题进行新角度、新视野、新侧面的观察认识，这样，就会产生出真正新鲜的立意来。

在多角度分析中，“角度”有两种：一种是正面、反面、背面、侧面、上面、下面这些不同的空间角度，从而展示事物的各个侧面的新面目；一种是指作者对一个事物的认识态度情感方面的肯定与否定、赞成与反对的变化，从而得出新的主观认识。

### （三）多时机分析法

即在对某个人物、事物行为状态进行观察认识的时候，不要总是停留在表面常见时刻，而要变换认识的时机，从不常见的时刻观察认识人物、事物的不同状态，这样，也会产生出真正新鲜的认识和文章立意来。

总之，无论是运用逻辑思维和形象思维操作模型，还是运用分析思维方式，最终都能产生新颖的文章立意。所不同的是，前者产生的文章主题、立意的新颖感是一种深刻性、深远感、高远感和高妙感，而后者产生的新颖感主要是一种新鲜感、新奇感、刺激感。正是通过种种不同新颖的立意，文章才能做到“言之有物”，这样的写作才是有效的语言交际和传播，也只有这样的立意，才能使文章产生一种审美的境界感。文章在内容上的审美魅力首先是从这里产生的。

## 第 2 节　写作赋形思维操作原理

写作思维包括两层意思：一是一般思维及其规律在写作中的体现，二是真正属于写作活动、写作行为的思维及其规律。第二层含义是指狭义的写作思维，高楠称之为“表述思维”①。写作行为中表述的问题，主要就是一个结构问题，表述中的全部问题我们都可以将其纳入宏观、中观、微观结构行为的层面上去。因此，所谓“表述思维”其实就是创构思维。表述是通过结构化的思维进行表述的，我们将其称为创构思维，而创构的过程也就是非构思的行文过程，创构思维也叫做行文思维。这里，我们只是从写作主体的一般思维素质和能力建构的角度，讲解和训练写作思维中人类一般思维规律的操作模型建构的问题。其实只有将两种写作思维结合起来才是写作思维的完整含义。

在写作行为的思维过程中，创构思维、行文思维就是赋形思维。而“一般思维及其规律在写作中的体现”意义上的写作思维就是实现赋形思维的途径、路线，即路径思维。本节主要讨论行文的“赋形思维”，下节讨论行文的“路径思维”。

### 一、什么是赋形思维

在立意思维阶段，作者所“立”之“意”（主题）是一个一维的思想、情感、意向、信息之“点”（所以人们又把立意、主题称为观点），这是作者希望表达、传播的信息。但是，要把这个信息表达出来，传播给别人，不能只将这个信息点告知别人了事，像口头语言，或打电话、拍电报那样。别人不能（强烈鲜明地）感受到它，或者（心悦诚服地）相信它，就不能接受，这就失去了传播的目的。

要想让别人感受到，让别人信服，达到理想的传播目的，就必须将这个一维的抽象的主题（点）分形为一个三维直至分维（分数维 ）的枝丫般根系般的主题化结构或结构化主题。只有这样，“血脉贯通”、“生气贯注”的精神产品的生命体才可能

---

① 参见高楠：《写作思维三题》，见马正平等：《中国写作学的当代进展》，342～386 页。

生成。这是写作、艺术、精神生产最直接、最首要的责任和义务，这是写作思维的灵魂。

从形而上的层面来说，这个主题的分形空间分维空间的赋形过程，一方面是将立意思维阶段所拓展的心灵空间进行物化感觉化赋形化，另一方面又是对主体内在的思想意境心灵空间时空情绪的表达化实在化物化。

在写作中，倘若没有这种思想赋形、主题赋形的强烈感觉和技术，在思维上、艺术上便是失败的。写作者应使尽浑身解数克服重重困难来完成这一伟大任务。这是一切艺术行为、思维操作技艺的本质，这是写作思维的本体。

“赋形”语出李渔的《闲情偶寄》：

> 至于“结构”二字，则在引商刻羽之先，拈韵抽毫之始，如造物之赋形，当其精血初凝，胞胎未就，先为制定全形，使点血而具五官百骸之势。

在李渔看来，“赋形”就是结构的设计，就是造物，就是所谓的“制定全形”。但是，这是指广义的赋形。而广义的赋形是一个过程。这个过程的最初环节，是将一种主观的无形的意志赋予主观的有序性形状的意向冲动，然后才是外在化物化的赋形行为。因此，我们这里的“赋形”概念不完全等同于李渔的赋形概念，它是指将某种抽象的无形的意思赋予形式、形体、形状的心态、习惯和思维操作。

要明确赋形思维的概念，必须首先明白什么是写作。从词源学的意义上，我们可以训诂考证，得出“写”即“泻”（宣泄）的结论。而“作”就是“起”的意思，即生成、创造的意思，就是写作秩序的建构。有趣的是，作者“宣泄”的东西（情、意、理）越多越充分，读者心目中所形成（“起”）、建构的东西（情、意、理的秩序感觉）就越理想。因此，“写（泻）”就是“作”。或者说，写作秩序的建构（“作”）是通过写者的“泻”（“写”）的过程来完成实现的。作，是目标；写，是手段。写作就是赋形，这就是写作的基本原理。

写作思维的本质是建构写作秩序（意识秩序和符号秩序或者说主题秩序和语言秩序）的秩序化行为。简单地说，秩序的建构就是写作赋形。从这里来看，写作赋形是和写作立意相对的概念，赋形是对立意的赋形，也就是写作者对主题、立意（情、意、理）的宣泄、渲染。用席勒和维果茨基的艺术心理学的话说，就是“用形式消灭内容”：

> 大师的真正的艺术奥秘就在于用形式消灭内容：内容本身越雄伟，越有吸引力，越引人入胜，内容及其作用越突出，或者观众越乐意听任内容的摆布，推开内容和控制内容的艺术成功就越大。①

在这里，“内容本身越雄伟，越有吸引力，越引人入胜，内容及其作用越突出，或者观众越乐意听任内容的摆布”，这种艺术效果的产生，就是通过艺术家对情感

---

①　转引自［苏］维果茨基：《艺术心理学》，284 页。

充分的宣泄、渲染来达到的。这个宣泄、渲染的过程就是艺术形式形成的过程，就是用形式架空、推开、控制内容的过程。艺术内容还不是艺术，只有用艺术形式架空、推开、控制艺术内容的时候，将内容物化为艺术形式的时候，艺术才真正产生了。

所以，维果茨基在分析艺术行为本质的时候才说：

> 至于艺术，那么在这里占优势的恰恰是（与节约）相反的原则，即神经能量抒泄的消耗和耗费；我们知道，这种抒泄的消耗越多，艺术就越能使人感到惊心动魄。如果我们能想起那个基本事实，即任何情感都是心灵的消耗，而艺术必须唤起复杂的情感活动，那么我们就会立刻明白，艺术在其直接作用的意义上，是违反节约的原则的。①

写作在本质上也是一种艺术，但是，写作不仅仅是一种“情感—语言”（文学）的艺术，而且是一种“思维—语言”的艺术。就精神生产的基本原理而言，写作艺术作品的生产和所有其他一切艺术作品的生产的思维本质、美学原理——作为“违反节约的原则”的赋形思维——是一致的。因此，写作行为在本质上仍然是形式架空内容，仍然是一种“能量抒泄的消耗和耗费”的过程。这和汉语“写作”一词的语义学本质——宣泄、渲染——是高度吻合的。

在写作中，形式架空内容的艺术原理体现在写作行为中，用最简单的话来说，就是将主题（主意）变为结构，或把结构变为主题。准确地说，应该是将混沌无形的主题（主意）变成结构化的主题，将结构变为主题化的结构。就像陆放翁的词所说的那样：“何方可化身千亿，一树梅花一放翁。”将浑整无形玄虚的主题、意思变成结构化的材料系统、血脉贯通的有机结构，这就是形式架空内容，就是所谓的赋形，就是所谓“违反节约的原则”，就是所谓的“写”和“作”。这也是高楠教授所说的“写作思维就是表述加工的思维”的一般意义。②

这样，赋形思维就成了狭义写作思维的代名词。我们可以看出，其实，所谓写作“行文思维”、“加工表述”就是“赋形思维”。

目前，文艺学界已经运用赋形思维的基本原理来研究文学作品（小说）的叙述过程中的“文学张力”问题：“可以做出这么一个结论：文学张力的生成机制，作为一种特殊的辩证发展机制，就是矛盾两极的强化扩张与强化聚合机制，或者说，是重复与对比机制。具言之，是在扩张之中反扩张，在聚合之中反聚合的机制，或者，是在重复之中反重复，在对比之中反对比的机制。”③由于这种形式的赋形思维（重复与对比）产生的是一种审美时空，所以“张力论……是审美的起点、艺术的开端。

① ［苏］维果茨基：《艺术心理学》，268页。

② 参见高楠：《写作思维三题》，见马正平等：《中国写作学的当代进展》，334页。

③ 朱斌：《关于小说叙述中的张力问题》，南开大学博士论文，2008。

它的终极目的在于：引领人们进入审美体验的极境，重返通灵感应的童年家园，重回神秘互渗的神话世界，从而拓展人们的心灵时空，提升人们的精神境界，达于万物不同而通灵一体的宇宙境界，从而像海德格尔所说的，诗意地栖居。"[①]现在我们要在此基础上将"文学张力"扩充为"写作张力"，而"写作张力"就是文章写作的审美时空，其思维操作模型还是写作赋形思维。

为了对赋形思维的内涵有更清晰的了解，我们将从"内容性赋形思维"和"形式性赋形思维"两个层面来解释。

## 二、写作赋形思维的历史考察

实际上，这种渲染论、敷设论的文艺创作原理论，中国古代先贤早已了然于心。这就是中国古代写作理论的"辞达"论和"文足"论[②]思想。最早提出"辞达"论的是孔子。他的原话是：

辞，达而已矣。(《论语·卫灵公》)

究竟什么是"辞，达而已矣"？学术界对这个问题的讨论并不是很深入、很清楚。在人们的常识性知识里，好像"辞，达而已矣"的意思就是说，写作中对语言的运用只要达意就行了，不要讲究修辞、文采。其实，这是一个天大的误解！因为，"辞达"是一个很高很难很苦的境界，所以，孔子才把"辞达"看成是一个十分艰难的过程：文辞的写作，一定要进入畅（达）、通（达）、发（达）即复杂化的境界方才罢休。

"达"是一个通畅性、细化性、分形性的写作过程。这个通畅性、细化性、分形性的写作过程，就是文章写作由"不足"到"足"的过程，也是由直"白"无华到"文"采斐然的过程。这个观点我们可以在孔子的其他论述中找到充分的证据。

《左传》中有这样一段话说：

仲尼曰：志有之，言以足志，文以足言；不言，谁知其志？言之无文，行而不远。晋为伯，郑入陈，非文辞不为功，慎辞也。(《左传·襄公二十五年》)

这段话的意思是说，言辞是为了充分地表达渲染情志的，文（采）是用来充分表达渲染情志（语言）的。因此，如果言辞没有"文（采）"，就不能感动人、打动人，也不能流传久远。因此，对于言辞的文采一定要高度注意。

在这段话中，"言以足志"中的"志"和"文以足言"中的"言"，是一个思维和语言的关系问题，而"文"，则是一种写作修辞行为、写作赋形行为。"文"的本质就是"足"志的行为和思维，即对主题、立意的渲染、敷设的行为和思维。这种

① 朱斌：《关于小说叙述中的张力问题》，南开大学博士论文，2008。

② 参见马正平：《写的智慧》，第3卷，1086～1100页，重庆，西南师范大学出版社，1995。

渲染、敷设的审美效果，也许就是孟子讲的“充实之谓美”。

我们已经看到，孔子在这里讲的“足志”，就是他所讲的“辞达”。因此，在孔子看来，“辞达”以“足志”、“足言”为前提、手段、技巧和途径。这也是孔子之所以主张在写作中“情欲信，辞欲巧”（《礼记·表记》）、“文质彬彬”（《论语·雍也》）的重要原因，所以，孔子认为写作要十分注意对文章的修辞和润色：

为命，裨谌草创之，世叔讨论之，行人子羽修饰之，东里子产润色之。（《论语·宪问》）

这里的讨论、修饰、润色主要讲的就是求“足志”、“足言”的问题。

总之，在先秦，所谓“言之无文”的“文”（文采），就是“足志”、“辞达”的问题。这种思想在汉人的诗论中还有系统的论述。《诗大序》说：

诗者，志之所之也，在心为志，发言为诗。情动于中而形于言，言之不足，故嗟叹之；嗟叹之不足，故咏歌之，咏歌之不足，不知手之舞之、足之蹈之也。

《乐记》中也引述了这段话：

故歌之为言也，长言之也。说（悦）之，故言之；言之不足，故长言之；长言之不足，故嗟叹之；嗟叹之不足，故不知手之舞之、足之蹈之也。

这里的“长言”，就是一唱三叹，就是由“不足”到“足”的反复之言说，就是渲染，就是敷设：言之、长言之、嗟叹之、咏歌之、手舞之、足蹈之……于是形成诗、歌的抒情氛围、意境。这就是诗、歌之“文”，也是诗歌创作中的“赋形”、“足志”、“足言”、“辞达”的问题。

这种“足志”、“足言”、“辞达”赋形思维的思想正是“诗六义”中“赋、比、兴”之精神所在。

“诗六义”即“风、赋、比、兴、雅、颂”。这六字包括了中国诗歌写作的美学、思维学和文体学的伟大思想。

何谓“风”?《诗大序》说：

上以风化下，下以风刺上，主文而谲谏。

这里“风”的含义并不复杂，不必曲为之解，并非传统腐儒讲的“讽”，而是像清“风”那样的审美感觉、感受，是一种语言艺术的打动、一种艺术的感染、一种动情的感觉。诗歌之所以会有这种力量、功能，是因为诗歌的语言“主文”——“足志”、“足言”、“长言”、“辞达”——之故。而诗歌艺术中“足志”、“足言”、“长言”、“辞达”的“文”，是通过“赋、比、兴”的赋形思维来实现的，最终体现在具体文体——雅、颂——的写作规范上。

“赋”就是铺陈、渲染、铺开、展开。“比”就是比方、比喻，本体与喻体之所以形成比喻的联系，是因为二者有相似性，因此，“比”（喻）的本质仍然是一种渲染、重言，尤其当《诗经》中的一个比喻不足以“足志”而出现连续多个比喻的时候，这更是一种渲染重复的赋形思维了，这就是刘勰《文心雕龙》中所谓“博喻酿采”。“兴”，一方面有触物起情、寄托、启发的意思，二者之间仍然是足志、渲染的关系；另一方面，“兴”，还有反衬的意思。陈俊英就说：“兴，有时可以起反衬的作用，以好的反衬不好的。”因此，“比”还有“对比”的意思。

从这里可看出，“赋、比、兴”的思维核心是铺陈、渲染、敷设，即“重复”，其次就是反衬、对比。因此，“重复”与“对比”就是诗、歌乃至一切艺术创作赋形思维的基本操作模型，或者说这是艺术的赋形思维的第一原理。

这种赋形思维的写作学思想，在《乐记》中的表述就是：

节奏合以成文。

“文”就是“风”，就是“达”，就是“足”，就是“美”（“充足之谓美”）。而“节奏”有两层含义：第一是规律性的运动，所谓“节簇”、“节拍”，其本质是“重复”、“渲染”。第二是变化性的运动，即节拍内力的强弱变化和音的高低变化，其本质是“对比”。《礼记》、《周易》中讲的“物相杂，故曰文”的“文”，强化了“文”的“对比”性质，而忽视了“文”的本质——重复、渲染。《国语·郑语》认为只有“不一”才有“文”，而“一”则“无文”。这无疑是一种美学理想的偏颇。

我们认为，“一”就是“重复”，就是“渲染”，就是“敷设”，而“不一”就是“反衬”，就是“对比”。

这种以渲染、铺陈、“重复”为主，兼以“对比”的赋形思维操作模型、技术，正是“赋”这种文体主要的基本的写作思维模型和技法。

后来，这种“重复”与“对比”结合的赋形思维模型、操作技术，成了中国的古典诗歌，尤其是近体诗声韵格律的基本精神和法则。

再后来，这种“重复”与“对比”结合的赋形思维模型、操作技术，成了中国古典的八股文展开的章法——“起、承、转、合”——的思维“基因”和“细胞”。换句话说，“起、承、转、合”的文章章法模型的写作思维核心，是建立在重复与对比的基础之上的。因为，“起”是文章主题的初步呈现、基本表达，“承”则是对“起”的内容、意思进行展开、阐述、强化，这样“起”与“承”这两个结构单位之间从主题、内容的性质关系上是一种“重复”（渲染）的赋形思维关系。而“转”是后面结构单位的内容、意思、情调转到前面文章主题的基本表达的相反方向上去，这样“转”与“起、承”之间便是一种“对比”（反衬）的赋形思维关系。“合”是指文章结尾部分的内容要回到前面文章主题的基本表达的意思上面去，因此，“合”与“起、承”构成“重复”、“回复”的赋形思维关系，而与“转”则构成“对比”的赋形思维关系，也可以说是对“转”的“转”。如图 13—1 所示。

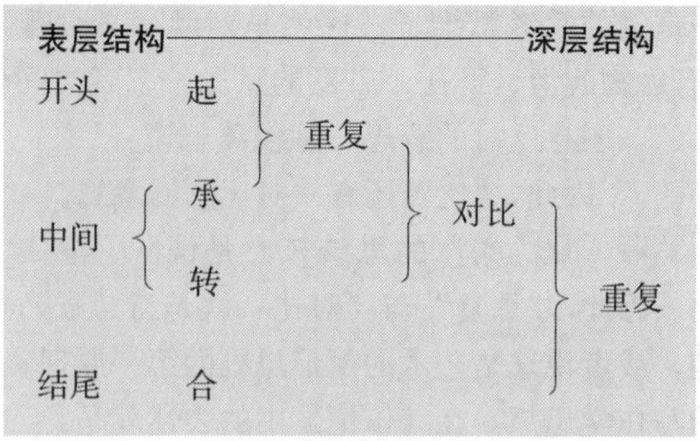


**图 13—1　赋形思维模型与八股文章法**

由于以往人们主要把“起、承、转、合”看成文章表层结构的静态章法模式，所以认为它是一种僵化（唯一的、非选择）的思维模式，然而人们并不知道从深层思维、赋形思维上看，其中含有如此活跃的选择空间。

甚至这种以重复为核心的赋形思维模型，不仅体现在章法上、篇法上，而且体现在段法上、句法上、语法上。所以，申小龙教授的文化语言学理论认为，汉语的语法是“意合语法”，其特点就是在句法结构上面，不是时间性逻辑性的展开而是空间性的“铺排”。应该说这的确是说到了根本上。因为，“铺排”者，渲染、重复、“足志”之谓也。因此，汉语文章写作思维中，赋形思维的最基本规律。最基本思维操作模型就是“铺排”，就是“足志”，就是“渲染”、“敷设”。而“对比”则是辅助性的，其目的是为了增加文章的思维张力，增强文章的艺术感染力而已。

## 三、赋形思维的本质：复制生长、生成张力

### （一）写作赋形思维的本质是重复或复制

现在我们已经明确，在写作过程中，写作思维只要在重复与对比这两种思维操作模型中进行选择与组合，就可以生成千姿百态的文章形态来。这就是写作者在写作思维上的自由创新与创造。那么，为什么这样的思维操作模型的选择和组合就一定是理想的、科学的呢？这就必须明确重复与对比这两种思维操作模型的思维本质。只有明确重复与对比这两种思维操作模型的思维本质，我们的创造才会进入“从心所欲不逾矩”的境界。

前面讲过，重复型的思维操作，其目的是为了意思、主题、感觉程度的强化，每重复一次，文章的意思、主题、感觉、情调、色彩的感觉、感受便加浓一些，重复得越多，感觉、感受就越强烈、越浓郁。这时的文章就达到感人、服人、明人的艺术效果、审美效果，从而实现写作行为的功能和最终目标。从审美心理学的角度来讲，重复是为了满足人们节奏感的心理需要而创造的一种艺术基本策略和方法。

节奏需要不断的感觉刺激、强化，这种强化一旦形成了规律性，节奏感就会变得更强。而规律性只有通过不断的重复某些因素方能实现。所有的艺术都要追求节奏（尤其是音乐和舞蹈）的原因就在这里。但是，音乐和舞蹈的节奏是节拍化的规整化的，而写作思维中的重复节奏则是非规整、非节拍的。这就是写作艺术思维与其他艺术思维的差异之一。

对比式的思维操作，其目的同样是为了意思、主题、感觉程度的强化。不过，这种强化不是通过堆积性的重复性的强化，而是通过比较性、反差性的清晰来进行强化的。每对比思维一次，文章的意思、主题、感觉、情调、色彩的感觉、感受便清晰一些，对比思维运用得越多，对这种强化性的清晰度的重复、渲染越多，文章的意思、主题、感觉、情调、色彩的感觉、感受就越强烈、越浓郁。这时的文章也能达到感人、服人、明人的艺术效果、审美效果，从而便实现了写作行为的功能和最终目标。从审美心理学的角度来讲，对比型的艺术思维操作同样是为了满足人们节奏感的心理需要而创造的一种艺术基本策略和方法。人的节奏感需要不断的感觉刺激、强化，这种强化一旦形成了规律性，节奏感就会更强。而变化性节奏只有通过不断地对比、对照某些性质、因素才能实现。但是，音乐和舞蹈的节奏变化是通过规律化节拍的强弱和声音的高低来实现的，而写作思维中的对比则是非规整、非节拍的。这就是写作的对比思维与其他艺术的对比思维的差异所在。

可以看出，重复与对比的思维操作是为了实现艺术的节奏美感的两条不同途径，这之中，重复又是最基本的思维操作模型。

所以，从另一角度来看，重复的思维操作是一种信息重复，而对比的思维操作就是一种功能重复，因为对比也达到了重复思维操作的功能——强化了文章的主题、立意、情调、色彩的信息感觉，或者获得了文章内容、信息、性质的节奏感受，实现了感人、服人、明人的写作功能和最终目标。

这样，我们便可将重复与对比这两种思维操作模型抽象成一种更加概括的思维操作模型：重复或复制。因为，重复也就是一种复制，是对所指（意思、主题、立意、情调、色彩）的复制，也是对能指（形式、形象、载体）的创新。

如果说写作就是一种赋形的思维过程，而这种赋形思维的基本操作模型是重复与对比的话，那么，写作的本质也就是一种主题的自我复制过程。

**（二）复制的过程也是一种生命的生长、发育过程**

如果说写作的本质就是一种主题的自我复制过程，那么写作的过程就是一种生命的生长发育过程。这样，写作的本质就和生命的本质统一起来了。我们知道，生命的原理就是 DNA 基因信息的半保留复制。也就是说，个体生命的形式和内容（意识、精神）的形成或成形，靠的就是这种 DNA 基因信息的半保留复制机制。这个复制的过程，就像“滚雪球”或晶体凝聚那样，是一种生命尺度变换中生命信息的不变性、重复性行为，即自相似的分形生长过程。

在这种生长论、复制论的写作思维学观念里，我们将对写作的心理图景做出重大的调整：写作的过程并不是由若干不同的写作环节相加而成的一个环节链条，而是一种像滚雪球或晶体凝聚那样的生长发育过程。在这个过程里，写作的思维操作模型一直没有变化，都是在进行主题立意、情调、色彩的复制——重复或对比。写作之所以给人以不同环节不同人物的完成的印象，那是因为，在这个主题、立意、性质、信息的复制过程中复制的尺度在变化。在构思的过程中，尺度是在由大变小，而在写作行为的过程中则是相反，尺度由小而大。所以，颜纯钧认为，写作的本质不是线性的稳态的，而是非线性非稳态的。①

这就是说，在选材或吸材的过程中，显思维用的是重复与对比的思维模型，而隐思维运用的则是辩证思维中分析与综合的思维操作模型。显思维的目的是为了广义写作作品的“言之有文”，隐思维则是为了“有文”的材料“言之有理”，符合情理。在这里，显思维和隐思维是一个目的和手段的关系。同样可以说，写作思维是一个艺术思维和技术思维统一的行为、过程，这之中，赋形思维就是艺术性的思维操作，而路径思维就是技术性的思维操作。

## 四、内容性赋形思维——章法思维、结构思维、主题思维

### （一）内容性赋形思维的概念

所谓“内容性赋形思维”，又叫章法思维、结构思维，就是将主题、立意转化为语言秩序的内在冲动和思维操作技术。简单地说，赋形思维就是对主题、立意进行“泻”（宣泄、渲染）的冲动、意向和“泻”（宣泄、渲染）的思维操作技术、过程。这就是说一旦个体产生了写作主题、立意，并准备进行文章写作，写作者首先想到的是对文章主意（主题、立意）的宣泄、渲染，从而去形成浓郁的主意氛围、主意秩序的感觉。这是任何一篇文章写作时最切近的写作思维动力。没有这个强烈渲染、宣泄的思维动力，写作思维是不能运转起来的，写作行为也无法将玄虚浑整无形的“主意”（主题、立意）进行“赋形”。因此，作为赋形思维的第一步，必须在立意生成的时候，产生强烈的渲染、宣泄的意识和意向，使之成为赋形思维的直接推动力。然后才是进行“重复”与“对比”的写作赋形思维的操作技术。

在上面关于“赋形”思维的讨论中，我们可以看出，所谓“赋形”思维实际上就是文章主题立意的意思、感觉的强化，从而在文学性的文章中，形成强烈的抒情气氛、性格感觉、哲理感觉，在理论性文章中，形成强烈的说服性空间、证据性空间、理由性空间，而在说明性文章中，则形成强烈的清晰性、透彻性、明白性感觉程度、氛围。这种动人、服人、明人的文章氛围和感觉空间的浓度，就是中国古代

① 颜纯钧：《写作的非线性非稳态本质》，载《中国写作》，1991（5）。

写作家和写作理论家所讲的“文”、“文采”、张力、审美时空的问题。

从另一个角度来看，这种强化思维、赋形思维的过程，这种动人服人的文章氛围和感觉空间的形成的过程，也就是对浑整的文章主题、立意进行不断的展开、分解的过程。就像一棵树的种子萌发、展开、生长成无比繁茂无数层次无数尺度的枝丫和根系那样。这个“展开”的过程就是“赋形”的过程。不经过这个感觉强化、主题展开的过程，文章是没有任何文采可言的。而“展开”，就是“渲染”。

因此，现代学者刘永济认为艺术的本质、写作的本质就是“渲染”与“敷设”之功：

> 盖人情物象，往往深迹幽香，必非常言能尽其妙，故赖有敷设之功，亦如治玉者必资琢磨之益，绘画者端在渲染之能，径情直言，未可谓文也。①

我以为，刘永济这段话足足可以当一本现代的文艺创作心理学和思维学著作来读，因为，他揭示了中国几千年来文艺创作与文章写作的最基本规律，不逊色于席勒与维果茨基的前述著名论点。

**（二）内容性赋形思维的思维操作模型：重复与对比（渲染与反衬）**

由此我们进一步看到，写作的过程，实际上就是由“白”（直白，对主题的直白）到“文”（文采、艺术形式）的过程。这种动人服人明人的文章氛围和感觉空间程度的形成，这种“文采”的形成，就是通过“重复”与“对比”强化性思维操作来获得的。这个过程也是写作者将自己的强烈感受、认识保真地生动地传达给读者的过程。

上面，我们主要是从对主题的渲染、强化，积累主题感的意义上来讨论赋形思维的。实际上，强化性、积累性的渲染、敷陈只是赋形思维的一种思维形态、操作模型。我们把这种思维形态、操作模型叫做“重复”的赋形思维。

重复的赋形思维是这样一个过程：它以主题、立意为依据，选择、吸附那些与这一主题、立意（观点、情调、特征）相同、相近的材料语言进行文章的章法（结构)、行文（语句）的生成。例如，在马致远的《天净沙·秋思》中，每一个句子内部的每个意象之间无一不是运用“重复”的手法，来渲染强化表现主题情调。“枯藤、老树、昏鸦”是这样，“古道、西风、瘦马”是这样，“夕阳西下，断肠人在天涯”还是这样。

重复的赋形思维的艺术目的在于对文章的主题、立意、所指进行程度上的强化、厚化、浓化，最后让读者产生强烈的主题、立意的感觉、印象，从而打动、说服读者。这是一种为了实现写作功能的思维战略、一种写作智慧。而“重复”的赋形思维操作本身也是一种写作思维的技术和艺术。

写作赋形思维中的另一种写作战略、智慧和艺术的思维操作模型就是“对比”。

---

① 马正平：《写的智慧》，第 3 卷，1100 页。

"对比"是在对文章的主题、立意（观点、情调）的基本渲染之后，选择那些与文章的基本主题、立意（观点、情调）相反、相对的异质性材料接在一起，从而与文章的基本情调和观点形成强烈、鲜明的印象、感觉、认识上的反差，从而清晰地突出文章的主题、立意，最后打动、说服读者。在《天净沙·秋思》中，"小桥、流水、人家"这个句子以其浓郁温馨的家园情调与前后的生命的孤独死寂感构成强烈的反差和对比，使文章的主题更为鲜明、撼动人心。而这种浓郁温馨的家园情调又是因为作者在这个句子内部运用了"重复"的结构手法所致。

《天净沙·秋思》假如不用重复与对比的结构手法，这篇"千古绝唱"就不复存在了。运用西方的语法学、修辞学、文体学、叙述学和文学思维学来分析其写作思维是无能为力的，但是如果运用赋形思维原理来分析便是轻而易举的了。

作为赋形思维的第一步，必须在立意生成的时候，产生强烈的渲染、宣泄的思维意向，使之成为赋形思维直接推动力。然后才是进行写作赋形思维操作技术。

在写作思维中，无论是材料吸附、结构安排，还是表达话语的生成，无一不是以"重复"和"对比"（或者说"渲染"和"反衬"）作为首要依据的。[①]因此我们说，"渲染"和"反衬"（或者说"重复"和"对比"）是广义写作显性思维操作的"第二原理"（思维模型）。

因此，运用这种结构理论来分析文学作品、艺术作品的写作艺术、思维艺术，应该说，是放之四海而皆准的真理。在现代散文中，冰心的散文《笑》的文章结构、写作思维与此如出一辙。鲁迅的《故乡》也可作这样的分析。电影的结构艺术（蒙太奇）、音乐作品的旋律展开的艺术、中国书法艺术中的"一笔书"、石涛的"一画"论，也应作如是观。[②]

现在，我们可以看出，重复与对比是艺术作品中"最直接的"创构思维的手法，而在艺术创作行为中，这是艺术创作的思维规律，换言之，重复和对比就是形象思维最直接的思维规律。这是艺术思维、形象思维、情感思维、写作思维等一切精神生产思维的实质。

## 五、形式性赋形思维——作为行文表达的语言艺术的张力思维、文采思维、技法思维

### （一）形式性赋形思维的概念

所谓"形式性赋形思维"，也叫做张力思维、文采思维、技法思维、修辞思维。也就是说，形式性赋形思维不是对主题的展开，而是在主题展开的赋形思维

① 参见马正平：《写的智慧》，第3卷，938～1047页。

② 参见上书，976～1026页。

的行文过程中，在语言表达的修辞艺术方面的思维方法。其目的是为了产生文章语言形式美的审美张力，即中国古代文论的文章文气、文采、神气，从而让文章的内容性赋形思维的语言表达更加具有生动性、鲜明性、清晰性、境界感。因此，这种形式性写作赋形思维，我们又可以叫做写作行文的技法思维、技巧思维或修辞思维。

**（二）形式性赋形思维的思维操作模型：对比（反衬）**

从某种意义上说，写作与艺术中的张力思维就是艺术思维之“道”的问题。《周易》说：“一阴一阳之谓道”。所以，《左传・昭公二十年》上说：“先王之济五味、和五声也，以平其心，成其政也。声亦如味，一气，二体，三类，四物，五声，六律，七音，八风，九歌，以相成也。清浊，小大，短长，疾徐，哀乐，刚柔，迟速，高下，出入，周疏，以相济也。君子听之，以平其心。心平，德和。……若以水济水，谁能食之？若琴瑟之专壹，谁能听之？同之不可也如是！”

这里的“清浊，小大，短长，疾徐，哀乐，刚柔，迟速，高下，出入，周疏，以相济也”就是所谓“一阴一阳之谓道”。在写作中，“一阴一阳”就是写作行文措辞中的虚实相生，就是对比、反衬，从而产生艺术张力、审美空间。

**（三）形式性赋形思维——张力思维的类型**

对张力思维的定义，我们可以通过“对象载体”、“表达方式”、“表达数量”和“表达速度”这四个方面来进行，实际上，这也是对张力思维类型的分类。

**1. 表达对象上的变化产生文采张力**

写作行文过程中在表达对象上进行的张力思维，是指使表达对象产生一种虚实变化的艺术张力、艺术时空、艺术节奏的艺术形式思维、技巧思维。在行文过程中为了产生表达对象的变化性、差异性、新鲜感，作者在表达对象上的张力思维主要是在写作内容的时间上的古与今，空间上的中与外、天与地的变化等对比从而形成表达内容的时空上的变化张力，从而产生空间型的文采、美感。

**2. 表达/思维方式的变化产生文采张力**

表达方式上的张力思维其实就是行文中的表达方式的多样性。如果在表达方式的多样性中，前后两种表达方式能够产生强烈的对比性、反差性，就能形成行文表达的艺术张力。例如主观性（抒情、议论）与客观性（描写、叙述）的对比、反差，就容易形成在行文表达上的艺术张力、文采美感。中国诗歌创作上所谓“情景交融”，散文写作中的“形散”，叙述性、议论性文章中的“夹叙夹议”，说明文写作中的多种说明性都是如此。

**3. 表达的量的变化产生文采张力**

从表达的量上看，表达的量的变化也造成文采张力的生成。作品里的详与略、工与易、浓与淡、深与浅、大与小、扬与抑、远与近之间的变换就是文采张力的呈现。

**4. 表达速度的虚实结合产生文采张力**

从表达速度来看，张力思维就是张与弛、宽与紧、长与短的叙述节奏的慢与快的相间对比、反差。

## 第3节　写作路径思维原理

### 一、什么是路径思维

前边我们说过，写作（思维）的过程就是对文章主题的分形过程。这里，主题是分形元，而思维过程、表达过程就是一个分形展开、分形生长的过程。

在写作过程中，对主题的分形最初只是一种意向、一种愿望冲动，最终却要把它落实到具体的材料或者说形象、意象上去，使形（材料）神（主题）统一，构成具有重复与对比的主题性质的材料之树，这就是所谓主题化的结构或结构化的主题的真正实现形态。现在的问题是，怎么去生成、组织这些重复、对比性质的文章材料呢？或者说，从什么途径、什么思路去选择那些用来组成重复或对比的主题、性质关系结构的材料（形象、意象）呢？这些赋形思维的途径、路线、角度，就是写作的路径思维，即写作赋形思维的路径思维。

在这里，我们虽把写作思维分析为赋形思维和路径思维两种思维模型，但实际上，路径思维和赋形思维是统一在一起的。不存在脱离于赋形思维的路径思维，同样，也不存在脱离路径思维的赋形思维。它们之间的关系是一种结构（实体）与功能的关系，路径思维是写作思维的结构，而赋形思维则是路径思维的表达功能，或者说，路径思维是写作行为中的结构（实体）性思维，而赋形思维则是写作行为中的功能性思维。因此，看写作者的路径思维是否成功，要看他是否具有将主题赋形（重复与对比）的功能。

### 二、分析与综合：写作路径思维的基本原理

**（一）因果（逻辑）分析与综合思维操作模型**

因果分析与综合是从现在的状态、现象出发对过去发生的与现象有因果关系的事件的思考。因果分析与综合是对事物与事物之间的因果关系及其本质性的追问、考察。因果分析内几种分析模型的差异，本质上是从不同的时态来分析事物与事物之间的因果关系，因果综合就是分析出来的原因、背景、功能、意义及其措施。

**1. 原因分析与原因综合**

原因分析就是对某种社会现象产生的原因的（不断）追问。原因综合就是对某种社会现象产生的各方面、各层次原因的重要性本质性程度即量的排序，这是一种

抓主要矛盾的战略性思维，从而生成深刻性思想观点认识。

**2. 背景分析与背景综合**

背景分析与综合是从事物现在状态、现象出发对与现象产生有因果关系的大背景、大气候的事件的思考。背景分析就是对某种生活和社会现象所依存的社会背景、气候进行的分析。背景综合就是对某种生活和社会现象所依存的社会背景、气候进行不断的分析，得出普适的观点。这是一种抓主要矛盾的战略性思维，从而生成深刻性思想观点认识。

**3. 功能分析与功能综合**

功能分析就是对某种社会现象将会产生的功能、作用、影响、意义的推断；而功能综合就是对功能分析的成果进行概括总结，从而生成高瞻远瞩的预见性观点、思想、认识。功能分析与功能综合是从现在的状态、现象出发对未来可能发生的与现在事物、现象有因果关系的事件的思考。

**4. 措施分析与措施综合**

措施分析就是对解决某个问题所提出的战略与战术、方法、途径、手段等。措施分析本身不是对事物因果关系的分析，而是一种间接的因果分析。因为，所谓解决问题措施的提出，是对因果分析中的原因、背景、功能分析之后，所设想的一种应对办法，其目的是为了克服、消解某种原因、背景、功能的负面影响。所谓措施综合，就是对我们构思出来的应对措施、办法、策略的轻重程度的先后排序，从而得出本质性战略性的措施体系来。

**（二）共时（空间）分析与综合思维操作模型**

所谓共时分析，就是对事物结构、构成、要素的静态分析，其思维目的是认识事物内部的构成信息和特征，从而更好地把握这个事物。

**1. 类型分析与类型综合**

类型分析就是把整体事物按某种分类依据分解为几种类型来分别考察。而类型综合就是在类型分析的基础上对各种类型的现象进行共同性质的概括，从而生成共同的、普适的认识（观点、思想）。

**2. 构成分析与构成综合**

构成分析，又可称为解构分析、要素分析或因素分析，即把整体事物分解为几个构成单位、构成元素、因素、部分等来分别考察，从而认识这些局部的特征、规律。构成综合就是在构成分析的基础上对各种结构元素、要素的现象进行共同性质的概括、抽象，从而生成普适的认识（观点、思想）。

**3. 层面分析与层面综合**

层面分析就是把整体事物分解为几个层面来分别考察，从而认识这些局部的特征、规律。层面综合即在层面分析的基础上对整体事物各种层面的现象进行共同性质的概括、抽象，从而生成普适的认识（观点、思想）。

**4. 尺度分析与尺度综合**

尺度分析就是对整体事物分别运用微观、中观、宏观的观察尺度，分析该尺度上整体事物的内在特征、规律、机制，分别认识事物的微观、中观、宏观尺度上的基本原理。尺度综合就是在尺度分析的基础上对各种尺度的现象进行共同性质的概括、抽象，从而生成普适的认识（观点、思想）。

**（三）历时（时间）分析与综合思维操作模型**

历时性分析与综合是一种动态的、流动的思维方式。它注重事物发生、发展的历史过程。

**1. 历史分析与历史综合**

历史分析就是对某种事物作宏观的历史阶段的考察；历史综合就是在历史分析的基础上对不同历史时期的现象进行共同性质的概括、抽象。

**2. 过程分析与过程综合**

过程分析就是对某种事物作微观环节的细节考察，从而暴露这些环节上的某种特征、规律。过程综合就是在过程分析的基础上，对这一个过程各个环节的现象进行共同性质的概括、抽象。

**（四）程度分析与综合思维操作模型**

**程度分析与程度综合**

程度分析与综合是一种抓住问题主要矛盾的、战略性的认识活动，即对事物的结构、信息、功能等的性质的量的强弱、轻重、缓急关系的排序性考察。因此，它不能独立进行分析，总是在对事物的结构、信息、功能、原因、背景、措施的分析中进行的，它也是一种依附性的思维方法。

**（五）相似思维（联想）思维操作模型**

相似思维分为他相似和自相似两大类。他相似思维是指对两个独立的事物、人物之间相似性质的发现。自相似思维是指对一个事物内部的局部和整体在性质上相似性的发现，自相似思维是一种全息思维、分形思维。相似思维就是心理学上讲的联想思维。若对这两类相似思维进行再分析，可以分为五种具体的相似思维操作模型。

**1. 同类相似思维（分析与综合）**

所谓同类相似思维，是指对两个同类（人与人、物与物）的事物进行性质特征的辨别、感知，从而发现二者在某方面具有相似的性质、特征。

**2. 异类相似思维（分析与综合）**

所谓异类相似思维，就是对两个异类（例如物与人、神与人、古与今）的事物进行性质特征的辨别、感知，从而发现二者在某方面具有相似的性质、特征。即所谓比喻、象征。

**3. 微宏自相似思维（分析与综合）**

所谓微宏自相似思维，是指对一个事物内部从局部到整体进行相似性质的辨别、感知，从而发现二者在某方面具有相似的性质、特征。也就是典型、抽象。

**4. 空间自相似思维（分析与综合）**

所谓空间自相似思维，是指对一个局部的环境与整个社会环境相似性质的发现。

**5. 时间自相似思维（分析与综合）**

所谓时间自相似思维，是指对一个局部时间过程与整个时代的性质的相似性的发现、感知。

**（六）对分析与综合方法的分析**

从分析对象上来分类的思维本身又可分成几种分析操作模型。这些分析模型都可运用到上面各种思维操作模型上去，从而增强分析与综合的全面性、丰富性、完整性。

**1. 多角度分析与多角度综合**

所谓多角度分析，就是从多种构成因素、多个侧面（正面与反面、多侧面）、多种距离对整体事物进行分析。所谓多角度综合就是对不同角度的认识进行共同性质的概括、抽象。

**2. 多时机分析与多时机综合**

所谓多时机分析，就是选择不同的时间对某个事物、人物性质进行考察。所谓多时机综合，就是在多时机分析的基础上对分析的结果进行整体考察、认识。

**3. 多层次分析与多层次综合**

所谓多层次分析，就是递进式分析或剥笋式分析，即不停留在一个分析的层次上，而是不断深入地进行这种分析。它主要运用因果分析的几种技术，通过多层次分析得出深刻性、深远性的认识。

## 三、分析与综合中应该注意的问题

在进行分析与综合的时候，要特别注意的是分析并不仅仅是分解，而是还要对分解后的每个思维对象进行比较、判断、推理，抽取出本质的性质。综合也并不仅仅是把分解的事物的各个部分和分析成果组装成整体了事，而是要将分析出来的现象、性质多样化立体化地整合起来，并从中概括、提炼出分析成果中能反映整体事物本质、原理、规律的东西。这里，同样离不开比较、推理、判断等思维活动。

总之，是现象分解还是现象分解和本质分析的整合，是平面组合还是平面组合和立体整合、概括，是分析和综合中的形式逻辑思维和辩证逻辑思维的重要区别。

另外，在思维中，分析和综合是不可分割的，是互为前提的。分析是以综合作为起点的，而综合又必须在分析的基础上来进行。没有分析就无法综合，分析过后也必须综合。思维，其实就是在不断的分析和综合的过程中展开的、推进的。无论立意思维还是结构思维，都是在一系列综合与分析的交错运行中进行的。因此，所谓写作主体的思维素质和能力培养，首要的就是进行这种分析和综合的思维操作技术的培养训练，从而建构起一般思维操作技术模型。只有建构起这种一般思维的操作技术模型，才能将一般思维关于分析和综合的知识变成真正的思维技术和能力。

## 四、写作路径思维文体意识

在前面的叙述中，我们指出，在分析和综合两类思维操作技术中，综合更多倾向于文章写作过程的论旨、主题、立意的生成，分析更多倾向于文章写作过程中材料的生成。而主题生成、论旨生成和材料生成，正是写作思维的全部内容。

在上面关于赋形思维材料范围的文体意识的分析中，我们已经看到，赋形思维中材料范围的文体意识与写作思维中分析性思维操作模型的选择有着十分密切甚至是同一的关系：在各种文体写作行为中，赋形思维中重复与对比的问题，实际上也就是明确在不同的材料范围内进行分析和综合的问题。也就是说，在各种文体写作行为中，赋形思维（重复与对比）就是通过对不同材料进行分析和综合来实现的。因此，各种文体写作行为中的赋形思维（重复与对比）只有落实为不同类型、不同侧重点的分析和综合的文体意识，才是成功的赋形思维，这时的写作也才是成功的写作。

为了方便下面对文体写作赋形思维中分析与综合的文体意识问题的讨论，我们应该再明确分析思维的两个概念：对象性分析和主体性分析。所谓对象性分析，就是对被说明对象、事物（感情、事件、观点、特征、信息）的内部构成元素或内部关系进行分析，从而更加细致地看清对象的内容和形式；所谓主体性分析，就是对自己的表达途径、分析途径、分析视角、分析时机的分解、变化、反复。在过去的传统中，前者更多倾向于事物的再现，主要用于叙事性、说明性、应用性的文体写作思维之中；后者更多倾向于对认识或感情的表现，主要用于抒情性、论理性的文体写作思维之中。但是在现代主义和后现代主义那里，无论是对象性的分析还是主体性的分析，都已经更加倾向于主体化分析的赋形思维了。

另外，还应该明确，下面讲的文体写作赋形思维中的分析与综合的文体意识问题，不仅适用于文章宏观层面的篇章结构思维，而且也适用于中观层面的部分与段落的结构思维，还适用于微观层面的句子的结构思维。它是贯穿于整个文章写作思维过程的写作规范。

### 1. 叙事性文体写作赋形思维中的分析与综合的文体意识

叙事性文体主要是塑造人格、性格、形象的，因此，其写作赋形思维中的分析主要是对象性分析。这里的对象，主要体现在这样几个方面：

（1）人物的性格（心理、意识）、形象（行动、外貌、细节、语言）、环境（景物、场景、氛围）的构成性分析、描述。

（2）人物行为、事件发展的历时性分析、描述。

（3）人物性格发展的历时性分析、描述。

(4) 首先是人物关系的重复与对比的分析、描述；其次才是作为方法性分析的主体性分析，例如叙述者变换、角度变换、时机变换、铺陈排比式的修辞性描述。但是，现代性和后现代性的叙事思维也倾向于方法性、主体性分析的思维方法了。

**2. 应用性文体写作赋形思维中的分析与综合的文体意识**

应用性文体主要是对信息的说明和观点的阐述，因此，其写作赋形思维中的分析主要是对象性分析。这里的对象主要是指自己要传出的信息、观点，而所用的分析方法主要是：

(1) 因果分析中的原因分析、背景分析和功能分析。

(2) 共时分析中的类型分析、构成分析。

(3) 历时分析中的过程分析。

**3. 解说性文体写作赋形思维中的分析与综合的文体意识**

解说性文体主要是对事物和事理的说明，因此，其写作赋形思维中的分析，既包括对象性分析，也包括主体性分析。一般说来，对被说明对象的构造、历史、过程、因果、事理的说明，需要运用构成分析、过程分析、因果分析这些对象性分析模式。而对事物的功能、特征、性质、本质进行说明的时候，就要运用主体性分析方法。这主要是指对多种说明方法的有序化运用。有时是二者兼而有之。

**4. 抒情性文体写作赋形思维中的分析与综合的文体意识**

抒情性文体主要是抒发、渲染感情感觉的，因此，其写作赋形思维中的分析主要是主体性分析。这首先体现为多幅画面的变换；其次是空间的变换、时间的变换、感觉的变换。一唱三叹，排比铺陈。

**5. 论理性文体写作赋形思维中的分析与综合的文体意识**

论理性文体主要是说服别人认同自己的观点，因此，其写作赋形思维中的分析主要是对象性分析。这里的对象，一方面是指因果逻辑，所以经常运用因果分析的各种分析模式——原因分析、背景分析、功能分析——进行分析，把关系、因果、规律、道理讲清；另一方面还指理论中的基本概念、术语和事实，因此又常常运用共时性分析的各种分析模式——类型分析、构成分析、层次分析——把问题讲明。同时还要不时地运用主体性分析。主体性分析主要是运用多重证据对观点进行证明，多角度、多时机地进行各种分析，如此等等。

## 【基本概念】

立意　赋形思维　内容性赋形思维　形式性赋形思维　张力思维　路径思维　对象性分析　主体性分析

## 【复习思考题】

1. 简述立意思维操作原理。
2. 立意思维操作的思维方式与立意思维操作的技术模型有什么区别和联系？
3. 赋形思维的基本原理是什么？
4. 写作路径思维的基本原理是什么？
5. 赋形思维和路径思维的关系怎样？
6. 谈谈内容性赋形思维和形式性赋形思维的相同与相异之处。
7. 何谓张力思维？
8. 举例谈谈文体写作赋形思维中的“分析”与“综合”的文体意识问题。

# 第 14 章

# 写作智慧学

说到底，教育制度是什么呢？它无非是对于言语的仪规程式化，无非是赋予言语主体以资格并固定其角色，无非是在形成具有某种信条的群体（无论如何扩散），无非是在分配和占有知识和力量的话语。而“写作”（“作者”的写作），如果不是这一类似的控制制度，又能是什么呢？

在文学话语和医学话语之中，在精神病学话语和意识指向之中，禁忌的形式不同，作用亦不同。反过来，这些不同的话语规律性也以不同的方式加强、规避或置换禁忌。

——［法］福柯

## 第 1 节　什么是写作智慧

通过中国写作学界老中青几代学人二十多年来对写作原理的不懈探索，不断突破，不断否定，不断超越，我们认识到，写作是写作者在具体的时空处境之下，面对具体读者对象的一种主体间的对话。在这种学术视野下，一切抽象的、脱离具体写作时空环境和读者对象的写作原理（哪怕就是作为写作科学原理的写作思维原理、模型、技术），即使训练掌握得再熟练，对于真实的、真正的写作也会显得无能为力。因为，此刻决定写作成败的关键（或者说写作中最难的）不是进行立意、结构、选材、传达的写作思维操作技术，而是作者在具体的时空处境之下，面对具体读者对象进行这些写作技术操作时，对写作思维对象（即写作的材料、内容、表达媒介）的价值判断和策略选择，这种价值判断和策略选择的写作思维能力就是写作智慧。

当我们将写作学研究的兴趣转向这个魅力无穷的领域时，现代写作学才真正变得成熟起来。因为，写作学研究真正逼近了真实的写作行为的思维状态。写作思维技术学与写作思维智慧学的整合、融会，将是21世纪中国写作学与写作教学研究的基本发展方向。

写作智慧理论不仅给写作基本原理研究昭示出一片崭新的学术天地，而且更为文体写作学和写作教学带来无限生机和魅力，写作学和写作教学将令人刮目相看。

## 一、写作智慧概念的提出

我们对写作思维技术进行系统的探索之后，发现了一套写作全过程所运用的写作思维操作模型。这些操作模型就是一套写作思维的操作技术。我们曾为之激动：现代写作学终于进入对写作行为技术、原理进行科学描述的境界了。

但是，我们马上又发现，这些写作思维模型，无论是作为写作显思维的深化与超越、重复与对比，还是作为写作隐思维的分析与综合、渐进与平列，它们都是一套抽象的写作思维的原理、模式。虽然掌握这些原理和模式，可以生成思想，提炼立意，可以将主题、立意赋形，即展开为结构化的主题或主题化的结构，也可以将这些主题化的结构转换、整理为一维的语言之流，形成书面语言整体——文章。也就是说，它可以让我们解决写作过程中的全部思维技术问题。但是这种纯形式的写作思维原理、模型的研究，是脱离了写作者所置身的现实写作时空背景、写作对象的研究——虽然，对于写作思维学的研究来说，这是非常必要和重要的，但这些写作思维技术学的研究成果，无法解决写作活动中写作者面对具体的写作环境时内容、材料最优化、功能化、得体性的问题。

例如，当人们知道、学会了深化（原因分析、背景分析、功能分析）、超越（空间综合）、相似（自相似综合、他相似综合）这些写作立意思维操作模式、技术之后，就会对写作立意思维提出更高的要求，即从什么方向、角度去进行这种立意思维操作技术，才能生产、提炼出最优化的立意，既能表达自己的思想、情感，又能符合当下写作情境和文章读者的需要，从而实现自己的写作意图、目的和文章功能。

又如，当人们已经知道了主题、立意产生之后，写作思维的主要工作就是运用重复（“渲染”）和对比（“反衬”）的思维操作将主题、立意展开，使主题、立意赋形，而且知道了展开、赋形的思维路径是运用若干分析与综合的思维操作模式。换句话说，人们知道了构成赋形、用以赋形的材料，必须运用若干分析与综合的思维操作模式（技术）来获得。但是，由于事物与事物之间的因果关系或相似关系是多种多样的，在进行分析与综合的思维操作时，就产生了多种分析与综合的思维方向、思维定位的可能性，存在立意内涵的多种可能性空间。然而，我们面对具体的时空背景、具体的读者对象，我们的文章需要一个最佳的思维方向和定位。这时，写作选择再次产生了。而在这时，现有的写作思维原理和操作技术就明显不够用了。

再如，即使在人们立意谋篇的构思完成之后，面对具体的时空背景、具体的读者对象，要进入理想的表达，完成理想的文本，只运用重复与对比的赋形思维技术和分析与综合的材料生成技术也是远远不够的。因为，同样的构思内容完全可以写成不同感觉、不同味道、不同风格的文章，而具有这些感觉、味道、风格的文章，却不一定能使自己和别人满意，不一定能够实现写作者的写作意图、目的，不一定能够实现文章的功能、产生文章效益。在这里，我们再次发现现有的写作思维原理和操作技术明显不够用。可见，写作思维学的原理、模式、技术，并不能完全解决写作的全部问题。

那么，问题出在哪里呢？显然出在写作思维学研究的那些模型化的成果脱离了写作的具体时空背景和具体的读者对象。它是一种形而上的抽象式研究，是一种科学原理，而不是一种艺术原理。而写作却是一种思想的艺术、表达的艺术、语言的艺术。对于写作来讲，不仅需要写作的思维原理，而且需要写作智慧。

## 二、什么是写作智慧

如果说，写作思维是指写作行为过程中的写作技术的话，那么，写作智慧就是写作过程中的写作艺术。这就像把军事智慧称为军事艺术那样。运用写作思维技术的目的是实现主题确立、思想生成、主题展开、思想造型（赋形），以及这种确立、生成、展开、造型的逻辑性、理性。理论上，它可以不管写作的具体情景和具体读者。然而，作为写作艺术的智慧、技巧的唯一任务，就是思考按这种写作思维技术生产出来的写作内容、材料是否符合写作者所处的具体时空背景、具体读者对象，或者说，从什么角度切入去运用这种写作思维的操作技术来生成文章内容。总之，写作思维技术要解决的问题是“怎么写”，而写作思维智慧则是要解决“写什么才好”的问题。

如果说，思维的技术是思维中恒常因素的话，那么，思维的智慧就是思维中变易的因素。思维操作技术就是一套思维的操作模式，所以，《管子》上说“四时能变，谓之智”。

由此可见，写作思维智慧一个最重要的思维特征就是时空处境性，其本质是思维的应对性。因此，我们可以把写作智慧定义为：

> 写作智慧是作者在写作过程中，为了达到自己的写作目的、写作意图，实现最佳传播效果，实现文章写作功能，对具体时空处境、各种控制因素的思维应对策略、技巧的选择。本质上写作智慧是作者在具体的写作情境和读者制约下，切入、施展一般写作思维技术进行创造性应变性写作的才能。其选择的对象就是角度、基调、人称、语气、视点、语感等，其选择的成果就是写作策略。

写作智慧的操作过程，可用图 14—1 来表示。

从前面的定义中，我们还可以看出，作为一个思维操作生成过程的写作策略思维行为，其结构包括三大基本要素，如图 14—2。

这三种写作智慧要素，我们可称之为“写作智慧大三角”，在每一种因素之中又

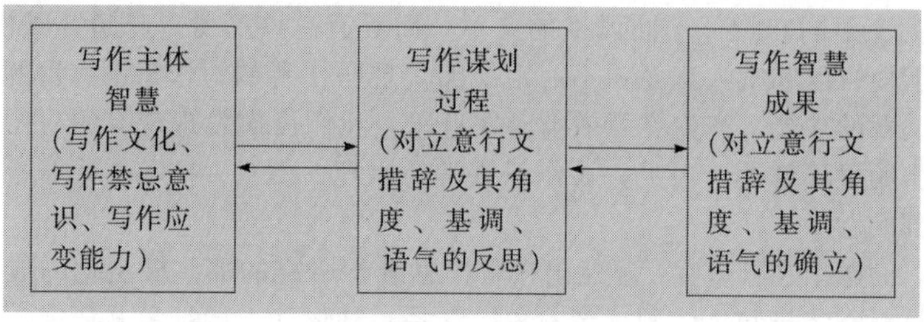


**图 14—1 写作智慧的操作过程示意图**

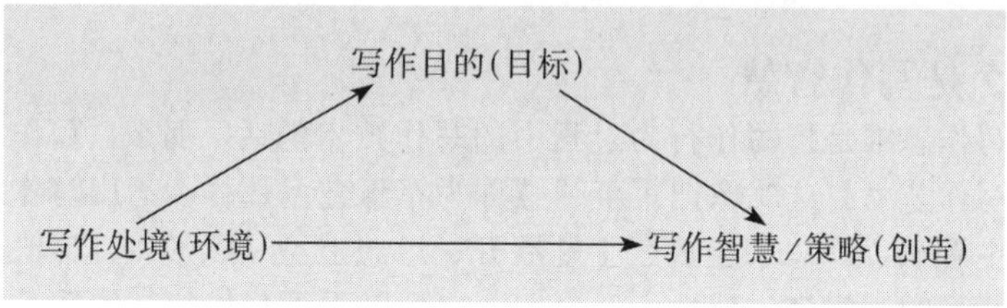


**图 14—2 写作策略思维行为三要素**

包含多种因素。

在写作目的这个要素中，既包括文章的主题、立意和作者的愿望，又包括作者写作这篇文章所要达到的效果定位，即通过文章要实现的功能、作用。刘心武写《班主任》的目的，一方面是通过对谢慧敏、宋宝琦等形象的刻画，批判“四人帮”对青少年的毒害，呼吁救救被“四人帮”毒害的孩子们，这是他的主观写作意图；另一方面，要让读者真正感动、接受、认同，完成文学创作的最终目的——文学接受。

写作处境包括时空环境和读者环境。从某种意义上说，这二者相互联系又相互区别，时空环境是更广泛社会群体的读者环境，而读者是指具体的读者对象，读者环境则是最具体的时空环境。

物理学意义上的时空背景对于写作的意义并不是很大，重要的是社会学、文化学意义上的时空背景。写作时空背景包括这个时代、地域中关于文章写作内容和写作形式方面的审美规范——写作文化（时空情绪、价值取向、思维方式）；又包括写作当下环境中有关写作内容的制约性因素——写作背景（时事背景和政策背景）。无论写作文化还是写作背景，其内部又有三种性质的差别，写作文化分先锋写作文化、流行写作文化和落后写作文化，写作背景也分有利性写作背景、中性写作背景、障碍性写作背景。在实际写作状态下，写作文化中的先锋写作文化、流行写作文化构成作者的写作规范，或者说选择的规范，落后写作文化则是需要摒弃、改造的东西。在写作背景中，有利性写作背景和中性写作背景是作者写作的利用性因素，而障碍性写作背景则是作者写作中的禁忌，是需要消解、回避的东西。

需要注意的是，在写作文化里，广义写作智慧不仅表现为对流行写作文化、写作规范的依附、因循，对陈旧的、落后的写作文化的反叛，尤其体现为对新时代、新环境的写作文化、写作规范的发现、创造或共鸣、认同。在写作背景里，广义写作智慧不仅体现为对现有的有利写作背景因素的利用，而且，尤其体现为对中性写作背景因素的利用（所谓打“擦边球”）和对不利的政策和时事写作因素的回避、消解，为自己的写作主题、写作目的、文章功能服务。狭义的写作智慧就是对当下时空背景的写作文化的发现、创造、共鸣、认同和对写作背景中的写作障碍、写作禁忌的消解。在这里，写作智慧就体现为一种写作的应变性、创造性能力。

文章的读者对象也构成作者更活跃的写作处境因素。在读者问题上的写作智慧，主要体现为一种非常强烈的读者意识。它不仅体现为对读者的需要、兴趣的心领神会，而且体现为对自己与读者的情感关系、内容禁忌方面的心领神会。

在这里，写作智慧表现的关键不是作者的“智商”（IQ），也不是“情商”（EQ），而是“灵商”（SQ）。[①]

由于时代、地域的特征和有关写作的时事、政策背景是比较稳定的因素，而文章读者则是一个非常具体化、个体化、变动性的因素。因此，比较而言，写作时空处境是一个较为稳定的因素，读者意识是一个十分具体灵活、变动不居的复杂性因素。这样，读者意识与时代写作文化、具体的写作背景具有多种复杂的关系。有时，读者意识和写作时空处境构成一种一般与具体的和谐统一的关系。它可以是时代写作文化的代表、载体，又可以是具体的写作背景的代表；有时，读者意识又与写作时空处境（尤其是写作文化）构成一种矛盾的关系。即使是同一个作者面对同一个

① “灵商”（SQ）是继英国学者丹尼尔·戈尔曼提出“情商”概念之后，美国学者达纳·佐哈和伊恩·马歇尔提出的又一个心理学概念。他们认为，“智商”是指人的智力发育和水平，即“聪明”程度。“情商”，是指一个人的情感状态和质量，是他情感的成熟和丰富程度，是他的这种情感状态对其生存和发展的功能效用。情商使我们具有觉察我们自己和他人感情的意识、动力和能力，它使我们具有移情、同情、产生动机以及对痛苦和欢乐做出适当反应的能力。对智商的有效使用来说，情商是一种基本需要。然而，聪明和情感又都似乎还只是技巧意义上的东西，在它们的下面似乎需要也的确还有着一种更为深层内在、更有分量、更具决定性和控制力的东西。它在基本原则、基本动力的基础上形成技巧，把应对转变为创造，把适应转换为主动的革新。这样一种东西，就叫做“灵商”。“灵商”与意义的需求相联系，我们依据“灵商”对意义、视野和价值观的渴求，发展建构它们的能力。“灵商”使得我们去梦想，去追求梦想的实现；它支撑着我们所信奉的那些东西，支配着我们的信念和价值观念，在基础上支撑着我们自身生活的塑造和行动。总之，一个人的情感智力允许他对自己所处的情境做出判断，然后在里面适当行事，允许这个情境来指引他。但是，灵商（心灵智力）却允许甚至刺激一个人首先询问他是否要待在这个特定的情境里，是不是宁可改变它，去创造一个更好的情境。这就是超越情境界限来行动。参见［美］达纳·佐哈、伊恩·马歇尔：《灵商：人类的终极动力》，2 页，上海，上海文艺出版社，2001。

读者，在不同时间和空间，其读者意识的内涵也是不同的。

在写作处境中，写作文化关系到写作主题、题材的选择和写作形式（文体、结构、语言、技法、文风）的调整、创造、选择的问题；写作背景中的时事背景和政策背景关系到写作内容、材料选择、利用的依据和写作禁忌、障碍的回避、消解问题。读者意识关系到具体的写作内容、材料的取舍和传达方式、表达语言的选择问题。

写作策略，就是在上述诸种因素制约下最后的选择行为。写作策略的中心，是决策什么样的写作选择才能够既表达自己的写作意图、目的，又能符合时代、社会的写作文化和写作背景（时事背景和政策背景），还要符合具体读者接受的需要。

写作智慧的本质，实际上就是为了文章得体而进行的匹配、协调、契合这三种写作因素的思考和决策（选择）。这种思考的特征，我们可以把它叫做写作智慧的互联性或交互性，也可以称之为一种主体间性（参见图 14—3）。

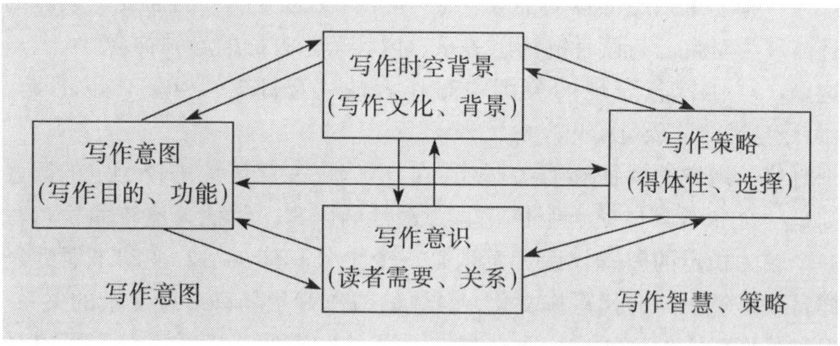


**图 14—3　写作智慧的互联性和交互性**

## 三、写作智慧的思维性质和意识特征

意识特征和思维性质就是从静态和动态两个角度来探讨写作智慧的思维特征的。写作思维的动态操作是建立在写作智慧的静态意识上的。这就是说，写作思维从动态的角度看，是一种思维操作；从静态的角度看，就是一种写作思维的意识。

写作智慧具有如下的意识特征和思维性质：目的性、得体性、合情性、应对性。

### （一）目的性

具有较高写作智慧的人，往往具有较强的写作目的意识，他明白自己的文章要表现什么样的主题、立意，而更重要的是，他时时处处明白自己写这篇文章到底要达到什么样的目的，实现什么样的文章功能，通过自己写的文章去解决什么问题。目的性意识，是作者成熟、写作成熟的表现，这表明作者的写作意识已经超越作者中心的狭隘视野，而进入写作传播、写作接受的宏观写作行为的大视野，进入主（作者、主题）客（时代地域、文章读者）互联、互动的思维方式。

**（二）得体性**

要实现写作目的，实现文章的写作功能，文章就必须得体。所谓得体就是文章的内容和形式必须要让人能够接受。这里的接受，不是一个理论性、逻辑性的问题，而是一个环境性、现实性的问题。也就是说，当文章在逻辑上是严密的，观点是有道理的，读者也还不一定愿意接受你的观点。这说明你的文章观点虽然正确，论证也有道理，但是文章的构思和表达还不大得体：也许是文章的话题不合时宜；也许是文章立论的角度不对；也许是文章的基调不对，语气口气不对；也许是文章的表达方式不对，甚至是某个词汇用得不当；等等。可见，在写作构思和传达中充分考虑到这些写作因素的写作思维品质，就是考虑到了写作思维的得体性。

**（三）合情性**

写作智慧最本质的东西，就是写作思维的合情性问题。得体性因素基本上都不是关于理性的问题，而是关于感性方面的问题。不是作者的“智商”出了问题，而是作者的“情商”（情绪智慧）出了问题。这些都是读者的接受态度方面的问题。从人本心理学的角度来看，只有文章的内容和形式从某种角度、某种层次上满足了人们种种需要，才能激发起人们正面的意愿、情感。因此，合情性主要是思考你的文章怎样才不伤害读者的情感，怎样才能让读者介入、参与、共鸣，怎样才能拉近作者与读者的关系，营造一种合适的阅读氛围、接受心理。中国古人主张无论做事、说话、作文都应该“合情合理”，而把“合情”放在“合理”之前，就表明中国人在处事、说话、作文中对人际情感关系的强调，这是中国人的人生智慧，也是写作的智慧。

正是在这一点上，显示了中西写作文化的差异：在文学写作方面，中国人注重表现的是人在特殊处境下的情感体验、感受，于是，抒情性文学（诗、赋、词、曲）成为中国文学的主流；西方文学注重的是人生哲理、人物性格的发现与表达，于是，叙事性文学（史诗、戏剧、小说）成为西方文学的主流。在实用写作方面也是这样。在中国古人那里，哪怕是议论文，也非常讲究合情性，所以，许多应用文章能被人所接受，不光是因为它具有合理性，也是因为它更具有合情性。例如李密的《陈情表》、陈伯之的《与丘迟书》等。

**（四）应对性**

应对性就是创造性。要使文章写作具有合情性、得体性、可接受性，作者就必须具有较强的写作思维的应变、应对能力。应变性是写作智慧的最终体现。正是通过应变思维，为写作思维与表达起到定位、定向、定点、定性的作用，从而进入写作思维与表达选择的最优化境界。应变性主要体现在写作角度、文章基调和文章语气等的选择、调整上。

## 四、智慧的本质

我们之所以把写作智慧定义为应对性能力，是由智慧的本质所决定的。

为了将对写作智慧理论的论争引向深入，有必要对写作智慧学所研究的对象——写作智慧下一个较为准确的定义，或者为写作智慧学的论域做一个共识性的界定。

要讨论写作智慧的定义或概念、论域，我们首先应该弄清写作智慧的上位概念——智慧的概念或定义。什么是智慧？《现代汉语词典》上说："智慧，辨析判断、发明创造的能力。"这个定义指出，智慧包含智力（辨析、判断）和创造（发明创造）能力这两层意思，但对为什么智力又是智慧并没有说明，因而是不准确的。《辞海》中的智慧定义虽与此大同小异，但较为谨慎："智慧，对事物能认识、辨析、判断处理和发明创造的能力。"多一个"能"字和"处理"二字后，情况就有所不同了：认识、辨析、判断的能力（技术、技能）是智力，而"对事物能认识、辨析、判断"的"处理"能力才是智慧。也就是说，会认识、辨析、判断的处理能力，才是智慧，而一般的认识、辨析、判断的能力和处理的能力，是智力而不是智慧。"会"的问题、"处理"的问题都带有目的性，都是最优化的问题。我们从这里窥见了智慧的本质：目的（功能）性、最优化。智慧的这个本质在发明创造中体现得更为明显，因为，人类任何一个发明创造都具有很强的目的性、目标性、功能性、功利性，都是最优化的，任何发明创造都是为了满足人类的这种目的性、目标性、功能性、功利性的最优需要。

比较而言，思维学家对智慧的定义较为准确：

> 在认识和实践中实现的思维。认识的实现就是获得认识成果，实践的实现就是获得物质或精神的成果。认识和实践的实现首先要有主体的思维。但思维是在脑内的动作，这种脑内的动作如果不能外化为主体的肢体动作，并通过这种外化而使脑内的思想形化（表现为文字、符号、图形等）或物化，则这种纯粹的思维是无用的，不论这种思维多么高明都不能构成智慧。智慧是正确思维高明思想的外化、形化和物化。①

在这个定义中，应注意以下三点：

第一，智慧首先是一个动词，是一种思想操作——思维，然后才是一个名词，是一种成果，是前者产生了后者。对于智慧学研究者来讲，我们主要关注的是作为动词的智慧，作为行为、操作的智慧。而对于哲学、美学、文化学、符号学、阐释学研究者来讲，他们把智慧主要是作为一个名词来理解。所以，思维学家特别强调

---

① 田运主编：《思维辞典》，595页。

智慧是思维的动作、外化、形化、物化的过程。

第二，智慧有实现性。实现性，就是说智慧是合规律性的（正确的）认识思维和合目的性的（符合预期目的）实践思维。这种正确的（合规律性的）认识思维和符合预期目的的（合目的性）实践思维，就具有最优化的功能性（“用”、“高明”）特征。

第三，智慧必须实践化、符号化，具有可感性、可传播性，即外化、形化、物化。这里，已经把智力和智慧作了严格的区别。智力是未实现的纯粹的停留在脑内的思维活动，而智慧则是获得正确认识成果的思维，或生产出符合预期目的的精神或物质成果的思维。这个成果就是策略。一句话，“智慧是正确思维高明思想的外化、形化和物化”。

由此可以看出，思维的目的（功能）性、最优化、创生（操作）性是智慧的本质。在这里，目的性、目标性是最为重要的，是智力和智慧的区别。正是因为这一点，所以哲学家也认为：

> 智慧，是人类的灵明，是探索宇宙、认识事物、认识自我，并在实践中遵循自然规律，达到行为目的的能力。它包括对于宇宙万物、生命本体、人的生死的认识、证悟、理解，亦包括对日常生活中平凡事物的哲学思考、领悟对待、处理方法等。①

这个智慧的定义同样表明，高明的认识还不是智慧，还必须在实践中去达到自己的“行为目的”，实现目的的“能力”才是智慧。要达到自己的行为目的，又必须“遵循自然规律”，这自然的规律，既包括事物运动的原理机制，又包括具体的时空背景。智慧就是在这种“自然规律”制约下的一种应对性选择、决策的操作能力。

目的性、目标性之所以重要，是因为目的、目标的达成实现了认识或实践的功能。最优化也是从属于目的性的。为了达到目的，必须进行最优化的选择、决策，而这种选择、决策的行为就是一种思维的操作，有操作才有创生。同时，人类任何具体的目的性行为，都是处于具体的时空背景之下的。因此，这种选择必然是面对具体时空背景的一种回应、应对。

从这里我们可以看出智慧的三个最本质的特征：目的性（最优化）、应对性、创生性。凡不具有这些特征的智力、思维都不能叫做智慧。

我们说，写作生存智慧不是写作智慧，因为它对于写作行为来说是“无待”，非应对的，但对于个体生命和生存的价值、意义而言，它又是“有待”的、应对的，所以我们又说它是一种生存智慧。写作学习智慧也是这样。它对于写作行为来说是“无待”，非应对的，但对于个体写作能力的提高而言，它又是“有待”的、应对的，

---

① 姜国柱：《儒家的人生智慧论》，载《传统文化与现代化》，1999（3）。

所以我们又说它是一种学习智慧，学习写作的智慧，写作能力智慧。而写作智慧则不是这样。它对于写作行为来讲，是“有待”的，应对的，所以，我们称它为写作智慧。用广义写作智慧的观点来看，这三种智慧对于类的个体的写作活动都是“有待”的，应对的，也正是因为这点，我们才把它们叫做广义写作智慧。

## 五、写作智慧与生存智慧

从上述写作智慧定义来看，我们是把写作智慧的论域确定在文章“立意、谋划、行文、措辞”的写作过程阶段，尤其是在写作传达行为阶段进行讨论的。因此，在这个阶段中，凡是为了实现文章的功能、目的，在“立意、谋划、行文、措辞”的每个写作环节上所进行的“角度、基调、人称、语气、视点、语感”的选择，都是写作策略，这种选择能力就是作者的写作智慧。由于这种选择本质上是作者和社会环境、文章读者的主体间对话的结果，是对社会环境和文章读者的一种应对和反应的结果，由于选择就是对时空处境的应对，因此，写作智慧本质上便是一种应对性能力。在写作过程中，这种应对性能力体现在三个方面：

(1) 立意应对——从什么角度切入去确立一个为社会和读者所乐于接受的最佳化主题、立意；

(2) 文体应对——选择一个自己能驾驭又为社会和读者最乐于接受的最佳体裁、结构（形式）；

(3) 表达（言语）应对——从什么样的视点、角度切入并用什么样的语气、风格、修辞方式形成最理想的书面话语来言说。

这些就是写作智慧，就是对“立意、谋划、行文、措辞”的“角度、基调、人称、语气、视点、语感”的选择。

写作行为是一个思维和语言操作的过程，它的操作启动必须靠写作主体提供动力方能运转，而这个动力就来自写作主体的建构，这之中，包括人格心灵的建构，思维能力的培养和观察能力、记忆能力的培养等。这就是我们多年来所主张的“大写作学”和“大写作教学”的思想，亦即动力学写作学的写作教学思想。正是出于对这种“大写作学”的深入思考，有的学者认为，写作智慧，不仅有“用”的层面的应对性能力，而理所当然地涵摄“体”的层面的本体性关怀。写作智慧从来就是体用兼备的。中国哲学讲究“有德者必有言”，即认为本体性关怀（“德”）乃是人类写作行为的本原。他们所说的本体性关怀，指的是写作主体的修德的问题，也即主体的人格建构的问题，也就是我们过去所一贯张扬的写作心灵背景论、写作主体论的问题。这也是叶燮所谓“诗之基，其人之胸襟是也”，也是王国维主张的“内美”与“修能”的问题。其实，自觉进行写作者自己的人格心灵（德）的建构，这是一种提高写作能力的策略、智慧，它是一种学习写作的智慧，而不是写作智慧。

如果说从本原的意义上讨论的话，其实岂止修“德”这种本体性关怀是一种写作能力智慧，进行思维能力、观察能力、想象能力的培养同样是一种提高写作能力的智慧。因为，“德”的修养是为了确立正确的主题立意；思维能力的培养是为了主题立意的深刻、新颖，观察、阅读能力的培养，联想、想象能力的培养有利于写作材料的丰富与充实。因此，这些都是学习写作、提高写作能力的智慧，或学习智慧，而不是写作智慧——文章写作的智慧。与其把这些说成是写作智慧，不如把它叫做写作素养更为准确。

从另一个方面来看，如果把“德”的问题看成是本体性关怀的写作智慧，那么，“材”（观察、阅读）与“思”（思维）的问题，既不是应对性能力层面的写作智慧，又不是本体性关怀层面的写作智慧，它是一种什么层面的写作智慧呢?

如果从本体性关怀的层面来看，对写作这种职业、活动的选择，本身就是一种生存策略。作者的写作行为本身是真正的纯粹的个体性的本体化关怀。因为，作者意识到只有选择并完成写作这种行为，才能实现自己的人生价值，才能营造安身立命之所。但是，这种智慧已经不是写作智慧，而是人生智慧——“三不朽”的“立言不朽”。在这里，写作行为（以及写作行为中包含的写作智慧）便是作者显示的人生智慧的形式和途径了。选择了写作这种行为，并不等于作者就具有了写作的智慧，写作智慧应是写作过程中解决问题，实现写作的最优化和写作功能、目的的智慧，因此，这种选择写作行为意义上的本体化关怀是一种人生智慧，而不是写作智慧。

总之，人们通过写作实现人生价值，使自己的生命和生存获得自由和永恒，以消解生命的有限、无常，消解现实世界的混乱、无序，应该说是最为本体的本体性关怀，但它还不是一种写作智慧，而是一种生存智慧。当人们选择写作作为自己安身立命的方式的时候，或者把某次写作活动、写作行为看成建立自己的生存秩序、理想世界的时候，作者的写作行为、写作事业，便是作者的生存智慧和生命智慧了。这时，写作智慧便是这种生命智慧、生存智慧的“能指”即表达方式了。赵雨认为人类写作中的本体论关怀，就是这种生存智慧或生命智慧。这种生命智慧、生存智慧产生在人们写作之前，它引发了写作行为，但它本身不是写作行为，因此，这种智慧不是写作的智慧，而是生存的智慧、生命的智慧。

再进一步来分析，写作智慧本身又是一种本体性关怀。在写作智慧中，这种纯个体化的本体性关怀可以从两个角度来体现：作者写作目的的实现、功能的实现也就是个体主体性的实现，个体主体性的实现也是个体的本体性关怀的实现；无论是最优化的立意还是立体化、宏阔性的结构构思，抑或文气性、流畅性、节奏性传达话语的生成，无一不是个体对人类高远心灵空间和生命节奏（时间）的关怀和体认。这是写作行为中最为具体的本体性关怀，而这无一不是通过写作智慧（应对性能力）来实现的。因此，不能离开作为应对性能力的写作智慧去谈写作行为的本体性关怀。就写作行为来讲，本体性关怀和应对性能力是其两个层面，它们之间是“体”和“用”的关系。应对性能力是“体”，本体性关怀是“用”，而不是相反。

从以上的分析可以看出，与写作行为有关的智慧有三个层次的内涵：最深的层次是指写作生存的智慧（生命智慧之一种）；第二个层次是指写作学习的智慧（提高写作能力的智慧，或称写作素养、素质，例如人格建构、思维训练、观察、阅读、情绪记忆、文化感悟等）；第三个层次亦即最直接、最现实、最表层的智慧是指写作操作行为的智慧（写作思维智慧、写作操作智慧、写作行为的最优化选择能力）。显然，本章所讨论的写作智慧属于第三个层次上的智慧。按照“大写作学观”或“动力学写作学观”来看，现在有必要把第一、第二两个层次上有关写作的智慧纳入写作智慧学研究的视野，但是，的确无法把这两个层次上的智慧叫做写作智慧。为了解决这个矛盾，应该建立与“大写作学观”相对应的“大写作智慧观”。对这种“大写作智慧”的研究，可以叫做广义写作智慧论（见图 14—4）。

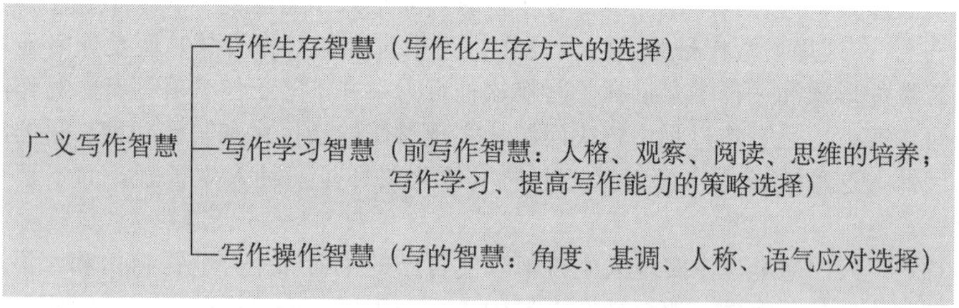


**图 14—4　广义写作智慧**

在这个广义写作智慧论的写作学思想体系中，写作生存智慧解决个体写作化生存策略的问题，个体因此而理解了写作的生存意义、生命意义，从而产生写作的事业心、积极性，使个体产生强烈稳定的写作动力。写作学习智慧解决的是在学习写作中，对提高写作能力的途径的战略选择，即主体心灵背景的建构。通过主体的建构，个体会产生真正的写作能力。在这种写作能力中，既有写作动力的因素（例如人格心灵力量），又有操作性的因素（例如写作思维能力），还有材料性的因素（例如记忆力、观察力、阅读力）。这种由写作学习智慧的施行而产生的写作能力，仍然是一种写作的可能性而非现实性。而写作操作智慧则是一种现实性或实现性的写作能力，它是作者面对具体的写作任务、写作目的、写作功能、写作时空背景的应对性决策，是它对写作能力进行调度，才最后产生了文本。由此看出，要使狭义的写作智慧（写作操作智慧）真正运转起来，个体必须培养自己的广义写作智慧（包括写作生存智慧、写作学习智慧）。

# 第 2 节　写作智慧的思维原理

## 一、写作过程的写作智慧

写作思维智慧与写作思维技术之间的关系，不是一种历时性的先后关系，而是一种共时性的同步关系。在实际的写作行为中，它们是统一在一起的。但是，二者在性质上仍有区别。在实际的写作思维活动中，写作思维智慧对于写作思维技术所起的作用是根据写作时的主客观因素的制约，灵活地对写作内容和形式的思维操作进行取向、选择、详略、强调、监控、应对。写作智慧的这种作用，从写作行为一开始一直伴随到文章修改。

在写作的感思（灵感）阶段，写作智慧这种取向、选择、详略、强调、监控的作用，是以胚胎的形式，以高速、缩微、直观、感觉的方式进行的。此后的情形，则是对这种写作智慧胚胎的放大、展开、理性化、意识化。

以下，我们将写作过程中写作思维技术与写作思维智慧结合、统一的操作机制的大体情形进行一个基本的描述，以供读者参考。

在写作的主题确立（立意）阶段，作者怀着拓宽思想、心灵、情感境界的主题意识（深化与泛化），运用分析与综合的思维操作（模式）技术——例如，原因分析、背景分析、功能分析、相似综合、空间综合等——以实现这一立意的理想。这时，写作思维智慧的使命是判断运用这些写作思维操作技术之后而生成的主题、立意的价值取向，在社会读者和个体读者心目中将产生什么样的效果、影响。如果这种接受、传播效果有助于文章写作意图、目的和文章功能的实现，那么，写作思维就对此不加干预。否则，写作思维就对此加以干预。干预的方法是变换原来立意的价值取向，选择另外一个适合于实现写作意图和目的、文章功能的立意角度。这种立意价值角度的应对性变换，就是立意时写作策略的具体体现。

在赋形（选材、构建）阶段，作者将会运用重复（渲染）与对比（反衬）写作思维的操作技术，来吸附写作材料，建构文章结构。这材料是意思（主题、立意）化的材料，这结构是意思（主题、立意）化的结构（赋形）。在这个过程中，作者仍然要运用分析与综合的若干思维操作技术（模式）——例如，原因分析、背景分析、功能分析、构成分析、类型分析、程度分析、层次分析、过程分析、相似综合、空间综合、时间综合、程度综合等——来重复与对比，完成主题的赋形。这时，写作智慧的使命和责任是，面对具体的写作时空背景、具体的文章读者的现实规定，判断运用这些写作思维的一般操作技术生成的写作材料、文章内容（用来重复和对比主题、立意的材料，即结构元素）的传播效果是否有助于自己的文章功能、写作意图的实现。如果有利，写作思维对此就不加干预，否则，写作思维就会加以干预和矫正。干预和矫正的方式是变换分析和综合的价值取向，运用重复与对比的写作思维操作技术，重新生成新的写作材料，从而生成新的写作材料和写作内容的意思（主题、立意）赋形——新的重复与对比的深层结构。

文章结构的形式有多种，单线索结构、双线索结构、多线索结构，平面结构、立体结构，非线性结构等，写作智慧的使命是根据特定的写作内容、材料，针对具体特定的时空背景和读者，选择使用某种结构形式，以实现自己的写作目的、意图。

上述写作阶段的写作智慧，主要解决的问题是写作内容（材料）和形式（结构）的最优化选择问题。这些东西只是写作赋形思维，而不是文章的语言文本。要把这些写作行文思维变为文章文本，还必须通过语言传达——行文措辞。

到了行文措辞阶段，写作智慧的作用变得更为突出。写作传达，并不仅仅是对行文思维的内容被动地进行展开、立体化，而且还要根据具体的时空背景（写作文化、时事政策背景）、具体的文章读者，对写作构思的内容进行主动性定性、定位，定点性的选择、调整。也就是说，此刻作者关心的是，将行文思维的内容细化为文章基调、语气、风格、节奏的语言之流，以实现自己的写作意图、写作目的，实现文章功能。因为，同样的写作构思内容，完全可以写成不同基调、语气、风格、节奏的文章文本，而它的传播效果、文章功能可能是迥然不同的。因此，需要在写作传达之时，对未来文章语言的基调、语气、风格、节奏等感性内容进行“二次酝思”。这种“二次酝思”就是一种写作策略的选择，就是写作智慧的集中体现。

这种“二次酝思”是一种深度酝思。它主要是对文章语言情态的酝思，既是一种文章非内容（材料）酝思，也是一种非形式（结构）酝思。由内容和形式构成的文章是写作的载体，是写的对象、客体，因此，人们一般所讲的“构思”其实只是一种对象性、客体性、理性化酝思。而“二次酝思”则是一种主体性、感性化、工具（语言）性构思。

要传达好文章的基调、语气、风格、节奏，就必须谋划好文章的一系列传达角度——情感态度的角度、叙述者（人称）的角度、视点角度等——的切入问题。这个切入点便是生成文章传达胚胎——文章开笔的唯一途径。文章的传达（起草行文）只能在这个胚胎之上复制与生长。

在传达阶段，起草行文的写作行为所运用的思维操作技术，仍然是作为写作显性思维的重复与对比（或者说渲染与反衬）和作为写作隐性思维的分析与综合的多种模式。由于写作传达阶段是写作思维宏观（结构、篇章）与微观（句段、话语）的统一、结合，因此，写作传达（起草行文）思维只是把上述显性和隐性的操作技术同时运用在宏观和微观的层面上。这时写作智慧的使命和责任就是在起草行文的过程中，保证使写作行文思维生成的更为具体的写作材料、内容与一定时代地域的写作文化、时事、政策背景和具体面对的文章读者相适应、相协调，使其基调、语气、风格、节奏与传达之初（“二次酝思”）的文章基调、语气、风格、节奏相统一，从而保证写作目的、意图和文章功能的最佳实现。

在写作修订阶段，写作智慧的使命和责任是根据写作目的、写作意图和文章功能，根据具体的时空背景（写作文化、时事、政策背景），面对具体的读者，感觉、检查在已经完成的文章初稿中，上述三种因素在文章主题立意、标题、选材、结构、谋篇布局、基调、语气、节奏、风格上是否和谐、协调，如不和谐不协调，就应加以修订、改正，以追求文章内容和形式的最佳化、理想化。

在写作的编辑（清誊）阶段，写作智慧的使命是以最美的文本形式取得读者的好感，使之乐意阅读，轻松愉快地阅读，这也是一种写作策略。这就必须针对具体的读者对象，选择文本布白形式，处理空白与行距的选择，选择字体、字号、修饰。这里，大有文章可做，仍然有许多灵活性策略性的东西，需要写作者去选择、去决策。

现在，我们已经清楚地看到，在写作行为过程的每一个环节里，写作思维的智慧是怎样和写作思维的技术一起，共同完成文章的内容和形式、客观与主观的种种写作思维、写作策略的决策与监控、校正的。可以说，没有或缺少写作智慧参与是写作者写作失败的关键所在。

## 二、写作智慧思维的内在机制

毫无疑问，写作智慧是写作思维领域的事情。但是，写作智慧似乎不像写作思维技术那样有一套操作模式，有章可循，而是一种只可意会不可言传的经验和感觉。写作智慧学的任务就是要将写作智慧从写作经验的状态提升为写作原理的科学境界。

那么，写作智慧的原理、操作规律是什么呢?

现在，我们来分析写作智慧更为具体的表现形态。在现实写作中，文章写作者的写作意图、目的，绝大多数都是希望读者接受自己的观点，使读者和自己达成共识，形成一个和谐的统一体，就像我们上面对写作过程中写作智慧的描述那样。但是，我们不能因此就说，世界上所有文章写作的功能、目的、意图都是如此。有些文章的写作意图、目的就恰恰与此相反，作者就是希望你不接受他文章中的观点，就是企图用这篇文章来加速双方的冲突、对抗，从而达到自己文章之外的其他目的。例如，在电视剧《决定中国命运的决战》中，蒋介石让陈布雷写给毛泽东的邀请他来重庆谈判的信就是如此。蒋介石写这封信的目的，就是不想让毛泽东来重庆，所以在信中给毛泽东来重庆设置了许多障碍。这是蒋介石的政治阴谋，这封信，就是一种写作智慧、策略的运用成果。

由此可以看出，写作智慧在现实写作思维中表现为两种策略形态：一是协调，一是对抗。所谓协调的写作策略，就是让写作材料、内容的性质和“二次酝思”的非内容的语言传达基调、语气、节奏、风格是和谐统一的，并且能为环境与读者所接受，让作者与读者、环境形成一种和谐、协调的关系，从而使读者接受作者的文章主题立意，实现自己的写作目的、意图、文章功能。所谓对抗的写作策略，便与此相反。作者在文章中直接表达的写作目的、意图和作者内心真实的深层的写作目的是矛盾的。因此，作者在写作时，就故意让写作材料、内容的性质和“二次酝思”的非内容的语言传达基调、语气、节奏、风格形成一种矛盾冲突的关系。这样，让作者与读者、环境形成一种对抗、冲突的关系，于是，文章表面上的主题、立意将不会被读者和环境所接受，从而实现作者内心真实的、深层的写作目的、写作意图和文章功能。当文章的主题、立意和文章的角度、基调、语气有矛盾、冲突时，作者要么是写作的天才，要么是写作的蠢材。

从上面对写作智慧的两种形态的分析，我们看出，与协调相比，对抗是一种更加精彩的写作智慧，更富于谋略性。在文章中，那种非主题、非材料、非内容的主观性的角度、基调、语气、节奏、风格比文章主题、立意、材料、内容更能表达出作者内心深处真实的观点、主张、思想、情感、态度。后者，既可以表达思想、情感，也可以掩盖思想、情感。而前者则只能表现思想和感情。由此可以看出，写作智慧在现实写作行为中的作用有多么重要，写作智慧学研究的意义有多么大。

## 三、写作智慧的思维操作

写作智慧作为一种思维形态，它不应该只是一种感觉，而应该是有规律可循的。那么写作智慧的思维操作又是怎么回事呢？在这里，必须分析写作智慧在写作策略决策中的真实情形。写作智慧的显性思维是使文章写成后营造一种协调或对抗的文章传播效果，这是写作智慧的目标所在。这里关键就是如何判断写成后的文章的内容、形式、基调和读者、环境的关系、感觉，是协调还是对抗。大体说来，首先进行角度和基调、语气的定性感知、监察，即对文章的内容、形式所传达的角度和感情、态度的性质进行判断。然后是运用因果分析中的功能分析法，分析这种角度、基调、语气将会使读者产生什么样的感受，读者有了这种感受后又会产生什么样的后果。如果文章已经能营造出协调或对抗的文章传播效果，说明你在写作中已经恰当地运用了你的写作智慧——对有利因素的利用，对不利因素（写作障碍、写作禁忌）的消解——来进行写作思维。如果没有营造出协调或对抗的文章传播效果，那么，作者就要运用因果分析中的原因分析，分析写作构思与表达中的哪些原因导致了这种状况。然后，作者根据分析出来的问题进行校正，即对有利因素的利用，对不利因素（写作障碍、写作禁忌）的消解。显然，与其他写作思维一样，所运用的方法仍然不外是分析（作为因果分析的原因分析和功能分析，以及构成性分析等）和综合（性质判断、效果判断）。

至此，我们发现，写作思维是一个内涵丰富的概念。狭义的写作思维就是作为选材、结构、传达的内在机制的重复与对比的思维操作模式、技术以及作为写作智慧的思维模型的协调与对抗。广义写作思维还包括日常的思维操作模式、技术——分析与综合。可见，日常思维的操作技术既为重复与对比的狭义写作思维——赋形思维——服务，也为协调与对抗的狭义写作思维——写作智慧、策略思维——服务。

同时，我们还发现，就狭义写作的思维模型的性质来讲，赋形思维的思维模型——重复与对比，与策略思维的思维模型——协调与对抗，二者具有同质性、相似性。因为，重复导致协调，重复也是协调；对比构成对抗，对比也是对抗。因此这二者具有通约性。甚至我们觉得，似乎这是同一个（写作）思维原理，只是在两个不同（写作）领域的运用、实践罢了，所不同的是，重复与对比是指对主题、立意的意思的协调与对抗。协调与对抗是指主观与客观、作者与读者之间在角度、基调、语气上的重复与对比。

也许有人把应对性能力理解为他者化、妥协化行为，其实这是不妥的，因为，写作智慧既包括协调，也包括对抗。如果说协调是一种主体间对话的类的本体化关怀的话，那么对抗则是一种纯个体化的本体化关怀。

作者通过对“角度、基调、人称、语气、视点、语感”的最佳化选择，产生了最优化“立意、选材、结构、谋篇、传达”，既表达了作者自己的意愿，又考虑了读者的接受。应该指出的是，这里的本体性关怀已经不是纯个体性的，而是“类”性的了。假如从纯个体性的角度来看，立意、选材上的写作智慧（应变性能力）关乎作者的本体性关怀，而体裁、传达语言上的写作智慧（应变性能力）则是一种变通性妥协的异己化、他者化因素。

作为一种实践行为的写作，它所要达到的目的，就是在写作感知的基础上，提炼最佳的主题、立意，并将其展开，形成文本，以感动或说服读者，从而使读者接受这些信息。因此，写作智慧就是达到这一写作目的、实现文章功能的能力。

根据上述分析，我们将再次审视重复与对比的狭义写作思维模型和分析与综合的日常思维操作技术模式在写作行为（智慧）中的重要意义。

总之，写作思维智慧（写作策略）和写作思维技术的关系，或者说写作智慧和写作思维的关系，就是军事中的战略与战术的关系。一篇文章的写作既要研究最优化写作策略，又要运用写作思维的操作技术，这样才能写出好文章。

## 第 3 节 当代写作智慧论研究述评

当我们把当代写作学的研究视点聚焦于“写作智慧”问题上时，我们会发现，中国当代写作学不仅是对写作思维的探索，也是对写作智慧的探索。而且，对写作智慧的探索，尤为引人瞩目。

从上面我们对写作智慧的描述和研究来看，所谓写作智慧研究，从广义上说，就是为了实现自己文章的写作目的、意图和文章功能，把研究视野由文章、技巧、过程、主体的研究，转向或拓展到对特殊的时代地域的写作精神、时事政策背景和具体读者对象方面的可接受性的研究。或者说，凡是将抽象性、形式化的写作学研究，转向语境性、功能性的写作学研究，都应属于广义写作智慧学的研究。而狭义的写作智慧学则主要是指对新的时空背景中的新的写作规范、写作精神的创造性发现，对写作禁忌的巧妙消解和对文章写作的不可接受性运用的研究。从写作实践的经验体会来看，狭义写作智慧，比广义写作智慧困难得多，需要更多或更高质量的智慧。

中国当代写作学对写作智慧研究的进展，是从最初的广义写作智慧研究，到现在的狭义写作智慧研究；从最初的下意识的经验式写作智慧研究，再到今天的有意识理论化的研究。由此表明，中国写作学界对写作智慧的研究正在走向成熟，这也表明中国写作学界对写作思维的研究和写作原理研究的成熟。

今天，当我们来述评中国当代写作学关于写作智慧研究的时候，人们不应该忘记程福宁的《文章学基础》、余国瑞主编的《经济写作与技法》这两本书。

## 一、“应对思路”理论

在《文章学基础》中，程福宁有一个非常重要的也是非常简单的观点：“交际是文章的宗旨。”并把它作为“文章的四要素”之一。在他看来，文章是为了社会交际的，没有交际就失去了表达的意义。他认为作为文章的交际要素，具体的表现就是“隐含在每篇文章里面的针对性”。“譬如说，文章要讲究行款格式，要讲究体裁选择，要讲究行文语气，要讲究生动活泼，等等。这些都是为了什么呢？总而言之，都要针对节约、效能的交际要求，针对某种特定的需要，针对某个特定的环境，针对某些特定的对象，以谋求最好的交际效果。因此，可以这样说，每一篇宗旨明确的文章背后，都站立着一位（或一群）特定生活环境中生活、有着特定需要的读者。”① 显然，这种对于写作活动中所面对的特定环境、特定读者等变动性因素制约下的最佳交际效果的写作学研究，应该是较早的写作智慧研究，只是没有把这个问题上升到原理和内在机制的理论层面上去。作为开创性研究，这是不应苛求的。

进入20世纪90年代，周德仓主编的大学写作教材《写作素质训练教程》② 在这个基本思想的基础上进行了理论概括。该书的两个写作学概念是应该注意的：一个是“得体”，一个是“应对思路”。其实这两个概念讲的都是写作智慧的问题。“应对思路”就是为了使文章写作“得体”的思路（思维），或者说为了“得体”而思维必须“应对”。在这里，“应对思路”就是一种“应对智慧”、“应对策略”。

“所谓‘应对思路’即是在写作中，根据特定的目的、身份、对象、场合选用恰

① 程福宁：《文章学基础》，102页，长沙，湖南大学出版社，1987。
② 周德仓主编：《写作素质训练教程》，上海，东方出版中心，1998。

当的体式和措辞的思维模式。"[1] 即在写作时要回答这样四个问题：为什么目的说话，以什么身份说话，向什么对象说话，在什么场合说话。这些问题探讨了在写作传达的话语阶段的限制话语生成机制，涉及写作中的读者意识、语境意识、身份意识等新的写作学问题，是具有写作学的当代性的。现在看来，所谓"应对思路"就是面对具体的写作目的、作者身份、读者对象、语境场合时，作者写作思维策略的选择。所以"应对思路"问题已经真正涉及写作思维智慧策略的研究了。"应对思路"的概念和我们80年代初提出的"写作控制场"概念相似。因为在写作中，写作的内容、体裁、语言不仅受主题的控制，还要受读者方面、语言环境方面和作者自身身份的限制和控制，这些控制因素形成的种种写作意识便构成了写作思维的"控制场"。作者正是在这些"场力"或"力场"控制下进行写作的。这些问题，以往的一些写作教材虽然也曾涉及其中一两个因素，但是从未有人将这些因素作整体思考，并上升到概念和范畴的高度上去。而《写作素质训练教程》独立研究并提出了这个问题，使我们感到十分亲切。这说明，写作智慧策略问题，确实是一个带规律性的写作基本原理。

从《文章学基础》到《写作素质训练教程》是写作智慧学研究的第一条思路。写作智慧研究的第二条思路，则是由郭长才、余国瑞主编的《经济写作系统与技法》[2] 开辟的。

## 二、"功能—结构"理论

如果说程福宁的观点是从文章交际的角度涉及了写作智慧研究的话，那么，余国瑞主要是从系统论的角度涉及了写作智慧问题，从书名上我们已经能看出这一点来。系统论把系统与系统存在的环境看做是一个更大的系统，而系统与环境又进行着信息、能量的交流，使系统趋于有序。任何系统都有其结构，而不同的结构有不同的功能。结构一方面是为了功能服务，另一方面又受环境的制约。系统的方法就是优化结构，实现理想功能的各种理论、规律、方式、技巧和技术的总称。余国瑞认为，经济写作也是如此。于是，他提出了系统论色彩的"功能—结构"经济写作理论体系。他特别重视经济写作环境对经济写作的重要制约作用研究。他认为，经济写作环境包括三个层次：社会环境、经济环境、读者。经济写作的功能就是经济写作目的，经济写作的结构就是经济写作文体。经济写作系统的写作方法，就是"采用一切可能采用的方法（如分析读者的需要与心理，选取恰当的表现角度，充分地占有材料，确定合适的体裁，运用恰当的表达方式，锤炼语言等），优化结构，实现理想功能"。他认为这就是经济写作的基本规律。所以，该书对数百种经济文体写

① 周德仓主编：《写作素质训练教程》，127页，上海，东方出版中心，1998。

② 郭长才、余国瑞主编：《经济写作系统与技法》，北京，科学出版社，1991。

作知识进行描述时，都分为三个层次：功能、结构、方法。这种强调实现理想功能（写作目的），优化结构，重视写作环境，注意分析读者的需要与心理，选取恰当的表现角度，充分地占有材料，确定合适的体裁，运用恰当的表达方式，锤炼语言的写作学研究就是写作智慧学的研究思路。

余国瑞主编的《经济写作》[①] 和《科技写作》[②] 中，他把这种"功能—结构"文体写作理论，进行了进一步的理论提升。在该书关于"经济写作学的研究方法"中说："本书采用的研究方法，是把经济写作这种特殊的精神生产活动的整体及其各个环节、各个部分都作为一个开放系统，分析它们之间的功能和结构的关系，即分析它们与环境的关系及它们内部构成元素之间的关系，力求从相互联系和整体上认识与把握它们的规律。这就是系统方法。"他认为，所谓功能，就是系统和环境所处的关系。其实，更准确地说，这种"关系"就是一种"满足"、适应、协调的"关系"："如果把某篇文章作为一个系统，特定的社会和读者就是与它关系最密切的环境因素，满足特定社会的需要，便是它的主要功能。"所谓写作结构系统，则是指"写作系统的内部构成元素及组合方式，建成写作结构"。他认为所谓经济写作的目的就是作者对客观存在的经济写作功能进行主观反映。"功能"是文章所起的作用，"目的"是作者的主观意图。写作的"目的"与"功能"并不是天然一致的。写作的过程，就是要使写成的文章所起的功能与作者的主观写作意图吻合、协调，使二者趋于一致的过程。

实际上，"功能—结构"写作理论的提法本身还是一种文本"分析"式的提法，如果真正从"写作学"的角度来表述这一理论，应该叫做"目的—方式"论的写作理论。正是因为这个原因，在这两本教材中，余国瑞认为："写作目的是写作活动的动力和方向，正确、合理的写作目的是控制写作过程最积极的因素，它在写作过程中随时调节着主体和客体的关系，规定写作活动的方式、方法和性质，有序地整合写作活动和写作产品的各个环节和各种要素，使功能与结构趋于统一、完美。"所以，该书把写作目的作为研究的重点，并认为，在写作时要明确三个问题：为什么写作，写什么，如何写。

这两本教材还认为写作的"功能—结构"系统不是静态的，而是一个动态的辩证发展过程，"即功能和结构相互矛盾、相互作用、相互转化的运动过程"。从《经济写作》对《试论保护农村生态环境的对策》一文写作过程中的"功能与结构相互转化过程"的描述与思维结构图示来看，这个"功能与结构相互转化的过程"其实就是写作的"知行递变"原理的体现。这样，"功能—结构"理论被赋予了更多理论性、原理性。

我们之所以认为，"功能—结构"的经济写作学是一种写作智慧的研究，是因为

---

① 余国瑞主编：《经济写作》，北京，高等教育出版社，1998。
② 余国瑞主编：《科技写作》，北京，高等教育出版社，1998。

这种写作学注意到了怎样在现实写作环境和具体读者需要的制约下，为实现理想的写作功能（写作目的）而创造性地选择恰当的写作方法。在这里需要的不是一般写作思维技术，而是变动不居的写作思维的智慧。

## 三、“写作文化”理论

进行写作智慧研究的第三条思路是马正平于 20 世纪 80 年代后期开始的“写作文化”研究。在 1988 年乐山会议上，写作文化概念和理论的提出及其后来的写作文化研究，是典型的写作智慧研究。因为作者对新的时代的“写作文化”（时代新的时空情绪、价值取向、思维方式、写作规范）的发现是写作者的写作智慧的体现，这样更能引起读者和全社会的阅读共鸣，从而实现自己的写作功能。当时，我们把发现“写作文化”，使写作文化引起共鸣的能力，称为写作的“大技巧”，即控制写作（小）技巧的技巧。当时所谓“写作大技巧”，其实就是今天讲的“写作智慧”。

## 四、“表达空间”理论

写作智慧论研究的第四个思路是周森龙所进行的写作社会学方向。其写作智慧论思想集中表现在“表达空间”这个概念上。他认为任何写作都存在一个“表达空间”的问题。“所以，写作必须注重表达空间的把握，讲究策略与方法。”① 什么是“表达空间”呢？他认为：“表达空间是指时代、社会、读者预留给文章思想存在的一种可能性空间。”② 这种“表达空间”就是写作者对文章内容的价值评价离写作禁忌的最远距离、边界。因此，“表达空间本质上指的是写作的自由度问题”。他认为，表达空间具有三个特征：“首先，表达空间不是由单因素规定的，而是由诸如时代精神、社会经济政治制度、历史背景、文化条件、宗教信仰与读者素质等共同决定的。这些因素之间的关系，如果相谐调，则表达空间大，否则相反。其次，表达空间是预留的。……再次，它是一种可能性空间。”③

他还对表达空间的分割问题进行了阐述。他认为：“社会的政治制度、宗教教规、经济制度、法律、历史、文化、民俗、时尚等，均要求着同时也限制着思想的表达空间。我把它们归为最主要的三种。第一是时代精神，它代表的是社会发展的历史必然性，是不以人的意志为转移的自然历史过程的精神要求。第二是主流意识，即统治阶级的思想意识。第三是民间话语，即广大民众的思想意识和要求。”④ 这些都是比较准确的。

① 余国瑞主编：《经济写作》，58 页，北京，高等教育出版社，1998。

② 周森龙：《现代写作论稿》，37 页，天津，天津人民出版社，2000。

③ 同上书，38 页。

④ 同上书，46 页。

从写作智慧理论来说，表达空间应该是一种消极的写作智慧论。首先，它所强调的是对写作禁忌的自觉意识和敏感，表现出写作者的被动与无奈。所以，在表达空间理论视野中，其写作的策略与方法就只能是被动的“协调”（“借”、“托”、“藏”）。事实上，这种意义上的表达空间也不是绝对的。物极必反，表达空间既可以是被动地接受，也可以是主动地创造。例如“对抗”的写作策略智慧能够创造主动式的自由表达空间。后者就是一种积极的写作策略智慧。

20世纪90年代末期以来，我们在对写作试思、写作角度、写作思维、写作禁忌的研究与反思中，逐渐走向了对写作智慧的有意识的理论研究。发现了“写作角度”问题是写作全过程中写作策略的决策问题；发现了“写作试思”中的“文章基调”、“文章开笔”问题则是写作传达的写作策略的谋划问题；发现了作者对写作禁忌的消解体现为一种高超的写作策略和智慧；同时发现了写作思维技术与写作思维智慧的差异性问题。于是我们把写作智慧问题从过去的混沌状态中突显出来进行专门的研究。

## 第4节　写作智慧论视野中的写作教学

每一种写作学研究都是为了优化写作教学而研究的。正如每一次写作学理论的建立都要影响写作教材的体例设计和写作教学的方法变化那样，今天，当我们对写作智慧学进行了系统的理论研究之后，必然要进行写作教学方面的研究，提出与之适应的写作教学论——写作教材体系与教学方法体系。

与以前所有写作理论不同的是，写作智慧学是一种整合的理论而不是一种片面的理论。在写作智慧学视野下的写作教学，就应该对此前所有科学的写作理论进行一次整合、融汇，因为，在写作智慧学的视野下，所有的写作技术与艺术都受其调度驱遣、综合应用。在写作智慧学的教学视野中，写作教学的全部目的就是使学生熟练地掌握写作思维技术和写作智慧的思维策略模型，因为，真正的写作行为就是用写作智慧的思维策略模型去监控、校正写作思维技术的运动方向，使之为完美实现自己的写作目的、写作意图和文章功能服务。

### 一、培养训练学生熟练的写作思维技术

写作思维技术中包含两个层面的东西：一是广义的写作思维操作技术，广义的写作思维操作技术其实就是日常思维技术，即“分析”与“综合”的思维操作技术；一是狭义的写作思维技术，狭义的写作思维技术包括作为主题赋形、选材结构的思维操作模式——“重复”与“对比”，以及文本思维的操作模式——渐进与平列。

## 二、培养学生牢固的写作智慧的思维策略模型

写作智慧的思维策略模型有两种：一是"协调"，即作者的写作目的、文章功能和时代写作文化、具体时空背景和具体的读者需要之间的"合情性"，文章主题内容和语言态度之间的和谐感；二是"对抗"，即作者的写作意图、目的、文章功能和时代写作文化、具体时空背景、具体的读者对象之间的矛盾性，文章主题内容和语言态度之间的不统一性。

## 三、强化写作功能意识和写作环境（时事背景和政策背景）意识

在写作教学中要强化写作功能意识和写作环境（时事背景和政策背景）意识。因为只有具备这几种写作意识，才有可能产生写作智慧、写作策略。因此，在写作原理的教学中，一方面要讲清写作思维的种种操作技术、原理，另一方面还要讲清写作思维的智慧、策略操作的原理，然后将二者整合起来。在写作过程教学中，对每一个写作过程环节，也要讲清写作思维的这两个层面的原理与操作，并进行相应的训练。

## 四、文体写作教学中的写作策略教学的设计与训练

在文体写作（尤其是应用文体写作）教学实践中，要将某种文体的学习置于某种具体的写作环境和具体的读者对象面前，最好将学生带到现实的写作环境、现实读者面前进行写作实战演习。教师要指导学生对现实的写作环境（时代、地域、时事背景、政策背景）中的有利因素和不利因素（写作障碍、禁忌）进行详细分析，然后选择写作策略，进行写作思维。在课堂教学训练中，要超越抽象化的"格式加例文"的令人讨厌的无效劳动，设计出具有具体的、复杂的写作情景和情境、具体读者对象的案例式、套餐式文体写作教学训练体系。

在进行这种文体写作教学训练体系的设计时，不仅要进行这种文体写作的一般理论（文体规范）和写作智慧的教学与训练，而且还要将文体写作全过程的写作思维技术与写作智慧、策略选择的训练引进文体训练的课堂教学中来。让学生学会在这种文体写作过程中将写作智慧、策略的思维和写作技术的思维操作结合起来，利用有利的写作材料、内容因素，消解写作障碍、写作禁忌，使文章实现自己真正的写作目的和文章功能。在这种障碍式的文体写作训练中，提高自己创造性解决写作问题的能力，这才是真正的写作能力，因为，真正的写作能力就是一种应对变动不居的写作情境带来的重重障碍的写作智慧。

在进行这种文体写作的设计训练时，不能奢望一蹴而就，要对一个问题进行多层次、多侧面、多途径的训练，这样才能将写作思维的技术和写作思维智慧的知识

转换成能力、智慧。同时，不仅学生要练习，而且教师也要进行这些思维技术和智慧的操作演示，变写作的讲师、教授为写作教练、写作导练，让学生看到老师的文章是怎么写的，从而学会这类文章应该怎么写，学会运用写作思维的技术和智慧。

这将是一种别开生面的具有实际效果的真实性写作、真实性教学、真实性训练，将培养出学生真实性的能应对现实复杂的写作活动的写作技能和写作智慧。而这，显然是我们时代的需要，也是我们写作学界和写作教学界多年来的最终理想。

写作智慧其实并不是什么玄妙的东西，它只是具有一种写作思维的灵活性、应变性、情境性而已，它并非写作学者的虚构，而是每一个要进行写作的人时时处处都要碰到的最具体的写作行为的现实。它逼得我们对这个写作学的难题做出科学的解答。同时，写作智慧学也并非一个陌生的概念，实际上，中国写作学从 20 世纪 80 年代起就在进行探索、研究，只不过过去我们对它的研究是无意识的、经验性的、零碎的，而现在我们对它的研究则是有意识的、理论化的、系统性的了。于是，写作智慧学就是一种综合性的集大成的写作学研究了。

在上面两章中，我们分析了写作立意思维、赋形思维、路径思维、策略思维的操作模型。这几个模型中，除了第一个是写作中的认识性思维，第二、第三个都是创构性思维，第四个则是思维的对抗与协调（灵活性）的问题。因此，不难看出，写作思维是认识性思维、创构性思维、应变性思维的统一、结合。

在创构思维的分析中，虽然我们把它从现实的写作思维中剥离出来作抽象的分析，分析成三个层次、层面，但广义写作思维的实际情形是在瞬间完成的。它是一个瞬间历时性的准共时性结构。在广义写作思维这个三维结构中，作为结构的路径思维的分析与综合是赋形思维到行文思维的中介：一方面它参与重复与对比的主题分形的建构，另一方面它又参与渐进与平列的行文思维的建构。

再做进一步的分析，我们便会发现，在写作思维过程中，不论是立意思维还是创构思维，它们同时都具有两个层面：一是感性的空间性境界性思维，在立意思维中是拓境（拓展心灵空间、境界），在创构思维中是主题分形（赋形）；一是理性的时间性认识性思维，在立意思维中是深化与超越，在创构思维中是分析与综合。实际上，深化就是因果关系的分析（原因分析、背景分析、功能分析），超越就是心灵的空间、境界的综合。可见，深化与超越只是一些局部的分析和综合。

在这两个层面的思维中，作为第一层面的感性的空间性境界性思维是前提，是动力，是第一性的，是处于决定性地位的，而理性的时间性认识性思维则是手段性的，操作性的，从属性的。前者是内容，后者是形式。因此，我们把前者称为显思维，而把后者称为隐思维。我们这样命名的用心，在于对前者的有意注意、强调。在我们看来，它才是写作思维之魂，是文心，是诗心，是艺道。

这就是广义写作思维的基本原理。这也是形象思维、艺术思维的基本原理。

## 【基本概念】

智慧　写作智慧

## 【复习思考题】

1. 写作智慧的本质是什么?
2. 写作智慧的思维性质和意识特征有哪些?
3. 智慧有哪些本质的特征?
4. 试述写作智慧思维的内在机制。

# 第 15 章

# 写作措辞学（上）

当日唐虞纪载，必待史臣，孔门贤杰甚众，而文学独称子游、子夏。可见自古文字相传，另有个能事在。

义理、书卷、经济者，行文之实；若行文自另是一事：譬如大匠操斤，无土木材料，纵有成风尽垩手段，何处设施？然有土木材料，而不善设施者甚多，终不可为大匠。故文人者，大匠也。神气音节者，匠人之能事也；义理、书卷、经济者，匠人之材料也。

——（清）刘大櫆

每种文化都有其独特的思维方式，而怎样思考则在一定程度上决定了怎样写作。因此，要想用英语写好文章，外国学生应该明白讲英语的人通常怎样组织其思维。这种组织思维的形式我们称之为思维方式。

——［美］罗伯特·班德尔

## 第 1 节　行文措辞学是写作学研究成熟的标志

### 一、从宏观到微观是科学研究发展的必然逻辑

在人类探索自然界客观事物奥秘的科学历程中，有两条路向指引着人们的科学探索活动。一是空间方面总是经过了宏观—中观—微观的过程，更准确地说是经历了一个宇观—宏观—中观—微观—渺观，或星系—恒星或行星—宏观—分子—原子—核子—……的过程。科学研究对象进化的序列表明人类科学研究水平的提高。

从某种意义上说，科学研究越到微观层面，其研究难度越高，然而，越是微观世界的规律对人类的意义和贡献越大。因此，当代自然科学的前沿总是集中到微观的科学研究领域。例如，物理学中的核子、中子、夸克，生物学中的基因学，化学中的原子学说，如此等等。二是从简单、规则到复杂、混沌，从静态转向动态的研究。当代世界前沿学科中的混沌学、分形论以及非线性动力学就是如此。

在人文科学中，这种路向也同样存在，只不过表现得更加隐晦：一方面是由宏观到中观到微观；另一方面，这样的转向在历史上多次出现，其研究发展过程以螺旋形的方式不断深化，不断掘进。中西写作学的进化、发展也是如此。

## 二、从宏观到微观：西方写作学史的规律

在西方，古典写作学经典亚里士多德的《修辞学》最早关注的是文章写作中整体的、宏观的“理论与材料”、“文体风格”问题和中观的“文章布局”（开头、中间、结尾）问题，到了古罗马时期，这一修辞学框架发展为西塞罗的“五艺说”——（1）觅材取材；（2）布局谋篇；（3）文体风格；（4）记忆；（5）讲演技巧。在亚里士多德那里，“文体风格”是作为整体的风格来理解的。而在西塞罗那里，“文体风格”是作为整体的文体来理解的。这样，宏观、中观的研究实际上已经朝微观研究方向发展。到了中世纪，古典修辞便更加转向微观的文体研究，这一时期的修辞学发展称为强调微观行文的文体学研究，所以人们称这个时期的修辞学为写作学。在文艺复兴时期，修辞学转向了更加微观的修辞格研究。实际上，修辞格修辞学的兴起是行文研究的开始。到了 20 世纪，修辞学正式发展为文体学。这时候的修辞学一方面研究行文中的“词—句子、段落—文章”的构成规律，一方面研究行文中的修辞格问题，修辞学的宏观研究，即古典修辞学被冷落。而当代修辞学走向了重新深化整合的研究阶段。一方面古典修辞学即论证说服的篇章论的修辞学得到了复兴，并且得到深化；另一方面则重视写作思维，强调对主体人格、读者人性、修辞认知、问题判断、修辞动机、修辞情景的研究。后者是关于真实写作语境下行文规律的研究。

## 三、从宏观到微观同样是中国写作学发展的规律

中国古代写作学的最早成果是《诗大序》中的“六义”说。其中，“风、雅、颂”是文章的“文体风格”问题，它属于写作学的宏观研究。而“赋、比、兴”则是关于诗歌立意和篇章结构的原理。“赋”是敷陈，“兴”指运思的先后，而“比”是事物内涵相似的相似思维，既是文章立意的原理，也是文章篇章结构的原理。曹丕的《典论·论文》，一方面讲文章类型的题材风格，一方面强调文章的“文气”。前者是写作学的宏观研究；后者既可指文章的整体感觉，也可指行文的节奏文气。

后者已开始注意行文的问题了。

到陆机的《文赋》和刘勰的《文心雕龙》，开始深化写作心理过程的研究，并将研究重点转向了行文。《文赋》对写作过程的研究，虽然讲了写作灵感生成、组织谋篇、文体风格，但大量篇幅还是讨论写作选择行为中的“意与辞”的关系、行文心理状态和心理活动问题。不过，陆机关于写作行文的思考还是停留在经验化的思维层面，并没有在这方面进行深入的行文思维原理的探讨，而刘勰《文心雕龙》便不同了。

在《文心雕龙》中，刘勰在宏观研究方面比前人深刻许多，讨论了写作的本体论问题——原道、征圣、宗经、正纬、辨骚，对文体风格和写作问题进行展开式的研究。在中观研究方面，刘勰对文章的谋篇布局问题进行了初步探讨，但刘勰的《文心雕龙》在中观方面的研究远不如在微观方面的研究——行文研究多。例如，在《文心雕龙》中，只有两篇（《镕裁》、《附会》）是有关文章结构的研究（其中有一半的内容还是讲行文问题），而讨论行文（所谓“联辞结采”）问题的有10篇之多——《声律》、《章句》、《丽辞》、《比兴》、《夸饰》、《事类》、《练字》、《隐秀》、《指瑕》、《养气》。

其实，在《文心雕龙》中，关于文章的结构、谋篇问题并无多少理论成果，而在微观的行文研究方面成果最为突出。例如，在专门的行文研究《章句》篇中，刘勰对行文主要概括出了这样的规律：行文基调变化问题、义脉思绪的连贯问题、对偶复制的句法问题、语言的音节韵律问题。

事实上，刘勰《文心雕龙》关于写作规律的研究，已经达到了当时世界的最高学术水平，这是西方修辞学和诗学理论所无法比拟的，其标志就是上述关于文章行文的微观研究成果。

这是中国写作学界一次由宏观研究到微观研究所形成的学术高峰。这是第一个回合。第二个回合便是再次由宏观研究到微观研究的深化性研究。宏观研究的标志是唐代古文运动的文道论和文气论，中观研究的标志是形成于宋元成熟于明代的“起、承、转、合”的章法理论，而微观研究的标志则是清代桐城派古文写作理论中的词章学。

桐城派写作理论的先驱人物戴名世和方苞主张的是“义法”。这里的“义”是“言有物”的问题，而“法”则是“言有序”的问题。“言有序”的本质还是一个思路意绪的秩序感问题，还不是微观研究而是中观研究。真正的写作学的微观研究是刘大櫆开辟的行文研究，即音节、字句研究：

> 神气者，文之最精处也；音节者，文之稍粗处也；字句者，文之最粗处也。然予谓论文而至于字句，则文之能事尽矣。盖音节者，神气之迹也；字句者，音节之矩也。神气不可见，于音节见之；音节无可准，以字句准之。

这是真正的行文措辞研究。

桐城派写作学家姚鼐提出的“义理、考据、词章”这一成熟的写作学理论体系，标志着中国写作学走上了第二高峰。而白话文运动的兴起则意味着中国古代写作学理论的终结。

## 第 2 节 行文措辞学的基本概念

### 一、何为行文措辞学

写作学的微观研究对象是指写作过程中行文措辞的规律。但是，在非构思写作学的视野中，写作行为的过程只有立意的生成和行文的展开两个大的阶段，即凡是不属于写作立意的问题，都应该属于写作行文的范围。这样，写作行文就是一个十分广泛的领域，既包括作为写作中观研究层面的写作思维问题，也包括作为微观研究层面的语言措辞问题。因此，当代微观写作学研究的应该是后一个问题，即行文措辞的问题。所以，我们把当代微观写作学研究的对象范围确定在这个层面。我们把对写作行为中句子生成的原理、规律的研究称为写作行文措辞学，简称措辞学。

为什么要命名为措辞学？我们也是颇费思量的。

从上得知，本来可以叫做行文学的，但是，真正的行文首先是文章结构大尺度上的行文（章的生成），然后是中尺度上的行文（段的生成），最后才是小尺度上的行文（句的生成）。前面两个尺度上的行文已经被写作思维学的赋形思维和路径思维的原理所解决。因此，若取名行文学便太笼统、宽泛，无法反映我们的研究重点。

其次，本来可以叫做修辞学或修词学的，因为，黄侃说：“作文之术，诚非一二言能尽，然挈其纲维，不外命意与修词二者而已。意立而词从之以生，词具而意缘之以显。二者相倚，不可或离。”

这里的“命意”就是立意的生成、确立，而“修词”就是对主题的展开和语词化，也就是我们讲的主题结构化或结构主题化的行为阶段。这也是中国最早的修辞概念。但是，由于自 20 世纪初以来的修辞格概念在中国现代修辞学界的盛行，今天一提到修辞或修词，人们自然联想到比喻、顶针之类的修辞雕虫小技，所以无法把写作行为中除了命意之外的写作行为称为修词。

但是，我们又希望保持黄侃等人的“修辞”或“修词”的概念，所以，我们选用了“措辞”的概念，以消除中国现代修辞学“修辞”概念的消极影响。此外，还有一个原因，许多作家和学者常常称他们的写作行为和活动为“码字”。其实，这是一个十分精彩的指称，很能反映写作行为的言说本质——文章写作活动、行为和建筑工作“码砖”活动行为的本质是相似的：都是根据操作图式和当下情景来调整砖与砖之间的种种秩序，一座宏伟建筑就是从这一块一块砖的选择、摆布、调整中完成的。在写作中，我们的语词、文字就是建筑文章大厦之“砖”。“码砖”就是对房屋的修建，那是修房，而“码字”就是“修文”，就是“修辞”或“修词”。孔子的“修辞立其诚”的“修辞”当作如是解。同样，黄侃的“命意、修词”的“修词”也当作如是解。

从上面的讨论中可以看出，为了研究的需要，我们将整体的行文过程分析为内在化的写作思维（赋形思维、路径思维、文本思维）和外在化的写作行文措辞两个层面来研究，其目的是为了揭示写作行文的整体规律。因此，上面所说的写作行文措辞知识属于写作行文研究的分析阶段的概念。而事实上，到了真正的现实的非构思的写作行文、写作措辞实践的时候，写作行文或写作措辞都应该而且必须包含写作思维的基本原理在内。

从当代写作学来看，许多学者的写作行文的概念，其实也是我们这里的写作行文措辞的概念。但是，我们认为，写作行文这个概念的意义侧重于写作的动态性，这个概念太表面化、结果化，而写作行文措辞这个概念强调写作行文的本质是对语词的调度、选择、安放。当然，这个概念也同样有结果化的倾向，但是，有了我们对写作思维原理研究的成果，用写作行文措辞这个概念来突出写作的语言操作问题就是有重要意义的了。

## 二、写作行文措辞的单位

行文措辞的表现形态是一个一个语句的制作、生成（写）。一次写作行为、一次写作行文、一篇文章的完成都是通过这样一句一句的写作来实现的。离开了这些句子的写作，写作行为的完成是不可思议的事情。因此，从这个意义上说，行文的本质就是句子写作，行文措辞学就是句子写作学。这样，句子的写作就是行文研究的主要、核心的对象。或者说，句子写作是行文研究的最小单位、细胞。

但是，文章是若干句子的有机组织、结构体——段落、篇章。因此，行文措辞学还要探讨一个句子写完后下一个句子写什么、怎么写的规律。这样，行文研究必须探讨段落的行文措辞规律。因此，段落写作又是行文研究的最大单位。

## 三、行文思维的心理结构

无论是句子的写作还是段落的写作，都存在一个由内而外的行为过程，即思索和措辞的过程，前者应该是行文思维的心理层面，后者应该是行文思维的言语层面、措辞层面。那么，行文研究的基本格局就是分别研究句子写作和段落写作中两个方面的内在机制、规律、原理。

# 第 3 节　当代写作行文措辞研究述评

## 一、行文措辞学：20 世纪现代写作学研究的盲点

20 世纪前 50 年的中国写作学主要是受美国文体学写作学的影响，研究记叙、描写、抒情、议论、说明几种文体和表达方式的表层写作行为规律问题，是一种表层的中观写作学研究视野。从 20 世纪 60 年代到 70 年代末期，转向“八大块”的文章构成的宏观研究，最后转向写作过程的表层化中观研究。80 年代中期则转向了写作主体论和写作文化学的宏观研究，90 年代开始转向深度的写作过程的思维学、写作智慧学的研究，这是写作的中观层面的深度研究。应该说，20 世纪的最后 20 年最重大的写作学研究成果是在写作学的宏观层面和中观层面。前者的成果体现在写作主体论和写作文化学，后者的成果体现在写作思维学和写作智慧学。而在写作学的微观研究方面，即写作行为过程的行文方面，没有什么真正突出的成绩，虽然这方面也出版了一些著作，但这些著作基本的学术话语还是停留在较低的学术层次上，基本是对西方文体学写作学知识的重复。

这就是说，当代写作学在关于写作主体素质能力结构的构成因素方面，在具体时代社会的意识形态、时代人文精神对写作行为的他律控制、自律化规律方面，在文章结构的写作思维规律原理研究方面已经达到了一个较高的学术水准，在国际写作学界也处于比较领先的地位。但是，在行文研究方面，具体地说在行文的措辞原理规律研究方面，总体上来看，基本是一个盲点，即使这一期间也有学者进行比较深刻的研究，但总体上研究水平不尽如人意。

但是，中国当代写作思维学研究的重大理论突破，又为微观层面的写作措辞学——即句子写作学研究提供了坚实的原理基础，因为，我们总是认为，在写作行为宏观层面的写作规律，在微观层面同样要以另外的面貌表现出来。因此，我们对写作的微观研究，即写作行文措辞学的研究是充满信心的。

纵观这些研究，主要是从两个方面进行探索的：一是文体学、语言学、修辞学的方向，一是心理学、思维学的方向。

## 二、当代行文措辞研究的文体学、语言学、修辞学方向

### (一)“机遇·文气·造语”说

当代写作学界最早对写作行文进行研究的是刘锡庆先生。他在 20 世纪 80 年代中期提出写作行为过程的“双重转化”的时候，比较关心“外化”的行文阶段的写作规律的探讨。他认为写作行文阶段要抓住这样几个环节：“得其机遇”、“贯通文气”、

“选词造语”。[①] 他认为：“所谓‘机遇’或‘灵感’，并不是什么‘天机’难测、‘神灵’奥秘的东西，而是人脑所具有的一种复杂的心理功能、心理想象，是人脑在高度亢奋情况下信息纷呈并相互沟通造成的那种最佳的‘思维势态’。”所谓“‘文气’包含着两个方面的意义。一个方面，也是它最重要的一个内容，应该是其内在的那种逻辑力量；另一方面，即‘气’的外在的表现形式，才是所谓自然音节、语气的问题”。所谓“选词造语”主要讲了行文措辞的“声音之美”，以及“语言之美”——“整齐之美、抑扬之美、参差之美”的问题。实际上，这是中国写作学继桐城派大师刘大櫆、姚鼐的“音节/文气”论行文措辞理论之后的现代阐释。这里的思考虽然比较简单，但是，毕竟抓住了行文中的文气控制、写作状态的达成和选词造语的控制等重要环节。这比刘锡庆先生70年代末80年代初在《写作基础知识》中的研究，无疑深刻了许多。这是对写作行文研究的开拓，其功不可抹杀。

**（二）“句型相似式”理论**

金长民先生认为写作行为是一个“三重转化”——物—感（知）—（运）思—（行）文——的过程。所以，他对写作行文进行了专门的研究。在他看来，“从写作的纵向发展过程看，当运思由整体到局部再到句子逐渐成熟时，待到行文，正好相反，要由句子到局部再到整体。自然，词、句的心理操作是行文组词成句的前提，段、层的思考是行文连句缀篇的基础。因此，思维成果向语言文字转化的连续过程可以表示为：体型（内隐思维）—面型（内隐蓝图）—线型（内隐言语）—点型（内隐字句），点型（外显字句）—线型（外显言语）—面型（外显篇章）—体型（外显思维）。由此可见，行文过程是与思维紧密相连，并借助语言由大到小进行心理谋划与设计，然后再由小到大进行组篇的符号化过程”[②]。

如果说对写作行文过程进行两个侧面的研究——从大到小的构思谋划的思维规律研究和从小到大的语言生成的规律研究，这是可以理解的，也是可取的。但是如果认为真正的写作行文实践的状态、过程就一定是“从大到小进行心理谋划与设计，然后再由小到大进行组篇的符号化过程”，我们认为这是不真实的。因为，写作行文的真实情形是思维的“大”（运思）和言说的“小”（措辞）是同时进行的。这种写作过程观基本不能成立。

那么写作行文过程的规律是什么呢？他认为：“这一过程的具体展开和体现是相似式的建构，所谓相似式的建构，基于这样的认识：世界上的万事万物之间存在着各种各样的、千丝万缕的联系，有联系就有相似性，相似才能相容和相互依存。同类事物，因其相互关系、环境、条件大致相仿或相当，其相似性更强。文章的句式、段式、篇式都有其同类相似处，这些相似处形成了此类区别于彼类的特征，在相似

① 参见刘锡庆：《基础写作学》，北京，中央广播电视大学出版社，1986。

② 金长民：《现代写作学基本原理》，379页，天津，天津人民出版社，1996。

式建构中必须分别体现其特征，否则，就混淆了类属关系。”[①] 他所说的“相似式建构”包括句型相似式（叙述句相似式、描写句相似式、议论句相似式、说明句相似式）、段落相似式（叙述段相似式、描写段相似式、议论段相似式、说明句段相似式）和篇章相似式（叙述类文章相似式、描写类文章相似式、议论类文章相似式、说明类文章相似式）。[②]

所谓“相似式”，其实就是一种文句图式（句型相似式）、文段图式（段落相似式）、文类图式（篇章相似式），这些各个层次上的“相似式”（文章“图式”）主要概括的是某类句子、某类段落、某类文章的基本写作方式。从根本上来说，是在过去的“表达方式”——记叙、描写、议论、说明——基础之上的概括化。下面我们看句型相似式的五种基本形态：

> 一是叙述句相似式。其特点是：直陈其事，不加烘托，毫不雕琢，语言洗练，简洁明快。
>
> 二是描写句相似式。其特点是：比喻贴切，文字色感强，有生动、传神的描绘，可用夸张加以修饰。
>
> 三是议论句相似式。其共同点：一是常用表明看法的判断语构成句子；二是能给人肯定、不容置疑的信念；三是语言庄重，以辨析、明理为主。
>
> 四是说明句相似式。其共同点：一是句势平稳；二是语言明白如话；三是以解说事物（事理）原有面貌为主；四是行文和缓，不枝不蔓。
>
> 抒情句相似式是上述四种句式的转换，是融合着主观情感的灵活运用。[③]

我们再看他概括出的三种段落相似式的模型：

> （1）记叙体段落相似式——“场面”。“场面”，是在一定的时间和空间由人物的行为和心理活动、事物的状貌和情态构成。也即“场面”的四要素为时间、空间、人物和事物。作为记叙类段落——一种基本相似式，“场面”的建构，主要从时空推移、人物行为内容和物象变化着眼。
>
> （2）议论体段落相似式——“论层”。“论层”在行文过程中是一个完整的、独立的论述单元，它具有最基本的论证功能，可以看做是缩小了的议论文。它的基本构成形式（总—分—总、总—分、分—总）以及所包含的要素（观点、材料、论证）与一篇议论文大致相同。
>
> （3）说明体段落相似式——“释项”。“释项”是行文过程中的一个着眼点、一个方面、一个相对独立的阶段。它是说明文的基本部件，其有序的联结，可

---

① 金长民：《现代写作学基本原理》，380 页。

② 参见上书，379～394 页。又参见董小玉主编：《现代写作教程》，87～90 页，北京，高等教育出版社，2000。

③ 董小玉主编：《现代写作教程》，88 页。

以构成一篇完整的说明文。“释项”，包括对象、内容、方法三要素，一般要对解说对象的成因、特征、作用或发展变化进行专项说明。①

从上面这些模型的阐释来看，这些所谓的行文操作基本上是对把表达方式的内涵放到各个文章结构层面上去进行平移性描述。这样一来，这些模型仍然是从文本、结果的角度来概括行文的操作模型的，而不是对行文思维过程的思维操作模型的概括，并未深化到写作表达方式的思维层面探讨其操作技术的模型。所以，其行文的操作性仍然不强，其讲“行文方法”仍然是讲传统的五种“表达方式”。②

但是，金长民先生关于行文的“相似式”规律的提出是有着重大的理论意义的。那就是对写作行为操作规律进行初步的探讨，希望通过各个表达行文的结构层次表达模型（相似式）的建构来促使写作行文操作性行为的实现。这种对多层次行文模型的概括显然比此前的行文研究只讲表达方式——记叙、描写、议论、说明——要具体得多，操作化也更高。这是一种学术的重大进步。

**（三）“语言模型”理论**

在当代写作学界，另一个对写作行文进行深入性学术探索的学者是刘海涛先生。刘海涛先生的写作学研究与所有的写作学研究都不同，其他的写作学著作不仅研究“怎样写”，而且还要关心文章内容、主题、立意的生成规律研究，而他的写作学是真正的关于“怎样写”的研究，或者干脆说就是关于写作行文学、写作措辞学的研究。所以，刘海涛的写作学知识话语体系的核心内容只有两个：一是语言（句法）研究，一是篇法研究。

他的写作行文学或者写作措辞学的一个特色是非常强调写作措辞行文的操作。和金长民一样，他也希望通过措辞行文的写作模型的建构来实现写作措辞行文的操作性。“语言（句法）模型论”和“篇章模型论”是其写作学的骨干内容。③

刘海涛的另一特色是吸收了当代文化语言学或汉语语法（句法）学的研究成果来研究写作行文写作措辞的内在规律。这里所谓“当代文化语言学或汉语语法（句法）学的研究成果”，指的是文化语言学（实即汉语语法学）家申小龙先生提出的汉语句法观。他认为：“汉语的句子格局着眼于句读在一定的表达功能作用下的逻辑铺排。”④ 或者说，“汉语句子组织”的基本规律是“采取流动铺排短语的建构方式”⑤进行建构。

正是在这样的学术背景下，刘海涛展开了他的写作措辞学的基本思想：写作能

① 董小玉主编：《现代写作教程》，88页。

② 参见金长民：《现代写作学基本原理》，360～370页；董小玉主编：《现代写作教程》，93～100页。

③ 参见刘海涛编著：《现代读写说：高师写作学新稿》，广州，中山大学出版社，2001。

④ 申小龙：《汉语句型研究》，75页，海口，海南人民出版社，1989。

⑤ 申小龙：《汉语语法学：一种文化的结构分析》，62页，南京，江苏教育出版社，2001。

力的形成，首先是语言结构模型的建构，然后是篇章结构的模型建构。在“语言模型”中，他认同申小龙汉语句子的内部组织遵循的是“铺排”的规律，但这是申小龙的观点，而刘海涛所做的工作是探讨在汉语句子的组织过程中，究竟应该怎样进行“铺排”，即进一步寻求句子内铺排的图景、规律、模型。他通过深入研究，总结出了6种基本的语言（句子）“铺排”模型——句法展开模型：铺排与殿后、比喻与虚实、偶合与韵律、前置与后置、总分与递进、语词与文风。①

“铺排与殿后”说的是汉语句子内部的组织结构是一种不同于西方语言的焦点透视的逻辑化状态，是一种形象化、意合化的“散点透视”。其中有一种散点透视的特征是几个“散点”透视之后，其语言的信息重点落到了句子的结尾，而形成所谓“中心词殿后”的语言句子模型。

这样，“铺排与殿后”模型的本质就是关于汉语句子生成的偏正关系中的正性小句问题。其“偏”性小句是指对“正”性小句的修饰、限制的渲染，而“正”性小句则是这个句子的基本语义和骨干语义。这样，“铺排与殿后”模型所解决的问题主要是这个句子的基本语义——殿后的“中心词”的语词结构问题，而没有解决作为这个句子的“铺排”部分的语词结构（思维）的规律问题，也没有解决这个句子的“首部”和“尾部”之间行文思维的操作模型问题。因此，人们仍然无法知道在这些句子中，作者是按照怎样的行文模型进行“铺排”的行文操作的。

“比喻与虚实”讲的是在行文中，句子之中的语词、短语的组合是按照“夹叙夹议”和“夹叙夹喻”的模型进行行文操作的。“夹叙夹议”是讲句子生成时是边叙述、边议论，“夹叙夹喻”是边叙述、边譬喻，从而形成、完善句子的建构。这样，这两个模型表明汉语叙述句的生成是通过记叙、议论、譬喻的语词、短语的铺排来生成的。因为，这之中，“叙”是“实”性小句，而“议”和“喻”则是“虚”性小句，这样，这两个模型都是从虚实相间的规律上来表明行文中句子生成规律的。

但是，这些模型仍然没有解决这些叙述、议论、譬喻的语词、短语、小句本身是依照什么样的行文思维模型规律进行思维操作的。

“偶合与韵律”讲的是运用对偶、排比的修辞方式进行行文句子中的短语、小句的生成，这是最典型的“铺排”行文模型。但是，仅仅知道这一点还是不够的，传统修辞学也知道这一点，我们关心的是从什么途径、角度，按照什么思维模型进行操作才能实现对偶、排比式的行文“铺排”。

“前置与后置”讲的是“汉语中的比喻式叙述句的喻体常常安置在叙述中心词（即被喻体）的前面，构成一种偏正式的比喻叙述。而英语的喻体常常安置在叙述中心词（即被喻体）的后面，构成一种从句式的比喻叙述”②。可见，这个行文的语言

① 参见刘海涛编著：《现代读写说：高师写作学新稿》，28～62页。

② 同上书，51页。

模型关心的是在行文句子生成中的修辞性短语、小句（喻体）与被修饰的中心（被喻体）的位置关系。其实这个问题和“铺排与殿后”语言模型的本质是一致的，都关心汉语铺排的偏正性句子结构问题。所不同者，这里是专门讨论句子中的比喻性成分的。这一点又和“比喻与虚实”的语言模型相似。其区别在于，“前置与后置”模型中的比喻是“偏”的，而“比喻与虚实”语言模型中的比喻是并列的。

“总分与递进”模型从空间的角度和时间的角度来生成句子。前者就是“总分”的模型，后者就是“递进”的语言模型。问题在于：“总分”模型之中的“分”，是从什么思路、图景去“分”？“递进”模型从什么思路、图景去“递进”？这是行文操作中人们最为关心的问题。

“语词与文风”模型说的是汉语写作中连词淡化的文风问题。

从上面的详细介绍中，我们可以看出，刘海涛对汉语行文措辞的规律的确做了进一步的探讨。其主要意义在于，他在思考从什么渠道，用什么办法来进行汉语写作行文措辞具体“铺排”，从而生成句子。刘海涛的贡献主要是从“修辞”的角度来探讨这个问题的，例如，第二、三、四个语言模型都与“比喻”问题有关。应该说，这在行文的操作化问题的研究上向前迈进了一步。但是，上述写作行文措辞的研究成果也有不足之处。

首先，和金长民先生的研究一样，刘海涛先生对写作行文语言模型的研究是从文本、成品的静态的角度来探讨的。这样，上述语言模型实质上指的就是一种文本的语言学模型、文章学模型。然而，写作学的行文研究需要的是一种对行文行为的动态的研究，即从语言文本的分析，走向行文思维的过程和操作模型的分析和概括。这是最为关键的问题。

其次，上述研究是对写作行文、措辞的抽象式、非语境式的研究，这与实际的写作行文有太大的距离。因为，真实的写作行文是在具体的时空环境、面对读者对象、有着具体的交际意图和主题的交际场中的语言交际行为。离开了这些真实的写作语境去谈写作行文和措辞的规律，是不妥的。

最后，和许多学者一样，上述行文研究还是把句子结构的生成和篇章结构的生成视为先后两个相连的写作阶段，这个猜想也是不真实的。写作的真实情景应该是两个方面同时进行。

为了使上述语言模型更加深刻适用，有必要从上述两个方面进行改进。应当指出，这些问题，并不只是上述学者个人的问题，而是整个写作学界在写作行文措辞领域研究中共同存在的问题，因此应当引起人们的高度重视。

## 二、当代行文措辞研究的心理学、思维学方向

我们认为，理想的行文措辞研究，首先应该是内趋的动力性和操作化的、模型的，其次应该是当下语境的。要实现这些目的，最好从心理学的、思维学的方向进

行研究。

**（一）“写作试思”理论**

20 世纪 80 年代末，我们在研究写作行为过程的时候发现，在写作构思行为到写作行文行为之间，应该有一个写作行为的中介——“写作试思”，即对未来行文内容的“文章基调”的酌定，以及对行文的“文章开笔”的生成。[①] 这样，写作试思就是对写作行文初始环节的有意识研究了。文章基调是作者行文时对行文的情感态度、语言色彩、节奏的体验和把握，而“文章开笔”，已经就是真正行文的开始了。文章开笔的概念不是指“文章开头”的概念，后者是一个文章结构上的概念，而文章开笔是写作行文措辞中生成的“第一句”话。对它的要求是要能通过开笔这句话体现未来行文语言的文章基调、节奏、色彩，为行文提供语言生成的动力。未来行文要在这个基本的情感基调之内进行、变化、展开。

文章开笔的生成，就是对句内语词的选择、调整、修辞，其核心就是措辞。例如，当时我们认为，写作试思全过程包含三个大的环节：（1）等待、达成写作试思的传达心境；（2）文章基调的情绪化；（3）文章基调的言语化、语词化。

我们认为在文章基调的言语化、语词化阶段，“主要解决的矛盾是怎样才能把文章内容的情调和作者的口气有机地统一在一个语言片段中，同时要使开笔语言具有启发性、动力学，所谓‘得势’”[②]。其解决途径是“话语关系（人称、话语者、视点）的确定”，“话语口气的确定”，“话语节奏的确定”，“话语文风风格的确定”。[③]

由此可见，文章开笔的概念和理论的提出，标志着当代写作学将在语言措辞的句内层面进行心理学、修辞学的研究。

但是，这里对文章行文开笔的研究，只停留在对开笔语句的控制因素（大技巧）的强调上面，还未深入到对行文语句的思维操作模型的研究上面，还是行文的表层研究。

**（二）“语词操作”理论**

其实，在当代写作学界，张传真先生是最早从科学的角度关注写作行文措辞研究的学者，他的写作行文学研究应该说代表了较高水平。

张传真先生对写作行文的研究萌发于 80 年代末对当代理论写作学、写作学的宏观研究——写作主体论、写作文化学、写作分形论——的缺乏操作性的不满。张传真对写作学宏观研究——理论写作学——的这些成果的心情是复杂的。对这些理论的学术性、深刻性是认同的、接受的、赞赏的，但是对这些理论的玄虚性、非操作

① 参见马正平：《写作试思》，见马正平：《写的智慧》，第 1 卷，290 页。

② 同上书，307 页。

③ 同上书，307～309 页。

性、大技巧性是愤怒的。在这个背景下，他提出了“小技巧写作学”的概念[①]。他认为：“‘写’应该成为写作学研究的出发点和落脚点。以‘写’为本的写作学，要求我们面对突然而来的写作材料，从理论上讲清为什么选这个题而不选那个题，为什么用这个标点符号，不用那个标点符号，为什么用这个词而不用那个词，为什么把刚刚写完的一段话又删去，为什么刚刚删去又认可，为什么传统技巧在这里变形，为什么要用这种可能不被承认的语言结构，等等，等等。”[②] 总之，现代写作学不应该是“坐而论道”，而应该是“操而论道”。张传真的理论写作学、写作学宏观研究成果对功能的认识未必正确，但是，他呼吁对“写”和“操作”的“小技巧写作”进行研究是有必要的，是有眼光的。[③]

其实，这种所谓的“小技巧写作学”，其核心就是写作行文学。因此，我们说张传真是最早进行科学的写作行文研究的学者。此后，张传真先生一直潜心于这种“小技巧写作学”的研究。由于张传真先生本人就是一个能够进行文学创作和新闻写作的学者，因此，他的“小技巧写作学”或者说行文措辞学的研究，基本反映了写作行文的基本面貌和基本规律。

4 年后，张传真在《“小技巧示范”写作理论体系刍议》一文中提出了一个基本的“小技巧写作学”的理论体系，他认为，这个体系由三个板块构成：一是写作主体的写作品质示范训练系统；二是语词操作技术示范训练系统；三是整体性写作示范训练系统。[④] 实际上，这是一个大技巧（写作主体的观念、品质）与小技巧（语词操作）结合的写作学体系（整体性写作行为），只是更加关注小技巧写作（语词操作行文）而已，并非纯粹的小技巧写作学。

这个体系中最有价值的是对“语词操作”规律的初步发现。所谓语词操作问题，既包括特征感知，又包括行文措辞。因此，这个写作学体系最大的贡献就是对“语词操作”基本原理、规律的初步发现。

他认为写作环节的运动路线是：写作感知—写作思维及语词操作—修改成文。在他看来，文章写作的过程就是一个以语词化了的客体信息为对象的写作思维过程，这个过程也是一个语词操作的过程。关于语词操作，张传真提出了五条基本规律：（1）重点突现；（2）单一分述；（3）层次表述；（4）兼容整理；（5）结目为网。此后，他按照上述“小技巧写作学理论体系”的基本概念，编写了《写作操作技巧》。[⑤]

所谓“重点突现技巧”，是指在写作过程中“调动一切语词表达手段，把自己认

---

① 参见张传真：《现代写作学：艰难的分娩》，见马正平：《写的智慧》，第 1 卷，845 页；张传真：《小技巧示范：写作学研究的必由之路》，见马正平：《写的智慧》，第 4 卷，1577 页。

② 马正平：《写的智慧》，第 2 卷，846 页。

③ 只是当时时机未到，当时的写作学发展逻辑还没有进入这个环节。

④ 参见张传真：《“小技巧示范”写作理论体系刍议》，见马正平：《写的智慧》，第 4 卷，1587 页。

⑤ 张传真：《写作操作技巧》，北京，军事谊文出版社，2000。

识到的那部分客体世界集中起来，把自己对那部分客体的感受或认识强调到令人心动，令人信服的地步”。但是，其在写作过程中的内涵是不同的：“在写作的感知觉阶段，作者运用这项技巧，重点感受事物的某种特征。”“在写作思维阶段，作者对材料的选择、改造与重组，也是为了突现事物的某一特征。”① 或者说，“重点突现技巧”就是“写事物的什么特点，就把这个特点写得淋漓尽致，把作者对那个事物特征的感受或认识表达得特别突出”②。换一种通俗明了的说法，“重点突现技巧”就是“极尽渲染”、“极尽暗示”的“表达手法”。其实，“极尽暗示”仍然是一种“极尽渲染”，或仍然是一种“极尽”的表达手法，因为，“极尽”也就是“渲染”，“渲染”也就是“极尽”。概言之，“重点突现技巧”就是“渲染 ”的思维操作模型。在我看来，这是一个比较逼近写作行为、写作思维最终本质的表述。写文章和拟电报的不同之处在于，写作是一个主题结构化，结构主题化的过程，拟电报只是一个主题确立的过程。而“主题结构化，结构主题化”的过程，就是一个对主题、立意的“渲染”或“极尽”“铺陈”的写作过程。在抒情文的写作中，通过这个过程，造成一种抒情氛围，你抒发的感情才能“感人”、“动人”；在议论文的写作中，通过这个过程，写作变成一种“造势”，形成了一种说服力的空间，你的观点才能服人。这一点，古人早就明白了。在《诗大序》中，写作被理解为一个由“不足”到“足”的过程，这个过程被概括为运用“赋、比、兴”写作方法的过程；在《左传》中，这个过程被理解为“足志”、“足言”的过程；在王充那里，这个过程被理解为一种“渥”和“溢”、“足”文的过程；在董仲舒那里，这个过程被理解为一种“重”和“复”的过程；在刘勰的《文心雕龙》那里，这个过程被理解为一个“志足”、“言文”的过程。我们认为，张传真所谓“重点突现技巧”，就是我们近 20 年来不断重申的写作行为过程、写作思维的“重复原理”。

“重点突现技巧”虽是一种真理性的写作原理或写作思维模型 ，但是，它也是一种整体性（空间性、目标性、效果性）的写作思维模型，显然它与写作行为过程的时间性、先后性的本质有悖。也就是说，它还无法作为时间性（局部性、先后性）的写作过程的写作操作技巧来运用。换句话说，怎样进行“极尽”、“渲染”以造成“重点突现”的艺术效果的技巧才是写作“语词操作技巧”所最为关心的问题。这种意义上的“语词操作技巧”，张传真认为，这就是“单一分述”、“层次表述”和“结目为网”。

所谓“单一分述”，从方法技巧上讲，就是一次具体的语词操作要表述的重点确定之后，从若干方面分别对要表述的重点内容进行表述，而且是相对单一的表述。从表达的意图、功能、目的、效果的意义上讲，“单一分述要服从整体表述的‘重点

① 张传真：《写作操作技巧》，192 页。
② 同上书，193 页。

突现’的需要”[①]。也就是说，“单一分述”是“重点突现”的手段、途径，因此，它必须为“重点突现”服务。其实，“单一分述”所要表述的是文章“展开”的思维技术。文章展开的过程就是对文章的主旨、内容进行分析、分解、分类、分形的过程；这个过程就是将内容形式化、主旨材料化、意义符号化的过程；这个过程就是具体化的“重点突现”的实现过程。由于“分析”和“综合”是思维的方法、技术，因此，作为“分析”（分析、分类、分形）的“单一分述技巧”，实际上就是写作思维过程的存在形式。

但是，“单一分述技巧”所能解决的问题，只是材料生成的方向、渠道的问题，或者说其生成可能性空间的问题。从某种意义上说，“单一分述技巧”还并未真正地“述”，只是解决了“述”的材料来源、思路可能的问题，它仍然具有某种程度的思维空间性，还不是作为叙述话语的时间性思维。因此，要将这种可能性的材料空间，变为一维性时间性先后性语言之流，就必须解决这些空间性材料的叙述层次先后的问题，因此，张传真提出了“层次表述技巧”的命题。

所谓“层次表述技巧”，就是“对单一分述内容的予以系统的语词整归”。所谓“语词整归”，指的是“对单一分述内容的语词排列以实现整体表述目的为最高使命。也就是说，层次表述技巧追求的是分述材料的最佳组合”[②]。如果认为“层次表述技巧”主要解决的仅仅是语词操作中的时间化、层次化、逻辑化问题，即是将“单一分述技巧”生成的材料进行纯时间先后的排列，那就错了。张传真这里讲的“层次表述”不是字面体现的意思、内容，因为，他认为“层次表述”既要“在排列单一分述内容时遵循事物的逻辑与表达的逻辑的统一”[③]，此即解决分述材料的层次性问题，这是“一种线性理性表述”，还要“在进行理性的线性表述中不断整归非线性随机扰动”，不仅如此，“层次表述技巧”还要追求“分述材料的最佳组合”，而这个“分述材料的最佳组合”就涉及读者的问题，时代精神（写作文化、写作禁忌），写作功能的诸多写作智慧、写作策略、写作修辞等问题。这样，张传真讲的“层次表述技巧”就成为写作语词操作思维过程中最为生动、最为细腻、最为敏感、最为复杂、最具智慧的思维活动。张传真已从整体上感觉到这个复杂的语词操作技巧的整体系统了。

至于“结目为网技巧”，是用来解决上下两个层次话语的贯通连接问题，相当于过去讲的“过渡”（与“照应”）问题。

从写作学理论研究的角度而言，我们认为上面几种“语词操作技巧”是该书最有价值的部分，值得大书特书。它的意义在于，揭示了写作行为的深层和表层、整体与局部、空间与时间方面写作思维的内在机制，而且，把这二者融为一体：“层次

① 张传真：《写作操作技巧》，199 页。

②③ 同上书，208 页。

表述技巧和单一分述技巧所解决的问题是有密切的联系的。它们都属于写作的‘秩序化’技术，只是操作的侧重点不同。单一分述技巧侧重于‘分’，层次表述技巧侧重于‘排列’，前者提供的是表述元素，后者提供排列的逻辑和‘秩序’。”[1] 而且，在“层次表述技巧”中又把“写作思维”和“写作策略”（写作智慧）这两种思维融为一体（虽然，以上对两个融合现象还未达到理性认识的高度）；把写作行为中的线性和非线性两种状态融为一体。这三个“融为一体”，便实现了对人类写作行为、写作思维的整体性保真性描述，实现了写作操作技术的程序性、可操作性。

总之，从写作行文的角度来看，张传真提出的“重点突现技巧”、“单一分述技巧”、“层次表述技巧”从一个比较粗略的层面概括了写作行文措辞的基本规律，但是，还缺乏行文措辞的具体性操作技术、模型，还未达到写作行文的语词操作的彻底化。

**（三）“表述思路模式”理论**

要解决单一分述的操作性问题，必须进入写作行文思维研究的领域，探讨“分述”的具体操作模型。在这方面，陈福宁的“中心句网络”的“表述思路模式”理论[2]可以部分地解决这一难题。

“中心句网络”也称“中心句篇法”，即西方作文法中讲的“主题句”及其层次网络，相当于我们讲的“写作提纲”。程福宁先生把它称为“中心句网络”的创造性在于，将主题句概念上升为文章篇法理论或结构理论。更重要的是他由此深入到写作思维理论上去。他认为“中心句网络”的内在机制是“表述思路模式”。所谓“表述思路模式”就是人们在认识事物时的一整套思维操作模式，即“是（什么）、怎（怎么样）、为（为什么）、做（做什么）”。他称之为建构“中心句网络”时思考问题的“回答逻辑”。

在周德仓主编的《写作素质训练教程》中，“认识基本功”是最具新意的地方。它的创新并不在于它在写作认识方法论上提出了多少新的写作思维原理，而在于这部教材敢于将思维科学和辩证逻辑学“认识方法”（即思维方法）引进当代写作训练教材。这些“认识方法”是抽象与概括的方法和分析与综合的方法。如果仅仅生硬引进这些内容而不与写作技术方法发生联系，那么，其实际意义不大。这部教材的可贵之处在于，将这些认识方法用来解决“中心句网络”的建构问题。作者认为，“认识方法是解决怎样获得认识的问题，中心句网络是解决怎样表述认识的问题，二者之间有着密切的联系。”这种联系是什么呢？教材认为：“人们对事物的认识的过程，就是提炼中心句的过程，而分析、综合、抽象、概括的运用就是对主题句的陈

---

① 张传真：《写作操作技巧》，209 页。

② 这一理论是陈福宁先生在《文章学基础》（长沙，湖南大学出版社，1989）中提出来的，后来周德仓主编的《写作素质训练教程》中吸收了这一理论。

述和展开。所以，辩证思维方法的运用直接关系到中心句网络的构建。要理解和掌握中心句网络，并把它作为文章写作的思维和结构方式，使自己的文章完整、清晰、规范，让人看得明白，就要从训练辩证思维方法做起。”① 我们认为，这是中国当代写作学走向深化、成熟的标志。人们终于认识到“文章的本质在于给出思想”而不仅仅在于表达思想，这些思想就是最高层次上的“中心句”或“中心句网络”，而这些都是运用思维方法和操作技术给出的，靠的是思维能力和认识能力的培养训练。

这样，“表述思路模式”解决了行文的“单一分述”中逻辑思维部分的问题。但是，行文思维的“表述思路”不仅仅是逻辑思维，还有空间上、时间上、数量上的分述操作问题。因此，单靠这种逻辑的思路模式，还是不够的，行文思维的研究还必须进入全面整体的思维操作模型的揭示阶段。这就必须依赖写作思维全方位研究的理论突破。

**（四）“路径思维模型”理论**

在20世纪接近尾声的时候，我们对写作思维问题进行正面的攻坚。在《广义写作思维原理论纲》的长篇论文中，马正平提出了一个写作思维的立体构想。②

这个写作思维研究的最新理论认为，“写作思维”包含两个要素：一是认知思维，一是表述思维，其中重点是表述思维。前者就是立意思维，后者就是创构思维或行文思维。创构思维、表述思维由三个模型构成一个立体的体系：以言之有文为目的的赋形思维（重复与对比），以言之有序为目的的路径思维（分析与综合），以言之得体为目的的策略思维。这个理论还认为，赋形思维（重复与对比）是写作行文的动力、目标，而路径思维（分析与综合）则是赋形思维的路径、方法。而且这个原理无论在文章宏观（篇章）、中观（段落、部分）还是“微观”（语句）上都能成立。

当代写作思维研究的这一成果，便为写作行文措辞研究提供了比较有效的模型假说，为揭示行文中语句生成和语句内词语生成的内力机制提供了理论支撑。

## 第4节　写作行文措辞的过程模型

### 一、当代语言学关于句子生成的基本模型

虽然中西方写作史上早已对行文中句子生成的一些现象、规律进行了思考和研究，但这只是一种经验上的描述，而不是一种原理上的阐述。真正从现代科学原理、

---

① 周德仓主编：《写作素质训练教程》，270页。

② 参见马正平：《广义写作思维原理论纲》，“面向21世纪写作学学术研讨会”交流论文，1999年4月，湖南常德。该文分上、下篇连续发表于《哈尔滨学院学报》，2002（1）、（2）。

规律的角度来研究句子的生成，是乔姆斯基转换生成语言学开创的语言学新领域。

**（一）乔姆斯基转换生成语言学关于句子生成的理解**

在乔姆斯基以前，语言学界是索绪尔结构语言学的天下。索绪尔首先把语言学分成描写语言共时关系的共时语言学或描写语言学和叙述语言历史发展的历时语言学或历史语言学。索绪尔本人热衷于共时语言学。他认为："在共时观察中，语言是一个由词汇、语法和语音中相互联系的部分构成的系统而不是相互独立的成分组成的集合体……这种相互联系，体现在共时语言结构的两个方面：由语言的前后顺序体现的组合关系，以及由系统中不同成分和范畴构成的聚合关系（联想关系）。"① 结构语言学的最大贡献是对语法与语音的结构分析。由于语法与语音都是一种语言的结构成品，因此，结构语言学无论多么精致，都无法解决句子的生成问题。但是，语言学的研究目的是提高人类的语言生成能力，索绪尔的结构语言学也同样在探讨语言生成能力的问题，只不过他是从语法和语音结构方面来探讨语言集团成员的语言能力。在我们看来，这种语言能力最多只能是一种语言构成的图样和语言意识、抽象的语法图式而已，这种语言图式虽然与语言生成能力有关，但没有直接关系，而是一种间接关系。因为结构语言学无法揭示语言生成的心理思维的操作过程，索绪尔的结构语言学仍然是一种经验主义而不是科学原理。

乔姆斯基则关心语言、句子生成过程的原理、机制。最初，他认为语言、句子是通过转换机制来生成的。所谓转换生成，就是通过"词缀换位"的强制转换和句式（疑问句、肯定句等）的"随意转换"来生成句子。后来，他又进一步提出著名的表层结构和深层结构的概念，深化了转换生成语言学。他认为，这些转换机制通过作用于深层结构产生表层结构，后者最终生成句子。因此，乔姆斯基的转换生成语言学在语言学界被叫做生成语言学。从这里看出，当代语言学研究已经由原来的静态的结构分析转向动态的生成分析。

在乔姆斯基的生成语言学中，深层结构通过语义解释提供句子的意思，而表层结构就是语音规则。但是，有的学者认为，在乔姆斯基生成语言学的"标准理论"中，"深层结构是一种句法表达式，但还不是现实的句子。乔姆斯基认为深层结构在心理上只体现直觉语感，语言学家可用内省方法实验语句的心理现实性，即用语感来判断众多结构的正确与否……因而没有说明语句生成的心理过程"②。因此，乔姆斯基的生成语言学还不能更加准确地揭示句子生成的科学过程，无法揭示句子生成的一般原理。

**（二）维果茨基、鲁利亚的句子生成模型**

句子由深层结构向表层结构转化生成的原理、机制主要是由当代心理语言学和

---

① ［英］R. H. 罗宾斯：《简明语言学史》，214～215页，北京，中国社会科学出版社，1997。

② 王德春、吴本虎、王德林：《神经语言学》，80页，上海，上海教育出版社，1997。

神经语言学来进行的。维果茨基首先在《语言与思维》中提出语言生成成果的内部语言与外部语言的概念，类似于乔姆斯基生成语言学深层结构和表层结构的概念，但比它们具体一些。所谓内部语言是语义结构中的述谓性内容，外部语言和乔姆斯基的概念差不多。但是，这还是一个轮廓比较粗疏的理论猜想。

此后当代的神经语言学对这个问题继续进行深入研究。应该说，正是通过心理语言学家和神经语言学家鲁利亚等人的共同努力，才基本建立了一个句子生成的阐释模型，较为准确地揭示了比较抽象的句子生成的基本规律、原理。①

这个理论模型认为，一个句子的生成必须经历“言语表述动机—语义初迹—内部语言—外部语言”这些阶段。

所谓“言语表述动机”，是指这个句子想陈述什么、请求什么、说明什么、抒发什么等。

所谓“语义初迹”，就是表述动机生成之后在头脑中形成某种意思网络，它是一个非线性的多维语义图景，这个语义图景的基本框架就是围绕在主题（话题）和述题（评论）两个语义因素周围的相关性语义因素。这些东西可以概括为三个要素：形成思想的主题和述题；由语言音素组成的潜在语义；一些潜在的语义关系，例如时间、地点、目的、对象等。

所谓“内部语言”，是在语义初迹基础之上对若干语义因素进行语词化选择之后形成的一个语义因素的线性关系，即一个粗具轮廓（基本语法关系）的语词化的语义流。内部语言是由语义初迹过渡到外部语言的中介环节，没有它，外部语言是不能生成的。内部语言与语义初迹不同的是，语义初迹的形成是一个信息的聚合性加工过程，内部语言的形成是一个信息的组合性加工过程。在内部语言中，最重要的是述谓性内容（评论），即对未知信息的表述，而对已知信息（主题、话题）的表述是比较淡化的。

所谓“外部语言”，就是人们现实中说出来或写出来的现实语句。它的特征是语法上已经定型，词汇已经选定，语感已经形成，能实现说话人或作者的表达意图、交际功能。从内部语言到外部语言的生成就是大脑神经信息活动将按线性句法格式组织起来的所选词项的语义链转化为扩展的言语表述——音位链或文字链，即句子。

语言学家们认为，从内部语言到外部语言转化的过程，是一个十分复杂的心理演算过程。“首先，由表述动机促成的语义初迹中的主题述题关系、潜在语义关系等要素要在整个生成过程中加以保持，以便确立传递相应信息的定向，防止浮现出的无关因素的干扰。要始终保持言语表述的封闭意义体系的性质，不能使表述背离动机，成为受到干扰的开放体系，除非在言语生成过程中表述动机突然改变。一旦受到浮现的无关因素的干扰，就会偏离语义中心，生成与动机不尽相符的语句。其次，

① 以下关于句子生成模型的阐释，参见王德春、吴本虎、王德林：《神经语言学》，第8章。

扩展的外部言语总是出现在特定的言语环境之中，生成话语的动机往往考虑到语境因素，尽可能与语境相适应。这就是说，生成言语的内部过程受到外部言语交际环境的制约。生成的语句不仅有指出事件的实物所指意义，而且有社会情景意义。这种意义在言语交际中形成，也只有在言语交际中才能理解。所以，说话者的言语表述动机必然受到语境、信息内容和听话者态度的影响。”① 当代语言学界的社会语言学家、语用学家、功能语言学家们基本都持这种观点。

应该说，这个句子模型生成的内力机制模型科学地反映了当代语言学界关于语言生成原理研究的最高水平，具有较高的理论意义。它对于写作学中句子行文规律的研究具有依据性和启发性的作用。

## 二、句子生成的写作学模型：措辞为语境而展开

但是，从写作行文实践需要来看，这个句子生成模型还不是理想的。当然，这种不理想显然是由于学科特征的差异所致。从写作学的立场来看，还需要对这个模型进行更加深入的具体阐释。下面我们来依次讨论上述语言学的句子生成模型的四个环节在写作行为中的具体表现。

### （一）表述动机/节点语义、句旨

在行文措辞中，所谓“言语表述动机”，就是一个个句旨的表达目的生成问题，即这个句子是议论一个道理，还是抒发一种感情，是记叙一个事件、活动，还是描写一个景物、人物，是说明一个东西，还是告知一种信息。作为行文表述动机的句旨，只是一种节点性语义。一般来说，行文中句子生成的表述动机，即句旨这些节点性的语义已经在段旨生成的时候完成。一般情况下，在一个语段或段落内，需要若干同一段旨的语句来渲染、赋形，这个时候，句子的表述动机即句旨就先定了。总之，在行文生成中的表述动机，就是一种局部（段落层面/句子层面）或更具体的表达目的、表达方式。

### （二）语义初迹/图景语义

在行文措辞中，语义初迹表现为作者行文所表达的生活图景（客观世界和主观世界）内化的共时性、多维性、混沌性语义框架，是一种被称为“内视”的心理过程所产生的“视域”和命名感觉。在这个过程中，一方面，作者行文所要表述的对象以形象体系或关系体系的形态存在于作者的心目中、脑海里；另一方面，作者对这些形象体系或关系体系有一种陈述的欲望、行为，甚至会大体将这个总体性、共时性、多维性、清晰的生活图景——形象体系或关系体系——变成混沌性、多维性、共时性、立体性的语义框架。就是说，行文措辞中句子的语义初迹是由内在化的生

① 王德春、吴本虎、王德林：《神经语言学》，83 页。

活图景（视域）向语义图景转化的过程和产物。

这个行文措辞的体验和感受正好符合神经语言学家关于句子生成中的语义初迹形成机制的理论："语义初迹的形成是以所传入的有关刺激的神经冲动为基础的。从视觉、听觉、空间觉等的感受器传入的各类神经冲动，在感觉信息网络的支持下，经整合形成综合的知觉表象。与此同时，通过感觉信息网络与语言信息网络、知识信息网络的广泛联系，在该知觉表象的基础上，选择各自网络中的相应联系并整合加工出多维的语义图。"[①] "从视觉、听觉、空间觉等的感受器传入的各类神经冲动，在感觉信息网络的支持下，经整合形成综合的知觉表象"，正是我们所说的"生活图景"或"内视视域"的概念。"多维的语义图"，正是我们所说的"图景语义"的概念。

这样理解句子生成中语义初迹的生成机制，我们便能真正理解为什么许多文学理论、写作理论都主张写作者深入生活、体验生活、感受生活，因为只有这样，才能形成写作者行文措辞中内化的生活图景、语义图景（语义初迹）。

**（三）内部语言/线性语义、自我语义、基本语义**

神经语言学认为："内部语言的作用体现为在'语义初迹的多维图式'的基础上选择所需之词，同时加工出线性的句子格式。这是内部语言的两个重要的方面，前者为聚合性加工，后者是组合性加工。"[②] 在行文措辞中，内部语言生成同样体现为这两个过程。这样便将多维性的图景语义（"语义初迹"）整理成一维线性的概括的述谓性的句子形态。在行文措辞的内部语言生成阶段，词汇的选择和述谓性句子形态的形成完全是直觉的、经验的、无意识的，完全依靠作者的写作素养和思维能力完成。

写作学研究对内部语言的思维操作问题并不感兴趣，感兴趣的是内部语言的性质、特点和向外部语言的转化机制、表述机制，这才是行文措辞的关键所在。

在我们看来，在行文措辞中生成的内部语言的最大特点就是自我性。所谓自我性，是说内部语言是一种自明性的言语，作者自己对其含义是明了的，是全面立体地完成理解的，因此内部语言注重的是一个句子的骨干性、关键性的言语组合——句子。维果茨基认为内部语言体现为述谓性特征，就是这个原因。正是因为这样，所以我们一直认为，内部语言是一种行文措辞中句子基本语义的言说，是对句子主要信息语义的言说。由于内部语言（基本语义）是一种自我性、自明性的言说，内部语言生成的另一个特点就是自律性。这就是说，内部语言的生成只关心自己的基本言说对图景语义（语义初迹）主要信息的言说是否准确，自己是否明白，而不关心这样的基本言说对于社会、读者、文体规范是否合适。自律性的另一含义是指内

① 王德春、吴本虎、王德林：《神经语言学》，90页。

② 同上书，94页。

部语言的基本言说必须符合句子的基本格式。例如，在一个记叙性内部语言的句子生成时，是否有谓语成分（例如动词），是否有动作产生的时间、地点（状语）、对象（宾语）等，应该说这是记叙内部语言的句子的基本规范，行文措辞中的内部语言生成必须受这些规范的制约。

写作行文措辞过程中生成的内部语言是一种自我性、自律性的语义，因此，我们还可以把这个内部语言称做自我语义。由于内部语言是言说的基本内容、关键信息、骨干语义，我们也把写作行文措辞中的内部语言叫做基本语义。

写作措辞学还认为行文过程中由词语选择生成的内部语言，到了外部语言生成的时候并未消失，而是保持在外部语言的语句之中。因此，我们认为外部语言生成的句子中的基本语义就是原来内部语言的内容保持。关于内部语言和外部语言的关系和转换生成机制，我们将在下面进行重点探讨。

**（四）外部语言/立体语义、扩展语义、语境语义、功能语义、修辞语义、交际语义**

外部语言与内部语言的最主要区别是扩展性和语音/文字性。外部语言是对内部语言的展开、拓展，外部语言必须用语音或文字表达出来——用语音表达就是说话，产品是语句、话语；用文字表达就是写作，产品是句子、文章。

从神经语言学家关于外部语言生成机制的两个阶段——语义初迹的保持和语境的控制——的理论来看，外部语言和内部语言所体现的差异是由于语言交际（说话、写作）中的语境因素所致。这就是说，外部语言的扩展性和语音的特性，完全是因为语境的原因所致。因此，内部语言是外部语言扩展（生成）的前提、基础，而语境因素是外部语言扩展（生成）的关键和本质——决定因素、外控性因素。

当代写作学关于句子生成的研究成果表明，一个句子的生成包含五个方面的把握：（1）基本语义的把握；（2）节奏语义的把握；（3）策略语义的把握；（4）修辞语义的把握；（5）文体语义的把握。于是生成了五个方面的措辞：（1）基本语义措辞；（2）节奏语义措辞；（3）策略语义措辞；（4）修辞语义措辞；（5）文体语义措辞。其中基本语义就是行文措辞中的内部语言——线性语义，文体把握产生的文体性措辞就是行文措辞中表述动机的保持。这就是说，写作行文措辞中，所谓外部语言的展开（生成）就是从语言的节奏性、策略性、修辞性方面的展开。行文措辞中展开的这些内容完全是为了实现写作的交际功能。因此，我们把行文措辞中的内部语言称为基本语义的措辞，其特点是自我性、自律性，而行文措辞中的外部语言是一种功能语义的措辞，其特征是语境性、他律性。

更准确地说，行文措辞的话语展开就是从功能性语义措辞到功能性措辞的过程，是基本语义和功能语义的整合。也可以说，写作行文措辞中对基本语义的功能性展开的过程也是对基本语义的广义修饰的过程，因此，功能语义也可以叫做修辞性语义。现在，我们才明白为什么中西方古代写作学家都把文章写作叫做修辞了。

因此，我们把写作行文的措辞叫做立体性语义、扩展语义、语境语义、交际语义、功能语义、修辞语义中的任何一种都可以，都能反映写作行文措辞的本质。

从上面的讨论中我们可以看出：作为一种交际性的言说行为，写作行文措辞的本质是展开性，而措辞展开的目的又是为了与文章读者进行交流，从而感动读者，说服、征服读者，实现文章信息的彻底表达、最终传播。

行文展开的措辞，即作为外部语言的文章语流的生成，不仅仅受读者这个语境的制约，还要受读者以外的社会文化因素的制约。不仅受这些外在性因素的制约，还要受内在性因素的制约。写作措辞就是一个受多种因素控制、制约的对话行为。

外控因素有两个：一是写作文化，二是写作禁忌。写作文化是一种积极的、主动的控制因素，而写作禁忌则是一种消极的、被动的控制因素。

写作文化作为一种当下群体化的写作美学和哲学精神，必然是制约写作活动、行为重要的外控力量。这种外控力量不仅体现在写作活动的题材选择，主题生成、提炼、深化的行为之中，而且还体现在写作行文措辞的行为之中。例如，在行文措辞中，所生成的语词所代表的材料的价值取向、行文措辞的节奏就受时代写作文化的影响。

写作禁忌在写作行文措辞中的作用在于对那些进入行文措辞的语词、材料等文章内容进行写作禁忌方面的把关。有时甚至一个字眼、一种语气都会触犯某种写作禁忌。

内在的控制主要是文章的主题、段落的段旨、句旨，以及题材的语体、文体，还有语感等的控制。

在外在和内在的控制因素中，外控意识的形成极为重要，因为内在控制因素已经和行文措辞的行为融为一体，离开了内控因素，也没有行文措辞本身了。

如果说，内部语言（基本语义）是关于“写什么”的问题，那么，外部语言（功能语义）就是关于“怎么写”的问题。从这里看出，“怎么写”的关键就是怎样对行文语境方面的这些外控性因素进行感受、把握、应对，即交际功能语义、修辞语义的生成问题，这就是行文措辞的全部奥秘。

## 三、行文措辞语义展开的基本形态

我们知道，行文措辞的过程是一个由内部语言到外部语言转化的过程，而这个转化的过程准确地说就是一个语境化扩展的过程。为了实现理想的转化，在这个转化过程中，我们还应该明确，内部语言、基本语义在转化、扩展过程中的存在形态是不尽相同的。一般说来有这样三种情形：

### （一）内部语言显在型

所谓显在型就是在行文转化扩展的过程中，内部语言、基本语义转换为一个句子，并作为一个主题句出现在书面语言中。有时放在一个段落的段首，例如陈宏天

《打开知识宝库的钥匙——书目》中的一段：

书目在我国有悠久的历史。远在西汉时期就出现了正式的完整的书目。自汉代以后，历代官修史书，都要撰写书目，反映藏书的情况。清代编著出规模宏大的书目《四库全书总目提要》和《四库全书简明目录》。宋元以后，版刻书籍盛行，私人藏书家也多起来了，许多藏书家把自己的藏书编成书目，流传于世。这种私人藏书书目数量很多，是对官修书目史志目录的补充。

这个段落的内部语言、基本语义就是“书目在我国有悠久的历史”这个判断、结论，然后以证实性展开的思维方式和历史分析的思维方式共同形成行文展开的话语。

有时，这个主题句也可以放在段尾。例如上面的段落也可以这样行文措辞：

远在西汉时期就出现了正式的完整的书目。自汉代以后，历代官修史书，都要撰写书目，反映藏书的情况。清代编著出规模宏大的书目《四库全书总目提要》和《四库全书简明目录》。宋元以后，版刻书籍盛行，私人藏书家也多起来了，许多藏书家把自己的藏书编成书目，流传于世。这种私人藏书书目数量很多，是对官修书目史志目录的补充。由此可见，书目在我国有悠久的历史。

这样处理内部语言、基本语义和外部语言、语境语义的关系时，作者最初是把基本语义、内部语言放在心里，只有到了那些具体的证据和历史的分析具有充分的说服力并且十分清楚的时候，才将基本语义转化成外部语言。

**（二）内部语言隐在型**

所谓隐在型，是指在行文措辞时，将内部语言、基本语义隐藏在作者心里，外部语言的行文措辞只是对这个内部语言、基本语义进行具体化、感性化、形象化的记叙、描绘、说明等，达到让事实说话、让形象说话、让证据说话的目的，其基本语义、内部语言让读者自己去体会、感受、理解、判断。例如：

站着纺线，步子有进有退，手臂尽量伸直，像“白鹤晾翅”，一抽线能拉得很长很长。这样气势最开阔，肢体最舒展；兴致高的时候，很难说那究竟是生产还是舞蹈。（吴伯箫《记一辆纺车》）

这个段落的基本语义中心、内部语言是“站着纺线有好处”。但在作家行文措辞时，没有将其转化为文字形态的句子，而是具体地叙述描绘“站着纺线有好处”的具体表现。

**（三）基本语义的中介型**

有的作者在行文措辞的时候，将深层的基本语义存于心底，将其扩展成外部语言作为行文的内容。但是，这个扩展的外部语言的句子或段落里面又是一个基本语义和扩展语义的因果关系的结合体，即由一个主题句和一系列的扩展句组成。例如下面这个段落：

有人在你身上读到豪壮，有人在你身上读到寂寞，有人在你心中读到爱情，也有人在你心中读到仇恨，有人在你身边寻找生，有人在你身边寻找死。（刘再

复《读沧海》）

从每个句子的独立意义上讲，每个句子本身没有什么意义，只有把这些小句组合在一起的时候，才能表达作家的基本语义、内部语言——不同的人在你身上获得了不同的东西。但是，在作者行文措辞造句的时候，这个基本语义的句子并未在书面语言措辞中保持，而是隐去了，它只存在于作家的心目中，并制约着每个句子的措辞行文。这个例子说明行文措辞的一条重要规律：有时候，当内部语言、句子基本语义是一个概括性的句意时，行文措辞的展开就是对这种基本语义的内部语言进行具体性、表现性的描述，来渲染、重复这个基本语义，而概括性的基本语义只存在于作者心目中，作为一种行文的依据和控制力量。

下面是蔡衍棻《笑话连篇》中的一篇笑话：

> 琼斯太太很会精打细算，她听别人说，有一种炉子比她现在用的炉子要省一半煤。她高兴极了，说："一个炉子可以省去一半煤；那么，我用两个炉子，不就可以把煤全省下来了吗？"

这个段落的深层语义是："琼斯太太很蠢。"但是，作者在进行基本语义行文扩展时，并未将这个深层语义物化为语句，而用另一因果关系的行文扩展生成的语句表达出来。这个段落中的"琼斯太太很会精打细算"，既是"琼斯太太很蠢"的扩展性行文措辞，又是后面例子的基本语义，它充当了中介性的角色。基本语义的中介性形态大多出现在运用分析和证实性扩展的行文措辞方式中。

一般来说，非文学写作的行文措辞，应将基本语义显在地安排进外部语言的行文措辞之中，或段首，或段中，或段尾，而文学性写作的行文措辞，基本语义都以隐在的方式保留在作者的心目中、脑海里，而更多地关注将这些基本语义用形象的、具体的、感性的语词表述出来。这也许是逻辑思维和形象思维两种思维方式的基本区别之一。

## 【基本概念】

写作措辞学　内部语言　外部语言　节点语义　图景语义　基本语义

## 【复习思考题】

1. 为什么说行文措辞学是写作学研究成熟的标志？
2. 写作行文措辞的本质是什么？
3. 写作措辞受哪些因素的控制、制约？
4. 内部语言、基本语义在转化、扩展过程中的存在形态一般有哪些情形？

# 第 16 章

# 写作措辞学（下）

学者求神气而得之于音节，求音节而得之于字句，则思过半矣。

——（清）刘大櫆

一般地说，思索中的语言与思维是浑然一体的。把自己的思想表述为语词、句子、段落和篇章，思维就向着语言转化。而听话人和看书的人接触到一连串声音和文字符号，理解了它的意思，引起自己的思考，语言又转化为思维。可见，语言和思维是表和里的关系。

——申小龙

在上一章中，我们对写作行文措辞问题进行了一些初步的讨论，以便为写作行文措辞学研究奠定一个粗略的过程框架。在本章中，我们的主要目标是对写作行文措辞的微观和宏观行为给出一个基本的操作技术模型。

## 第 1 节　句内行文措辞的操作原理

### 一、行文措辞的目标、理想——表现力的形成：语感与美感

从上面的讨论中得知，行文措辞的过程，从内容方面来讲，就是一个由基本语义向功能语义扩展的问题，从形式方面来讲，就是一个从文章开笔的生成到文章开笔的展开的过程。

从写作思维学原理来看，由内部语言到外部语言的扩展过程，其实就是一种赋形思维的渲染过程。这种渲染（赋形）的对象、目标随着行文尺度的变化而变化。

到了句子生成的尺度的时候，这种渲染是对段旨的渲染，即通过若干句子的生成来渲染这个段落的主题、意旨。到了一个句子内部语词生成的尺度的时候，这时的行文渲染是对语义的渲染，更是对语感和美感的渲染。这两种渲染都是对内部语言、基本语义的句子各个主要构成部分的丰满化、立体化、严密化、具体化、修饰化。正是这个过程才能使扩展性、立体化的外部语言产生理想的表现力，从而征服读者，实现有效传播和交流。

总之，行文措辞从内部语言到外部语言的生成、从基本语义到扩展语义的生成过程的目的就是生成具有强大表现力的文章措辞。表现力是行文措辞的功能，产生这种功能的结构是语言的语感与美感。而语言上的语感与美感则是作者心理上的语言感觉和审美感觉所致，即心理的语感与美感对行文措辞的自动调控使然。这种作者心理上的语感与美感，是一种语言的心理图式，因此，用写作行文、措辞的概念来讲，这种心理上的语感和语言美感就是作者写作素质中的句子图样、句子图式，就像写作行为产生的心理前提、形式预期是文章图样那样。

**（一）语感表现力是行文措辞理想的基本层面**

语言学家认为语感就是一种语文感觉："所谓语文感觉，本质上是一种语言的结构的'模型'直觉。"① 它是一个民族语言的精神格局、心理现实、心理认知格局。

语感具有两个层面，一是民族文化心理格局、图式的层面。当代语言学家认为："汉民族的语言认知心理的一个基本特征是'散点透视'。汉语的句子组织不以某个动词为核心，而是以句读段的散点铺排追随逻辑事理的发展，从而完成特定的表达功能。只有着眼于句子的内容和表达功能才能把握句子建构的过程及组织形态……汉民族的有机整体的思维方式在文化形态上表现为一种心理试点的动态延展的时间流，而非西方文化形态那种个体充实、物理视点静态固定的空间体。因而，汉语的句子组织是流块建构的。"② 这是从汉语语感生成的民族文化心理格局、图式的层面来讲的。

从语言运用的心理和既成语言作品的层面来讲，语感就是语言的清通明晰感。人们对语感的定义有许多种，下面这个定义是最具有清晰意义的。"一般说来，语感就是具有这种一说就清、一说就顺、一说就通、一说就懂的功能。正是凭借着这种功能，人们的言语交际才有可能进行得顺当、迅捷。"③ 正因为这样，老一辈的语文教学家、写作学家才普遍把语感的培养作为语文教学的基本目标和基础。叶圣陶说："文字语言的训练，我以为最要紧的是训练语感，就是对语言的敏感的训练。"④ 吕叔

① 申小龙：《汉语语法学：一种文化的结构分析》，127～128页。

② 同上书，128页。

③ 王尚文：《为"语感中心说"申辩》，载《语文学习》，1995（7）。

④ 叶圣陶：《叶圣陶论创作》，163页，上海，上海文艺出版社，1982。

湘说："语文教学的首要任务是培养学生各方面的语感能力。"① 张志公认为："总括起来说，练口、练耳、练眼、练手，目的在于培养学生对语言具有较高的敏感，对运用语言有熟悉的技能。"②

行文措辞的语感主要体现在行文措辞时句子生成中语言的次序性、秩序感问题上面。

**（二）美感表现力是行文措辞理想的较高层面**

行文措辞的美感主要体现在行文语言的具体性、确切性、鲜明性、生动性、强调性、得体性、节奏性、韵律性。

所谓美感表现力是行文措辞的修辞功能。语感表现力是为了实现行文措辞中基本的表达，符合民族语言习惯的行文表达。而美感表现力是为了实现行文措辞理想的完美的增值的行文表达。前者是为了使人听得懂，读得懂；后者是为了使人喜欢听或喜欢读。二者都是为了语境的交际行为，但是，前者的语境是宽泛的民族和抽象的读者，而后者则是具体的时空和具体的读者对象。

我们把语言表现力分为语感途径和美感途径，这只是为了强调高级语感的美学性质。其实，语言的美感何尝不是一种语感——一种高级的语感、审美的语感。

## 二、句内行文展开性措辞思维操作（内容）

**（一）秩序化思维操作：逻辑**

秩序化措辞其实也是一种清晰化、鲜明化的修辞手法。和上面的鲜明化行文措辞不同，它不是对某种感觉、印象的鲜明化、清晰化，而是对某种关系（因果、时间、空间）的鲜明化、清晰化。因果关系清晰化的行文措辞手法有设问、拟问等；时间关系清晰化的行文措辞手法有流水对、顶针等；空间关系清晰化的行文措辞手法有回环、太极等。

**1. 句内原因分析**

下面是孙绍振的一段话：

> 问题在于：对于中国语言的文化意蕴，评审委员会的老先生们可能在某种意义上是聋子，但是也可能不是全聋，也许说他们听力不佳更准确些，因而，中国作家没有理由绝望，自然没有理由性急。

这是孙绍振《文化差异犹如聋子对话》一文的结尾。这个结尾的基本语义、内部语言是"中国作家问鼎诺贝尔文学奖是有希望的"，或者是"问鼎诺贝尔文学奖中国作家不能性急"。这一信念，作者本人是坚信的，但是要对这个基本语义进行书面

① 吕叔湘：《学习语法与训练语感》，载《语文学习》，1985（1）。

② 《张志公文集》，第3卷，402页，广州，广东教育出版社，1991。

语言的行文措辞时，就必须对这个判断的逻辑关系——原因、理由进行分析。因此，作者在这里运用原因分析，认为中国作家没有获得诺贝尔文学奖的主要原因在于那些评审委员对中国语言文学的文化意蕴缺乏理解。所以，作者在行文措辞的时候，分析出两个原因：评审委员是“全聋”，或是“听力不佳”。这样读者就容易接受这一结论了。

**2. 句内功能分析展开**

请看童裳亮《海洋与生命》中的一段话：

> 原始生命的诞生，像一声春雷，打破了地球的死寂，开辟了地球历史的新纪元。

这个句子的内部语言应该是：原始生命的诞生意义重大。这是作者自己知道的语义，但在语境限制下进行书面行文表达时，就不能这样说，应该运用功能分析的思维操作模型进行语义的展开。所以作者对“原始生命的诞生”这个事件进行两次功能分析：（1）打破了地球的死寂；（2）开辟了地球历史的新纪元。这样便使读者具体地知道原始生命的诞生究竟有多大意义。

**（二）具体化思维操作：分解**

具体化是一种扩展的方式。有时，要把一个内部语言、基本语义表达为具体性、清晰性的书面语言，最有效的办法就是对这个线性化、梗概化的句子进行分解，进行添枝加叶，从而形成扩展性的句子和句群。有时，为了使一个整体、抽象的感受、事物、过程表达得具体可感，作者便采取分解的方式来进行行文措辞的扩展。具体化行文措辞的思维操作运用的是构成分析或过程分析的写作思维操作模型来进行的。概念、事物的具体化行文措辞，例如：

> 清晨，窗外风声、竹声、泉声、鸟声唤醒了我。

这个句子的基本语义是：清晨，窗外的声音吵醒了我。为了让读者对这“声音”有一个具体可感的印象，这里作者对整体、抽象的“声音”进行构成分解性行文描述。又如刘再复《读沧海》中的一段：

> 我打开海蓝色的封面，我进入了书中的境界。隐约地，我听到太阳清脆的铃声，海底朦胧的音乐。乐声中，我眼前出现了神奇的海景，我看到了安徒生童话里天鹅洁白的舞姿，看到罗马大将安东尼和埃及女王克莉奥佩屈拉在海战中爱与恨交融的戏剧，看到灵魂复苏的精卫鸟化作大群的飞鸥在寻找当年投入海中的树枝，看到徐悲鸿的马群在这蓝色的大草原上仰天长啸，看到舒伯特的琴键像星星在浪尖上频频跳动……

这段话表面上是一个段落，实际上可以看成一个句子。这段话的基本语义、内部语言是：我进入了书中的境界（世界）。这是一个概括抽象的叙述，后面的全部内容都是通过“添枝加叶”的方法将其扩展成一种外部语言、书面语句。

从“添枝”的层次上来讲，首先，从“听到”和“看到”两个角度对书中“世界”进行分解性具体描绘，使抽象的“书中境界”变得具体生动；其次，为了使读者对“听到”和“看到”的东西有更进一步的具体化、感性化的感受和印象，作者在第二个层次上再次进行“添枝”，即对“听到”和“看到”的东西进行再次分解性具体描绘、渲染。这里，用了两个短语——“清脆的铃声”、“朦胧的音乐”——对所听的东西进行具体描绘、渲染，用了五个小句对所看的东西进行具体的描绘、渲染。①

实际上，对深层语义、基本语义、内部语言“添枝”的扩展，还是一个基本的语感技能的问题，其依赖的原理仍然是汉语造句的“散点铺排”的“流块建构”，汉语思维的精神模型、格局、图式，只有依照这样的图式来展开所形成的句子和句群，才符合汉民族的语言交际和传播。

从“加叶”的层次上讲，对语言的“枝丫”进行“加叶”，就是实现行文措辞的语言美感表现力的问题，就是修辞的问题。

但是这里修辞的概念是用中国现代修辞学——以修辞格为主要研究对象的修辞学的修辞概念。如果用西方的修辞学概念，那么，前者宏观的“添枝”（还包括段间、部分间赋形/路径关系的生成）的行文措辞就是西方的古典的——以说服为目的的——修辞学关注的问题；而后者微观的“加叶”的行文措辞，应该是近代修辞学的概念。从这个意义上说，修辞学应该是写作学。即使从微观的层面来讲也是如此。陈望道认为：“修辞不过是调整语词使达意传情能够适切的一种努力。”② 理论语言学家高名凯认为：“修辞是使我们能够有效地运用语言，使语言有说服力的一种艺术或规范的学科。”③ 张志公认为：“修辞就是在运用语言的时候，根据一定的目的精心选择语言材料这样一个工作过程。”吕叔湘认为：“修辞学，按照我的看法，应该是‘在各个可供选择的语言手段之间——各个（多少是同义的）词语之间，各种句式之间，各种篇章之间，各种风格（或叫做“文体”、“语体”）之间的选择，选择那些最适合需要的，用以达到当前的特定的目的’。”程希岚说：“修辞学是研究语言表达的效果的科学，因此它将告诉我们如何调整或修饰语言，才能把语言运用得更清楚，更明白，更生动，更有力。”④ 刘焕辉认为，在语言交际过程中，“为着寻找最佳组合形式所进行的说、写活动，都是修辞活动”⑤。

从上面当代著名修辞学家们关于修辞的定义来看，他们所讲的修辞活动不正是一种写作活动吗？更准确地说，不正是写作行为的行文措辞中微观阶段的工作吗？

① 通过这样的行文措辞的分析可以看出，这段话中“我眼前出现了神奇的海景”是一个多余的句子，与前面的“书中的境界”意思重复，并且显得累赘。如果去掉这个句子，这段话显得更加文气畅通。

② 《陈望道文集》，5页，上海，上海人民出版社，1979。

③ 高名凯：《普通语言学教程》，下册，80页，北京，商务印书馆，1988。

④ 程希岚：《修辞学新编》，1页，长春，吉林人民出版社，1984。

⑤ 刘焕辉：《修辞学纲要》，4页，南昌，百花洲文艺出版社，1997。

正是这样，早在1964年，写作学刚刚诞生的时候，北京大学中文系汉语教研室编写的《写作知识》中就认为——

所谓修辞（学）实际上就是写作知识。

这个定义正是西方修辞学概念的内涵。而对于中国现代修辞学来说，它只是局部地研究写作行文措辞的问题，而写作学则是整体地研究写作的立意、行文的过程。因此，在进行写作行文措辞的时候，我们要始终有一种修辞的观念和意识，只有树立起这样的意识和观念，才能更好地有效地进行微观的行文措辞，正确地进行“加叶”的工作，以增强写作行文措辞的美感、表现力。这些行文措辞中语言修辞的问题就是以下要讨论的行文措辞的若干规律。

**（三）准确化行文措辞：限制**

所谓使行文准确化，还是一种具体化，主要是针对行文措辞中句子的主干部分而言的。在句子格局中，“定语、状语、补语”的生成就是使句子中的主干部分——主语、谓语、宾语——准确化具体化的行文修辞措辞行为。

对名词（事物对象）的限制性修饰主要是形成偏正性的名词词组，以做句子的主语或宾语的问题，也就是说在一个句子的生成中，写到名词性的词语（常常是主语、宾语）时，要注意对其对象进行限制、修饰，以使这个行文措辞让这个对象更加具体、准确。同样，对动词（动作）的限制性修饰主要是形成偏正性的动词词组，以做句子的谓语（或主语，或宾语），也就是说在一个句子的生成中，写到动作性的语词（常常是谓语）时，要注意对其动作进行限制、修饰，以使这个行文措辞让这个动作更加具体、准确。例如：

充满希望的我向他发出热情的邀请。

这个句子中，基本语义是：我向他发出邀请，为了使这里的“我”的心态和邀请的情感准确化，所以在名词“我”和动词“邀请”之前分别加上定语和状语等修饰、限制的语词。又如上面《读沧海》中那个句子：

隐约地，我听到太阳清脆的铃声，海底朦胧的音乐。

这个句子中的基本语义是：我听到音乐。为了使读者对听到的音乐和听的状态有更加具体、准确的了解，作者在进行行文措辞时，对这个基本语义中的名词“音乐”和动词“听”都进行了准确的修饰、限制，并且用“隐约地”来限制修饰、定位“听”的心理感受，用“海底朦胧的”来限制、修饰“音乐”，实现对这个基本语义的完美表达。

从上面可以看出，为解决行文措辞中的准确性措辞问题，首先运用语法功能，其次才是修辞功能。即首先运用定语、状语、补语去限制主语、谓语、宾语，使措辞更加准确；其次才是在定语、状语、补语的措辞中运用一些修辞手法、字词选择的技术，使这些语言生动、鲜明、富于策略、富于文气，有节奏地表述出来。

## 三、句内行文语感性措辞思维操作（形式）

### （一）语法化思维操作：语序

语感最基本的问题是语序的问题。语序体现的是一种民族语言的句子组合结构（语法）的基本习惯。语言学家申小龙认为：“人们一般认为汉语是一种注重语序的语言。而语序是一种形式。其实，从表面上看，语序是一种机械的形式，然而本质上它是一种事理逻辑。人类思维的最基本的初始过程，就是具体观念的逻辑排列——意合。各种语言结构形式的千变万化，都离不开这样一个根本理据。汉语在这一点上尤为突出。汉语句子的建构呈现一种心理时间流的样态。它与事物发展的时间、逻辑事理顺序浑然一体，以句读段为适应特定表达功能而按逻辑事理铺排作为基本组织手段。因此唯有从符号的逻辑顺序——语序入手，才能探究汉语建构的秘密……因此，我们可以说，词和词、成分和成分联系起来的基本方法，或者说用一个词或一个成分作为符号的孤立观念过渡到相应于一次思维的统一命题的基本手段，是语序。语言‘最基本、最有力的联系方法就是次序’。”① “汉语的语序本质上正是一种语义的结构化呈现。”②

语序所体现的这种“事理逻辑”，这种“心理样态”，这种“语义结构感”正是所谓语感。所以申小龙正确指出：“语序……把综合语和分析语统一在人类语感的某一种语义的深层结构上……可见，语序作为一种‘形式’，本质上不过是一种‘直觉’的‘泄漏’。”③

因此，正确进行语词顺序的搭配训练是培养语感能力的重要途径之一。1990年高考语文试卷有一道题目是把一个中心词的六项定语的语序打乱，要求学生正确地进行排列。一位研究者曾向一些答对的学生进行调查，他发现这些学生全是凭感觉进行调整的。这位研究者认为，当然有关的基础知识是有的，只是老师没有讲过：（1）带“的”的定语排在不带“的”的定语之前，但数量词作定语往往在带“的”的定语之前，而表示领属的定语只能放在带“的”的定语前头；（2）几个定语都不带“的”，一般的次序是最前边的是领属性的定语，然后依次是数量词、形容词、名词。这些确实比较繁琐难记，教师也容易忽略不讲。即使教师讲了，学生背了，也容易忘记。如果真是生活之树常青而理论则往往是灰色的，那么也可以认为：语言之树常青而语言学理论则往往是灰色的。④

我们认为，这样指责语言学、写作学理论的功能是没有道理的。诚然，语感的培养是靠对语言材料的阅读和交流实践来获得的，但是，同样可以通过语感模型进

① 申小龙：《汉语语法学：一种文化的结构分析》，83页。

② 同上书，84页。

③ 同上书，83页。

④ 参见王尚文：《为“语感中心说”申辩》，载《语文学习》，1995（7）。

行科学性的训练来快速生成语感能力。例如，利用汉语语言的语序规律、语序模型来较快地训练出语感能力。因此，关键是要通过语序调整的实践来培养语感。我们在文章修改时，往往就是进行这种语感调试和修改。汉语语序安排的主要规律是：

（1）多项定语在一个中心语前出现时的一般次序安排是：离中心语最远的是主谓词组或一些动词性词组，其次是表示领属关系或表示时间、地点的名词、代词，其三是数量词和指示代词，其四是动词或动词性词组，其五是形容词，最靠近中心语的是不表示领属关系的名词。

（2）多项状语在一个中心语前出现时的一般次序安排是：离中心语最远的是表示时间、语气的状语，其次是描写心理活动的状语，其三是表示目的、依据、关涉、协同的状语，其四是表示处所、空间、路线、方向的状语，其五是表示对象的状语，而离中心语最近的是描写动作变化方式、状况的状语。①

（3）对于动词后的宾语和补语的次序问题，一般都认为：代词做宾语时，宾语在前，补语在后；名词做宾语时，宾语和补语的次序不拘。还有的学者认为，补语的性质不同，宾补的次序安排也不同。动词后带有宾语和数量补语的句子常用“补宾”的次序。当需要强调数量时，也可改用“宾补”的形式。动词后带代词宾语的偶尔也可用“补宾式”。

（4）句子主干成分的次序问题，过去认为，主要集中在“主语—动词—宾语”次序的安排上。而当代汉语语法学认为，“主语—动词—宾语”的句子主干模式并不适用于汉语造句，汉语句子的主干模型应该是“话题—评论”的框架。② 有的学者则认为：“汉语语法是一种注重于功能内容的语法，汉语句子类型的划分必须首先把动词句和名词句区别开来，整个句型系统可以分成施事句（动句）和主题句（名句）两大类。”主题句的语序是“主题—评论”，而施事句的语序是“施事者—施事”。③

实际上，从行文措辞语感调控的意义上说，最重要的是处理好前三项语序，第四项语序一般不会出现问题。

（5）汉语和英语语序差异背后是不同的文化特征。汉语句子的一般主干顺序是“人物—时间—地点—动作”的散点铺陈，而英语句子的一般主干顺序是“主句（人物—动作）—从句（时间—地点）”。这鲜明地表现了汉语言说的文化精神是关注突出自然时空和人物行为平等地位的“天人合一”融合关系，而英语言说的文化精神是将自然时空从属于人的活动行为之下的人类中心主义。

---

① 参见张志公：《现代汉语讲话》，北京，人民教育出版社，1982。

② 参见徐通锵：《语言论》，419 页，长春，东北师范大学出版社，2000；徐通锵：《基础语言学教程》，194 页，长春，东北师范大学出版社，2001。

③ 参见申小龙：《汉语语法学：一种文化的结构分析》，162 页。

### （二）节奏化思维操作：句式

文章行文措辞的形式美感主要是节奏感，而节奏的本质是时间之美。文章的节奏美、时间美主要通过三个渠道来达成：

**1. 对语言气势的渲染**

即运用语言的形式化修辞来形成行文的气势、文气。主要运用的行文修辞手法是排比。由于通过排比的行文措辞可以实现对语义的强化，因此，甚至可以认为，强化感形成是通过排比生成的文章气势、文气来实现的。

**2. 对语言动感的形成**

对语言动感的形成，主要是通过行文措辞句式上的变化。刘熙载《艺概》所谓“物一无文”就是这个意思。因此，我们在进行行文措辞的时候，要尽量选用长短、松紧、整散、错综等修辞方式来达成。

**3. 追求语词速度的特色**

在进行文章行文的时候，语言的速度特点一是缓慢、宁静，二是快速、流动。前者是一种慢节奏的速度感，后者则是一种快节奏的速度感。中国古代的骈文、排律等诗文行文规范追求的是慢节奏的文章形式美感，而唐宋古文、“五四”时期白话文就是追求一种快节奏的文章形式美感。慢节奏的速度感的修辞方式主要是对偶、嵌词等，而快节奏的速度感的修辞方式主要是节缩等。

行文措辞上的节奏性修辞主要是将重复与对比的赋形思维的操作模型，运用到行文措辞的句式的结构安排和风格变化上面。

### （三）韵律化思维操作：音韵

行文措辞的修辞问题不仅存在于句式上，而且存在于语音方面。行文措辞上的语音修辞主要是将重复与对比的赋形思维的操作模型，运用到行文措辞的语音调整上面。汉语古典诗词中的韵律规范就是如此。因为，一个音步之内是平仄相同，而两个音步之间则是平仄相间。前者是语音的重复，后者是语音的对比。而押韵的规律“一三五不论，二四六分明”，前者是双句之间语音的对比，后者便是双句之间语音的重复。

当然，现代汉语写作中，行文措辞已经不严格讲究这种音韵美的规律，但是，在一个句子之内，注意一下语音的大体对比、相间还是有必要的。因为，汉语本身就是一种音高语言，而音高语言中字音的高低和音乐中的音程是具有相似性的，因此，大体讲究行文字音的音乐美是汉语应该保持的本色和规律，只要不导致呆板僵化就行了。

高等写作的行文语感训练应该是高级语感能力——语言美感——的培养和思维操作规律的探索和实践。以下主要是进行这项工作。

下面，我们主要来讨论这些行文措辞中的修辞手段和思维操作方法。

## 四、句内行文策略性措辞的思维操作（修辞）

### （一）生动化行文措辞：形象

当行文措辞由义句（基本语义、内部语言）向字句或辞句（功能语义、外部语言）转换（扩展）的过程中需要表述那些概念性、抽象性的指称对象和状态时，为了使读者能够明白和理解，就需要采取生动化、形象化的修辞手法对其进行修饰性表达，从而形成句子的局部性扩展，这样就会使人感到被指称的事物或状态十分形象、生动，容易理解。生动化行文措辞主要采取形象化的类比性修辞手法。例如：

> 也就在这个时候，喜悦像涌上海面的潜流，突然滚过我的胸脯。

刘再复在这里运用的是比喻的修辞手法。这个句子的基本语义是：喜悦滚过我的心头。这样表述太直白，不生动，无文采，作者用了比喻的修辞：把抽象的“喜悦”感情比喻为“涌上海面的潜流”，这样就十分形象生动了。在行文措辞中，除了比喻之外，使行文语言生动的修辞手法还有比拟、借代、移就、拈连、摹状、拟音、拟字、转类等。①

生动化措辞也是形象性措辞，从写作思维上讲，其所运用的思维方式主要是相似思维——他相似思维模型，即用一个与抽象的指称对象或状态具有某种性质的相似性的形象性事物来描述、修饰这个对象或状态。同时，生动性措辞还要注意行文描绘的细节性、特征性、感觉化。

### （二）强化性行文措辞：铺排

在行文措辞由义句（基本语义、内部语言）向字句或辞句（功能语义、外部语言）转换（扩展）的过程中，当句子中的某些句子成分（主语、谓语、宾语）意义特别重要，需要给读者留下强烈、深刻的印象时，就需要采用一些强化性修辞手法进行行文措辞，形成行文的扩展性话语。例如舒乙《父亲最后的两天》中的一段话：

> 但是，真正的“舍身”，却发生在最不应该发生的时间，最不应该发生的地点，最不应该发生的人物，最不应该发生的情节上。

为了使句子的宾语得到强化，也可以采取短语铺排的行文措辞，使人对这个句子的宾语内容印象极深。例如刘再复《读沧海》中的一句话：

> 我……读着浪花，读着波光，读着迷蒙的烟涛，读着从天外滚滚而来的蓝色的文字，发出雷一样响声的白色的标点。

这个句子的基本语义、内部语言应该是“读着大海”。为了把这个基本语义表达得更加强烈，使人产生深刻的印象，作者在行文措辞的时候，将“读着大海”铺陈开来进行渲染性拓展行文，展开之后这个句子的行文措辞，便产生了强烈的抒情效果。

---

① 本章行文理论中所使用的是刘焕辉先生的《修辞学纲要》一书中的修辞格的名称。

有时，为了对一个句子的主干部分（例如主语、谓语、宾语）的语义进行强化，行文措辞时往往要采取渲染式方法、运用多个修饰性字词对这个主干进行渲染、强化。例如：

我带着千里奔波的饥渴，带着长岁月久久思慕的饥渴。

这个句子的基本语义是“我带着饥渴”，为了加深对“饥渴”语义的强化，刘再复在对“饥渴”这个词语进行行文措辞时，便运用了渲染性的修辞手法进行展开。

有时，人们在一个名词或动词之前一连加上几个修饰性的词汇对其进行强化性渲染。例如：“勤劳善良无私的母亲”等。再如《读沧海》中的这个句子也是如此：

那些蹈海的英雄，那些自沉海底失败的改革者，那些越过怒浪向彼岸进取的冒险家，那些潜入深海发掘古化石的学者，那些耳边飘忽着丝绸带子的水兵，那些驾着风帆顽强地表现自身强大的运动健将，还有那些仰仗着你的豪强铤而走险的海盗，都在你这里集合过，把你作为人生的拼搏的舞台。

除了排比的修辞手法外，强化性行文措辞还可运用同语、复叠、对偶（正对）、夸张、较物、镶词、析词、仿拟等修辞手法。

从写作思维上看，强化性行文修辞、措辞运用的都是重复性、渲染性赋形思维的思维操作模型。这就是说，为了达到对句子中某些成分意义的强化，行文时作者应该运用重复性赋形思维模型来复制生成一些与这个句子成分的含义相同或相近的短语、小句，然后把它们组织进这个句子之中，这样，便实现了对那个主要句子成分语义的强化、渲染，引起读者接受上的注意，使之成为语义重点。

强化性行文措辞除了上述正面的强化以外，还可以运用反向性强化的修辞手法，例如反语、易色、反缀等。

**（三）鲜明化行文措辞：反衬**

在行文措辞由义句（基本语义、内部语言）向字句或辞句（功能语义、外部语言）转换（扩展）的过程中，为了把这个基本语义表述得更为清晰、更加鲜明，给读者留下深刻、鲜明的印象，往往需要采用一些鲜明化修辞手法进行行文措辞，生成行文的扩展性话语。例如《诗经》中的句子：

昔我往矣，杨柳依依。今我来思，雨雪霏霏。

为了把士兵当时的愁闷写得鲜明一些，于是，诗人用杨柳依依的欢快情绪来反衬；为了把回来时的高兴写得鲜明，诗人用雨雪霏霏进行反衬。此即王夫之所谓“以乐景写哀，以哀景写乐，一倍增其哀乐”。又如《山乡》里的句子：

队伍里静寂无声，咳嗽的人都没有，只有骡马的蹄子，踏在石头上，杂乱地响。

这个句子的基本语义是：队伍里很安静。但是在行文措辞的时候，为了把这安静的程度、印象表达得很鲜明、清晰，周立波在进行正面描述——“静寂无声，咳嗽的人都没有”之后，又运用了以动衬静的反衬修辞手法：“只有骡马的蹄子，踏在石头上，杂乱地响”，这样鲜明的对比，便使读者对“队伍里很安静”印象非常清晰、鲜明。

不仅可以运用句间的衬托，而且还可以运用词语之间的衬托，例如《读沧海》中的这段话：

> 悲剧与喜剧，壮剧与闹剧，正与反，潮与汐，深与浅，珊瑚与礁石，洪涛与微波，浪花与泡沫，火山与水泉，巨鲸与幼鱼，狂暴与温柔，明朗与朦胧，清新与混沌，怒吼与低唱，日出与日落，诞生与死亡，都在你身上冲突着，交织着。

这里的鲜明化、清晰性思维，就是在主语部分的词语与词语之间进行的，这样使这些互衬的两极的语义更加鲜明、清晰。

从写作思维上看，鲜明化行文修辞、措辞运用的都是对比性赋形思维的操作模型。这就是说，为了达到对句子中的某些成分意义的清晰化表达，行文时作者应该运用对比的赋形思维模型来复制生成一些与这个句子成分的含义相反、相对的短语、小句，然后把它们组织进这个句子之中去，这样，便实现了那个主要的句子成分的语义的清晰化表达的措辞。行文措辞中的鲜明化修辞手法还有互衬、反对、抑扬、撇语、反诘等。

**（四）得体化行文措辞：讳饰与双关**

在行文措辞由义句（基本语义、内部语言）向字句或辞句（功能语义、外部语言）转换（扩展）的过程中，有些基本语义、内部语义，如果按照心里所想的去扩展行文，那么就会和现实背景中的某种写作禁忌发生冲突，从而消解了写作功能，不能达到传达、交际的目的，甚至引来祸端。为了避免这些消极的后果发生，实现自己的写作目的和功能，在行文措辞的扩展过程中往往采用一些策略化、智慧性修辞手法进行行文措辞，生成得体化的扩展性话语。得体化行文措辞所运用的主要修辞手法是讳饰、双关、婉曲、反译、换义、升用、降用、谐音、嵌词、折绕、藏词等。

从写作思维上看，得体性行文修辞、措辞主要是运用协调性操作模型进行展开的。当然，特殊的情况也可以运用对抗性的修辞方法进行行文措辞。

以上这些行文措辞的修辞规律，主要是从语义的角度、行文内容的角度来考虑的。但是，行文措辞中不仅有关于行文内容、语义方面的修辞性考量或者功能性考量，而且还有行文语言形式上的修辞性考量。前者关注的是表达对象、内容的具体、准确、生动、鲜明、得体的问题；后者关注的是表达语言的形式美感的问题。这样行文措辞中关于语言形式的修辞就是为了从语言形式的角度增强文章的表现力。

## 五、行文措辞落笔思路的生成

行文措辞的过程，一般要经历这样几个阶段：（1）行文起点语义的生成；（2）段间语义关系的生成；（3）句间语义关系的生成；（4）短语、词汇的语义生成。在行文措辞各个层次、尺度上语义关系的生成无一不是运用赋形思维和路径思维这些思维操作模型分析出来的。这四个层次中，（1）和（2）是宏观的行文思维操作，（3）和（4）是行文措辞展开的微观思维操作。从狭义的行文来讲，微观操作是更为重要的，也是行文研究的重点。下面分别讨论。

行文的起点，就是文章的第一个段落（开头）意思的生成。即第一个段落，落笔写什么，从何说起、写起的问题。

从行文思维上来讲，行文起点——文章落笔、文章开头——在内容上的逻辑都与文章的主题尤其是文章的标题有一种十分紧凑的路径思维的关系。这种逻辑关系不是因果思维的关系，共时构成思维、过程思维的关系，就是相似思维的关系。

从文章的标题、文章的内容和文章开头的关系上讲，可以分成两类落笔思维模型：开门见山式和逐渐推进式。在这里，我们希望这两个角度融为一体，即阐述两种落笔思维模式中的行文思维原理、模型、技术。

**（一）开门见山式的落笔原理**

所谓开门见山式的落笔、开头，就是在文章的标题之后，行文一开始直接进入对所写主要对象——主角、情节、主旨的表达，主要有直接叙述（过程分析）、直接议论（因果分析）、直接说明（构成分析、过程分析、因果分析）。

叙事性文章的开头常常如此。如香港作家亦舒的小说《缘》的落笔：

> 我跟大哥说："我去看看玫瑰。就回来。"
>
> 他在看书，头也不抬。"就是昨天刚下飞机的那个？"他问。
>
> "是。"我说。
>
> "去吧。"他翻过一页书。

又如，汪曾祺的小说《大淖记事》的开头：

> 这地方的地名很奇怪，叫做大淖。全县没有几个人认得这个淖字。

文章一开头就与文章的标题发生了联系。然后对大淖进行解说、描写，对大淖的故事进行叙事。

议论性文章也常常如此。例如朱自清的杂文《论不满现状》的开头：

> 那一个时代事实上总有不满现状的人……

又如，孙绍振的文学评论《抒情与幽默的统一——评舒婷的复调幽默散文》的开头：

> 舒婷的诗已经有不少雷同的评论了，而她的散文至今还没有引起评论家的足够重视……

直接进入对舒婷散文评论的话题。

说明性文章一开始对说明对象下定义的落笔思维方法也是如此。这时的开门见山是以一种和文章标题同位的相似思维方式进行的。

**（二）逐渐推进式的落笔思维**

所谓逐渐推进式的落笔思维就是文章行文的初始时刻并不直接写文章的主要对象（主角和主旨），而是从与自己所写的主要对象（主角和主旨）在因果逻辑上、行为过程上、空间构成上有一种严密逻辑关系的其他事物写起，从而逐渐推向自己所要写的主要角色和观点。

最常见的是因果思维关系。请看思想史家和美学家李泽厚的学术随笔《我的选择》一文的开头：

> 1982 年，《文史哲》编辑部约我写篇谈治学经验的文章，推而又拖，迄今四年，仍然难却。我之所以推、拖，是因为第一，我自省确乎很少值得认真谈论的所谓“经验”；第二，关于谈经验已经写过了。《书林》杂志上就发了两篇，还有一些“访问记”之类。不过现在既已提笔，只好硬着头皮再写一点。讲过的不再重复，下面结合自己谈谈选择问题。

这是一篇谈治学经验的文章。文章一上来就是说明自己写这篇谈治学文章的缘起、缘由。作者所运用的是因果分析的原因分析的路径思维操作模式。

不仅议论性的文章常常用这种交代写作缘起的原因分析作为文章的落笔，而且许多文学作品也是这样。在文学写作中，常常不是对作者的写作行为、动机的缘起、缘由的交代，而是对作者写作内容中的一种行为、心情的缘由、原因的交代。例如，郁达夫《钓台的春昼》的行文落笔：

> 因为近在咫尺，以为什么时候要去就可以去，我们对于本乡本土的名区胜景，反而往往没有机会去玩，或不容易下一个决心去玩的。正惟其是如此，我对于富春江上的严陵，二十年来，心里虽每在记着，但脚却没有向这一方面走过。

这里是对自己为什么对近在咫尺的本乡本土的风景——钓台严陵——没有去过原因的交代。

有时，文章的开头是对文章所写的行为的前提、先在性行为进行交代。例如，刘再复的散文《读沧海》的开头：

> 我又来到海滨了，又亲吻着蔚蓝色的海。

全文要写“读”沧海，那么，要有“沧海”，要“我”来到沧海边才能够对沧海进行“阅读”——解读沧海的深刻博大的内涵和意义。“来到沧海”是“阅读沧海”的前提、条件，因此，这个前提、条件与“读”沧海的行为之间是一个时间接近关系。因此，作者在这里的行文开头落笔时刻，便运用过程思维中的环节分析——前提性叙事。

有时，则对文章写作对象的存在空间这个前提进行描述，这样，空间和对象构成一种背景式的空间关系。例如贾祖璋的文艺性科普说明文《萤火虫》的开头：

满天的繁星在树梢头辉耀着；黑暗中，四周都是黑魆魆的树影；只有东面的一池水，在微风中把天上的星，皱作一缕缕的银波，反映出一些光辉来。池边的几丛芦苇和一片稻田，也是黑魆魆的；但芦苇在风中摇曳的姿态，却隐约可以辨认。这芦苇底下和田边的草丛，是萤火虫的发祥地。

文章是说明萤火虫的，那么文章的开头部分应该是推出说明对象。由于萤火虫的特点是在黑夜中最能显出本事，因此，该文从黑夜写起，运用构成分析方法对萤火虫活动的情景、场面进行描述，逐渐推出说明对象——萤火虫。这样，空间背景和萤火虫之间就有一种空间推进的关系。

有时候，文章一开头描写一个比喻体，这个比喻体与文章的主题、立意形成一种相似关系。例如，散文作家和评论家喻大翔的杂文《创口上的桃花》的落笔思维：

春天，一阵烟雨之后，中国的桃花又开了……

《诗经·魏风·园有桃》曰……

这篇文章是针对南京市一位政协委员建议将“南京大屠杀遇难同胞纪念馆”改为“中国南京国际和平中心”的报道写的一篇杂文。作者把这个建议比做安放在中国人民心灵创口上的桃花：貌似美丽，贻害无穷。这里文章开头落笔所运用的便是相似思维的操作模型。中国传统写作理论中的所谓比、兴都是这种情形。例如，徐迟的散文《枯叶蝴蝶》的开头：

峨眉山下，伏虎寺旁，有一种蝴蝶，比最美丽的蝴蝶可能还要美丽些，是峨眉山最珍贵的特产之一。

这指的是枯叶蝶，它是伪装自己、掩饰自己的一个喻体。这是作者所批判对象的喻体、象征。又如，鲁迅杂文《春末闲谈》的文章立意是对统治阶级采用愚民政策来维持其统治地位进行揭露批判，而文章的落笔却是写大黄蜂吃小青虫的故事作为比喻，就是运用相似思维的路径思维进行文章的行文落笔的。

## 第 2 节　句、段间行文措辞的操作原理

### 一、逻辑化展开

逻辑化展开，就是在对某种行文的语义节点、语义起点、内部语言的行文表达措辞时，需要对这个语义起点和基本语义进行逻辑关系上的多维展开，暴露这个语义起点所指称的事物现象与其他事物现象之间紧密的必然的内在逻辑关系，从而认识这个事物现象的深层本质，这样，便实现了对基本语义、语义起点的外部语义的扩展性表达，即行文措辞。逻辑化展开所运用的基本思维操作模型主要是原因分析、背景分析、功能分析、措施分析等。

**（一）原因分析的展开**

**1. 段内与段间的原因分析**

例如《第二次考试》：

> 苏林教授显然是大为生气了。他从来认为，要做一个真正为人民所爱戴的艺术家，首先要做一个各方面都能成为表率的人，一个高尚的人！歌唱家又何尝能例外！这样一个自暴自弃的女孩子，永远也不能成为一个有成就的歌唱家！

第一句是结果，第二、第三句是对生气的原因的分析。又如《一种科学实验》中：

> 对这种现象可作这样的解释：第一，当一个钢球被举起来时，它被给予了能量；第二，当一个球被放开时，它的能量转换成一种运动，叫做动能；第三，这种运动的能量或说是动能没有被真正地保持，被系统中的低效率耗费；第四，在动能之外，一个运动的物体还有动量，它被定义为质量与其速度的产物；第五，不像功能，动量必须真的保持，不会丧失。
>
> 无弹性的球的动能被冲量传给另一个没有弹性的球时，第一个球的动量也就传给了第二个球。为了保存同样的动量和近乎同样的动能，碰撞之后运动的球的质量与速度必须近似于碰撞前运动着的球的质量与速度。

这是一篇说明文，是对一种被称为“摇摆奇物”的教育玩具产生摇摆现象原因的解释。这里分析了“摇摆奇物”产生摇摆现象的五个原因。第二个段落仍然是一种原因分析，只是一种综合性概括性的原因分析解释了。

**2. 整篇的原因分析**

原因分析行文展开的思维操作模型，还可以进行全文的行文展开。例如，像《海水为什么是蓝色的?》之类的科学说明文，以及像《论恐怖主义产生的历史根源》、《论哲学的本体论何以可能》这样的学术论文也全靠原因分析行文展开的思维操作模型。限于篇幅，不再举例。

**（二）背景分析的展开**

有时，运用背景分析进行行文展开。例如孙绍振《在德国读〈女神〉核对本》中的一段话：

> 这不是个人的水平的问题，而是历史的水平的问题，当历史水平上升之时，个人自然也就在不知不觉之中上升到前人未达到的水平。

这个语段的基本语义、语义节点是：“这不是个人的水平的问题”。作为内部语言、基本语义，作者是相信的，能接受的，但是要向读者进行表述时，必须提供这一认识的理由，因此，作者在对这个基本语义进行行文措辞的展开时，运用了背景分析的思维操作模型，得出“这不是个人的水平的问题”的背景性原因、理由。这样，使得这个句子的基本语义得到交际性、语境性传达和被接受。运用背景分析的思维操作模型，同样可以作为段落和整篇行文展开的基本模型。

**（三）功能分析的展开**

**1. 段内功能分析的展开**

例如：

如果一个人或他的祖国是高度发展的话，那么二者之间的关系始终会被冲突搅乱。一个人要求自由，在某些方面会触犯国家为了民众而强加给个人的限制。如果他要继承国民传统，就必然会与那些以传统名义说话，并希望在前一代所达到的那一点上把传统具体化的人发生冲突。无论如何，国民生活本身就必定会不断使他心烦，因为这是他表现自己的媒介，每一个工匠或艺术家都会由于他的媒介对他的意志的抵触而感到不快。如果国家不像那么多开始腐烂的梨子一样变得软一些，那么所有的人的血管中都会有一两滴叛逆的血。然而，成为一个叛徒是最悲惨的。

这个段落中的每一句几乎都是在进行功能分析。不过这里的功能分析都是一种假设性的功能分析。

**2. 段间的功能分析展开**

例如竺可桢《哥白尼》一文中这样写道：

哥白尼发表了地动学说，不但带来了天文学上的革命，而且开辟了各门科学向前迈进的新时代。因为他带给人们科学实践的精神，他教给人们怎样批判旧学说，怎样认识世界。他首先告诉人们不要停止在事实的外表，而要依靠人类的实践，进行全面的分析，深入事实的本质。譬如对天文现象的认识，就不能让直觉支配，以为太阳等恒星都在绕地球转动，而不去全面地深入研究太阳系内全部行星的运行。他还启示人们，不应该迷信古书上的道理，而应该重视客观事实，重视实验和实践；要有勇气怀疑并且敢于批判不符合实际却历来被认为神圣不可侵犯的权威学说。

因此，哥白尼的学说不只在科学史上引起了空前的革命，而且对人类思想的影响也是极深的。哥白尼推翻了亚里士多德以来从未动摇过的地球是宇宙的中心、日月星辰都绕地球转动的学说，从而在实质上粉碎了上帝创造人类、又为人类创造万物的那种荒谬的宇宙观。

在这两个段落中，都是运用功能分析进行行文展开的。第一个段落的基本语义是："哥白尼发表了地动学说，不但带来了天文学上的革命，而且开辟了各门科学向前迈进的新时代。"第二个段落的基本语义是："哥白尼的学说不只在科学史上引起了空前的革命，而且对人类思想的影响也是极深的。"更重要的是第一个段落与第二个段落之间又是一个功能分析的行文展开，思维更进一层，使人们对哥白尼的学说有更加深刻的了解。

**（四）措施分析展开**

措施分析一般来说都是从属于因果分析的三种模型的分析成果的——对其分析

成果的应对、处理、解决。例如丁玲《三八节有感》结尾的几段：

世界上从没有无能的人，有资格去获得一切的。所以，女人要取得平等，得首先强己。我不必说大家都懂的。而且，一定在今天会有人演说的："首先取得我们的政权"的大话，我只说作为一个阵线中的一员（无产阶级也好，抗战也好，妇女也好），每天所必须注意的事项。

第一、不要让自己生病。（略）

第二、使自己愉快。（略）

第三、用脑子。（略）

第四、下吃苦的决心，坚持到底。（略）

在文章的第一段中，作者已经通过原因分析得出结论："女人要获得平等、幸福，得首先强己"。因此，接下来的文章行文就是从怎样才能"强己"的途径、方法上来展开行文措辞思路的。

**（五）综合性展开**

再看下面这个理论文章的随机段落：

林海音的象征虽然有过露之嫌，但是，尚未造成对艺术形象的含蓄性的损害，其原因在于她的主要焦点并不完全在于象征，而在于那象征的基础——那就是互相亲近的人们之间的心理距离越来越大，从而造成读者的情感的多方向的张力。这不但表现在宋妈与英子之间，而且表现在小偷和他所爱的弟弟之间。他越是爱弟弟，他就越是要做小偷，在这样的反向逻辑中存在着艺术的奥秘。①

这个段落总体意思讲的是：拉开心理距离是林海音小说的艺术奥秘。但是，作者不是一上来就讲这个问题，而首先从林海音小说的表层特征——"象征"说起，然后走向象征的"基础"即小说的深层特征——"心理距离越来越大"。这是这个段落的第一个句子的行文思路，这个思路运用的思维操作模型是因果思维中的原因分析的模式。该段的第二个句子，是指出林海音小说拉开心理距离的具体表现，这个句子对于第一句的"心理距离越来越大"来说，起的是"证据"、"例证"的作用，这里作者运用的路径思维操作模型是相似思维模型——证据的内涵与观点的内涵的相似性、吻合性、和谐性。第三个句子是对第一个句子中的"心理距离越来越大，从而造成读者的情感的多方向的张力"这个句子的一种平行的说明、阐述，运用的是说明性的渲染，是附属于第一个句子中的"心理距离越来越大，从而造成读者的情感的多方向的张力"这个中心意思的。从逻辑思路上来看，第二个句子只是一个插入部分而已。

---

① 孙绍振：《林海音拉开心理距离的艺术》，见孙绍振：《挑剔文坛：孙绍振如是说》，254页，福州，福建人民出版社，2001。

从这里看出，这个段落的行文措辞是先后运用因果分析、相似思维的思维路径进行对段义扩展——丰满化、逻辑化、具体化、明白化的。而这就是种种渲染行为，种种赋形思维的行为。

## 二、具体化展开之一：相似展开

所谓行文措辞的具体化展开，是说当作者的某个语义节点、基本语义是一个概括性、抽象性、总体性、宏观性东西的时候，作者行文的主要目的和理想就是把这个概括性、抽象性、总体性、宏观性的东西说得具体、生动，更加感动人，使读者对这个东西更加清楚明白，这个过程就是一种具体化展开的过程。与逻辑化行文措辞展开的思维模型不同，它不是揭示一个事物与另外的事物、环境之间的相互关系，而是着眼于抽象性概括的具体性表现，或者着眼于整体事物的内部细节的描述。因为，读者接受这些具体性的感性化细节化的信息之后，才能相信并接受你的总体性概括性的命题、判断，书面语言交际的目的才能达到。行文措辞的具体化展开又分为三种具体化思维操作模型：（1）相似展开；（2）构成展开；（3）过程展开。

相似展开分为铺排式展开、形象化展开、证实性展开。

### （一）铺排式展开

这是汉语行文措辞思路展开最有特色的思维特征。这种复制式的行文思维模式起源于汉语语音的音乐化特点和中国阴阳对立的哲学观念。“赋比兴”的写作理论就是这一思想的最早概括。汉赋和以后的骈文、八股文的写作思想，都是这种行文展开思想的发展形态。在中国古典诗词中，较典型的例子是：“鸡声茅店月，人迹板桥霜。”“枯藤老树昏鸦，小桥流水人家，古道西风瘦马，夕阳西下，断肠人在天涯。”在当代汉语写作中，这种行文思维模型仍然是一种基本的行文展开途径。

#### 1. 句间铺排

例如刘再复《读沧海》中的一段：

> 我打开海蓝色的封面，我进入了书中的境界。隐约地，我听到太阳清脆的铃声，海底朦胧的音乐。乐声中，我眼前出现了神奇的海景，我看到了安徒生童话里天鹅洁白的舞姿，看到罗马大将安东尼和埃及女王克莉奥佩屈拉在海战中爱与恨交融的戏剧，看到灵魂复苏的精卫鸟化作大群的飞鸥在寻找当年投入海中的树枝，看到徐悲鸿的马群在这蓝色的大草原上仰天长啸，看到舒伯特的琴键像星星在浪尖上频频跳动……

这个段落用一个“听到”和五个“看到”来进行句间的铺排，实现对“书中境界”、“神奇海景”美丽景色的细化和渲染。

#### 2. 段间与整篇的铺排

例如冰心的散文《笑》全篇就是由三个笑影和画面的铺排、渲染而形成：

雨声渐渐的住了，窗帘后隐隐的透进清光来。推开窗户一看，呀！凉云散了，树叶上的残滴，映着月儿，好似萤光千点，闪闪烁烁的动着。——真没想到苦雨孤灯之后，会有这么一幅清美的图画！

凭窗站了一会儿，微微的觉得凉意侵人。转过身来，忽然眼花缭乱，屋子里的别的东西，都隐在光云里；一片幽辉，只浸着墙上画中的安琪儿。——这白衣的安琪儿，抱着花儿，扬着翅儿，向着我微微的笑。

"这笑容仿佛在哪儿见过似的，什么时候，我曾……"

我不知不觉的便坐在窗口下想——默默的想。

严闭的心幕，慢慢的拉开了，涌出五年前的一个印象。——一条很长的古道。驴脚下的泥，兀自滑滑的。田沟里的水，潺潺的流着。近村的绿树，都笼在湿烟里。弓儿似的新月，挂在树梢。一边走着，似乎道旁有一个孩子，抱着一堆灿白的东西。驴儿过去了，无意中回头一看。——他抱着花儿，赤着脚儿，向着我微微的笑。

"这笑容又仿佛是哪儿看见过似的！"我仍是想——默默的想。

又现出一重心幕来，也慢慢的拉开了，涌出十年前的一个印象。——茅檐下的雨水，一滴一滴的落到衣上来。土阶边的水泡儿，泛来泛去的乱转。门前的麦陇和葡萄架子，都濯得新黄嫩绿的非常艳丽。——一会儿好容易雨晴了，连忙走下坡儿去。迎头看见月儿从海面上来了，猛然记得有件东西忘下了，站住了，回过头来。这茅屋里的老妇人——她倚着门儿，抱着花儿，向着我微微的笑。

这同样微妙的神情，好似游丝一般，飘飘漾漾的合了拢来，绾在一起。

这时心下光明澄静，如登仙界，如归故乡。眼前浮现的三个笑容，一时融化在爱的调和里看不分明了。

这里，作家就是通过三个动人的笑影，三个相似的画面，散点铺陈、渲染作者所表达的浓浓的爱意，烘托出深渊的意境。

**（二）形象化展开**

在文学创作的行文措辞中，这是常见的行文展开方式，例如庞俭克的《落花时节》：

花落了。

降落伞似的随风飘着向我而来，枝与叶慢慢地远了，光与影也渐渐地恍惚了，蓝天也阻隔在山后。只有淡白花串如浮云朵朵，正乘风潇然而来。轻微的旋转，是雷诺阿笔下的舞女轻盈而起，足尖舞动起伏的旋律。德彪西的意象，精致的和声与闪烁不定的节奏托着轻柔的身影，近了，更近了，无法抵御的魅力似乎要引我起身，盈我的发，盈我的呼吸。飘荡。草色迎面而来，足迹践上去，旋转，旋转，再一个轻盈的旋转，飞扬的裙裾把乐音挥洒出去，美丽的流线泣着清晨，渐弱渐低，终于委地。山的峰势蓦然高峻，云影也深浓了。

这两个段落表达一个基本语义："花落了。"而下一个段落就是对"花落了"这个质朴的基本叙述的展开。这里的形象化展开，有事物的行为状态的描述，但是，又不完全是对一个事物的客观描写，而是对某种行为、状态、感觉的放大性描写，同时也是一种修饰化描写。正是这三种展开方式的结合、融合才产生具体化、生动化、形象化的感受、印象，从而打动读者、感染读者，达到书面语言交际的传播目的。

**（三）证实性展开**

所谓证实性展开，就是作者的语义节点、基本语义是一个概括性的判断、综合性的结论，为了让读者能够接受这个判断、结论，行文措辞时，就必须提供这个结论的依据，可以是事实性依据，也可以是理论性依据。因此，在这里，行文措辞展开就是提供这样的证实性依据的过程。例如竺可桢《祖冲之》中的这段：

> 祖冲之很早就对天文学和数学发生了浓厚的兴趣。他在自己的著作中说，他从小就"专攻数学，搜炼古今"。他很注意搜集自古以来的观测记录和有关文献。

这个语义片段的基本语义是说"祖冲之很早就对天文学和数学发生了浓厚的兴趣"，而行文展开提供了这个判断、结论的依据："他在自己的著作中说，他从小就'专攻数学，搜炼古今'。他很注意搜集自古以来的观测记录和有关文献。"又如朱德《回忆我的母亲》：

> 母亲最大的特点是一生不曾脱离过劳动。母亲生我前一分钟还在灶上煮饭。虽到老年，仍然热爱生产。去年另一封外甥的家信中说："外祖母大人因年老关系，今年不比往年健康，但仍不辍劳作，尤喜纺棉。"

"母亲最大的特点是一生不曾脱离过劳动"是这个话语片段的内部语言、基本语义，但是，这个基本语义、内部语言还不是行文措辞中的行文语言，因此，必须进行扩展。在这里就是运用历时性的过程分析的思维操作模型进行行文措辞的具体展开的：按照生我之前—老年—去年（去世前）的历时顺序进行行文展开，从而实现对基本语义行文措辞的扩展性生成。

## 三、具体化展开之二：构成展开

所谓构成展开，就是一个语义节点、基本语义是一个整体性的对象，作者需要让读者了解这个整体事物的情况，因此行文措辞时就需要对其内部的构造、元素、类型、性质进行分解，并用语言文字传达出来。构成展开可以运用构成性分析中的几种分析模式进行行文措辞。

**（一）空间性构成分析**

在说明一些建筑、器物、机器等实物性东西时，必须运用这种思维模型。例如刘叙杰《巍巍中山陵》：

陵园的总平面布局，大致可分为南、北两部。南部包括入口的石牌坊和缓长的墓道（在总图上表现如钟下的悬索）。北部包括陵门、碑亭、石阶、大平台、祭堂、墓室等（在总图上表现为钟的本体）。

陵墓的入口位于最南端，标志是一座三间三楼的石牌坊。在明间的檐下，悬挂着孙中山先生手书“博爱”横匾一方。石坊北就是通往陵门的缓长坡道，汽车可循此直达陵门之前。墓道北端有一倾斜台地，东、西侧各建面阔三间的硬山卷棚小屋一所，为过去守陵卫士的驻所。正面所建陵门，高 15 米，宽 24 米，深 8 米，蓝琉璃单檐歇山顶。屋身用花岗石砌成无梁殿式样，正中拱门楣上镌刻着孙中山先生手书“天下为公”几个金光大字。

上面的第一个段落是对中山陵平面布局的展开性行文措辞，从南部和北部两个方位进行总体介绍。第二个段落的行文则是对入口处和陵门的详细的空间构成分析。

**（二）类型性构成分析**

当你对某种事物的类型特征十分了解时，要想读者也知道这些类型特征，在行文措辞时，你就要运用类型性构成分析的思维模型。例如：

噪音是不需要的声音。它有三种基本类型：宽频带型、窄频带型和脉冲型。

顾名思义，宽频带噪音是频率范围甚广的一种噪音。窄频带噪音的能量则局限于一个很窄的频率范围内，甚至集中在一个频串上。圆锯、刨床和类似的动力工具产生的噪音即为窄频带噪音。脉冲型噪音由瞬时脉冲组成。这种瞬时脉冲可以是重复发生的，也可以是非重复发生的。风钻所伴随的噪音就是一种重复的脉冲型噪音，而枪声则是非重复的脉冲型噪音。

这里的第一个段落在对噪音进行定义之后，便是对噪音的分类，本身就是类型分析。接下来的行文仍然是分别对三种类型的噪音进行更加详细的分类解说。

又如童裳亮《海洋与生命》：

原始生命的诞生，像一声春雷，打破了地球的死寂，开辟了地球历史的新纪元。这些原始生命在和大自然的搏斗中生存、发展，经过亿万年的进化，逐步形成了原生动物、海绵动物、环节动物、软体动物、节肢动物、棘皮动物，以至出现了像鱼类这样比较高等的海洋脊椎动物。原始生命向另一个方向发展，又形成了许多海洋藻类。

这个段落的基本语义是：“原始生命的诞生，开辟了地球历史的新纪元”。这个基本语义经过修辞化形成了第一个句子。第二、第三个句子继续运用功能分析的方法具体分析两类原始生命的生命进化的过程及其结果。一是“原始生命诞生后，进化成为比较高等的海洋脊椎动物”；二是“原始生命的诞生，导致了海藻的出现”。这个段落是运用类型分析进行功能分析而形成行文措辞的。

**（三）因果性构成分析**

当你行文的语义节点、基本语义是说明一个事物的原因、背景、功能、特征等务虚性的性质时，在行文措辞时就要运用这种思维模型对这个事物的整体性质进行方面、侧面性的构成分析。例如：

对我来说，教书是个会令人熬红眼睛、手掌出汗、精神沮丧的职业。说熬红眼睛，这是因为我晚上无论备课备到多晚，总觉得备得还不充分。说手掌出汗，这是因为我跨进教室之前总是非常紧张，自信学生一定会发现我是个傻瓜蛋。说精神沮丧，这是因为我一小时后走出教室，确信这堂课上得比平常还要平淡无味。①

作者在这里进行行文措辞的语义节点、基本语义、内部语义是：教书这个职业对我产生的作用、功能。一开始进行初步的教书功能的构成分析：熬红眼睛、手掌出汗、精神沮丧，接着，对这三种功能再次分别进行详细的因果性构成分析。

从总到分的措辞展开仍然运用的是一种从概括、抽象到具体、生动的行文措辞模型。但是这种展开不是运用证明式的相似思维操作进行举例证明，也不是通过形象化描绘的再现形象来进行措辞展开，而是运用构成分析或过程分析的思维操作进行具体化解说。

## 四、具体化展开之三：过程展开

所谓过程展开，是指作者行文措辞的语义节点、基本语义、内部语言是告知读者一个行为、事件或历史、程序，这个程序作者是明白的，但要读者明白，就必须运用过程分析的思维模型对这个事件或程序的细节、环节、阶段进行分析，从而用语言进行表达。过程分析的行文展开有三种情形。

**（一）行为过程分析**

当你行文的语义节点、基本语义是想传达对某个人物的活动、行为或事件的印象时，就要运用行为过程分析的思维模型对这个整体行为或事件的细节、环节进行分析性描述，从而形成展开性行文措辞。文学性写作中的记叙表达方式就常常如此。例如张爱玲的《金锁记》：

半夜里她爬下床来，伸手到窗外去试试，漆黑的，是下了雨么？没有雨点。她从枕头边摸出一只口琴，半蹲半坐在地上，偷偷吹了起来。犹疑地，“Long，Long ago”的细小的调子在庞大的夜里袅袅漾开。不能让人听见了。为了竭力按捺着，那呜呜的口琴忽断忽续，如同婴儿的哭泣。她接不上气来，歇了半晌。窗格子里，月亮从云里出来了。墨灰的天，几点疏星，模糊的缺月，像石印的

① 刘海涛编著：《现代读写说：高师写作学新稿》，56 页。

图画。下面白云蒸腾，树顶上透出街灯淡淡的圆光。长安又吹起口琴来。“告诉我那故事，往日我最心爱的那故事，许久以前，许久以前……”

不过，文学性记叙这种行为过程的细节性展开，具有与其他的过程性展开不同的地方，后者完全盯住某种过程的环节、细节进行分析，而前者则着眼于行为细节的表现性进行分析，因此要丢掉许多与所表现的情感、性格无关的细节、环节、动作，同时，在进行这种细节分析的时候，还要传达出这个过程中人物的感觉、心理、体验、想象、联想等心理活动，因此，这种行为性、记叙性过程分析是人物外在活动过程细节和内在心理活动过程细节的立体分析展开。而下面的过程分析就不是这样了。

**（二）程序性过程分析**

当你行文的语义节点、基本语义是想传达某种工作程序时，行文措辞时就要运用程序性过程分析的思维模型对这个整体工作程序的环节、细节进行分析，从而形成展开性行文措辞。例如：

自己动手做一架太阳观测镜的办法是，在一个纸盒的一端挖一个洞，洞的大小为可伸进人的头部。再用一张白纸糊住洞对面的内表面，然后在其反面刺一小孔，孔的高度要能使光线照不到人的头部。为了能得到更清晰的图像，可以在纸盒上刺一更好的孔，即开一个约一平方英寸大小的眼孔，用一片薄锅片盖住这个孔，再在这块金属薄片上刺一个孔。最后，封住纸盒并用黑胶布盖住所有漏光线的缝隙。

这个行文段落的基本语义是：制作太阳观测镜的程序。其行文措辞的展开就是将制作太阳观测镜的操作程序进行严格的客观的分析，一步一步非常清晰，这样使人对制作太阳观测镜的工序一目了然，从而达到了交际的目的。这里，没有像上面那个记叙段落的过程分析那样的主观感受、联想等心理活动。这是这种程序性过程分析的基本特色。

**（三）历史性过程分析**

当你行文的语义节点、基本语义是想传达对某种事物或人物的历史知识时，行文措辞时就要运用历史性、阶段性过程分析的思维模型对这个整体历史过程的阶段、时期进行分析，从而形成展开性行文措辞。一些历史事件或一个著名人物的生平介绍，一般要用这种过程分析的行文展开方法。例如：

**路德维希·冯·贝多芬**

路德维希·冯·贝多芬是19世纪伟大的作曲家，他为获得艺术上的成功，克服了很多个人困难。

1770 年他出生于德国的波恩，他首先是向宫廷风琴家吉尔斯·凡德·恩迪学音乐。他的父亲极端严厉而且酗酒成性。贝多芬还很年轻时母亲就死了，他被指定做他两个弟弟的监护人，1782 年他在惊人的早龄就被指定做宫廷风琴手的代理，代替克里斯钦·戈特劳伯·利福，同时他还弹钢琴和拉中提琴。

1792 年他的庇护人库特·菲迪劳德·瓦德斯顿把他送到维也纳，在海顿门下学习音乐。贝多芬一直没有结婚。经济拮据困扰他的一生，从出版商处得到的收入没有规律，庇护人的资助也不固定，他还经常受到疾病的折磨。

1819 年他的一只耳朵感染导致悲惨的耳聋。可是尽管有这种障碍，他还是继续他的音乐创作。他完成了极有深度的、成熟的音乐杰作：3 部钢琴奏鸣曲、4 部弦乐四重奏、弥撒所罗门以及第九交响乐。

他死于 1827 年，执著追求独立是他一生的特点。他易怒，歌德曾说："我为他的才能倾倒，但不幸，他是一个完全奔放不羁的人。"虽然他的个性可能奔放不羁，但是他的音乐却很有规律和约束，这一点使我们对他牢记不忘。

这个段落是关于著名音乐家贝多芬的生平介绍。为了分析方便，我们将原文进行分段排列，以便使读者更容易看到作者是怎样运用历史性过程分析的思维模式对贝多芬的一生——克服困难，追求艺术成功的一生——进行历史阶段性分析、进行行文措辞展开的。需要注意的是，这里，作者认为贝多芬的一生是克服困难、追求艺术成功的一生，因此，上述的历史性过程分析同时又是一种证实性相似思维的展开思维。因为，作者是以历史的事实作为例证进行说明的。因此，这是两种思维展开模型的同义和融合。

## 五、具体化展开之四：程度展开

当行文的语义节点、基本语义是将某种事物的性质——原因、背景、功能、作用、地位、特征、意义告知读者时，读者可以对这些性质做出评价，以便决定读者自己对这些问题的态度，因此，作者在行文措辞时就需要对某种性质——原因、背景、功能、作用、地位、特征、意义的重要程度、关系程度、价值程度进行秩序化分析。这样，读者就会具体、准确地了解这个事物的性质特征。例如下面这段讲英语特点的短文就是如此：

如果说英语广泛的吸引力或多或少还在其本身天生的特性和特点，也是真的。这些在英语的形成过程中起了突出作用的特点，这些给英语以个性并使之具有全球意义的特点是什么呢？首先和最重要的是它那不同寻常的对异族语言的接纳适应能力——多变的灵活性。因为这种多变的灵活性，英语吸收了世界上几乎所有地区的语言材料，并把这些新的材料变成自己的语言……第二个突出特点是屈折变化的简单性——那种只需外形或词尾作最小变化就能显示词语在句中的关系的简便性……英语的第三个特点是它比较固定的词序……如果在某一语言中，词形不按照句子内容中的关系变化，那么这些词的词序就会相对固定；同时，根据句子意思而确定的固定词序取代了屈折变化系统所带来的自由。第四，英语中曾存在过的屈折变化的消失或者说减少到最低限度所引起的另一后果是迂说法或拐弯抹角的说法的出现和用介词取代不再有的屈折变化的出现。英语中简化了的动词使用迂说法和助动词组成的复合时态来代替以前的更为复杂的时态系统……英语的第五个特点——虽然这一点像屈折变化的消失及其影响一样与其他一些语言所共有——是用新的语调变化来表达不同层次的意思。①

这里对英语特点的介绍，不是杂乱无章的一团混沌，而是主次分明，条理清晰，使人对英语的特征一下子产生了清晰的认识，而且知道哪些是英语最重要的特征，哪些是次要的特征。这样便增加了读者对英语特点的深刻了解。不如此，对英语特点的理解给人的感觉就是一团乱麻。

## 六、衬托性展开

在行文的时候，为了表达某种独特的感受，作者可以运用对比式行文展开的思维模型进行行文展开。例如《读沧海》中的句子：

有人在你身上读到豪壮，有人在你身上读到寂寞，有人在你心中读到爱情，也有人在你心中读到仇恨，有人在你身边寻找生，有人在你身边寻找死。

这个文段的基本语义是：不同的人在你的身上获得了不同的感受。而行文的时候就运用了衬托式展开思维操作模型进行行文措辞，并竭尽渲染之能事，尽力对比，从而又衬托了作者所表达的阅读大海的独特感受和人生理想。

再看法国现代主义象征派诗人波德莱尔的著名散文：

### 疯子与维纳斯

多么美好的天气呀！宽阔的公园在太阳灼热的眼睛注视下呆愣着，就像被爱情烈火控制着的年轻人。

一切事物都处于心醉神迷的状态，并不发出任何表白自己的声音，甚至流水也像是睡熟了。和人类的欢呼截然不同，这里是静谧的狂欢。

越来越强烈的光线使万物闪烁着更绚丽的光彩，怒放的花朵五彩缤纷，渴望与蔚蓝的天空媲美，温暖把芬芳变得依稀可见，引得它如同烟雾，在空中缓缓上升。

① 秦穗编译：《实用英语作文》，354页，长沙，湖南人民出版社，1999。

然而，在这万物的享乐之中，我瞥见了一个伤心的人。

在一尊巨大的维纳斯雕像下，一个人为的疯子，自愿的小丑，他的职责是逗那些陷入懊悔和烦腻之中的皇帝发笑。

他穿着一件怪里怪气的衣服，可笑而扎眼，头上戴着犄角和铃铛，蜷缩着趴在石像座上，抬着满含泪水的眼睛望着永恒的女神。

他的眼睛在说："我是人类中最无能、最孤独的人了，得不到爱情和友谊。在这方面，我连最不完善的动物还不如。可是我却像所有的人一样，生来就是为了懂得和感觉美的呀！女神啊！可怜可怜我的忧伤和狂热吧！"

可是，无情的维纳斯，用她那大理石的眼睛，望着远方的不知什么东西……

作者真正关心的、要写的起点是这个"疯子"，但是为了使人对这个疯子的处境产生深刻的印象，作者便运用了对比的赋形思维，从公园中事物"静谧的狂欢"的场景写起，从而与对"疯子"的描写形成强烈的反差，进而达到使人印象深刻、清晰、鲜明和动人感人的目的。这里就是运用衬托式展开进行行文措辞的语言表述。

## 第 3 节　写作行文措辞的思维规律

### 一、行文措辞的状态特征：思辞隐显共时，逻辑形象统一

写作行文措辞是这样一种状态：行文思维展开与语辞扩展是同时进行的，它们是一种表里关系。这种表里关系中，虽然行文的思维扩展是隐性的，语辞扩展则是显性的，但是，行文的思维扩展和语词扩展的思维状态则是一种共时注意的多维结构。换句话说，行文思维是一种二重结构。

进一步讲，思维的行文思维是逻辑的组合的写作思维，而行文措辞则是一种具体的感性的聚合的写作思维。行文的思维扩展阶段是保证逻辑思路的清晰、严密，行文措辞扩展阶段的任务，主要不是解决秩序化的问题，而是解决美辞化——具体化、生动化、得体化——的问题。也就是说，前者解决的是"说什么"（意思、信息）的问题，后者则解决"怎么说才好"的问题。因此，前者的核心是写作思维学，后者的核心是写作修辞学。行文措辞就是在这种思维状态中进行和完成的。

这种状态的实质是，我们在行文的时候，一方面要明确文章推进的思路、脉络、板块的逻辑清晰性；另一方面，要用具体、确切、鲜明、生动、节奏性的语辞进行对基本语义的扩展，实现从义句到辞句，即内部语言到外部语言、基本语义到功能语义的转化、外化。这就使逻辑思维和行文措辞思维的思维心态和技术融为一体。

## 二、行文措辞的本质特征：功能语义扩展，语境读者至上

行文措辞，就是用书面语言向读者进行交流言说，它要交流的是一些基本语义，是内部语言，是深层结构，而写下来的是功能语义，是外部语言，是扩展性语义。后者的扩展性部分主要受制于交际的语境——话题意图、写作文化、写作禁忌、时空背景、读者，因此，行文措辞在内容、形式上的基本特征是语境性、读者易接受性。总之，自律性是基本语义的特征，而他律性则是外部语义的特征。

## 三、行文思维的过程特征：尺度宏微异质，先叶枝后主干

当代转换生成语法学认为："一个人说话的时候，先有一个意念。这个意念的结构由囫囵吞枣分裂成若干部分，然后按照这种语言的语法习惯调整它的形式（主要是词序与形态），转换成表面实际出现的句子。"① 这里所谓的"分裂"就是我们所谓的路径思维分析。在这种转换生成理论中，外部语言的生成好像是对整体分为部分的被动描写，实际上，行文措辞并不是对行文思维的分裂的被动模仿、描写，而是一种凝聚生长，即对内部语言从枝叶到主干的丰满、扩展过程。

当我们观察一棵树的形象的时候，逻辑告诉我们：树的生长是从主干到枝叶不断展开的，这似乎是颠扑不破的真理。但是，从树的实际生长情形来看，任何树的主干都经由叶—枝—干的过程。因为，干是枝叶的丰满化、放大化，没有叶的丰满和放大则没有干的存在。在写作行文过程中，正好也再现了这两个过程：从思维尺度上讲，行文思维的思路（赋形思维/路径思维）是从宏观到中观再到微观，从而生成意思网络。对这个思路的表达、语词化、展开化的行文措辞，则是"语点"—"语线"—"语面"—"语体"的过程，即微观（字词—短语—句子的生成）—中观（段落的生成）—宏观（篇章的生成）的过程。换句话说，行文思维是从主干到枝叶的生成，而行文措辞则是从叶枝到主干。在这里，行文思维是以一种静态观察的态度来观察文章内在的逻辑联系，而行文思维则是以一种生长演化的态度来从事文章之树的生长、发育、演化。层层复制才是行文生长的第一根本规律。从这里我们可以看出，这是理解文章生成的两种视角。

因此，一个成熟的写作者在行文措辞的时候，应该进入这种写作思维的"尺度互逆"的状态。

所谓行文措辞过程的"先叶枝后主干"的原理是说，在真实的行文措辞造句的过程中，一个句子的主干只保留在作者的心目中，作者笔下措辞则从这个句子最先的枝叶开始，即按汉语的语序习惯顺序依次措辞。

汉语的句子写作有两个重要习惯。

---

① 申小龙：《汉语语法学：一种文化的结构分析》，110 页。

其一是句子语序。其中施事句（动词句）写作主干的语序习惯是：“时间介词短语—空间介词短语—施事者—施事行为”；主题句写作主干的语序习惯是：“修饰成分（定语）—名词—评论”。

其二是短语语序。其中名词短语语序习惯是：“限制、修饰成分（定语）—名词”；而动词性短语的语序是：“修饰成分（状语）—动词”，只有语义重点是强化动词的修饰成分时，才将其放到动词的后面做补语。

从上述的分析可以看出，在汉语句子的写作中，施事句（动词句）行文措辞的语序就是：“时间介词短语—空间介词短语—限制、修饰成分（定语）—施事者—限制、修饰成分（状语）—施事行为”或“时间介词短语—空间介词短语—限制、修饰成分（定语）—施事者—施事行为—限制、修饰成分（补语）”。主题句（名词句）行文措辞的语序是：“修饰成分（定语）—名词—评论语”。按这个行文措辞的顺序进行措辞，就是所谓“先叶枝后主干”的行文原理。“先叶后枝”、“先枝后干”原理，也可以解释为“先饰后主”，即先对修饰部分进行措辞，再对主干部分进行措辞。

其实，这个原理还可以在词汇的创造即新词的生成层面上再现。一个词汇的写作、措辞，先是对描述对象的修饰部分进行措辞，然后再对描述对象进行措辞。例如：“不爱深红爱浅红”中的“深”、“浅”就是修饰成分，而“红”是描述对象、指称对象。

“先叶后枝”、“先枝后干”这种状态的实质是，我们在行文的时候，一方面要明确文章内容、章法推进的思路、脉络、板块的清晰性；另一方面要把这个过程中生成的思绪用一个一个的字眼、词汇、短语、句子表达出来，形成语句，而且措辞要准确、鲜明、生动，富于美感和较强的表现力，从而征服读者，实现写作的意图、目的。

## 四、行文措辞的思维特征：赋形路径，宏微有别

我们在讨论写作思维的时候已经讲过，写作思维是赋形思维和路径思维的统一。但是，在行文措辞的过程中，作为内在性的行文思维和外显化的行文措辞的思维特征是有差异的。一般说来，内在性的行文思维侧重考虑的是路径思维，而外显化的行文措辞侧重考虑的是赋形思维。前者生成组合性的思路、思绪，后者生成聚合性语句文本。

这种情况即使在行文的微观和宏观层面也是如此，在微观行文——句内行文——的时候，作者侧重考虑的是赋形思维，而在句间、段间行文措辞的时候，既要考虑赋形思维的问题，又要考虑路径思维的问题。

## 【基本概念】

语感　语感表现力　美感表现力

## 【复习思考题】

1. 行文措辞的美感主要体现在哪些方面？
2. 试从形式、内容、修辞三方面分析句内行文措辞。
3. 简述落笔行文思路的两种形式。
4. 句、段间行文措辞的操作原理是怎样的？
5. 谈谈行文措辞的思维基本规律。

# 第4编

# 写作教学论

当代写作能力观
当代写作操作观

# 第 17 章

# 当代写作能力观

写作学史与写作教学思想史其实就是人们对写作能力的本质不断深化理解的历史。

——题记

20 世纪 60 年代以来，当代写作学界对写作能力问题的研究，概括起来有五种观点，人们的认识经历了五个阶段、四次飞跃。

从 20 世纪 50 年代当代写作学知识体系初步诞生到 80 年代初，人们认为写作者的写作能力就是写作活动中的操作技术、技能。对这种观点，有人从文章构成因素——“八大块”——方面去分析，去训练；有人从写作技法方面去分析，去训练；又有人从表达方式（表达目的）方面去分析，去训练；也有人从写作过程的各个环节方面去分析，去训练。

从 20 世纪 80 年代开始，有人认为上述那种写作能力即写作技能的核心是心理能力，认为写作的核心是智力或智能，应提高写作者的修养，因此，写作能力的培养主要就是进行写作心理能力的训练，或写作智能的训练。于是，写作学界掀起了一股作者智能培养的热潮。这是对写作能力本质认识的第一次飞跃。

从 80 年代中期开始，一些中青年研究者认为，写作者要具有真正的写作能力，仅有智力因素是不够的，还要有其他因素才行，只有这多种因素的整体建构才能产生真正的写作能力。有的研究者认为，还要注意非智力因素的培养；有的认为写作教学中要注意培养写作者的“文化心理结构”；有的认为应注意写作者的“写作准备状态”的改变和“心灵背景”的建构。这是对写作能力本质和内在机制认识的第二次飞跃。上述两种思潮就是所谓写作主体论写作学与写作教学的思想。

到了 80 年代末，这些中青年研究者感悟到，写作者的写作技术、技能（写作能力）直接决定于作者个体的写作文化，写作文化是写作者修养到写作技术（写作能力）的中介。写作文化的获得是写作的大技巧的形成，这真正认识到了写作能力的本质或内在机制，是对写作本质认识的第三次飞跃。

90年代以前写作原理、写作能力的研究主要是一种宏观研究，不仅写作主体素养和写作文化规范建构是一种宏观的方法论和视野，而且就连写作智能、写作心理研究也是宏观的。

进入90年代末，当代写作学前沿研究的观念和方法转向了对写作学的微观研究，其研究重点是写作思维操作技术和语词操作技术。因为这些研究者认为，只有掌握写作思维和写作行文措辞的规律，才能培养写作者具体的写作技能和能力。其实，90年代的这种研究还是对80年代中期写作智能、写作心理能力研究的深化与细化，使研究走向了科学原理模型的境界。从本质上看，这应该从属于写作心理、写作智能能力培养的写作能力观。这是对写作本质认识的第四次飞跃。

那么，上述认识是否科学呢？要解决这个问题，我们只有进入另一个更大的领域——个体能力内在机制研究方能看清。因为，写作能力作为一种特殊能力必然服从个体一般能力形成的内在机制、原理。然而，能力问题又是多种学科研究的对象，我们必须深入这些学科，看看这些学科的学者们是怎样理解能力的本质和内在机制的。

## 第1节　心理学、教育学的能力观

### 一、能力：在心理学家眼中

在心理学家那里，关于能力的定义也有分歧。有的心理学家认为，能力就是熟练的技能。有位西方心理学家就说："能力就是执行某种行动的技巧。"更多的心理学家否认这种观点，克雷奇认为，能力是一个人进行一种特殊活动的潜在能力，这个名词，不同于"熟练"或"成就"，后者指的是"一个人现在的工作能力"。所以，他又把能力称为才能。苏联的捷普洛夫斯基认为，能力这一概念不能归结为某个人已形成的知识、技能。正如波果洛夫斯基等人所下的定义那样："能力是与活动的要求符合并保证在活动中取得最高成就的人的个性特点的综合。"① 我国心理学家一般接受的是苏联心理学家们所下的这个定义。

令人遗憾的是，心理学家们给出的这个定义仍然无法使人们明白能力到底是怎么回事。在心理学中，个性心理特征包括气质、性格和能力。那么，能不能说能力是气质、性格的综合呢？看来也不是，因为心理学家们常说能力的核心是智力。这

---

① ［苏］B. B. 波果洛夫斯基：《普通心理学》，378页，北京，人民教育出版社，1979。

样一来，似乎能力是一个只可意会不可言传的东西，似乎根本就没有能力这种实际存在的心理现象。我们感到：能力是一个虚无，它是伴随其他东西而存在的，或者是对其他什么东西的称谓。也许正是因为这个原因，有的心理学辞书中根本没有“能力”这个名词、概念，只收入了“一般能力”，而“一般能力”实际讲的又是智力。我们这个猜想是对的。苏联心理学家波果洛夫斯基等人的研究成果为我们的观点提供了证据。他们认为：“能力是人的心理特点，它们决定着知识、技能、熟练获得的成就，但不能把它们本身归结为具有这种知识、熟练和技能。”这就是说，作为整体的能力大于知识、技能。能力制约知识、技能。因此，他们认为：“一方面是能力，一方面是技能、知识，应该将二者统一起来。”那么，究竟什么是能力呢？他们认为：“能力是个性的个别心理特征，这些特征是顺利实现该种活动的前提，并表露在掌握该活动所必需的知识、技能和熟练的动态差异。”这里最重要的是指出了两点：一方面，能力是完成活动的条件、前提，有了它，活动才能有效完成。另一方面，能力作为空无，具体的能力只有在具体的知识掌握程度、熟练水平上方能表露、显现，意即只有看到你具有广博灵活的知识、熟练的技能，才证明你有能力。那么何为有效活动的条件、前提呢？波果洛夫斯基指出：“能力是个别心理特征，但不能把它与个性的其他品质（智力品质、记忆特点、性格特点、情绪特点等）对立起来，即应当把它与它们并列起来，如果这些品质中的某种品质或它们的总和适应于活动的要求，或者在这些要求影响下形成，那么，就有充分的根据把个性的这种个别的心理特点看成是能力。”① 以前所有心理学著作没有道破的能力的奥秘，被这些心理学家道破了。

这里，心理学家们没有把能力置于某个心理现象之后，与前面的心理现象对立起来、区别开来，而是把能力看成是与智力、气质、性格、情绪等平行的伴随而来的东西。这即是说，假如个体具备了这项活动所需要的智力、情绪、性格、气质、动机、人格、意志等，那么，就有充分理由说，这其中每一个因素或者全部总和就是活动的一种或全部能力。再言之，能力是这些因素的功能、能量，离开这些东西，就无从说能力。所以说，能力不是一个结构性概念，而是一个功能性概念，能力不是一个实存的东西，而是一个空无。强烈的活动的兴趣、爱好、动机是（一种）能力，较高的智力结构是（一种）能力，优秀的气质是（一种）能力，优良的性格是（一种）能力，高远的境界、博大的胸襟也是（一种）能力，当然，作为活动体现的操作技巧、技术、技能更是能力了。

从这里可以看出，个体进行某次活动的能力是由若干种力共同作用的结果，每一种力就是一种能量、动力，所以，我国著名心理学家曹日昌先生指出：“在掌握操作技能中，如果支配动作的心理过程的敏捷性能经常出现，并成为巩固的概括的动

---

① ［苏］B. B. 波果洛夫斯基：《普通心理学》，391 页。

力系统时，它才成为敏捷的能力。”因此，“思维的分析概括活动动力的性质才属于能力的范围”。曹日昌先生指出了这样的事实：能力是一个动力系统，能力的本质是动力性。

那么，这个动力系统与内在机制是怎样的关系呢？从前面波果洛夫斯基的论述中我们可以看出，个体的能力这个动力系统是个体全部生理—心理活动中产生的能量的总和或效果。由于能力是个性心理特征的结合或功能，所以，能力的内在机制也就是个性心理特征的内在机制（结构）。

关于个性心理特征的结构，波果洛夫斯基等人认为，它由下列六个基本组成部分构成：(1) 个性倾向或个人对现实的态度（需要、动机、兴趣、信念等），它是决定人态度的积极性的诱因系统；(2) 个性的可能性并且保证活动成功的能力系统；(3) 作为人在社会环境中行为风格的性格（道德品质、意志品质）；(4) 实行活动自我调节的控制系统；(5) 心理过程（认识、情绪、意志）；(6) 心理状态。这里，作者只描述了个性结构要素，并未分析其内在关系（机制）。实际上，第 (1) 项与第 (2) 项、第 (3) 项与第 (4) 项都是以因果关系来分析个性心理特征的结构。诱因系统是形成能力（狭义）系统的原因，后者则是前者的结果。性格系统是控制系统的原因，后者是前者的结果。这是从两个方面来谈个性心理特征的结构。从这里可知，诱因系统（倾向性、态度）等性格系统是形成能力系统、控制系统的基础、原因。心理过程则是由因及果的中介。至于心理状态，不过是对心理过程的静态描述，二者本是一个东西。能力系统实质上就是一个控制系统，反之亦然。这样，我们可以把个性心理特征的内在机制概括成图 17—1，其实这也就是个体行为能力的生成机制。

| | |
|---|---|
| 能力结构个性结构能力系统（控制系统） | 技能 |
| 心理过程（心理状态） | 智力 |
| 性格系统（道德品质、意志品质） | 意志 |
| 倾向性、态度、兴趣、需要、动机、信念 | 动机 |

**图 17—1　个性心理特征内在机制模型**

## 二、能力：在教育家眼中

教育家杜威认为，一切教育都是“不断地发展个人能力”，教育“最根本的基础是在于儿童活动的能力”。在他看来，人的能力是一种本能，所谓发展个人能力只不过是去激活这种本能而已。所以他说：“唯一真正的教育是通过对儿童能力的刺激而来的，这种刺激是儿童自己感觉到所在的社会情景及各种要求所引起的。”当社会的需求成为自己活动的动机、需要，并面对它进行活动时，个人的能力就显示出来了。能力的结构因素是什么呢？杜威说，准备使儿童适应未来生活，那意思便是要使他能管理自己，要训练他能充分和随时运用他的“全部能量”（引者按：即能力），包括“他的眼、耳和手都成为随时听命令的工具，他的判断力能理解它必须在其中起作用的周围情况”，他的动作能力被训练为能力，达到经济和有效地进行活动的程度。我们还不断地注意到个人的能力、爱好和兴趣，看来，能力包括动作技能、判断智能、爱好、兴趣。在这一基本能力观的指导下，杜威提出了儿童能力发展的方法论原则：第一，加强实践活动，在活动中训练动作技能、思维技能。第二，接触各种事物形成明智、生动和生长中的表象。因为“儿童从他所听到的东西中所得到的不过是他依照这个东西在自己心目中形成的表象而已”。表象又是制约活动的因素。第三，培养兴趣。“兴趣是生长中的能力的信号和特征，兴趣显示着最初出现的能力”。第四，培养与真善美行动相适应的情绪，而约束与之相反的情绪。[①] 杜威的整个教育思想都围绕这个基本思想展开。

为了全面理解能力的本质和内在机制，我们必须再来看另一位著名的哲学家、教育家怀特海关于能力问题的见解。作为一个过程主义哲学家，怀特海十分强调生命活动和运动，他的教育思想也是这样。他的教育思想主要是反对学校传授“死的知识”或“无活动”的概念，即只是被动接受而不运用、检验和重组知识概念。他认为，一切教育的中心是使知识保持活力和防止知识僵化。这里，死知识＝无活动＝无能力，活动就是能力、力量。所以，怀特海说：“大学的理想，与其说是知识，不如说是力量，大学的任务在于把一个孩子的知识转变为一个成人的力量。”即将书本知识转化为心智能力。那怎样转化呢?

一方面，怀特海认为，能力——好奇心、判断力、控制复杂环境的能力、运用理论对特殊情况有预见性等——不是灌输死的知识所能传授的。他主张不要教过多的学科，但凡是所教学科“要教得透彻”。在教学过程中，“最重要的是理论性的概念总是在学生的课程中得到重要的应用”。因此，在教学时，不是先让学生证明这个概念，而是对概念表示赞赏，然后是利用或证明。在他看来，“鼓励一般智力（引者按：即能力）的活动之一就是培养一种专门的爱好”。只有爱好才能产生兴趣，才能产生活动的积极性、力量。另外，关于所传授知识的性质，怀特海提出一条重要见解：“教育所应传授的，是对学生的生活具有特殊意义的某一方面的知识，对概念的力量、概念的优美和概念的结构的一种亲密感觉。”这种亲密的感觉就是那种赞赏的心情，也就是学生对这些理论性概念的爱好。这之后学生才乐意吸收和运用，尤其在大学更是如此。因为在中学阶段，学生伏案学习，以旧的精神重复旧的功课，白白浪费时间，这是不幸的。在中学里，孩子艰苦地从个别上升，看到一般观念；在大学里，他应该从一般观念开始，研究它的具体应用。他认为在大学教育里，“真正

---

① 参见［美］杜威：《我们的教育信条》，见《杜威教育论著选》，上海，华东师范大学出版社，1981。

有用的训练，是理解若干一般原则，对于这些原则在各种具体情况下的应用，有彻底的基础训练”。因为“在以后的实践中，人们将遗忘你教给他的细节，但是他们无意识地牢记如何把原则应用于直接的情境”。总之，“大学的职能在于使你为了原则而抛弃细节”。

在怀特海看来，这是培养能力的重要途径。在这里，怀特海清楚地解释了西方哲人说的“真正的理论都是实用的”这句话的道理。因为一般理论可以指导无数个具体情境中的活动细节，从而产生创造能力。

但是，理论的高层次实用是通过下面的机制转化的：“我们讲的原则，甚至没有想到用词语表达的原则。一个彻底渗透到你全身的原则，毋宁是一种心理习惯，而不是形式的陈述。原则变成心理对环境造成的刺激的反应方式。没有一个人干工作时，把他的知识清楚地、有意识地放在面前。”应该十分注意怀特海的这段话，这是学习的最高境界。这就是把死知识、死概念（包括“一般原则”）转化为活力——活的能力的奥秘所在。因为当人们把那些用语词陈述的知识、概念、一般理论，积淀整合、转化为一种无意识状态的感性价值取向、行为规范和原则、思维方式、时空情绪、思维模型、反应方式的“心理习惯”时，这些东西作为图式就会与现实中具体活动的情境、细节进行同化、顺应和调节，使人们的行为得到定向、定度的控制，这样，人们就会有效地完成某种活动，于是能力便产生。

另一方面，怀特海认为，能力还来源于人格，即能力由人格转化而来。怀特海以一位大哲学家的慧眼一针见血地指出：要使学生具有能力、力量，“应该发展一切心理品质中最严峻的心理品质，我们指的是风格的感觉”。什么是风格呢？风格“完全是建筑在赞赏单纯而不费事地直接达到一个预见的基础上的审美的感觉……即成就与克制。风格就是一贯的统一的（即‘单纯而不费事’）审美感觉，它是一个目的性概念，风格体现了目的的一惯性、统一性，所以风格纵情于符合目的性的东西，而对与自己目的相反的东西则进行克制”。这种“纵情”与“克制”的选择机制，正是产生能力的原理。

怀特海这里讲的风格，实际上指出了人的精神风格即健康人格或个性，或人的崇高的思想境界、胸襟及修养这些东西。在他看来，“风格，在它最精微的意义上，就是有教养的心智的最后一个要求”；或者说，“风格是心智的终极的道德原则”。

人的精神风格像一盏“航标灯”，给人的盲目性指出正确方向，使他能进行活动，于是能力就显现了。所以，怀特海精辟地指出：“在风格之上，在知识之上，还有一个东西，一个模模糊糊的东西，好像凌驾于希腊众神之上的命运，这个东西就是力量。风格就是力量的形成和力量的克制。”换言之，“有了风格，你的力量就增加了”。人的力量就是人的能力。总之，风格（人格、境界）就是力量（恰好当代著名诗人郭风说过一句近似的话：“境界，有一种情感的力量，一种呼唤于心灵的追求美的力量。”）。正如培根所说的“知识就是力量”那样。

怀特海的能力观认为，学生能力（力量）的获得靠三条途径：一是培养学生对所学课程的兴趣、爱好；二是对“一般原则”的理论概念的赞赏、深透理解、运用，形成一种理性的无意识的“心理习惯”，而不是一堆僵死的语词陈述；三是人格心灵境界的塑造、培养。

## 第 2 节　人才学、人格学的能力观

### 一、能力：在人才学家眼中

能力，自然是人才学研究的重要课题。这里我们主要看看中国古代人才理论的观点。唐代著名的史学家刘知幾提出的史才“三长”说是对史学家能力结构问题的论述。刘知幾说，史学家的能力包括“才、学、识”（刘知幾《史通》）三要素。关于才、学、识，清代著名学者章学诚认为，人在童蒙之初，即有记性、作性、悟性，“记性积而成学，作性扩而成才，悟性达而为识”。就文史人才的能力而言，他认为“考订主于学，辞章主于才，义理主于识”。又说：“记诵以为学也，辞采以为才也，击断以为识也。”（章学诚《文史通义》）很明显，章学诚把学、才、识理解为知识、技能、智力。当代人才学者王通讯认为：才，就是在已有知识的基础上通过劳动（脑力与体力）而形成的技能的高度发展；学，指学科知识；识，包括三个方面内容：一是能看清时代的方向，善于驾驭各种环境；二是抓得准业务领域的具有关键意义的课题，三是有较高的审美能力、鉴赏能力和辨别能力。王通讯的意思是说，识就是较高判断力，而判断属于智力的范畴，因此，他似乎认为刘知幾的能力因素结构即指技能、知识和智力。刘知幾的“三长”中，长，即长处、特长、优势，三长是三种长处、优势。而才在古代既有才气、才能的意思，（技能）又有天才、天分（气质、天赋）的意思。从才、学、识的顺序看，对才，刘知幾强调的是先天天分、天才；对学，他强调的是后天的学习所得的学问、知识。刘知幾以为只有二者结合才能产生识来。因此，刘氏的能力观是指天赋、技能、知识、智力。

明代著名思想家李贽在刘知幾三因素的基础上增加一个“胆”，提出了四因素的“才、学、识、胆”（李贽《焚书》）能力观。在这四因素中，他认为，“空有其才而无其胆则有所怯而不敢；空有其胆而无其才则不过冥行妄作之人”，天下有“因才而生胆”者，亦有“因胆而生才”者，“才与胆皆因识见而后充”，所以“天下唯识为难”。从李贽的话中可以看出，他所说的才，是指才能、技能；胆，指胆量、自信心；识，指见识、见解。因才生胆与因胆生才，是说“才”会使作者产生自信心和胆量，胆量又可使人产生才能、识见。而“才与胆皆因识见而后充”，在心理学中是属于非智力因素的意志范畴的心理现象。因此，李贽对能力研究的最大贡献是发现了“意志”因素对人的能力的巨大作用，以及能力与意志的辩证关系。可见，李贽

的思考比刘知幾更深入。

清代著名诗歌理论家叶燮在李贽的能力系统的基础上提出了“才、胆、识、力”的主张。叶燮对能力机制研究的贡献在于他提出“力”这个因素。什么是力呢？他说：“大凡人无才，则心思不出；无胆，则笔墨畏缩；无识，则不能取舍；无力，则不能自成一家。”（叶燮《原诗》）可见，“力”是一种维持、激励自己的学问，创造自成一家的能量、力量。我们知道，在心理学中，具有维持、激励、坚持功能的心理因素是意志、动机，因此，在我们看来，叶燮进一步认识到意志、动机在能力形成中的作用。

这些先哲对人才能力结构机制的论述和现代心理学的研究成果基本吻合。

## 二、能力：在人格理论家眼中

personality 这个词，在我国和苏联心理学那里有多种理解，一般翻译为“个性”或“个性特征”，而西方（心理学）则把它理解为“人格”，即人的思想、道德、尊严、自尊心等个体之间行为风格方面的差异。由于西方人格心理学与人格哲学家们在研究人格问题时，常常涉及人的能力，加之当代中国写作学界研究写作能力问题者常论及人格，但语焉不详，所以，了解西方学者关于这方面的研究成果，也许对我们更好地理解主体能力和写作能力有较大的启示。

纵观西方人格理论，我们可以强烈地感受到，实际上西方人格理论就是研究人的能力自主问题的。西方人格理论更加强调的是能力（这是人的本质）的动力方面，而苏联个性心理学则更强调个体性格的状态及其形成的全部途径。西方人格理论所讲的人格基本上是对人的本质的思考，指的是人之所以为人的那种精神。叔本华最早指出：“从人格一词的广泛意义来说，人就是人格，其中包括着健康与精力、美与个性、道德品性、智慧和教育等。”

叔本华认为，人格的本质是意志，或者说人格是由意志决定的，意志是人格的根本和动力，即把人格当成是意志。所谓意志，即一种不可遏止的盲目冲动，“一个无穷的追求”。“意志即生的意志”，或“生命意志”，意志产生意欲，意欲产生动机，动机产生活动。这就是人的力量能力的机制。叔本华受印度佛教影响很深，他认为，人生是充满痛苦的，而且这种痛苦是无法超越的，所以，他讲的是一种痛苦型人格。后来，尼采讲人格也讲意志，不过他扬弃了叔本华人格理论中的悲观成分，以一种积极入世的精神宣扬一种新人格：权力意志的“超人”人格，希望人成为一个自由的有自我意识的创造性的人。

存在主义先驱克尔凯郭尔也讲人格，也讲精神是人的本质。他认为，精神、良心是人格的根本。而舍勒认为人格是生命与精神、冲动与精神的二元论。生命冲动是人格的基础，生命冲动只有升华为精神的存在，才能成为人的人格，人的理想是实现了的价值理想。他把这些价值分成逐渐上升的各个层次：感性价值、实用价值、生命价值、精神价值、宗教价值。舍勒认为每一种人格都是人的一种情感状态，与感性价值相应的欢乐或痛苦的感性状态表现为感性支配的人格（享乐的艺术家），与实用价值相应的成功或失败的感性状态体现为杰出领导人的理想人格，如此等等。到了人格主义哲学家那里，他们不是重视人格的内部结构、动力、发展以及人格障碍等内在的意义，而是重视人格对于社会、世界及上帝的意义，即人格的外显意义。他们首先把人格看成是一种自我意识和自我控制的能力。鲍恩就说："我们有思想、情感与意志，这是属于我们的；我们还有一种自我控制的手段，也就是自己支配自己的力量，所以，在经验中我们知道有个自我和相对的自主。这个事实使我们成为真正的人格，这就是人格的意义。"所以他对人格下了这样的定义："人格的本质意义是自我、自我意识、自制和认识的力量。"其次，人格是人的精神存在。贝克认为："人格是一种具有自我决定能力的存在。"在这里，人格主义揭示了人的能力的本质：能力就是一种有理想的人格。因此，人要有力量、能力，就必须建构一种理想人格、健康人格。这是极为深刻的。这是西方人格理论的基本精神。

以上这些人格哲学家主要运用抽象思辨方法讨论人格的一般理论，而人格心理学家们则运用实证、实验的方法研究人格的内在动力结构。

弗洛伊德运用 19 世纪后半期自然科学中的动力和能量的观念，率先提出了人格的动力学说。他认为，人的心理过程由无意识、潜意识和意识三个层面构成，而无意识是意识的动力。人格的结构是由本我、自我和超我三大系统构成。弗氏认为，人格是一个复杂的能量系统，其中操纵人格的内部结构运转和作用的能叫做心理能。心理能也和其他形式的能一样具有做功的能力。他认为一切作用于人格的能都来自本能，本能是人格动力学中起推动作用的因素，是个体释放心理能的生物力量，也是一种内驱力，这种内驱力是人的永恒的力量。这就是说，人的能力的最核心本质是人的本能。

新弗洛伊德主义的人格学说一方面承认弗洛伊德关于人格心理的动力学观点，另一方面又不同意人格的本质是性本能的主张。阿德勒认为，人的自卑情绪是人格的动力。他认为，人有追求优越的天性，而其内在动力就是自己的自卑感或自卑情绪，这才是人的能力的真正内驱力。荣格认为，人格作为一个整体，可称之为"精神"。"精神"包括思想、情感行为，它的作用是调节和控制个体的行为。人格具有原始统一性，即个人从一开始就是一个整体。作为整体的精神和人格由意识、个人无意识和集体无意识三个层次组成，无意识制约着意识，使人产生力量。作为无意识表面的个人无意识，就是个人的冲动、欲望、模糊知觉及无数经验，而个人无意识中最重要的是情绪——具有情绪色彩，受到高度重视的观念群，特别是由共同情调联系起来的使人不安的观念群。无意识的深层是集体无意识，即人类在以往的历史进程中的集体经验，是一种不可计数的人类祖先经验的沉积物。集体无意识的主要内容是原始意象。

弗洛姆的人格理论更明确地分析了人格与能力的关系。应特别引起我们注意的是在《自我的追寻》一书中，弗洛姆说："我们把人格理解为先天和后天的心理特质的总体，这些特质是一个个体的特征，并使个体有别于他人。"弗洛姆又说："先天和后天的特质（引者按：即人格）之间的差异，总的来说与'气质'、'本能'及一切构成上既定的心理特质和性格之间的差异是同义的。虽然气质的不同没有伦理学的意义，但性格差异却构成伦理学意义上的现象问题。这些差异表现了个人在生活技艺方面的成功的程度。"①

这就是说，人格是和气质、性格、能力并列和并行的东西，三者在总体上的区别形成了人格的不同。生理性的气质、伦理性的性格的不同将意味着一个人的能力（生活技艺成功）的程度的不同。换言之，能力是气质、性格这二者的功能，气质和性格则是能力的结构。这也无异于说，人格等于能力，一定的能力表明某种人格，某种人格表明有某种能力。

为什么这样说呢？在《逃避自由》一书中，弗洛姆指出，在现代化社会中，个人千方百计从有安全感的原始纽带的束缚中解脱出来，获得一种解放感，获得独立、自由——这是所谓消极自由，但马上又陷入空前孤立无援和不安全之中，人成了一个孤独的存在物。为了生存，人们企图逃避这种消极自由，否定这种消极自由的状态，但人的本质又是追求自由，所以，这时，人就追求一种积极自由的状态。这种追求积极自由的状态就是弗洛姆所说的"自发性"活动：积极的自由在全部、总体的人格的自发性中活动。"自发性"活动是自我的自由活动，从心理学上讲，是人的自由意志认识自由活动，而活动并非一定是行动，也可以是人的情感的、理智的、感性的经验或称自我表现的意念、思维、行为。"通过所有这些自发活动，个人包含了世界、个人的自我非但仍然完整无瑕，而且变得愈加强壮和结实。因此，自我活动到什么程度，也就强壮到什么程度。一个人拥有物质财富，拥有像情感或思想这样的精神财富，还不能真正算有力量，能作用和控制某些对象，也不能算有力量。因为我们仅仅是使用了它们，所以这些对象还不能说是属于我们的。只有通过我们创造性的活动，使我们与某个人或某种无生命的物真正地发生关系，这些现象才是属于我们的。只有我们自发性活动所具有的这些特性，才能给予自我以力量，并从而使自我保持完整。不能自发地活动，不能表达自我真实的感受与思想，以及由此必然带来的在他人与自己面前表现出虚伪的自我，是人格产生自卑感和懦弱感的基础。"在弗洛姆看来，生命只有一个意义，这就是：自发自动地生活。② 在《自我的追求》中，弗洛姆将他的"自发性活动"发展为"创造性定向"。在弗洛姆看来：

① 黄颂杰主编：《弗洛姆著作精选：人性、社会、拯救》，130页，上海，上海人民出版社，1989。

② 参见上书，97页。

“气质指某种反应模式，它是构成的，不可变更的；性格主要是由个人经验尤其是早年生活经验所取得的。在某种程度上，会因见识和新经验而改变。”关于气质、性格的关系，他认为，在气质和行动之间，性格决定着这种气质在行动上的质量、价值。例如，一个神经质的人的反应样式是“快而强”，但如何快而强，则取决于性格。“如果他是个有创发性、公正、多情的人，当他在恋爱，当他为不公正而激怒，当他为新的理念所打动时，他都会做出迅速而强烈的反应。如果他具有破坏性施虐性的情绪，他表现毁坏性和残忍性也会是迅速而强烈的。”

弗洛姆认为，性格的基础是个人与外部世界关系的种种特殊形式。

在生命进程中，人使自我与世界相联系的方式为：靠获取和同化事物（即同化），靠自己与人们及与自身的联系（即社会化），而“个人使自己与世界相关联的一些定向构成了性格核心”。因此，弗洛姆把性格定义为在同化和社会化过程中具有非常意义的生物功能，或者说“一个人的性格结构代表了一种生命过程能量得以贯通的特殊形式”。这里，弗洛姆进一步道出了能力与性格的关系：能力贯通于性格之中。这表现在两方面：首先，“一旦能量以某个方式（性格）被疏通，器官行动与活动性相符地发生。这样活动在性格驱使下进行着”；其次，“性格对个人观念和价值又具有选择功能”，这二者使性格具有了使个人行动连贯且合理的功能。因此，弗洛姆说：“假如一个人的行动（活动）根据于其性格，它就充满能量。”也就是说，他就具有了能力。

于是，弗洛姆把人的性格分为非创发性定向与创发性定向两种。作为肯定性的创发性定向才是人所具有的能力。这种肯定性人格的创发性定向指的是一种基本态度，这种态度即“在所有的人类经验中的相关性样式，它包括对人、对己、对物的各种心智的、情态的感觉的反映”。弗洛姆又说：“创发性是人实现其特有潜力，运用其力量。”而实现这种潜力，本身就需要能力（能量）。这里弗洛姆正面涉及了能力、能量、潜力这样一些概念的关系。

和我们今天一样，弗洛姆也对“力量”（能力）这个东西存在困惑。他说：“但什么是‘力量’？令人啼笑皆非的是，此词表示两个矛盾的概念，拥有的力量＝能力和控制的力量＝能力。‘控制的力量’乃是‘运用的力量’的误用，人创发性地运用他的各种力量的能力即是他的潜力，无能则是无力。”这里，弗洛姆深刻指出：能力＝力量，能力＝潜力（潜能）。

由此可见，一个人具有潜能，那么也就具有力量，亦即能力。而这正和西方人格哲学家的基本思想一致。

人的潜力（潜能）是什么呢？圆满回答这一问题的是被称为心理学“第三思潮”的马斯洛的人格心理学“需要层次”理论。马斯洛认为，人格实质上就是一个需要层次结构，它由生理需要、安全需要、归属和爱的需要、自尊的需要、自我实现需要构成。人的需要层次就是动机的层次。因为人的需要是一种“似本能”的东西，它是人的一种内在潜能和趋势，是人类行为的动力结构。

在我们看来，当这种动力结构作用于人类活动时，人的能力就产生了。人的需要层次越高，他就越具有健康的人格，有了健康的人格就更有力量，就更能实现人的本质力量对象化。

美国著名的人格理论家阿尔波特的人格理论也同样揭示了人格即能力的实质。阿尔波特把人格定义为："人格是个体内在心理物理象征的动力组织，它决定人对环境顺应的独特性。"即把人格当做一个动态的、生长的系统，这个系统的基础、核心就是"机能自主"。所谓"机能自主"，指的是人的活动动机，起初是被迫的、不自愿的，但经过一个时期的活动之后变得自愿和有兴趣了，从而成为一种自动性动机。例如，我们教写作课最初不是心甘情愿的，而因无人愿教而又无课可教，其他课（例如文学概论、古代文学）又被别人教了，但后来在教写作课实践中，在研究写作理论过程中，当我们发现写作学的确有奥妙无穷的理论，是一个奥妙无穷的新世界时，教写作课就成了我们的兴趣、生命的一部分。这样，工作动机就实现了"机能自主"。阿尔波特认为，当一定类别的刺激情境唤起了（自我统一的）机能自主的反应倾向时，人格"特性"（阿氏人格理论另一个核心概念）就形成了。

机能自主作为动机、兴趣、爱好、观念，它就是个体多种活动背后的驱动力。由于驱动力本质上是一种心理能量、能力，"兴趣总是伴随能力的"，所以，阿尔波特把人格特性定义为一种能力。他说，人格特性是一种神经心理结构，具有使各种刺激在功能上一致的能力，有引起并导致同等形式（主意一贯）的适应行为和表现行为的能力。查普林和克拉威尔在分析阿尔波特的这个定义时说："这定义的引申含义是，特性是一贯的行为方式，类似于习惯但比习惯更为广泛。在原则上，特性与其说像习惯不如说像态度。因为特性是决定性倾向而不是特定的行为方式。"这就是说，特性是一种习惯、态度、倾向性，当一个人具有某种习惯、态度、倾向性时，他就具有了人格特性，也就具有了能力。

实际上，这里的特性，就类似今天我们所说的文化或写作文化。因为，文化是人的生活、行为方式，它是一种习惯、态度和价值取向。

要研究能力（写作能力）的本质，不可不注意美国另一位著名的人格心理学家 R. B. 卡特尔的人格特质理论。卡特尔的"特质"概念继承于阿尔波特。他把人格定义为："人在不同时间和情境中都保持的行为形式的一致性。"为了对人格性质的本质有更清楚的理解，卡特尔不断地对人格特质进行分类。

最先，他把人格特质分成表面特质和根源特质。"表面特质可以通过'特性元素'之间或'特性标志'之间的相互关系显示出来，这些标志基本上也就是汇聚在一起的行为样品。"例如，独立性、胆量、警觉、热心和能量水平的测验或评定，当相互联系时，便倾向于形成一组或一束，显示着一种"能量、胆量、精神状态"的存在。这种表面特性就是人的能力（力量）能量的外显存在。根源特质则是表面特质的原因，包括人格的内在因素、底层结构，包括生理的、气质的、社会环境的各个方面。

接着，卡特尔又把人格特质分成动力特质、能力特质和气质特质三类："动力特质涉及目标的行为，能力特质涉及个人为达到目的而怎样正确或有效地工作，气质特质则涉及个体用以进行反应的情绪效率、速度和能量。"在这里，卡特尔描述了人的行为过程中的能力状态：第一，活动的目标意识；第二，实现目标所进行的操作行为、技术；第三，在这个有效工作中导致速度的情绪作用。实际上，在行为进行之前，气质、动力就存在了。所以，本来的顺序是气质、动力、技能，我们认为，这三者都是广义的能力，较好的气质和强烈的动力产生后，作用于行为活动，能力于是产生。

后来，卡特尔在前面的分类和研究基础之上，又把人格特质分成基本特质和变易基本特质，表示这两个概念用的是英语 ergs（能）和 metaergs（外能）。这就是说，基本特质和变易基本特质，又可称能和外能。能是一种具有动力的素质的根源特质，它与内驱力、需求或本能极相似。实际上，能（基本特质）即卡特尔前述根源特质中有关生理方面、气质方面的东西，亦即基本特质，实际上就是人的一种能量、能力。他把能定义为一种先天的身心素质。具有这种素质的人，对于某些类别的物体能比对于其他物体更容易获得反应性（注意力、识别力），即对于这些物体有一种特殊的情绪经验，并能开始一种行动过程。"能在某一特定的目的活动上，比任何其他目的活动上更彻底完成"。从这里可以看出，具有"彻底完成"某种活动的能力，来源于个体具有的身心素质。卡特尔的这个定义意在强调四个要点：（1）趋向目的的人是有选择地协调于一定环境对象的；（2）基本特质带有自身特有的情感；（3）这种形式导致特定对象的目的满足；（4）对于引向目的的某些途径有一种先天的选择倾向。而这四个要求中反复强调的基本特质是"选择功能"。"选择"正是人的活动、能力的最基本因素。

所谓变易基本特质是一种环境塑造的根源特质，而不是素质的根源特性。前者是习得的，后者是先天的。变易基本特质具体包括情操和态度。卡特尔认为："情操是主要的动力特质结构的人注意某些对象，或某些种类对象，在涉及这些对象时，会产生一定感触，做出一定反应。"情操也是一种广泛的态度，它与某些兴趣、意见、看法和少数态度结合。如卡特尔认为情操由学习达成，它是环境的铸模，涉及一个人对自己与自然、家庭、配偶、集体、信念等的关系的动力特质，其中自我情操是整个人格中具有重要力量的动力。情操是由基本特质衍生出来的，态度是由情操发展形成而更具有特异性的东西，即在特定情境下，对特定事物以特定的方式进行反应的一种倾向，或者说是某种深厚的兴趣。

卡特尔认为，基本特质和变易基本特质的关系，具体地说，是由基本特质产生情操，由情操产生态度。这样，情操就是基本特质的"辅助者"，而"态度"则是情操的“辅助者”。人格中这种相互统存性的内在机制，他称为“动力格状”或“动力网络”，其实就是人格的动力学。

从上述人格理论的介绍中，我们可以得出这样一个结论：一个人要有力量、能力，必须具有健康的人格，而健康的人格是由一些高级需要的动机、较高的智力和较好的气质构成的，人格的核心则是动机与意志，即那种自强不息的追求、意欲等人类精神。

## 第3节　哲学家、文化学家的能力观

### 一、能力：在哲学家眼中

能力问题本质上是一个哲学问题和文化学问题。从哲学上来讲，人的能力就是人的本质。马克思在分析资本主义异化劳动的后果时指出：“**人的类本质**——无论是自然界，还是人的精神的、类的能力——变成人的**异己的**本质，变成维持他的**个人生存的手段**。”[①] 人的本质的异化，即人不能尽情地运用自己、表达自己的力量（能力）。正因为在马克思看来人的本质就是人的力量，所以在其著作中，他常常把“本质力量”作为一个词来使用。我们以为这里马克思讲的人的本质力量的性质实际就是后来马克思在《资本论》中讲的人的内在尺度问题。马克思说：动物只是按着它所属的那个种的尺度和需要来建造，而人却懂得按照任何一个种的尺度来进行生产，并且懂得怎样处处都把内在尺度运用到对象上去。因此，人也按照美的规律来建造。这个内在尺度就是指个体在特定的社会、时代生存环境、处境之下的价值取向、行为规范、理想、追求、需要以及由这些东西所构想的理想的作品蓝图。由于时代、社会的变化，人为了更好地生存，就会不断地创造性地提出新的内在尺度。总之，人的内在尺度、人的本质力量特性是随社会现实的变化而变化的。

人的本质力量的特性不仅指内在尺度，而且还应该指个体在某一方面活动的主体修养、造诣、感觉水平。这二者也许正是个体文化的两个层面：一是传统，一是创新。

### 二、能力：在文化学家眼中

马克思讲的这个内在尺度，正是许多文化学家讲的文化。因为，文化，就其心理层面、深层结构或就其本质而言，它正是一种人的价值取向、行为规范、生活方

① 《马克思恩格斯全集》，中文1版，第42卷，97页。

式、思维方式。[①] 这些东西无一不是人的内在尺度。正如苏联哲学家们深刻指出的那样："人只有作为能自由地自觉地创造性地建设自己的社会生活的社会生产力，他才能成为一种形成自己的生命、个性和'自我'的力量。"因此，"文化的发展始终是社会的东西变成个人的东西的过程，以及个性形成的过程。文化是人的存在的两种最重要的本质的接近和一致'尺度'，是人的社会发展的个人尺度和贯彻到一切社会领域、部门和设施的社会的人的潜力。"换言之，"衡量和确定社会文化的尺度，是这种进步所创造的人的个性程度，而这就是说，文化是社会的人道主义'尺度'"。所以，人类文化史即是人们（作为在历史发展中的整体的人类）对自然之人的尺度和人的自然的尺度的孜孜不倦的探求史。也只有理解文化是一种人的内在尺度之后，我们才可以真正理解人类文化学之父——泰勒给文化下的那个经典定义。泰勒写道："文化是一个复杂的总体，包括知识、信仰、艺术、道德、法律、风俗以及人类在社会里所学得的一切能力与习惯。"美国文化学家罗杰·皮尔逊在转引这个定义时说："文化这一概念最初是英国人类学家泰勒下的定义，其内涵极为复杂，包括知识、信仰、艺术、道德、法律、习俗以及作为一个社会成员获得的其他一切能力。"可见习惯和能力是一个东西。为什么说文化是社会成员所获得的一切能力呢？因为文化的深层结构是人的一种心理状态，它包括价值观念取向、行为规范、思维方式等，这些东西作为主体行为的目标、感性原则，控制、调节、指挥着人的主体行为、活动，这样使主体能够顺利完成这种活动，这时主体就产生能力。因此，具有一定文化的人，也就是有一定生活能力的人，文化和能力的这种关系是必然的、一定的，所以，文化学家们把文化与能力这两种东西联系起来看。

正是因为这个道理，苏联著名美学家奥科相尼夫斯基给"艺术文化"这个概念下了一个与众不同、令人耳目一新、极富启发性的定义：

> 一、艺术家所创作的艺术对象世界；二、共产主义社会每一成员在某一艺术创作领域从事活动的能力；三、感知艺术价值的能力。[②]

这是一个非常精辟的定义，也是每一个有研究能力或写作能力的人不可不重视的定义。这里，这位美学大师又一次直截了当地道出了人的能力的本质和内在机制是人的文化，人的艺术创作能力和鉴赏能力的本质也在于艺术文化。

① 参见庞朴：《文化的结构与现代中国》，见庞朴：《文化的民族性与时代性》，北京，中国和平出版社，1988。

② 转引自［苏］康斯坦丁诺等：《音乐美学原理》，319 页，北京，中国文联出版公司，1987。

## 第4节 写作能力的内在机制

### 一、能力的内在机制

通过上面诸多学科对能力问题的广泛考察之后，综合我们的思考，可以对个体的能力问题得出如下基本认识：

**（一）个体实施某种行为、活动本质上就是“做功”**

能力在本质上就是个体实施行为、活动时所需或所付出的能量和力量。外在动作性活动需要的主要是一种物理能（体力），内在思维性活动需要的主要是一种精神能（心力）。人在需要活动时，只要具备了这种物理能或精神能，他的活动就会顺利有效完成。由于物理能（体力）又是由心理能（心力）支配的，因此，能力研究的核心对象是精神能（心力）。甚至可以认为，狭义的能力仅指心力，或称内在能力。

**（二）能力是由运转和动力系统构成的一个大系统**

运转系统是指个体在实施某种行为、活动时产生能力的心理机制。动力系统则为个体有效、顺利地完成活动提供推动力。前者像计算机、电动机，后者像电源，这二者缺一不可，相互关联，相互作用，使能力活动驶入良性循环系统。

**（三）运转系统包括四种因素：技术、个体文化、智力、知识**

技术包括动作技术和思维技术，它是能力的表层结构，能力最终在它上面体现出来。个体文化是对技术的调节、定向。个体文化包括两个层次，最基础的是人格修养、心灵背景、准备状态、审美文化——心理水平。在这之上是创造性的能力价值取向、行为规范、思维方式、时空情绪等。智力（观察力、记忆力、想象力、思考力、判断力、应变力等）是培养个体文化的途径，知识则是培养主体智力、个体文化、技能的基础。这就是说，一个人要有能力，必须首先有广博的知识准备，在此基础上可形成较高的智力，然后在这二者之上形成个体的文化精神，作者在个体文化精神的控制、调节下进行某种活动时，才会有能力，或显示出能力。

我们既可以把技术、个体文化、智力和知识看成形成能力的因素、前提、条件，也可以将其看成是不同层次的具体能力。知识是一种能力，所以培根说“知识就是力量”。智力是一种高一个层次的能量，所以心理学家们说，能力的核心是智力，人们也常把智力称为智能。文化则是一种最高层次上的能力，所以，泰勒、奥科相尼夫斯基都把文化定义为一种能力。技术更是一种能力，人们把它称为技能。

**（四）动力系统包括两个层次：意志和动机**

写作动力系统的表层结构是个体的意志品质，如独立性、果断性、坚持性、自制力，以及大胆无畏、勇敢等。其深层结构则是动机，所谓动机指的是个体对某种活动的兴趣、信念和理想以及定势和意向等。个体在动机的推动下，产生实施某种行为、活动的愿望，并形成完成这一活动的意志。在这二者的推动下，为了达到行为、活动的目的，个体将千方百计地学习知识，形成智力和个体文化，最后顺利完成某种行为或活动。正如技术、个体文化、智力、知识那样，意志是进行活动的心理保障，形成能力的因素，它本身也是一种能力。恩格斯指出，意志自由只是借助于对事物的认识来做出决定的那种能力。许多西方的科学家也认为：意志是一种很强的精神力量。所以，人们又把意志称为意志力。动机亦如此。最后，个体能力是在社会生活实践和社会文化的作用下形成的。

**（五）能力是一种虚无**

通过上面的讨论，我们可以得出这样的认识：能力——心理能力——是一个虚无，它存在于各个能力因素、行为之上，离开了这些能力生成因素和行为，能力也就不存在了。据英国 BBC 电台 1990 年的报道，1989 年英国和意大利心理学家展开了关于能力问题的争论，英国心理学家不同意过去心理学界关于能力的理论，认为能力是一个本不存在的东西，它附着于其他心理因素之上。这正是我们这个观点的一个佐证。能力的训练不能通过直接的技能（实有）的训练来形成，因为，不存在一个离开能力形成因素、行为的能力。

## 二、写作能力生成的内在机制

根据我们上面对能力问题的一般认识，可以把写作能力的生成过程的内在机制描绘为一个“阶梯模型”或“冰山模型”。

第一，从宏观而言，个体写作能力是在个体所参与的社会生活实践和他所接受的社会群体文化影响、制约下形成的。若干个体写作能力的提高，又形成了社会群体文化水平。

第二，个体写作能力系统是写作动力系统和写作运转操作系统相互作用的有机系统。写作能力的运转系统是指在写作活动中主体对信念、思维、技术的调动、控制的心理活动机制，写作能力的动力系统则为这种心理活动机制提供能量、推动力，使之达到目的。运转系统形成的写作能力，会加强写作动力系统的品格，产生更大的动力，再推动运转系统产生更高的写作能力。

第三，写作能力的运转系统由四个层次的因素形成。最基础的是知识、信息（主体知识信息、经验知识、写作技术知识等）；在此之上形成了个体的智力、智能（观察力、记忆力、想象力、思考力、判断力、应变力等）；继之是个体对写作文化的感悟、把握；最上面是写作操作技术（立意、采集、选材、结构、运思、表达、修改、清誊等）。一方面，个体文化控制、调节、指挥个体写作操作的技术，智能是产生主（个）体文化的基础，知识信息又是形成智力的基础，而社会生活、社会文化又是形成主（个）体文化、主体智力、主体知识的基础。另一方面，上一个层次的因素又影响作用于下一个层次的因素。

第四，写作能力的动力系统由写作意志（决定从事写作活动的自信及坚韧不拔的意志品质）和写作动机（不是某次写作中的具体动机、欲望，而是对从事写作活动的兴趣、爱好、信念、理想这种定势和意向）两大因素构成（这里先天气质具有一定作用）。写作意志是在具有强劲的写作动机的基础上形成的，后者决定前者，但前者也反作用于后者，写作动机又是在社会生活实践和社会文化之上形成的。

第五，狭义地说，写作能力就是写作操作技术的有效程度，即写作能力＝写作技能。广义地讲，写作能力包括这个阶梯上所有层次的因素。但写作操作技术集中体现了其他所有的写作能力因素，它是其他写作能力作用的结果。因此，从本质上说，写作技能无法直接培养和训练，无法通过对写作技能（或分解）的训练达到提高写作技能的目的。即便可以训练出某些写作技法，也只是死的东西，而不是创造性的写作技能，要真正培养训练写作技能，必须培养写作技能之前各个阶梯上的写作能力因素。只有培养个体的写作动机、写作意志，积累起知识，提高智力水平和主体文化，最高层次上的写作技能方能形成。因为真实的情况是，写作操作技术之前的每一个台阶上的因素都是一种写作能力，并不存在一个离开这些东西之外的什么写作能力。总之，具体的、实在的写作能力就是这个阶梯上的每一个因素或其总和。

这就是作为一种心理能量、精神能量的写作能力生成的内在机制、奥秘。

### 三、写作能力状态的内在机制：场化模型

我们说，写作能力生成的内在机制是阶梯模型或冰山模型，这主要是为了说明各种写作能力生成大致先后性的逻辑性问题，为了明确各种写作能力培养训练的先后规律、层次规律，并非是说写作者在写作的时候，写作能力的运行机制就是这样线性决定的。事实上，恰好相反，它不是线性的，而是非线性的共时性的，因为，写作行为的运行状态是以写作控制场的状态而存在的。

这就是说，在写作的时候，上述阶梯模型中的所有能力因素以及写作意识（文章图样、主题意识、读者意识），都参与了写作行为中的选择与控制，正是在这种选择与控制之中完成了写作行为，这种选择与控制的机制就是写作行为的写作场模型。

## 第5节　动力学写作教学新视野

### 一、重新审视过去的写作能力观

现在，有了上述写作能力的一般理论、基本原理之后，我们再来看看过去人们对写作能力的探索各自所处的层次及其价值。

无论是从文章因素角度或写作过程角度，还是从表达方式的角度来分析写作能力的构成，他们都把写作技能等同于写作能力，从他们主张对这些写作技能进行分解式的直接训练来看，他们对写作能力的认识还停留在表层描述阶段，还不能分析写作技能之外的其他写作能力因素，这是受当时研究、认识水平的局限所致。

从心理学即智能的角度研究写作能力，对写作能力的本质和内在机制的认识就深入了一步。在这种能力观的指导下，他们训练写作能力主要侧重于进行心理（智能）训练，这是有见地的，从此，写作教学打破了就技能训练技能的僵化局面。

认为写作能力取决于作者修养、写作素养、心灵背景、准备状态、文化心理结构的研究者们，对写作能力的研究又深入了一步，他们认识到写作能力不仅取决于智能因素、知识因素，还取决于情感、思想、境界、意志、动机等非智能因素。但是，他们对这些东西的认识是模糊的、感性的（也许他们自己并未认识到自己是在进行能力机制研究），以至于没有深入分析这些东西之间的关系，终不能对写作能力的内在机制有清晰的把握。所以，他们虽然认为写作能力取决于这些东西，但是，他们没有把对这些写作能力获得的训练放到本体的高度，甚至也没有放到与写作技能训练同等的地位上去——他们根本没有这方面的训练设计，只停留在一般号召上，他们还停留在文化体验层次的最初层面。

主张写作能力最终取决于写作文化的研究者的探索更加深入一步，使写作能力研究产生了质的飞跃，因为这种观点把写作文化从混沌的、朦胧的写作者主体修养（写作修养、文化心理结构、心灵背景、准备状态）之中离析出来，产生了一个真正具有写作学特色的概念。但他们并不否认写作者主体修养，而是接通了写作者主体修养到写作技能的中介，解决了主体修养究竟是怎样控制、调节、指挥写作行为、写作技能的问题。他们的认识达到了个体文化层次的较高层面。由于这种观点对写作能力本质及内在机制有较为理性、清晰的认识，所以，这批研究者主张把主体文化（人格修养及写作文化）的塑造、建构（训练）提到与写作技能同等的高度，这使 20 世纪 90 年代写作教学的观念发生了根本的变化。

20 世纪 90 年代以来的写作学与写作教学研究，是在写作宏观研究（写作主体论、写作文化论）的大背景下进行的写作微观研究（写作思维学、写作策略论、写作行文论），是对写作技术的深化研究，是对写作能力问题的整合式研究，是对主体性动力和操作性动力结合的写作能力的科学研究，并最终揭示了写作能力的奥秘。

## 二、动力学写作教学新视野

每一种写作教学体系和写作理论体系都是在一定的写作能力观的指导下设计的。按本书提出的写作能力的本质及内在机制的阶梯模型来设计写作教学和训练体系，无疑是一种不同于传统写作教学的新的写作教学——动力学写作教学。动力学写作教学的学术视野、基本观念和教学特征主要表现在以下几个方面：

第一，动力学写作教学观是对传统的技能训练写作教学与当代大技巧写作教学的统一与整合。但是动力学写作教学对写作操作技术（写作技能）本身的直接训练并不十分感兴趣，因为，这种训练的结果不能真正解决写作行为中若干复杂的创造性操作技术，所以动力学写作教学观关心的主要是写作大技巧的培养：一是直接控制写作行为、技术的个体文化的生成，一是写作动力的获得。因此，写作研究的重点，写作教学、训练的重点就应该落到写作大技巧的这两个方面的培养、建构上。

第二，动力学写作教学观所需要的写作教材应具有层次性和立体性、系列性。它既应有写作基本原理与写作史，又应有写作能力训练教程和文体写作训练教程。在能力训练教程中，既要有写作思维、行文措辞的训练，更要有积累知识能力、思维能力（智力）的训练，主体修养和写作文化修养的训练，还要有写作动机（兴趣、信念）和写作意志等品质的刺激、培养。这样，才能使写作教材改变过去那种单纯的工艺性、技术性、过程性而增添人文性、生存性、思想性、方法性，并使教材具有高信息、高难度、高速度的品格。

第三，动力学写作教学观对写作教师提出了极高的要求。首先，在这种新的写作教学观念中，教师不仅仅是传道者、解惑者，他本人就是“道”本身、“不惑”本身。“道”本身，是说写作教师应有令人敬仰的健康人格、思想境界、博大胸襟；“不惑”本身，就是说写作教师本人应有自己的思想、观点、见解。其次，教师应是“授业者”，这就是说，写作教师不仅仅是一个写作理论家，也应该是一个写作实践家。换言之，写作教师既是文章的写作者，又是文章写作的演示者、阐释者和写作教练。

第四，动力学写作教学观要求学生不是把作文当做纯粹的技法练习的作业，而是应该把写作当做学习生活的手段、工具，当作人生目标、理想。总之，写作教学既是为了写作，又是一种方法论。工具、手段、方法者，是指应树立“学习通过写作”、“生活通过写作”的观念，即通过写作文章来促进阅读，积累知识，训练、锻炼、培养自己高远的思想境界和创造精神，培养在生活中用写作来发表见解、抒发感情、交流信息的能力。

## 【基本概念】

能力　运转系统　动力系统　场化模型

## 【复习思考题】

1. 为什么说能力是一个虚无？
2. 写作能力生成的内在机制是怎样的？
3. 简述写作能力状态的内在机制。

# 第 18 章

# 当代写作操作观

当代写作教学要有一个质的飞跃，必须走现代化、科学化之路。

——题记

## 第 1 节　写作操作技术原理研究的迫切性

### 一、写作教学的出路与希望在于现代化、科学化

对于写作学界来讲，新时期是一个写作理论大获丰收的年代。因为“20 世纪 80 年代以来，作文学（写作学）的理论体系发生了两次较大的变化”①。进入 90 年代后，写作理论开始发生第五次大变革。这些重大的理论变革，正如一位研究者指出的那样：“这是一个学科生成和发展的全景观的历史运动，这一历史运动状貌的初步轮廓的展现，标志着中国特色的现代写作学的建设已趋于成熟。”② 相比之下，新时期的写作教学显得比较逊色、黯淡，虽然这期间写作学界涌现出了一批写作教学家，他们付出了令人尊敬的辛勤劳动，摸索和总结出了一些写作教学模式和经验。应该说，当代写作教学的水平是以往任何一个时代都不可比拟的，但是，从总体水平上看，当代写作教学的研究成果仍无法和当代写作理论的成果同日而语，这是毋庸讳言的。

这里的关键就是现代化、科学化问题。过去的写作学理论之所以硕果累累，令

① 张会恩主编：《作文学》，11～12 页，武汉，中南工业大学出版社，1991。

② 于冰：《现代写作学在崛起——我国当代写作学理论研究综述》，载《辽宁师范大学学报》，1992 (3)。

其他学科刮目相看，就是因为写作理论工作者们已自觉地走上了现代化、科学化之路。因此，写作教学要取得辉煌，唯一的出路同样是走科学化、现代化之路。

## 二、现代化、科学化写作教学的任务

从写作学科的发展来看，从历史和现实的要求来看，中国写作学在21世纪必须转向两个方面：一是由写作理论研究转向写作史研究，二是由写作理论研究转向写作教学的理论研究。为了完成中国写作学的基本任务和使命，第二点尤为迫切。

我们所以吁请进行写作教学的理论研究，是因为写作教学要现代化，首先要科学化，没有科学化，写作教学的现代化是“伪现代化”。

这些年来，我们的一些写作学者曾多次呼吁进行写作教学的改革，其动机和用心是令人敬佩的，但大多是出于一种职业的责任感和良心，出于一种感情态度，一种焦急。就其“集体无意识”（思维方式）来说，基本上是传统的、古典的，缺乏一种现代的理性分析、反思精神，无意识中有一种淡漠科学、理论的倾向，这种传统是很危险的，这绝不是危言耸听。

## 三、写作教学现代化、科学化的内涵

写作教学现代化、科学化这个命题应该包括三个方面的内容：一是写作教学内容即写作教材的科学化、现代化；二是写作教学思想的科学化、现代化；三是写作教学方法、手段的科学化和现代化。第一个问题基本上是由写作理论研究来解决的，对整个写作教学改革而言，最重要的是第二个问题，它是写作教学改革的“软件”。第三个问题是“硬件”，“软件”上不去，“硬件”也无用。

写作教学思想的科学化、现代化，包括教学观念（教学哲学）的现代化和对写作教学中所用术语、概念理解的科学化（准确化）。在这两个问题中，就目前的当务之急而言，后者更为重要。我们必须花大力气，集中一部分写作学者对写作教学活动中的一系列概念（例如写作教学目的、写作能力、写作技能、写作操作技术等）进行清理，明确其本质、内涵、外延，让所有的论说者保持写作教学概念内涵的科学性、同一性。人们对许多概念内涵、本质认识的模糊、肤浅，导致写作教学理论在实践和训练上的失误。所以，只有对这些概念有准确深刻的认识、理解，写作教学现代化才能起步。

正是基于这一认识，在上一章中，我们认真、系统地清理了写作能力的内涵和本质。最后，我们发现，作为一种水平的写作能力是一个场性的“空无”，并非一个心理过程，它依附于一系列能力建构行为的阶梯之上，这个阶梯由写作兴趣、写作意志、写作信息、思维、人格、写作文化和写作技能这七个层次形成，这就是所谓阶梯模型、冰山模型以及写作场的能力观念。

这个能力模型中的前面几个概念都比较清楚，其中写作文化是一个新概念，但我们曾在多处阐述这个概念，应该说是比较明白了。只是写作技能（或写作操作技术）这个概念，很少有人认真清理过，人们常常在不假思索的状态下运用它。对写作技术、技能这个概念的理解和阐释，关系到写作教学理论和实践的重大问题，因此本章试图对这个概念进行一次认真的清理、分析，以完成对写作能力的操作性机制的揭示。

## 第 2 节　操作技术生成的基本原理

### 一、技术的一般定义

写作技能或写作操作技术，在写作教学界是一个富有吸引力的字眼，它之所以有魅力，是因为它给人以简单性、手艺性的印象，似乎像木工那样，只要人们学会这些简单性的手艺就会写好文章了。实际上，问题并非这么简单，因为，写作者的操作技术与木工的操作技术有明显的不同。

为了对写作操作技术的内涵、本质有准确的认识，我们先来看看操作、技术的一般本质。操作、技术这些概念最早主要来自物质生产领域，操作、技术的本质便是科学哲学、技术哲学、技术学的对象。

什么是技术？技术学家一般认为："技术，是人类在利用科学知识改造自然的实践中积累起来的生产操作方法和技能、工具、手段，它是人的知识和智慧与客观手段相互作用而产生的控制和改造自然的方式、方法的体系，是科学与生产之间的中间环节。随着科学的进步，社会的发展，技术的概念也在不断扩大，不仅有物质生产技术而且有非物质生产的技术，如管理技术、思维技术、表现技术等。"①

从这一定义中我们可以看到，技术虽以"操作方法和技能、工具、手段"表征出来，但是，它是以"科学知识"作为前提、内涵的。所以说，技术是"知识和智慧"和"方式、方法"相结合而形成的体系。请注意，技术是一个由内部结构构成的体系、系统。那么它的内部结构、形态如何呢？"一般认为，技术具有三种形态，一种是抽象形态的技术，这是指在实践经验和科学原理基础上建立起来的，以文字图表形式表现的技术资料和技术知识；二是物化形态的技术，这是指在技术知识指导下所创造的一切物质手段，包括工具、设备、仪器、材料等；三是功能形态的技术，指的是人们按照对自然规律的理解，凭借一定的物质手段，对客观对象施加作

① 杨国璋等主编：《当代新学科手册》，29 页，上海，上海人民出版社，1985。

用的方法。”这里“抽象形态的技术”正是前面讲的科学知识，“功能形态的技术”只是方法，首要、本质的是前者。技术学家们认为，技术的特征，第一是科学性、理论性，因为“任何技术都是一定的科学原理的转化，都是在一定的科学知识基础上形成的关于改造对象的方法”①。

## 二、技术的思维结构

上述技术定义，正是当前国际技术学、哲学界比较认同的技术概念、技术观念。国际著名的技术哲学家、原联邦德国的F. 拉普教授就认为：“技术可以概要地表述为出于人类目的对自然的利用，根据适宜的知识而产生的某种物质制品，以及预想好的和一贯进行的生产过程中的技能。”② 这就是说，技术一方面包括某种适宜的知识，一方面包括操作技能。所以，拉普认为，技术生产过程和自然科学研究过程一样，包括两个相似的阶段，一是概念的阶段，一是实现的阶段。“在概念阶段，根据所希望的技术制品要满足的要求，首先确定一般制造原理，通过初步的实验，这个初始概念就能逐步地得以实现，并得出最后制造计划。在实现的阶段，由制造规则无条件地规定的行动事实上已经得到实现，因此在工程的终了，便生产出所希望的产品。”③ 请注意，这是描述技术的思维活动过程及其结构，在拉普看来，在技术行为中，首先要明确的是生产对象实体的知识，即所谓“所希望的技术制品要满足的要求”，其次是理论、规律，即“一般制造原理”，这是“初始概念”，之后才是将初始概念转化为设计方案，然后才进入实现阶段，即操作活动，最后得到产品。

## 三、技术：“是什么”与“怎么做”

前面引述的第一个技术定义中，对技术体系内在结构的界定是十分抽象的。例如，作为技术结构体系层次之一的科学知识、原理指的是什么？我们并不清楚，拉普的技术定义则具体一些了，他所说的“概念阶段”，实际就是技术中的知识和原理，再具体地说是“所希望的技术制品要满足的要求”和“一般制造原理”。

把这个问题说得更清楚的是捷克学者L. 汤德尔，他在《论“技术”和“技术科学”的概念》一文中这样写道：“技术这个词来源于希腊词Texry，意思是技能、技艺，严格地说可以把这些称为技术的‘主观的、有目的的要素’。”④ 这个“有目的的要素”指的正是技术体系中的知识、原理这一层次。汤德尔说：“为了更确切地说明这一要素，我们考虑一下卡尔·马克思关于人的本质的经典论述，这一论述发展了

① 杨国璋等主编：《当代新学科手册》，30页。

②③ ［德］F. 拉普：《技术科学的思维结构》，130页，长春，吉林人民出版社，1988。

④ 转引自上书，9页。

富兰克林的人是创造工具的动物的观点。人类制造工具（以及各种机械和越来越复杂和昂贵的技术设备）是为了达到一定的预期目标，为了实现自己的意愿、计划等。这样，人首先在思维中创造出行动的结果，这表现为他创造的形象，表现为目标和计划等。不过这里重要的和根本的问题不仅在于这种形象，并不是对他所计划和预期的结果的消极反映，而且还在于它关系到因果性，关系到实现既定目标的手段的适用性和使用这些手段的方式。一句话，活动结果的理想形象不仅包括'是什么'，而且包括'怎样做'。明确点说，这个'怎样做'对阐明技术的主观要素是十分重要的，如果我们不了解为了什么目标和如何使用最有效最完善的手段，那么这些手段也就没有什么用处了。因此，我们不能把技术概念仅局限于人类活动手段的总和而不考虑技术知识水平和人对技术过程的控制程度，等等。"[①]

无论是马克思还是汤德尔，都把作为知识、原理的"是什么"和作为方法、手段的"怎样做"作为技术的二重结构来理解。所以，汤德尔认为："技术的主观要素与下面这两个因素密切相关：（A）人类行为的目的性，其中，行为的最终结果是决定的标准，（B）关于适宜的工艺和技术因果性的一定知识。"[②] 前者属于"是什么"，后者属于"怎么做"。也许，正因为技术体系内部本身存在着"是什么"的实体性知识和"怎么做"的操作性知识，或者更直接地说，"技术——渗透着理论，离不开理论"[③]，所以，加拿大技术哲学家 M. 邦格认为，技术理论内部包括实体性理论和操作性理论。他说："理论之所以与行动有关，或者是因为它提供了关于行动对象的知识，如关于机械的知识，或者是因为它提供了关于行动本身的知识，如关于在制造和使用机械之前和之中的决策活动的知识。飞行理论属于前一种理论，而关于在一个区域配置飞机的最佳决定的理论属于后一种理论。这两者都是技术理论，不过前者是实体性理论，后者是操作性理论。"[④]

从上面引述的当代技术学理论可以看出，技术有两个因素：一是关于行为对象即制作品构成性知识，二是行为本身的知识，它们有所谓"是什么"和"怎么做"或"实体性"和"操作性"的区别。这既是技术的内在结构、技术的表现形态，也是技术的层次和过程。这种现代技术概念最主要的特征就是，认为"技术渗透着理论"，强调技术对理论（科学）的依赖性，正如 M. 邦格所说，只要错误地认为技术不过是手艺，没有理论的东西，人们就无法认识到现代技术的特点。在他看来，在应用科学（即技术）中，理论不仅是研究过程的总结和进一步完善的指南，也是规定最佳实践活动方式的一整套规则的理论根据。所以，过去，假如一个人在行动时很少注意或根本不理会理论，人们就认为他是个实干家，而在今天，那些根据最先进的技术知识——不是

---

① 转引自［德］F. 拉普编：《技术科学的思维结构》，130 页。

② 同上书，9 页。

③④ 同上书，28～29 页。

纯粹科学知识，因为它距离实践太远——做出决定并付诸行动的人才是真正的实干家，而这种包括理论、基本规则和数据在内的技术知识又是运用科学方法解决实际问题的结果。

以上便是科学哲学家、技术学家对技术概念的现代理解。这使我们想起了写作学界在写作技能、写作操作技术概念理解上存在的误区。

## 第3节　写作操作技术渗透理论

### 一、流行的误解的“写作操作技术”概念

为了讨论的展开，这里把三水同志的文章《建立有关写作操作技术理论和相应的训练体系》作为本文商榷、讨论的对象。① 因为，只有这篇文章涉及了写作技能、写作操作技术概念的理解和阐说，而且他倡议：“现代写作学急需建立一门操作技术理论”。

三水同志写这篇文章之时显然是读了前面我们提到了那位联邦德国科学家F. 拉普编的《技术科学的思维结构》一书中加拿大学者M. 邦格的文章《作为应用科学的技术》一文的。请看下面这段文字：“根据莱布尼兹关于真理的分类，知识可以分为两种：实体性知识和操作性知识。前者是对象的认识，目的在解释对象，其内容一般为概念、性质、该事物与他事物的关系，该事物在世界中所处的地位等。后者则是产生于实践的过程中，与实体性知识没有什么关系，是一种科学方法，是一种如何行动的知识。它的目的不是回答‘是什么’而是回答‘怎么做’，前者不能转化为操作技能，只有后者才有可能。”②

不能说三水同志这段话没有一定道理，他说的这种知识的区别是存在的，但这是对知识的第一个大层次上的分类。在科学哲学家那里，这是“纯粹科学”（例如，哲学、天文学、神学等）和“应用科学”（即所谓的技术科学）的区别。邦格说：“如果目的只是认识世界，这是纯粹科学的事情，如主要是为了实用，那就是应用科学的任务。”③ 这正是莱布尼兹讲的“实体性和操作性”的区别。但是在作为应用科学的技术和技术理论中却又存在上述区别，这就是前面我们引述的邦格关于“技术理论中又包括实体性理论和操作性理论”的著名思想，也是前面引述的几位技术学家拉普、汤德尔和中国当代技术学家关于“技术”包括“是什么”和“怎么做”两因素的思想。因此，三水同志搬出莱布尼兹并不能丝毫影响汤德尔、拉普、邦格几位当代技术学者关于技术概念的科学理解，因为他们说的不是同一层次、同一问题。令人不解的是，三水同志文章后半部分中论述“写作操作技术理论具有纯粹理论的

---

① 三水：《建立有关写作操作理论和相应的训练体系》，载《写作》，1988（8）、（9）。

②③ M. 邦格：《作为应用科学的技术》，见［德］F. 拉普编：《技术科学的思维结构》，28～29页。

理论特征”的那段文字也完全引自邦格文章，但为什么对邦格的技术概念，对同书汤德尔、拉普的技术概念视而不见，置若罔闻，却搬来莱布尼兹牛头不对马嘴的观点？

### 二、写作操作技术中渗透着写作理论

通过上面的分析，我们可以对写作操作技术有一个初步理解了，即写作操作技术（写作技能、写作技术）包含着实体性文章写作、理论知识和操作性的写作行为的知识，这就是写作技术的内在结构。具体地说，即写作技术（写作技法、写作操作技术）包含着文章构成原理和写作行为思维结构原理的知识、写作行为过程的环节性知识。

但是，把写作技术分为实体性知识和操作性知识只是一种科学研究上的迫不得已。事实上，写作者写作时的写作技术运作状态的本相是实体性知识和操作性知识融为一体，即“技术中渗透着理论”，二者无法分开。倘若二者分开，写作操作技术状态就消失了，写作操作技术也就不存在了。

认识到这一点，的确至关重要，这正是长期以来写作学界关于写作理论与写作技能关系争论的根源所在。一些强调写作理论对于写作技术不重要的学者，主要是把写作技术中的实体性理论知识和操作性知识分开，将二者对立起来看，所以，他们认为写作技能就只是写作操作，“与实体性知识无关”①。传统的写作技术概念就是如此。那些主张写作理论对于写作技术至关重要，认为写作理论是写作操作技术观念的前提、基础、生命的学者，主要是体验到在写作技术中渗透着理论这一写作经验和现象。正像现在科学技术中“技术渗透理论”一样，写作技术也同样渗透着写作理论，这是现代的写作技术观念。

如果有人对写作技术渗透着写作理论这种现代写作技术观念还不能接受的话，请想一想人们承认的“观察渗透理论”、“选择渗透理论”，就会豁然开朗了，而传统理论认为，观察、选择是没有理论参与的。

## 第 4 节　写作操作技术来自写作模型

### 一、写作模型建构：知识转化为能力的标志

从写作技术与写作理论的分裂、对立到二者的渗透、统一，实际上就是人们平时经常所说的写作理论转化为写作技术的问题。在我们看来，所谓写作理论、写作知识转化为写作技能，就是由二者的分裂状态达到渗透一体状态，只有达到这个境

① 三水：《建立有关写作操作理论和相应的训练体系》，载《写作》，1988（8）、（9）。

界，写作操作技术才会产生出来，运作起来。

那么，再进一步考察：这种转化的标志是什么呢？回答了这个问题，我们的写作教学就会有明确、清晰的目标，并可为此而不懈努力。

在我们看来，这种转化就是将抽象的、理论的写作原理、知识，变成意象的、感性的心理经验、心理现实、思维状态。具体地说，就是将抽象的、理性的、分析的写作原理知识，变成关于文章（构成、结构、审美）和写作过程的操作模型，所谓文章图样、写作体式、文体感、写作行为的思维模型、行为原理的操作模型，以及文章和写作的审美规范（一般的和时代的，后者即写作文化），甚至连读者也会浮现在眼前，监督你写作，这一切感性心理现象的产生，便是写作理论开始转化为写作操作技术的标志。但这本身并不是技术操作，而是一种写作目标的感性化，一种“导向”——只有明确方向，思维才能操作起来。写作操作技术则是将这些共时性的思维模型、图式、规范的东西，离析为一维时间化的线性程序，将空间化写作思维模型变为时间化的操作技术程序。即由结构认识转向模型建构，最后走向构成（文章），即文章生成，这就是写作操作技术的奥秘：操作、技术就是一种思维程序。这正符合哲学界和思维学界关于“思维是有秩序的意识活动”的论断。[①]

因此，从心理上、思维上看，写作操作技术意味着从模型化到程序化的生成过程。

## 二、写作行为基本的思维操作模型

在写作过程中，最基本的程序是赋形思维。赋形思维操作模型在转化为操作程序时就是进行重复和对比的选材、构思活动——重复意味着先选择具有某种性质的材料或确定一个文章结构单位，再选择一种性质和它相似的材料或文章结构单位同它摆在一起；对比的操作则意味着先选择具有某种主题、性质的材料或文章结构单位，然后选择一个与它的主题、性质相反的材料、结构单位，把它和前者放在一起。这个思维先后次序，就是赋形思维操作程序。

从中介的角度讲，我们之所以需要赋形思维这道操作程序，是为了寻找从主题、文章性质到表层结构的中介。因为，赋形思维本质上是材料或文章结构单位之间的一种性质关系（赋形思维是一种性质思维的结果），它具有主题的品格，但是它毕竟是一种性质关系，是一种结构，所以又有结构的品格。赋形思维实质上是将抽象、混沌的主题结构化，正是这种二重属性使它充当了中介的角色。

从赋形思维到文本形成仍然需要一个中介，这个中介就是路径思维：分析与综合的种种思维操作模型。

① 参见赵仲牧：《论思维的概念》，载《思想战线》，1992（3）。

因此，只有在赋形思维的控制下，通过路径思维生成种种写作材料和文章结构之后，文本的结构才能逐渐形成。这就是说，文章文本结构（文章表层结构）形成的操作就是把赋形思维/路径思维的材料进行时间、空间、逻辑、心理上的秩序化。在我们看来，在文章成形（生长）过程中，写作思维操作不过如此而已，并非像某些人讲得那么玄。

## 三、写作文化、写作能力结构仍是一个写作模型问题

以上，讲的都是我们平常理解的写作操作技术技法的模型化、程序化、中介化问题。实际上，作为创造性写作行为的高级写作技巧（大技巧）——技巧的技巧——的机制仍然是如此。例如，在提出写作文化这个概念之后，我们又提出了这样的写作理论：写作文化是调动旧技巧、创造新技巧的决定因素，感悟写作文化就是获得写作的大技巧。当时，我们只是生动地从经验上、体验上直觉地认识到这一点。现在终于明白，原来，感悟到的写作文化是一种活生生的写作审美理想的模型，因为，写作文化是特定时代关于文章与写作的时空情绪、价值规范、思维方式、文章图样的总和。而这每一种因素，都是模型化因素。当这种审美模型感性地获得后，我们就知道了调动和创造操作技术的方向、途径。其实上述原理不仅仅适用于文章写作过程，也适用于写作能力的形成过程。例如，当我们通过认真研究找到了能力构成的阶梯模型之后，我们就明确了写作能力建构的操作技术（行动方案、方法）。于是，我们按能力阶梯模型的原理，一步一步地由低层次向高层次迈进，最终形成写作能力。关于对这个问题的理解，请想想马斯洛需要、动机、人格的金字塔层次模式吧！人们一旦明白人的需要、动机、人格的层次模式——生理的需要、安全的需要、爱与归属的需要、尊重的需要、存在和价值实现的需要，他便给人们指出人格建构与动机行为的方向和程序（次序），所以，马斯洛这个需要模型，既是动机阶梯模型，也是行为模型。写作能力阶梯模型、写作模型亦可作如是观！

## 四、写作理论转化为写作模型的内在机制

当我们明白了写作操作技术意味着模型感（理论原理的图像化、结构化、框架化、感觉化、身体化）、程序化、中介化之后，传统写作理论和写作教学思想的致命弱点就显露出来了。这就是，它们只是看到了写作操作技术的程序化一面，把操作完全等同于程序，而未看见模型化与中介化之于写作操作的决定性、本质性。双重转化理论是这样，三级飞跃理论是这样，所有把理论和操作技术对立起来的训练主义、过程主义、技法主义的写作教学都是这样。

最重要的又是模型化。由于它是文章写作原理的感觉化（无意识化）、身体化，

所以实际上，它就是将写作理论转化为写作技术、技巧的问题，因此，全部写作教学的最后效果都在这个环节上显示出来。

那么这种转化的机制又是怎样的呢？由于模型化是一种感性状态，因此转化机制离不开这种感性经验的获得。获得的途径主要有四条：

（1）发现与感悟，这是写作理论发现者、写作理论研究者们模型感生成的模式，由于发现与感悟的惊喜与生动，于是把原理框架变成身体化、感觉化的模型。

（2）以文章写作原理为武器对文章进行具体分析，使人获得这些文章、写作原理的感性模式，这是写作教学所用的转化模式。

（3）通过文章的阅读，最好是通过文章、写作原理的学习，在文章分析之后进行大量的文章阅读去积淀文章模型，去体验、感受写作模型。

（4）通过练笔，有意去实践、运用这种模型技术，从而建立更真实、更生动、更强烈的写作模型。

这就是说，写作教学要将理论转化为写作操作技术，必须经过四个阶段：觉悟原理、文章分析、阅读积淀、练笔强化。当文章写作模型的感受越来越鲜明、生动、强烈，操作的程序化就自然开始了，这就是写作操作的全部奥秘。

## 五、写作技能、写作技法、写作技术、写作操作、写作技巧的区别

这里，我们还应该严格区分写作技能、写作技法、写作技术、写作操作和写作技巧的概念和定义。写作技能、写作技法和写作技术是一个同义词，它们是一个操作性的概念，是文章写作基本原理转化为写作模型后的操作方法，具有凝固性、模式性，因此具有可重复性。而写作技巧则是写作美学、写作修辞学方面的概念，是创造性的同义语，因为写作技巧是写作技术、写作技法恰到好处的运用和创造，技巧具有新颖性、唯一性，一般情况具有不可学性，可学的只是写作技术。

在中学和高校的基础写作教学中，只能传授、训练写作技术和技法，而不能奢谈写作技巧。古人所谓“能授人规矩不能授人以巧”正是这个道理。然而，过去我们的写作教学，从中学到大学，许多人乐意讲写作技巧、写作艺术特色，把写作技巧分析得头头是道，而往往忽视了在每一篇文章中都非用不可的最一般的写作技术（原理、规矩）的分析、讲授和训练，最后写作技巧学不到，写作技术也没有学，这是过去从中学到大学写作教学效果不好的重要原因之一。

那么，是不是创造性的写作技巧就学不到呢？不，这是高等写作学学生即大学高年级学生和写作硕士生、博士生的任务。必须进行主体写作能力建构，必须感悟时代写作文化，感悟文章的境界、节奏等，这时，创造性的写作技巧才会产生。因为，写作技巧产生于高级的即哲学的审美的写作模型感的获得。这样，高级写作学

就是“既能授人以规矩，又能授人以巧”了。

## 【基本概念】

技术　写作操作技术　写作模型　技巧

## 【复习思考题】

1. 技术的思维结构是怎样的？
2. 怎样理解“技术渗透着理论”？
3. 写作模型有什么意义？
4. 试述写作理论转化为写作模型的机制。

# 参考文献


［德］布斯曼．语言与语言学词典．北京：外语教学与研究出版社，2000

［德］恩斯特·卡西尔．人论．上海：上海译文出版社，1985

［德］京特·弗里德里奇、［波］亚当·沙夫主编，李宝恒等译．微电子学与社会．北京：三联书店，1984

［德］叔本华．作为意志与表象的世界．北京：人民出版社，1979

［法］罗兰·巴特．罗兰·巴特随笔选．天津：百花文艺出版社，1995

［法］米歇尔·福柯、沃洛希洛夫等．语言与翻译中的政治．北京：中央编译出版社，2001

［法］萨特．萨特文集·什么是文学．北京：人民文学出版社，2000

［美］阿伯拉姆．简明外国文学词典．长沙：湖南人民出版社，1987

［美］阿尔温·托夫勒．第三次浪潮．北京：三联书店．1983

［美］埃里希·弗洛姆．弗洛姆著作精选：人性、社会、拯救．上海：上海人民出版社，1989

［美］克雷奇等．心理学纲要·上．北京：文化教育出版社，1980

［美］拉兹洛．系统哲学讲演集．北京：中国社会科学出版社，1991

［美］M. 李普曼．当代美学．北京：光明日报出版社，1986

［美］皮亚杰．发生认识论原理．北京：商务印书馆，1981

［美］唐纳德·麦奎德、罗伯特·阿特温：写作中的思维训练．北京：中国广播电视出版社，1991

［美］约翰·奈斯比特．大趋势．北京：中国社会科学出版社，1984

［美］詹姆斯·格莱克．混沌：开创新科学．上海：上海译文出版社，1990

［日］池上嘉彦．符号学入门．北京：国际文化出版社，1985

［苏］B. B. 波果洛夫斯基．普通心理学．北京：人民教育出版社，1981

［苏］科瓦廖夫．文学创作心理学．福州：福建人民出版社，1983

［古希腊］柏拉图．柏拉图全集·第四卷．北京：人民出版社，2003

［古希腊］亚里士多德．修辞学．北京：三联书店，1991

［意］贝尼季托·克罗齐．作为表现的科学和一般语言学的美学的历史．北京：

中国社会科学出版社，1984

［英］A. 布洛克等．枫丹娜现代思潮辞典．北京：社会科学文献出版社，1988

［英］罗吉·福勒．现代西方文学批评术语词典．成都：四川人民出版社，1987

北京师范大学中文系《写作基础知识》编写组．写作基础知识．北京：北京出版社，1979

曹日昌编．普通心理学．北京：人民教育出版社，1963

陈昌胜．知识经济专家谈．北京：经济科学出版社，1998

陈俊英．诗经漫话．上海：上海文艺出版社，1983

华东师范大学教育系、杭州大学教育系编．现代西方资产阶级教育思想流派论著选．北京：人民教育出版社，1980

李犁耕．中青年作家谈创作．济南：山东文艺出版社，1984

林可夫．高等师范写作教程．福州：福建教育出版社，1991

刘锡庆编．外国写作教学理论辑评．呼和浩特：内蒙古教育出版社，1992

吕叔湘．语法修辞讲话．北京：中国青年出版社，1979

张寿康．文章学概论．济南：山东教育出版社，1984

郑希付．现代西方人格心理学史. 开封：河南大学出版社，1991

中国大百科全书出版社《简明不列颠百科全书》编辑部编．简明不列颠百科全书（五）．北京：中国大百科全书出版社，1986

庄锡昌等编．多维视野中的文化理论．杭州：浙江人民出版社，1987

# 跋　正对本土　平视他者　独立言说[①]

## ——评马正平主编“高等写作学教程系列”的学术立场

徐妍　刘晓丽[②]

由马正平主持、主笔的教育部“面向21世纪课程教材”——“高等写作学教程系列”1～5卷就诞生在这个刚刚过去的秋天。它面临的现实处境是怎样的呢？在众多的写作学教程里，人们是否仅仅在一瞬间将目光凝聚在“面向21世纪课程教材”的太阳大海帆船的标志性徽记上，随即却步于它高高的城墙与宫门之外？当然，常态的学术之路从来都是通向一个理想主义的寂寞城邦。这套以大理石抑或叶脉的纹理也许是文章的文理、生命的文理作为封面设计的学术之作自然也不敢在喧嚣的时代作更多的期望。或者说，“高等写作学教程系列”坚守的只是自己的岗位，完成的只是分内之事：“仅以此书献给——为建设中国当代写作学学科大厦而筚路蓝缕不懈拼搏的前辈、时贤与后学们。”

### 逆流而上的学术之路

在中国当代学术史上，没有任何一个学科如写作学一样饱尝了颠簸的苦楚。它不仅要历经百年传统断裂、一度政治高压、西方强势文化与商业大潮联合冲击等学术之外的诸多因素的围剿，还要承受学术阵营之内的某些固有观念的歧视。甚至，一位德高望重的前辈学者的一句话就可以否决了它的生存权。时至今日，在学科林立的当下，它依然寄居在其他学科的篱下。没有身份，到处漂泊，居无定所。但是，就是在这样的学术境遇里，中国当代写作学学科正面直视一切的压力，不乞求同情，更不接受怜悯。马正平等一代献身于写作学的中青年学者执著地在这个人道是“最没有学问”的地方做出了真正的学问。马正平主编的“高等写作学教程系列”从形

---

① 本文原载于《中华读书报》(2009－02－19)，后收为本书跋。

② 徐妍，东北师范大学文艺学（写作学）硕士，北京大学文学博士，现为中国海洋大学文学院教授；刘晓丽，东北师范大学文艺学（写作学）硕士，华东师范大学文学博士，现为华东师范大学文学院教授。

而上的追问到形而下的研究完成了当代写作学大厦的落成典礼。“我们终于走过来了。”马正平在“后记”——《重塑中国当代写作学的当代形象》中的一声叹息里难以抑制找回写作学学科尊严的复杂的心情。

“高等写作学教程系列”5卷，包括写作学的要义之作《高等写作学引论》、写作学的操练之作《高等写作思维训练教程》、写作学的目标之作《高等文体写作训练教程》（上、下）以及写作学的应用之作《中学写作教学新思维》。这种从理论性到实践性的总体层次表明了写作学学科的特质：哲学性与操作性的统一。这是当代写作学的安身立命之处，也是走出现代写作学困境的开始。进一步说，“高等写作学教程系列”一方面打破了以往学界褊狭地将写作文化背景与写作思维操作对立起来的思维方式，另一方面又在消解二者的界限处确定了写作学的独立性：“写作学是一门研究人类写作行为基本规律的人文学科。”“本质上它是一门术科（技术、艺术、智慧的操作），但是，这‘术’中又包含一套深刻的原理和知识体系”。这样将写作学确定在形而上与形而下相联姻的综合性与整合性的位置上是写作学学科的根本突破。可以说，持这样的论点必须具有谨严的学术体例与充足的学术勇气即至少要回答两种声音的质疑：综合性是否意味着没有专业性？哲学与操作的结合如何可能？

应该承认，如果从科学主义的专业分类学的角度来看，写作学的综合性的确呈现出与其他具体专业学科的重合之处。由此，写作学的综合性曾经被其他学科的学者视为缺少独立性的论据自然有一种合理性。但是，如果质疑的学者能够从人文主义的立场审视写作学的综合性，就会发现任何一门专业学科都不能包含写作学的内涵：写作哲学、写作美学、写作文化、写作思维等写作智慧与写作行为的同构与统一。这也正是马正平将写作学学科界定在“人文学科”的深意——他意欲让写作学学科自拔于现代科技时代的极度的专业化。同样，将技术与哲理整合为一体或二者并重自然会引起学界包括写作学学科内部的某种程度的忧虑，如有写作学学者认为这样会迷失写作学的研究方向。也有的写作学学者认为写作文化论与写作过程论是“二元论”的表现，也是当代写作学的矛盾之处，但这样的忧虑还是囿于精密化的学科观念。或者说，当代写作学在“人文学科”的视域里所敞开的必然是一个整合而不是缝合的“人类写作行为基本规律”的哲学与技术的天作之合。事实上，这种整合观不是写作学学者的一相情愿，已经有铁定的事实证明了当代写作学理论的可行性：文学创作尤其是小说创作已经证明了每一次新技术革命都源于哲学观念的变革；也可以说，每一次哲学观念的变革必然地同时引发出技术的革命。如现代主义与象征、隐喻的应用，结构主义思潮与叙事学的诞生，后现代主义与零度写作的风行。思维即写作，写作也同样即思维，“高等写作学教程系列”的综合性与整合性实际上只是还原了一个长期以来被遮蔽的事实。

当然，“高等写作学教程系列”对于写作学的本原内涵的还原本身就是一条逆流而上的学术求索之路。或者说，马正平等当代写作学学者对于写作学的学科界定依凭的不是书生意气，而是坚实的学科建设。在“高等写作学教程系列”里，每一步学术的探索与争鸣、焦虑和成果、出发与回返都是以学理的不可辩驳为规则的。例如，这个系列的开篇——《高等写作学引论》里就记录了当代写作学学者从冬到春，从春到夏，又从夏到秋的沉重步履。即便是到了90年代，写作学从整体上看，还是向写作理论与写作实践两极分化。为了应对这一现状，更为了凸显写作学的整合观，马正平在世纪之交提出了“非构思写作学”的总结性的理论。非构思写作学是对构思论写作学的反拨，它并非不进行思考，而是反对用定型性构思束缚写作思维过程中的自由与自在状态。即“通过整套科学写作思维模型——重复与对比的赋形思维、分析与综合的路径思维，在协调与对抗思维的调控下展开主题，直接生成写作思维网络，思维伴随运笔，思维的过程也就是行文的过程，思维完成，文章成品也即完成”。此外，非构思写作学除了整合了90年代的两种论争，还契合了后现代精神并实践了传统文化的生命哲学。

不必讳言，写作学作为一个永远敞开的学科，它的成熟期实际上意味着刚刚起步。由于学科的基础薄弱、学术境遇的诸多不如人意，整体学术水平受到了限制。这一点，在“高等写作学”中都是必须承认的事实。只是，当代写作学大厦的基石已经确立，这一点，毫无异议。

### 唤醒写作学的本土记忆

当代写作学的道路尽管曲折，但一直向前。这其中的动力源除了学科意识，还缘于一个神圣的信念：恢复被中国现代写作学者们一度中断了的中国传统写作学根基。所以，正对本土，一方面是指接受学科建设的多重阻力的挑战，另一方面意味着承担传统文化复兴的重任。而在全球化的语境里，后者比前者更艰难——它需要一点一点地唤醒本土的历史文化记忆。事实上，这是现代中国知识分子越来越焦灼的伤痛。世纪之交，这种心愿尤为强烈。它如海潮总是在夜半之时冲刷着中国知识分子的内心，让他们无宁静之夜。但是，经历了20世纪初期和末期的两次西方思潮的冲击，世纪之交的知识分子已经不再采用以往的救亡与启蒙的宏大叙事话语。他们更倾向于低调而坚实地固守自己的岗位。例如文艺学学者旨在以发现东方与文化输出的实事来对抗西方强势话语并让西方在渐进中了解中国。比较文学学者尝试着用中国先哲思想处理西方哲学家的个案事例来说中国的事情。（看起来说的不是中国事，但听起来确是中国事。）中国当代文学引进了西方的文学创作理论，但依然可以书写中国人的古典情怀。同样，马正平等当代写作学学者则是要通过对汉语传统写作思维的拆解重现中国本土中曾经存在过的中国写作理论并建立当代人心、文心的新秩序。

进一步说，马正平主编“高等写作学教程系列”从始至终都是在学科建设里实现深藏内心的神圣使命。这种岗位意识除了由于知识分子情感表达方式的暗中转换，还因为他对学科自身与传统写作理论之源断裂后的现状有着清醒的认知。马正平在“高等写作学教程系列”的姊妹卷——五卷本学术巨制《写的智慧》[①] 第5卷中，回眸了百年中国写作学史：“在19世纪末中国写作学达到又一个辉煌时期，已经抵达古典主义的最高峰。然而，这辉煌也意味着衰颓。伟大的五四、‘白话文运动’在对其局限性进行批判的时候，却把洗澡的婴儿倒掉了。从此，中国古代写作学被颠覆，被摧毁，被冻结。正是在这张白纸上，在西方文化的引进的同时，西方的写作理论（作文法）乘虚而入被全盘引进，中国现代写作学就是从这个基点上培植起来。本世纪中叶，苏联的文学概论体系又被引进，50年代末60年代初的中国高校写作知识体系便在此基础上建构，一直到21世纪70年代末。新时期（八九十年代）以来的中国当代写作学发现了20世纪现代写作学抛弃传统的致命弱点——不符合国人的文化思维心态，于是不自觉地在回归中国古代写作学传统精神。”这段充满伤痛、情感复杂的话语若从不同的基调解读会有两种不同的含义。

从悲观的基调来看，中国传统写作学在晚清达到了巅峰。但，就在此时，它越来越不可避免地暴露出致命的局限。也恰在此时，它遭遇了一个从天而降的巨石——西方写作学——绊住了它的步履，不得不中断前行。而这块巨石化做了一块界碑：西方思潮从此在现代背景上清洗着中国人悠长的历史记忆。待到醒悟时，传统没死，但我们已经奄奄一息。从乐观的基调看，我们一面追赶着未来，同时又对过去的断裂进行回溯性修正，二者之间形成的辩证法，使得断裂也成了重建的一个组成部分。我们已经醒来，就说明我们没有真正沉睡。我们已经思乡，说明我们没有真正忘乡。也许，马正平等中国当代写作学学者已将悲观与乐观合为一体，即他们更愿意持一种悲剧的乐观精神。否则，“高等写作学教程系列”就不会呈现出一种现代意识下传统写作学理论的复归。而且，在“高等写作学教程系列”里，正是传统写作学理论的滋养给予了当代写作学学者正对学科贫乏并走出困境的可能性。还是让我们进入到“高等写作学教程系列”中，解读传统写作学如何加入了当代写作学的理论建构并反观当代写作学如何激活了传统写作学，使它具有真正的现代性，成为时代的学术前沿。

20年来，中国当代写作学研究的一次最大的学术争论，就是1987年过程论写作学与动力－过程论写作学的争论。所谓动力－过程论写作学就是既强调写作主体的主体性建构又强调写作过程深层思维规律研究的写作学。其实，动力－过程论写作学旨在重现中国古代写作理论中的精髓要义：文章不朽论，修养与胸襟论，文采、文气、文情一体论。写作主体论“虽然在新时期是一种进步的、激进的、新潮的写作理论，但本质上具有一种浓郁的古典写作学意味，因为它所强调的东西，中国古

---

① 马正平所著《写的智慧》（共5卷：《写作行为论》、《写作文化论》、《写作生长论》、《现代写作教学：原理与设计》、《现代写作学：批判与建构》）175万字，由西南师范大学出版社1995年出版。

代写作理论已经强调过了。前述叶燮的名言是这样，王国维的境界论中说的也是这样，再往前追溯，韩愈、曹丕乃至孟子、孔子的文气说、立诚说仍是这样”。在这样的声音里并不掩饰对于传统写作学的寻根的渴望。

毫无疑问，当代写作学的真正命名则开始于马正平的“写作文化论”。但是，当学术界置身在80年代中期文化热的特定语境里，人们很容易将“写作文化论”归结为文化热的成果的平移转化。只有在时间的距离里，我们才能够客观而清醒地做出这样的判断：文化热至多提供了一个灵感，“写作文化论”更是来自当代写作学与传统写作学之间的血缘联系。或者说，“写作文化论”同样是再现中国古代写作理论中的精髓要义：写作“通变”论、“文章合时”论、“文章须有益于天下”论等中国古典写作学主张。正因如此，马正平强调写作文化论不等于一般的写作主体论，而是一种强调哲理、文化、美学的当下化历史性的具体化的写作主体论。在这样的声音里同样掩饰不住对传统写作学的寻根的渴望，只是当时学界中人过于将目光聚焦在再度漫入的西方思潮。即使回望传统，也大多关注着文学创作的内容的寻根。而写作学界的关于对古典写作学思想的“寻根”之音则被众多的声响淹没了。更少有人仔细分辨“写作文化论”中的“文化”内涵与引进的诸多的文化界定的一个关键的差异性——前者是从中国古汉语的词源学而来却道出了中国人的本原含义：“古汉语中的文化就是用文德来教化、化育、改变的意思。”后者无论有多少解释，都来自拉丁语的词源：耕作、耕耘。可见，马正平提出的“写作文化论”首先来自传统的馈赠。这意味着当代写作学的生命已经植根在传统的“文化”观上。而当代写作学一经植根在传统的“文化”观上，它就会自动开启许多曾经被一个世纪的时间所尘封的门扇：一个是写作哲学之门，另一个就是写作美学之门。

那么，写作哲学与写作美学如何实现各自的现实与审美理想？写作思维学就是一条有效的路径。在这条路径上，写作思维学得到了意外的收获。如赋形思维的基本原理——重复与对比理论就孕育在传统写作学的文章思维模型“起、承、转、合”的内部。“起、承、转、合”虽然在时间的演变过程中在八股文达到极致之时也同时堕入僵朽；但，它既然曾经在古代写作学里存活得那么长久，也一定有充足的理由。为此，马正平不仅在“高等写作学教程系列”里，而且，在《写的智慧》里重新审理了这个百年的冤案并出庭辩护：“起—承—转—合，我以为这是中国人在世界写作史的最大贡献，因为，这个章法模式，一方面概括了文章语言文本上的书面语言结构的表层结构——开头、中间、结尾——这种顺序模式、一维线性模式，‘起’是文章的‘开头’，‘承’、‘转’就是文章的中间部分，‘合’是文章的‘结尾’；另一方面，最重要的是这个模式也概括了作者进行文章结构安排时的心理思维立体、共时性思维结构模型。”“起承转合的本质是重复与对比的最要求化章法组织。”在这里，马正平终于破解了作为中国古代写作学纲领的“起承转合”章法微观的写作思维“基因图谱”。为了给历史的冤情讨一个公正的说法，马正平出示了50万言的论据：

《高等写作思维训练教程》就是以赋形思维即重复与对比作为训练的目的、理想与动力的。

此外，“写作措辞学”是对桐城派的“行文”理论的现代超越，“写作智慧学”是对传统的赋诗法、“比、兴”手法、春秋笔法、讽喻等中国传统的写作方法本质的现代转换，“写作能力观”是对传统的人格胸襟说、发愤动力说的现代阐释。如此，等等。

一世代的人过去了，
另一世代来临，是在他们被毁
的地方一个新的回转，
在日光下我们筑屋，筑路，筑桥：
我们所有的劳役不过
是祖业的重复（隐现）

一位天才诗人以彗星般的诗句道出了一代学者包括写作学学者在正对本土传统之时的敬畏、虔诚、温柔与激情。

## 与他者同步或超前之行

“高等写作学教程系列”在正对现时的本土与历史的本土之时，也始终在与他者进行对话。而且，在强势的他者文化面前，“高等写作学教程系列”选择了平视的视角，即它研究的问题是自身的，采用的方法也是自身的，预定的目的也是自身的。他者，可以为我们提供参照和启发。但，我们既然用汉语言而不是他者的语言写作，他者，就只能是我们时代写作文化的构成要素或者说一部分而非暗中坐标。这样，“高等写作学教程系列”就具有了强健、沉静、谨严、客观的学术心态。这一心态与当下的妖魔化中国或妖魔化西方迥然有异。尤其，如果我们稍微追溯一下中国百年学术史，就会明白这一学术心态的学术意义。

百年中国学术史，概括说来，是一个充满矛盾与焦灼的历史。一方面，意欲从传统中反叛出来却使生命失去了依托；另一方面，幻想在他者文化中再生新我又始终都是一个虚妄。悬空，在悬空中仰望他者的拯救，或者与他者一同坠入不能自拔的现代文化的深渊之地，是百年中国学界不约而同的主流选择。从王国维的《红楼梦》研究到20世纪末中国学者的后现代追踪，都是在试图用他者的理论框架解释中国的现象与问题。结果，百年里另一脉中国原初的学术样式——从王国维的《人间词话》经钱锺书的《谈艺录》到《管锥编》便渐渐消隐在学术史里。而西式学术范式已经成为唯一的学术规范。当然，向他者引进某一阶段的强势文化的尝试不能简单地脱离历史性的语境否定其历史性的意义——它在依凭西方理论资源的同时也是为了寻找中国社会及中国学术出路的过程。只是，当我们既缺失王国维、陈寅恪、钱锺书的国学底蕴，又盲从于一个想象性的文化神话的时候，便很容易迷失了自己的判断。

“辛苦钱塘江上水，日日西流，日日东趋海。”（王国维《人间词·甲稿》）所以，一个百年的尽头，中国学者在开始利用他者文化资源的同时，已有学者倾向于回转到自身中来，重新打量经过现代化洗礼的中国文化。而只有回转到自身中来（“高等写作学教程系列”列举了诸多中国传统写作学的非构思写作理论主张和创作经验，重回古典式非构思写作的方向），我们才能具备与他者平等意义上对话的可能与资格。

也正是在这个意义上，“高等写作学教程系列”的“非构思写作”既标志着对写作学的学科贡献——它在写作生长论的基础上依据思维操作模式、模型破译了写作生长的神秘性，使得写作的生长经混沌再到有序，又超出了写作学的学科界限或者说验证并实现了后现代写作文化的要义，即将写作学学科置身在后现代文化语境中并以在传统写作学的滋养下成长后的当代写作学反思西方的构思论写作学与后现代文化。正如马正平自述：“‘非构思写作学’的理论特别重要。它是我整个写作理论的最后的哲学、文化学的概括，也是对中国传统写作与写作学理论的哲学与文化学概括。正是以此与西方的构思论写作学互补与对话，于是取得了平视他者的资格和力量。”这里，马正平还是从岗位、学科意识出发，似乎只是将对话的对象指定在中西写作学理论上，没有让后现代文化直接出场，但“非构思理论”的哲学含义分明含有这样的观点：后现代已经在反叛现代性的逻各斯中心主义的同时走上了歧途——走向了霸权，走向了专断、专制。这一与后现代主义初衷相反的方向与“高等写作学教程系列”的写作哲学与写作美学是背道而驰的。所以，“非构思写作学”本质上就是在学科的岗位上以秩序自由的哲学思想与他者同步或超前之行。

我们还是解读一下“非构思写作”在写作学学科内的定义：“非构思写作就是指运用一整套写作思维操作模型来控制生成性文章立意、文章结构、文章材料、文章语言的自觉化生长过程。”如果仅仅面对这个定义本身，“非构思写作”似乎只是关涉写作的非构思机制，并没有显现出哲学品质。但是，任何写作观的改变都隐含着哲学观念的变革，如果进一步分析这个定义的深层话语，就会发现“非构思写作”是以低调的姿态对西方的理性主义与非理性主义均提出了质疑，试图以“从心所欲而不踰矩”的写作秩序论在后现代语境里走出后现代的困境。这一结论当然需要论据：“非构思写作”的两个关键词“模型”与“自觉化生长”，它们合在一起就是“高等写作学教程系列”所确立的写作学学科性质：哲学性与操作性的统一。这里，“模型”一方面是来自写作经验，另一方面来自古代写作理论的再阐释。“自觉化生长”则不仅神似于古代写作理论中的“凝虑”、“神思”、“运悟”，更意味着一种现代人所渴求的自在的写作状态、生命状态。而后者的含义才是“非构思写作”的微言大义：“非构思写作”就是让写者在思维的立体模型的隐在引导下感受现代社会缺失的自由之境，并同时避免后现代主义的后果——放纵自由。说得更确切一些，“非构思写作学”追求的是一种符合传统中国人理想人格的秩序自由即“自觉化生长”。“非构思写作”与“非构思写作学”是一个具有理性创造精神的人对于奇迹的期待和迎接。而奇迹从来不出现于无序之地，它是对理性的战胜，也是对无序的胜利。它出现在自由秩序之境。

总而言之，马正平编著的“高等写作学教程系列”作为一个“当代写作学成熟的标志性建筑”（孙绍振语），宣告了写作学学科的不可置疑的独立性。同时，这个学科又承担了我们这个时代不可拒绝的与他者对话中文化重建的使命。它将写作哲学、写作美学、写作文化学、写作思维学、写作策略论、写作措辞学等方面纳入写作学的体系之中，体现了写作学的宏大综合性。尤其是写作思维学的研究，使得操作性与哲学性的结合成为可能。但是，“高等写作学教程系列”面临的依然是一个起点，它需要更多的前辈、时贤、后学们的深切关注及进入，继续拼搏与奋斗，直到写作学真正成为一门信息时代的显学。

# 第一版后记

本教材的编写是在“面向21世纪高等师范院校中文专业主干课程教学内容和教材体系改革研究”总课题组范文瑚教授的领导和指导下进行的。要特别感谢四川师范大学文学院院长万光治教授，为了加强写作学科建设，他将我调到四川师范大学，并成立了四川师范大学写作与思维研究所，负责该课题中“写作”课程子课题的研究和教材、大纲的编写，这也为我提供了这个机会，使我得以把20年来我和全国学术同仁关于写作学和写作教学研究的理论成果总结出来，对此，我深表感激，这种感激之心是我这三年编写工作的一个重要动力。

多年来，中国写作学会会长、南京大学的裴显生教授，北京师范大学的刘锡庆教授，四川大学的李保均教授、李朝正教授，福建师范大学的孙绍振教授、林可夫教授，厦门大学的林兴宅教授，一直关注、支持、鼓励我的写作学和写作教学理论研究；辽宁大学的高楠教授，中国青年政治学院的王东成教授，湖南师范大学的陈果安教授，北京联合大学的任公伟教授，湖北大学的洪威雷教授，福建师范大学的颜纯钧教授，浙江大学的金健人教授，以及中国写作学会的其他同道朋友，多年来我们一起切磋、论难，由此而结下的深厚学术情谊，让人难以忘怀；本套教材编写组的同仁，四年来我们一起相互切磋，付出了辛勤劳动。在此，我表示深深的感谢。

本教材的编写指导思想、写作学与写作教学论的基本原理、编写提纲、编写体例由我提出。在1998年6月的各科主编会议上，云南师范大学的骆小所教授，广西师范大学的张力群教授，西南师范大学的熊宪光教授作了有益补充；在1999年4月的编写会议上，西南师范大学的董小玉、陶红，重庆师范学院的韩健敏，云南师范大学的余玫，吉首大学的佘佐辰，四川师范大学的何平、邓琴蓉、顾全华诸先生对教材编写提纲和编写体例进行了认真、充分的讨论，提出了不少有益的意见，我们随后对提纲进行了修订。

此后，在一些全国写作学的学术会议上，湖南师范大学的陈果安，吉林大学的周励、赵雨，首都师范大学的季烨、陈亚丽，华东师范大学的朱希祥、刘晓丽，华南师范大学的陈妙云，华中师范大学的普丽华，云南师范大学的李丽芳，河北师范大学的李华秀，四川师范大学的王远舟、汪莉，第二炮兵指挥学院的张传真，常德师范学院的郭红、汪苏，宜宾师范学院的毛克强，乐山师范学院的李康云等先生，对本教材的编写发表了很好的意见，我们也吸收了他们的宝贵意见。

本书原来计划分头编写，然后统稿，因时间紧迫，编写组同仁一致希望本册由我执笔撰写。其中，第3章第3节、第9章由我的研究生邹华芬执笔编写，由我审订。

在本书编写过程中，四川师范大学、吉林大学、吉首大学等校文学院在各方面都给予了大力支持与方便，中国人民大学出版社王克方、司马兰女士为这套教材的编辑、出版付出了辛勤劳动，在此表示衷心的谢意。

**马正平**

2002年8月

# 对人类写作默会知识的言传揭示与训练建构

## ——第二版后记

马正平

写作，作为一种创作艺术技能，到底可不可教？长期以来确实是一个问题。关于这个问题，鲁迅先生就曾不无挖苦地讽刺道："做医生的有秘法，做厨子的有秘法，开点心铺子的有秘传，为了保全自家的衣食，听说这还只授儿妇，不教女儿，以免流传到别人家里去……但是，作文却好像偏偏并无秘诀，假使有，每个作家一定是传给子孙的了，然而祖传的作家很少见。"（鲁迅《作文秘诀》）所谓"作文无秘诀"，就是说作文这种创造性的行为是不能形成操作性写作知识的，所以无法传授，哪怕连子孙也是如此。"作文无秘诀不可传授"，这是不少著名作家的看法。

在知识哲学界，人们也持近似的观点。被称为当代"朝圣山上三圣者"之一的英国化学物理学家、哲学家波兰尼（另两位是奥地利经济学家、哲学家哈耶克，美国科学哲学家波普尔）的默会认识论或默会哲学认为，人类知识包括两种类型：一是科学的知识——可以用文字、图表、公式进行表述的知识，即"言传的知识"；而另一类知识被他称为"默会知识"，又称缄默知识、意会知识。这种知识就是关于人的实践行为、技能行为的知识。这种"技能知识"之所以不可言传，是因为科学言传的知识是一种线性的知识，而技能的默会知识则是一种非线性的"整体协调性知识"。也就是说，这种知识意识有一种共时性结构：技能知识有一个明晰的主体目标、目标意识，同时还有一种附带性目标、"附带性的"无意识。例如骑自行车，你一方面要把车往前驱动，但同时，你还得保持自己身体的平衡。没有后者，自行车是不能往前行进的。又比如乒乓球运动员在发球的时候，其目标意识是要把球发出去并且要有一种让对方接球的难度，但是这个动作是一种高度整体的结构协调的复杂行为：一方面要用手发球，但同时又要整个肢体去协调、配合，形成一种合力，将乒乓球发出去。没有这种整体的共时性的协调配合，这个球发出去是没有任何力量的。正因为技能的知识这样的共时结构化的协调知识，因此无法用语言言传，只能是默会知识。因此，这种默会性的技能知识不能用知识讲授的方法进行传授，只能用行为演示的方法，让学习者观摩、观看、模仿、实习、实践，从而学会这种技能，这就是波兰尼的“带徒式”教学方法论的旨趣。(参见［英］波兰尼：《个人知识：迈向后批判哲学》，贵阳，贵州人民出版社，1999）当代后现代教育哲学中一再宣扬的反理性、反知识的建构主义与此一脉相承。对于可见性行为这种实践性知识的学习可以这样，所以，雕塑、绘画、音乐的艺术行为可以运用带徒式的方法进行教学。

但是对不可见的文学创作、文章写作这种运用间接性的文字符号进行表情达意的技能的学习，便无法演示和观看、模仿。那么，是不是说写作技能这种默会知识就无法通过知识的传授进行教学训练呢？答案应该是否定的。我之所以得出这样的判断，是因为我发现，30 年来我所潜心研究出来的“非构思（生长主义）写作学”恰好是对人类写作的默会知识基本原理的言传、揭示，而我所主张的“非构思（生成主义）写作教学论”恰恰是对这些默会知识的写作思维操作模型的讲授、演示，让学生“观看”、模仿、练习、实践，从而实现波兰尼所追求的“带徒式”教学，从而建构学生写作机能的新的默会知识，这就是写作艺术能力。但这种波兰尼的带徒式教学和一般的经验型的艺术家的带徒式教学不同的地方，在于我们是建立在写作行为的思维机能的默会知识、原理的揭示的基础之上的，而不是排斥这种默会性言传知识。于是，我们证伪了波兰尼的“默会知识”论及其默会哲学、默会认知的教学论。

这是因为，我们对人类写作行为的基本原理的揭示，达到了场性知识论的境界。波兰尼在探讨“语言的操作原则”时指出：“说话和写作是一场不断更新的力求表达得既确切又明白的斗争。”(《个人知识》，318 页）波兰尼认为，说话者与写作者那些“使人对动物具有全面的求知优势的语言操作原则似乎有两条：第一条控制着语言表述的过程；第二条控制着符号的操作以帮助思维的过程”(《个人知识》，115 页)。这前一条是波兰尼所谓的“目标性意识”、行为，而后一条就是他所谓的“附带性意识”、行为，正是这二者形成了说话与写作的“默会知识”的“整体协调”系统。这一点，正和我们的研究结果十分吻合。

本书第 7 章“写作状态”论中讲的“写作控制场”理论以及本书序言部分提出的“非构思写作的定义”所阐述的写作基本原理，就是波兰尼所描绘的人的实践技能的主体目标和附带目标结合的共时性附带性状态。然而，波兰尼虽然从经验中感受到这一点，但是，这些“目标性意识”和“附带性意识”内部的基本原理，思维操作的内在机制、程序究竟怎样，波兰尼则语焉不详。因为他认为正是这点是“无可言传”的。而在我的“写作控制场”理论里，在我的“非构思（生长主义）写作学”里，却有十分清晰的“言传”与揭示、言说。

我在本书中指出：在写作控制场状态，写作行为意识是由“写之我（写作思维过程)”和“控之我（写作文化、写作美学、读者意识)”结合的一种控制场状态；非构思写作，就是指运用一整套思维操作模型来控制性地生成文章的立意、文章结构、文章材料、文章语言的自觉化写作生长过程。这里的运用写作路径思维操作模型自觉生成文章的立意、文章结构、文章材料、文章语言的过程，就是写作技能结构中的主体目标或“目标性意识”，而运用写作审美、写作文化、写作禁忌的思维操作模型对写作路径思维进行的“控制”就是写作技能结构中的附带目标或“附带意识”。当这两个目标都揭示出了思维操作模型的时候，这些“只可意会”的知识就可以言传而且可以进行共时性生成操作了。这里关键是写作场性意识的“自觉性”，因为，这种自觉，既包括对写作操作模型的运用，又包括在写作过程中写作文化、写作美学、写作禁忌的控制、应对，因此，它是一种场性写作学。这就是说，我们对于人类成熟的写作经验不仅可以感受、意会，而且可以运用语言文字、图表、模型进行言传表达，成为写作知识原理，让别人理解和学习。这就是非构思写作学的伟大之处。通过几十年的教学实践，我们的非构思写作教学论，不仅在大学写作教学中获得了成功，而且，我们运用这种思想进行中小学非构思作文教学，也获得了极大成功，正在创造中国语文课程与教学改革的“成都模式”、“四川模式”。

于是，我们便打破了波兰尼、皮亚杰等后现代、后批判哲学家、教育家们关于人类实践技能的知识“只可意会不可言传”的神话！或许本书在知识哲学领域将成为一个高度原创的难得的典型案例，我认为，这对当代大学与中学教育改革具有十分重要的意义。

**2010. 5. 3**

## 关联课程教材推荐

| ISBN | 书名 | 作者 | 单价 |
| --- | --- | --- | --- |
| 978-7-300-21309-5 | 大学写作训练（第三版） | 任遂虎 | 32.00 元 |
| 978-7-300-19269-7 | 写作学教程（第四版） | 段轩如 | 36.00 元 |
| 978-7-300-24494-5 | 应用文写作教程（第三版） | 高　玲　段轩如 | 39.00 元 |
| 978-7-300-23253-9 | 应用写作教程（第四版） | 孙秀秋　吴锡山 | 35.00 元 |
| 978-7-300-11874-1 | 高等实用写作训练教程 | 马正平 | 45.00 元 |
| 978-7-300-12217-5 | 高等写作思维训练教程（第二版） | 马正平 | 45.00 元 |
| 978-7-300-22884-6 | 高等基础写作训练教程（第二版） | 马正平 | 39.80 元 |
| 978-7-300-20878-7 | 中文学科论文写作（第二版） | 卢卓群 | 39.00 元 |

## 配套教学资源支持

尊敬的老师：

衷心感谢您选择使用人大版教材！相关的配套教学资源，请到中国人民大学出版社网站（www.crup.com.cn）免费下载，或是直接与我们联系。

欢迎您随时反馈教材使用过程中的疑问、修订建议以及您个人制作的课件。您的课件一经采用，我们将署名并付费使用。


样书申请及课件处理，请联系：

龚洪训

电话：010－62515637

电子邮件：6130616@qq.com

地址：北京海淀区中关村大街31号

邮编：100080

选题策划及出版，请联系：

刘　静

电话：010－62513587

电子邮件：12918646@qq.com

**图书在版编目（CIP）数据**

高等写作学引论/马正平著. —2版. —北京：中国人民大学出版社，2011
（国家级精品课程教材. 面向21世纪课程教材. 高等写作学教程系列）
ISBN 978-7-300-12106-2

Ⅰ. ①高… Ⅱ. ①马… Ⅲ. ①汉语-写作-高等学校-教材 Ⅳ. ①H15

中国版本图书馆CIP数据核字（2010）第078268号

国家级精品课程教材
面向21世纪课程教材
Textbook Series for 21st Century
高等写作学教程系列
**高等写作学引论（第二版）**
马正平 著
Gaodeng Xiezuoxue Yinlun

| | | | |
|---|---|---|---|
| **出版发行** | 中国人民大学出版社 | | |
| **社　　址** | 北京中关村大街31号 | **邮政编码** | 100080 |
| **电　　话** | 010－62511242（总编室） | | 010－62511770（质管部） |
| | 010－82501766（邮购部） | | 010－62514148（门市部） |
| | 010－62515195（发行公司） | | 010－62515275（盗版举报） |
| **网　　址** | http://www.crup.com.cn | | |
| **经　　销** | 新华书店 | | |
| **印　　刷** | 北京昌联印刷有限公司 | **版　　次** | 2002年10月第1版 |
| **开　　本** | 720mm×1000mm　1/16 | | 2011年3月第2版 |
| **印　　张** | 26.75 插页1 | **印　　次** | 2025年8月第6次印刷 |
| **字　　数** | 517 000 | **定　　价** | 58.00元 |